RUDOLF BAHRO
RÜCKKEHR

Rudolf Bahro

RÜCKKEHR

Die *In*-Weltkrise
als Ursprung der Weltzerstörung

mit Gastbeiträgen von

Hans Christoph Binswanger
Johan Galtung
Hans-Peter Hempel
Kurt Hübner
Jochen Kirchhoff
Christian Sigrist

und anderen

Herausgegeben von Reinhard Spittler;
mit Unterstützung der Schweisfurth-Stiftung, München

Horizonte Verlag GmbH
Altis Verlag GmbH

1. Auflage. 1991

Umschlaggestaltung: Peter Spiegel, Frankfurt/M.
Druck: Fuldaer Druckhaus

ISBN 3-926116-40-4

Inhaltsverzeichnis

II. LOGIK DER SEELE ALS LOGIK DER RETTUNG

III. DENKEN IM UMKREIS. VARIA

IV. ÜBUNGEN, EXERZITIEN, GEMEINSCHAFT FÜR SOZIALÖKOLOGIE

V. ANHANG

Vorwort

An meiner für den Osten bestimmten ALTERNATIVE hat mich hinterher die enthusiastische Aufnahme bei den linken und grünen Kreisen der westlichen Welt überrascht. Ja, sie hat Lateinamerika erreicht und ist bis nach Japan vorgedrungen. Meine zehn Jahre später geschriebene LOGIK DER RETTUNG zielte auf die »Umkehr in den Metropolen«, das heißt im Zentrum des Zyklons, den das Imperium des weißen Mannes darstellt. Und dann habe ich im Herbst 1989, wiederum überrascht, verstanden, daß dies Buch zwar nicht nur, aber nicht zuletzt meine Vorbereitung auf die Rückkehr in den Osten Deutschlands - damals noch die DDR - war.

Nun handelt es gewiß nicht von der besonderen Malaise der alten Heimat und ihres Untergangs, auch nicht von der volkseigentümlichen Art Umweltkatastrophe hier, sondern von der allgemeinen Malaise des industriellen Erfolgs, der die Zivilisation zur Todesspirale macht. Es fragt, ob und wie der Mensch sich in seinem apokalyptisches Finale noch auffangen kann.

Doch hat gerade die Horizonterweiterung von der spezifischen Depression in der ursprünglich ja nicht einmal armen DDR auf die allgemeine Depression der weltzerstörerischen Moderne zunächst etwas Therapeutisches und Erlösendes: Es geht also auch Leuten, die sich allem Anschein nach weit besser befinden, mindestens ebenso schlecht. War nicht die Perspektive der Ex-DDR der ersehnte Anschluß ans Weltniveau? Wenn schon Weltuntergang, dann nicht als schlechte Kopie, sondern in der Perfektion des Originals.

Sehr viele DDR-Menschen haben ja erst seit der Wende den Glauben erlangt, daß der Westen tatsächlich so ist, nicht wie gewisse parteioppositionelle Sozialismusreformatoren letzthin erhofft hatten, sondern wie Karl Eduard von Schnitzler schon immer gewußt hat. Andererseits mußte ich ja bei der Verhandlung im Sommer '90, als sie mein Urteil von '78 kassierten, zugeben, daß ich seinerzeit offenbar doch mit der Vorbereitung der Konterrevolution beschäftigt war, wie es Honecker und die Seinen gleich verstanden hatten.

Im Dezember '89, als ich ungeliebter Gast auf dem Sonderparteitag der SED-PDS war, ist mir das noch dunkel gewesen. Sonst hätten meine Vorschläge für einen ökosozialen Sektor nicht stillschweigend vorausgesetzt, es könnte noch ein halbwegs souveränes Subjekt gesellschaftlicher Planung für das DDR-Territorium geben.

Erst über eine etwas depressive Phase Anfang '90 hat sich dann für mich erhellt, daß die Chance für eine menschliche, geistig-seelische Erneuerung umso größer ist, je vollständiger alle haltgebenden alten Strukturen ausfallen. Wer die Kraft hat, kann einen ganz neuen Weg einschlagen. Mit größter Wahrscheinlichkeit wäre eine reformierte Machtstruktur in der DDR ganz ähnlich im Sumpf der Trägheitskräfte steckengeblieben wie der Anlauf Michail Gorbatschows.

Tatsächlich hatte ich dann später im Auditorium maximum der Humboldt-Universität wie auch bei einigen intimeren Zusammenkünften ein paarmal das paradoxe Empfinden der Anwesenheit von »viel mehr DDR« als je zu Zeiten ihrer realen Existenz, und dies, obwohl der politische Prozeß bei all diesen Zusammenkünften vordergründig kaum je auch nur im Vorübergehen Thema war. Die Atmosphäre in dem vollen Saal ist nie so ge- und bedrückt gewesen, wie es für Versammlungen bald nach der Wende charakteristisch wurde. Sie war auf Besinnung aus, oft hoffnungsvoll, manchmal sogar unter verhangenem Himmel heiter.

Ende Oktober '89, als sich mir zunächst wider Willen die Entscheidung aufzwang, in die DDR zurückzukehren, war ich ohne private Unbescheidenheit sicher, dort etwas bieten zu können, zu sollen, zu müssen, was derzeit so niemand anderes auf dem Programm hätte. Das, was ich theoretisch versuche, ist zwar nicht beispiellos - ich denke etwa an den Weg Roger Garaudys in den letzten 20 Jahren -, aber doch verhältnismäßig selten: nämlich eine Neubegründung des Politischen aus dem Punkte, in dem sich die Wesenskräfte der menschlichen Existenz mit »Gott«, mit dem *Dau*, mit *Brahman*, mit der *kosmischen Intelligenz* berühren. Platons POLITEIA ist mit der abendländischen Zivilisation erschöpft. Eine *neue Politeia* muß nicht nur Griechenland, sie muß den ganzen abendländischen Weg transzendieren, der ins Aus geführt hat. Die Welt braucht eine andersartige Vernunft, eine anders in ihre Kompetenz aufgestiegene, anders mit ihrem tragenden körperlichen und seelischen Grund vermittelte, vor allem eine davon unabgetrennte. Asien, etwa das *Dau De Dsching*, bietet da Beispiele, und ich fühle, daß es eine Schicht in unserem eigenen Kulturboden gibt, in dem sich eine fruchtbare Verbindung damit ergeben kann. Der »Dialog der Zivilisationen«, den Garaudy propagiert, meint keine Verstandesdialektik, keine Dogmenvergleiche und womöglich -versöhnungen (an die ich nicht glaube), sondern die Konvergenz der Gotteserinnerung und -erfahrung bzw. der Strebungen in unserem höheren Selbst.

Im Westen ist meine Position mehr oder weniger ein »Geheimtip« geblieben, am ehesten noch ablehnend von gewissen ihrerseits fundamentalistischen Protagonisten der individualistischen Moderne als bedrohlich »fundamentalistisch« erkannt. Im Osten, das wußte ich, würde meine Sicht der Dinge von vielen Menschen unmittelbar auf- und angenommen werden - nicht als noch ein interessanter Diskussionsbeitrag mehr auf dem Markt der intellektuellen Möglichkeiten, sondern als die Bestätigung einer schon in ihnen selbst heranreifenden Position. Hilfreich, aber nicht ausschlaggebend dafür würde sein, daß meine Denkhaltung begründet »antiwestlich« im Sinne von antikolonialistisch ist, und darüber hinaus antipatriarchal (ohne feministisch im Sinne eines weiteren »ismus« zu sein). Ich gehe tatsächlich davon aus, daß das Insgesamt der euroamerikanischen Zustände, einschließlich ihrer Butterseite, um die rücksichtslose Selbstsucht des weißen Mannes herum organisiert ist - als um den Strudel, der die ganze Menschheit, die ganze lebendige Erde mit sich in die Tiefe des unerfüllten Abgrunds reißt. Ich propagiere die Selbstaufgabe des weißen Mannes, der nach Günther Nenning »prometheisch kriminell« geworden ist und die Hauptverantwortung dafür trägt, daß wir als eine Art herauskommen, die buchstäblich ihren Kredit bei der Natur überzieht, vielmehr bereits überzogen hat.

Die Bevölkerung Ostdeutschlands hat in zwei Jahren zwei Wellen kolonialistischer Hybris erlebt, zuerst ihre eigene Vergewaltigung und Enteignung durch die D-Mark, das heißt durch die Gesetze, die den Weltmarkt regieren, dann die Vergewaltigung einer arabischen Bevölkerung durch die amerikanische »Gerechtigkeit« (von der Erbärmlichkeit der UNO will ich lieber schweigen), vermehrt um die »Gerechtigkeit« der alten Kolonialmächte England und Frankreich sowie um die des deutschen und des japanischen Geldbeutels. Sie hat auf dem Bildschirm halb ungläubig, halb chloroformiert jene selbstverständlich rücksichtslose, an kein Tabu gebundene, machtwillige »Unwiderstehlichkeit« erlebt, mit der der vital eher armselige weiße Mann sei's mit Geld-, sei's mit Bombenteppichen flächendeckend jeden Widerstand, jede Alternative zu seiner todbringenden Lebensform niederwalzt. Ich bin sicher, daß da unterschwellig mehr angekommen ist, als sich politisch artikuliert. Selbst der Westen Deutschlands ist ein Stück mehr von der Inkarnation abgerückt, die der weiße Mann als homo americanus schon in den Augen des Cheafs Seattle besaß. Was immer die Propaganda an Gleichschaltung geleistet haben mag, Ostdeutschlands Seele ist noch weniger mitgewesen bei dieser massenmörderischen Strafaktion im Ursprungsland der Kultur. Sie empfindet aus der Perspektive der Kolonisierten. Je mehr sie des Hasses ledig wird, das heißt nicht zuletzt, die Verantwortung für ihre Lage übernimmt, um so aufnahmefähiger wird sie sein für das jetzt eigentlich Notwendige. In diesen Raum hinein habe ich gesprochen, und die Resonanz hat vieles von dem bestätigt, was ich bis dahin über die Motive nur hatte vermuten können.

Die Ursache der drohenden Realapokalypse ist der Mensch selbst. Die ökologische Krise ist nur ein Hinweis darauf - allerdings einer, in den sich aller Schrecken der bisherigen Geschichte zusammenfaßt -, daß das im sozialökonomischen Selbstlauf materiell Entfaltete von einem übergeordnet Politischen (Politik von *polis*) wieder eingeholt werden muß. Und der Staat seinerseits ist keine unabhängige, aus sich selbst begründete Dimension der menschlichen Existenz, sondern eine »Angelegenheit der Götter« (Sokrates, der das gerade noch festhielt, während die Griechen dabei waren, den Kontakt zu verlieren). Nicht aus der Ökonomie, nicht aus irgendwelchen »Problemen«, die wir uns in einer gottfernen Struktur geschaffen haben, sondern nur aus dem Geist, der zugleich menschheitsimmanent und -transzendent ist, kann, jenseits aller Korrumpiertheit (aufgrund unmittelbarer Bedürftigkeiten), eine Ordnung neu geschaffen werden, mit der es überhaupt eine Zukunft gibt. Nur *Menschen des Weges*, die sich statt an irgendwelchen Instanzen der äußeren Welt (gar der von uns als Ganzes falsch geschaffenen sozialen) an ihrem mit der universellen Intelligenz verbundenen höheren Selbst orientieren, können das erlangen, was etwa in der anfänglichen chinesischen Kultur »Mandat des Himmels« hieß.

Der Zusammenbruch der DDR hat einmal für ein Teilvolk der reichen Ersten Welt einen Augenblick der Tabula rasa erzeugt, eine Gnade für all jene, die in der Summe der Enteignungen von Besitzständen aller Art, gerade auch der institutionellen Sicherungen, einschließlich des auf der industriellen Todesspirale verorteten Arbeitsplatzes, die Stunde erkennen können, von der gesagt ist, »wer sein Leben verlieren kann, der wird es gewinnen«.

Was auch immer ich selbst zunächst gedacht haben mag, als ich zurückkehrte - ich war *rechtgeleitet* worden. Deutschland als ganzes ist ein besonderer Ort in der Geographie der globalen Krise (ich *fühle* das, obwohl sich auch *Argumente* nennen lassen aus dem Schicksal unseres Volkes). Und das Gebiet, das bisher fehlbenannt *Deutsche Demokratische Republik* hieß, während es eine Art *asiatischer Kontinuität* durchs westliche XX. Jahrhundert wahrte, ist ein besonderer Ort in Deutschland, jetzt mehr denn je, da das Gebilde alle Realität verlor außer seiner wesentlichen Wirklichkeit in den Menschen.

Ich bedaure es nicht, daß sich die Vereinigung auf dem niedrigsten Steuerungsniveau, unter den in einem reichen Land größtmöglichen Friktionen vollzieht, daß sich die Wunde der Teilung, die vernarbt und drahtvernäht war, nach ihrer Öffnung alles andere als leichthin schließen wird. Es will da im Gegenteil noch viel Gift heraus, das älter als bloß

45 Jahre ist, und älter als bloß zwölf Jahre mehr. Hat nicht jeder mittelalterliche Kreuzzug mit einem Judenpogrom in den eigenen Städten begonnen? Und hat sich der Rauch der Hexenfeuer schon wirklich verloren?

Auch ich habe eine Weile gedacht, die westdeutsche ökonomische »Gesundheit« würde - obwohl in sich selbst prominentestes Symptom der westlichen Krankheit zum Tode - immerhin ausreichen, um den vordergründigen Unterschied des Lebensstandards (was immer das sei) in fünf Jahren auszugleichen. Inzwischen sieht es eher so aus, als würde die gesamte »bewährte« Wirtschaftsordnung der bisherigen Bundesrepublik in ihrer kolonialistischen Grundverfassung gewogen und für zu leicht befunden *im eigenen Lande*.

Statt als das Heilmittel wird die Ökonomie (die D-Mark ihr Repräsentant) erkannt als der Eiterherd, und es wird spürbar für alle, daß wir zur *politischen*, zur *moralischen*, zur *geistigen,* ja *geistlichen* Entscheidung gerufen sind. Und diese Entscheidung kann natürlich ihr Kriterium nur in der Gesamtheit der Herausforderung finden. Deutschland braucht eine Ordnung, die mit dem Natur- und Menschheitswesen als Ganzem harmoniert, fürs erste wenigstens der Idee nach vereinbar ist. Diese Herausforderung ist unendlich viel größer als die im Augenblick der *Wende* von vielen Seiten ins Auge gefaßte Verbesserung des Grundgesetzes durch tatsächliche oder scheinbare Errungenschaften der halben Revolution nach '45 und der Viertelrevolution von '89 im Osten.

Aber das in der Realgeschichte der DDR - und dahinter natürlich der Sowjetunion - Unabgegoltene, das in ihrer Realgestalt Unerfüllbare ihres Auftrages, äußert sich jetzt als eine Gewissensfunktion von gesamtdeutscher Bedeutung. Und die besten Geister des ganzen Landes werden sich davon belehren lassen, wie schwer sich so eine Wunde schon im eigenen Lande schließt und welches Maß an Demut nötig ist, um die Heilung zu befördern.

Für alle, die nicht schlafen oder in selbstgerechter Arroganz versteinert sind, ist in diesem Lande offenbar, was für eine satanische Verirrung etwa die Belehrung der Araber durch die High-Tech-Höllenmaschine des Westens war. Immerhin scheint, daß »wir« uns so halbseiden an dem Verbrechen beteiligt haben, ein Zeichen zu sein, daß wir nicht mehr ganz an unser Recht glauben, diese unsere verheerende alltägliche Lebensweise zu verteidigen. Selber Beelzebub, der oberste der Teufel, verdienen wir es natürlich, von irgendeinem Unterteufel, den wir genährt haben, aufgespießt zu werden. Und im Grunde unseres Herzens wissen wir das ganz genau. Es wird Mächtigeres über uns und unsere israelischen Vettern und Komplizen kommen als der irakische *Abu Scud*, wenn wir nicht umkehren.

Trotz allen Wissens um das Notwendige meiner Position war ich natürlich im Sommer '90, als ich für meine Vorlesungen im Herbst das Auditorium maximum belegte, den offiziell immer noch nach Marx und Engels benannten größten und repräsentativsten Raum der Humboldt-Universität, doch nicht sicher gewesen, wie weit psychologisch tragen würde, was ich zu sagen habe - zumal meine Einsicht unmittelbar »pessimistisch« ist. Muß ich doch sagen, daß ich den homo sapiens, unweise, wie er nun einmal ist, soweit sich sein Verhalten statistisch messen läßt, bereits verloren sehe. Mit den von den Erfindern selbst kaum noch geglaubten Panazeen politik- und sozialwissenschaftlicher Provenienz, die medial dargereicht werden, sind die ungeheueren Trägheitskräfte, die sich in Kilogramm und Kilowatt pro Kopf rechnen, nicht einmal mehr auch nur abzubremsen, geschweige denn aufzuhalten.

Abgebremst wird durch die ideologischen Beschwörungen, die sich neuerdings *ökologisch* geben, nur die Wahrnehmung der Wirklichkeit, wie sie in uns und außer uns tatsächlich ist. Produziert werden falscher Trost und falsche Hoffnung. Die Medien sind ein System der Betäubung und Immunisierung von Geist und Seele, Herz und Bauch gegen den Einbruch vielleicht noch lebensrettender Wahrheit. *Umweltschutz* ist theoretisch wie praktisch ein selbstbetrügerischer Flop. Kann es dennoch anziehend sein, das zu enthüllen, die Illusion zu zerstören? Ja, hat sich herausgestellt, *wenn* die einzige Instanz angerufen wird, *in* uns, die den ebenfalls in uns verorteten Quell des Unheils austrocknen oder vielmehr transformieren kann. Und die Anziehung beruhte nicht auf Diskurs (wie die Orientierung an der antagonistischen Diskussion gewöhnlich genannt wird), sondern auf dem Konsenscharakter der Kommunikation. Nicht die Disputation über gegensätzliche Standpunkte, sondern das Gespräch im Geiste wechselseitiger Ergänzung und Vertiefung wurde vorherrschend. *So* wäre das Ereignis, das meine Vorlesungen *Unter den Linden* werden konnten, zwei Kilometer weiter westlich schwerlich möglich gewesen, obgleich keine Mauer mehr da ist.

TEIL I

Ost-Berliner Vorlesungen zur Sozialökologie

1. Einführung

Begrüßung durch den Rektor der Humboldt-Universität, Heinrich Fink

Am 8. Oktober 1810 sind die ersten acht Studenten an dieser Universität immatrikuliert worden. Wie könnten wir diesen Anlaß festlicher begehen, als mit dem, was wir jetzt tun. Es waren zwei Studenten der Medizin, der Philosophie, der Rechtswissenschaften und natürlich auch zwei Theologen. Also mit acht hat's angefangen, vorne im Prinz-Heinrich-Palais. Aus diesem Anfang ist nun über 180 Jahre eine Universität in ihren Widersprüchen und auch in ihren Ansprüchen hier und jetzt gewachsen. Sicherlich nicht ohne Probleme. Sie kennen alle diese Probleme. Aber es gibt einige Menschen, die diese Universität zu Ruhm und Ehre gebracht haben.

Ich kann natürlich hier vor der Öffentlichkeit nicht reden, ohne an den 8. Oktober 1989 zu erinnern, an das Geschehen um die Gethsemane-Kirche, und an die, die mit uns dort waren - wenn wir die Augen schließen, haben wir die Szene in Erinnerung, von der wir meinten, wir kennten sie nur aus Filmen, die den Faschismus betreffen. Was an dem Abend uns alle bewegte, war, daß wir wußten, wir stehen in der Entscheidung: Wie geht es weiter mit der DDR? Es wurde heiß darüber gestritten. Wir meinten damals, es müßte mit der DDR weitergehen. Und es war auch der Abend, an dem Gorbatschow vor dieser Universität gesagt hat: »Wer zu spät kommt, den bestraft das Leben.« Darüber können wir nachdenken, darüber sollten wir auch nachdenken, aber wir sollten auch weiterdenken. Vielleicht sollten wir das Thema, wie es mit der DDR weitergeht, was wir am 8. Oktober 1989 begonnen haben, ausdehnen und fragen: Wie geht es weiter mit Deutschland?

Ihnen mit Rudolf Bahro ein gutes Semester, uns ein gutes Semester und herzlichen Dank.

Aus der Einführungsvorlesung

Es ist ja eine Lebenskrise, auch für mich, nicht nur für Leute, die die letzten zehn Jahre auch noch hier gelebt haben. Ich bin derart aktiv eingespannt gewesen, als sie mich damals verhaftet haben, daß ich jetzt so viel später hierher zurückkommen *mußte*. Ja, wir müssen einen großen Anlauf nehmen. Es wäre wirklich sehr verfrüht, sich wieder aktivistisch in das nächste politische Projekt zu stürzen. Allerdings halte ich diese Vorlesung über die Grundlagen ökologischer Politik für das politischste, was ich tun kann.* Der Ton liegt auf *Grundlagen*, nicht gleich auf der Politik, und es geht zunächst darum, sich über das Wesen der ökologischen Krise zu verständigen.

Offensichtlich machen wir die Außenwelt, die »Umwelt« kaputt. Aber was da in Wirklichkeit vorgeht, ist primär eine *Inweltkrise* und keine Umweltkrise. Demnach muß ein Versuch, das Wesen der ökologischen Krise zu begreifen, von der Subjektivität handeln, davon also, warum, aus welcher inneren Verfassung, welchem inneren Antrieb der Mensch Leben und Erde zerstört, und von der inneren Verfassung, aus der wir uns noch retten können.

Die Idee, hier Vorlesungen zu halten, hat sich mir in der Zeit vom Spätsommer bis zum November des Jahres 1989 immer stärker aufgedrängt. Ich hatte, als ich die DDR 1979 verließ, da ich eine so schnelle Vereinigung wirklich nicht vorhersah, den Entschluß gefaßt, mich von drüben aus hier nicht aktiv einzumischen, dafür dort etwas anzufangen, was vielleicht übergreifend fruchtbar sein könnte. Darum ließ ich mich intensiv auf die Grünen ein. Ich will jetzt nicht erläutern, warum ich aus dieser *Partei* wieder heraus bin. Es hat sich nicht etwa um den Bruch mit den ökologischen Ideen gehandelt, sondern um die Frage, wie ernsthaft und gründlich die Grünen bei ihrem Auftrag bleiben. Jedenfalls hatte ich mich bewußt aus der DDR-Szene abgemeldet und war überrascht, wie sehr die DDR, als sich die Anzeichen des bevorstehenden Untergangs mehrten, innerlich wieder nach mir griff. Irgendwann im Sommer '89 habe ich einer Kölner Zeitung auf eine Frage geantwortet: »Sie sind dabei, die DDR zu verspielen.« Ich habe dann auf den Herbst zu immer häufiger schlecht geschlafen.

---

* Zur Struktur und zum Aufbau der Vorlesungen vgl. im Anhang (Seite 353): »Zur Konzeption des Angebots im Wintersemester«.

Der Antrieb war die Illusion, die DDR könnte gehalten werden, es wäre gut, sie zu halten, es wäre gut, diese andere deutsche Möglichkeit erstmals zur Geltung kommen zu lassen, wie sie eigentlich gemeint war. Ich will dies im Moment nicht näher ausführen. Ich bin inzwischen tatsächlich zu einem anderen Schluß gekommen. Schweren Herzens habe ich schließlich begriffen, daß es ein Gewinn zwar nicht ist, aber sein wird, daß diese Grenze des kalten Krieges, der gegenseitigen Produktion von Feindbildern, gefallen ist - wie auch immer. Und daß wahrscheinlich der deutsche Geist, was immer das sei - ich berufe mich jetzt einmal auf Lessing, Hegel, Fichte, die Humboldts u. ä., wenn ich diesen Ausdruck riskiere -, daß der deutsche Geist und das deutsche Herz sich wohl durch diese Entlastung und Erlösung binnen weniger Jahre dazu getrieben fühlen werden, die tatsächlichen Herausforderungen der Epoche aufzunehmen, die ganz anders gelagert sind, als es im Augenblick scheint. Die gesamtdeutsche Vollendung der Autogesellschaft ist ja gewiß nicht das, was weltgeschichtlich eigentlich ansteht, sondern das ist eine temporäre Katastrophe.

Es gibt in der Bundesrepublik eine wachsende Zahl von Leuten, auch in den leitenden Etagen, denen dieser Zusammenhang aufgeht, denen immer mulmiger wird bei dem, was sie da täglich praktizieren, weil sie im Grunde wissen, daß sie das nicht mehr verantworten können. Die meisten davon leben in der Schizophrenie zwischen dem Schreibtisch im Betrieb und dem Küchentisch zu Hause, manchmal auch noch einigen anderen Plätzen (zum Beispiel Psychotherapie, und auch diese neue Spiritualität drüben findet privat ja durchaus Resonanz in der Oberklasse). Aber es gibt dort auch Menschen, die schon Konsequenzen gezogen haben. Und meine Arbeit hier wird mitgetragen von einer Stiftung, die der vorherige Wurstfabrikant Karl Ludwig Schweisfurth ins Leben gerufen hat.

Das ist ein Mann, der auch zuvor schon herausragte. Er hatte sich Kunst in den Betrieb geholt. Irgendwann, wohl Anfang der 80er Jahre, waren seine Kinder nicht mehr mit der skandalösen Produktionsweise einverstanden, die in der Nahrungsmittelverarbeitung gang und gäbe ist. Was soll aus dem Boden werden? Wie werden die Tiere behandelt? Was geschieht zwecks Konservierung und Verkaufsästhetik von Nahrungsmitteln, die eigentlich *Lebens-Mittel* (mit Bindestrich) sein sollten? Damit wollten sie nichts mehr zu tun haben. Karl Ludwig Schweisfurth faßte den Beschluß, sein Kapital aus diesem Zwangslauf herauszuziehen, und hat es in zwei Stiftungen und ein Alternativunternehmen übergeleitet.

Die eine Stiftung betrifft nach wie vor die Kunst, und zwar wesentlich an der Herausforderung durch die ökologische Krise orientiert. Das

Alternativ-Unternehmen ist ein kleiner Betrieb, der sich »Hermannsdorfer Landwerkstätten« nennt. Die agrarische Basis sind 140 Hektar Land für gesunden Ackerbau, gesunde Fleischproduktion. Verarbeitet werden die Produkte mit mittleren Technologien, auf etwas größerem als handwerklichem Maßstab, und zwar eben zu *Lebens-Mitteln*. Diese werden teils ab Hof und teils in München direktvermarktet. Unter manchen Aspekten ist vieles, was jetzt als ökologische oder biologische Alternative läuft, die gute alte Landwirtschaft, wie sie die Großeltern betrieben haben, jedoch ökonomisch und technisch höher integriert. Es ist sicher nicht gleich ökologische Landwirtschaft pur. Schweisfurth will einen Weg finden, der sich auch rentabel rechnet, um so die gesamte Agrarkultur zu beeinflussen. Er hat auch einen Agrarkulturpreis ausgeschrieben. Kurzum, er sucht ein Beispiel dafür zu geben, wie der Mensch vielleicht doch maßvoll *wohnen* könnte auf der Erde. Und schließlich hat er also jene andere Stiftung begründet, die ökologische Themenarbeit natur- wie geisteswissenschaftlicher Art unterstützt, darunter nun auch meine Initiative hier.

Wie sich in den Führungsetagen der Wirtschaft die Menschen entscheiden, das hängt beträchtlich von der Nachfrage, von der Psychologie der Bevölkerungsmehrheit ab. Daß die herrschenden Strukturen tödlich funktionieren, darauf kann man sich verlassen. Aber es kommt eben bei denen, die sie betreiben, früher oder später auch seelisch zur Geltung. Manche gehen dann so weit wie Karl Ludwig Schweisfurth, und andere versuchen wenigstens, noch irgend etwas anderes nebenbei zu betreiben, das eigentlich gegenläufig zu dem ist, was sie tagsüber machen. Zwar ist die Marktwirtschaft alles andere als ökologisch. Dennoch ist es nicht so, daß die Chancen für eine Wende in Richtung Ökologie und neue Lebensform hier jetzt schlechter wären als zuvor.

Die SED hat diesbezüglich wahrhaftig *alles* be- und verhindert. Die Umweltschutzberichte sind zuletzt nur noch von zwei Leuten der Partei- und Regierungsspitze überhaupt in die Hand genommen worden: Gar nicht reingucken! Wir müssen ja erst den (sichtlich schon lange verlorenen) Klassenkampf gewinnen. Machtbehauptung - und um mehr ging es längst nicht mehr - ist per se unökologisch. Wie erst im Falle des politökonomisch schwächeren Systems!

Trotz aller Walzenhaftigkeit des spontanen ökonomischen Prozesses, wie er kapitalistisch abläuft, gibt es als ausnutzbare Gegentendenz die Diversität der Verhältnisse, gibt es Nischen und Lücken, um Neues auszuprobieren, jedenfalls in den sogenannten entwickelten Ländern (wo der Kolonialismus durchschlägt, ist es freilich erheblich schwerer).

Falls sich viele DDR-Bürger aufraffen, jetzt nicht mehr darauf zu warten, was angewiesen wird - man *kann* sein Leben entscheiden, auch unter diesen neuen Verhältnissen. Gewiß sind nicht alle in der gleichen Ausgangsposition. Eine Frau mit zwei Kindern hat in der jetzigen Situation nicht dieselbe Beweglichkeit. Und doch, der historische Prozeß, in den ganz Europa sich jetzt hineingibt, nachdem der Ost-West-Konflikt im wesentlichen zu Ende ist, fordert jeden und jede zur Mitgestaltung auf. Vor allem wird es eine Transformation aller Verhältnisse in Richtung Ökologie, das heißt Wiederfinden ins Naturgleichgewicht, sein müssen. Was auch immer wir nächste Woche machen oder nächsten Monat und nächstes Jahr, wir müssen unseren Lebensentwurf auf diese Herausforderung ausrichten.

*

Bei meiner Entscheidung, nach hier zurückzukehren, war natürlich ausschlaggebend, daß ich hier studiert habe. Ich hatte hier in den 50er Jahren wesentliche Menschen zu Lehrern. Ich erinnere mich an Walter Besenbruch, der Ästhetik gelesen hat, einen alten Kommunisten, der kurz nach 1945 für die Volkspolizei - ich weiß nicht, wie sie anfangs hieß - im Mansfeldischen zuständig gewesen war und dessen eigentliches Thema natürlich die allgemeine Emanzipation des Menschen war. Ich denke an Georg Klaus. Mit einer Art Haßliebe zum Gegenstand habe ich diese logistische und kybernetische Konzeption in mich aufgenommen, die er vertrat. Sein Oberseminar über Hegels Logik hat mich befähigt, in das Wesen philosophischer Texte einzudringen. Auch er war ein alter Kommunist. Und nie werde ich Wolfgang Heise vergessen, meinen wichtigsten Lehrer nicht nur an dieser Universität, sondern überhaupt. Es ist bekannt, daß dies ein Mensch des geistigen Widerstandes gegen die Zustände hier war, aber auch er blieb bis zu seinem Tode vor ein paar Jahren Mitglied der in ihrem Sosein gründlich ungeliebten SED.

Im Hinblick auf diese drei Lehrer und auf manchen anderen Menschen, der mir auf meinem Weg hier in der DDR noch begegnet ist, *muß* ich einfach sagen, daß die Zugehörigkeit zur kommunistischen Bewegung und auch zur SED - was zu bestimmten Zeiten zusammengehörte, darum bin ja auch ich Parteimitglied gewesen - wirklich nicht in jedem Fall bedeutet, daß sich das Leben und die Leistung und der Einsatz eines Menschen, was die Wissenschaft betrifft, auf den Dogmatismus, und ansonsten auf Stalinismus und Unterdrückung anderer Leute reduziert.

Außerdem habe ich im neuen Nachwort zu meiner endlich hier erschienenen ALTERNATIVE festgestellt, wie sehr ich mitverantwortlich für diese ganze Sache bin. Selbst noch, indem ich fortgegangen bin! Und auch, indem ich nicht wiederkam, als ich erkannte, daß Michail Gorbatschow anscheinend praktisch realisieren möchte, was ich damals in meiner ALTERNATIVE schrieb. Ich gehe also davon aus, daß es ein gemeinsamer Prozeß der Reinigung und Regeneration sein muß und wird, in dem sich die Menschen wiederfinden, die hier, in welchen verschiedenen Rollen auch immer, zusammengearbeitet haben.

So weit ich sehe, lagen und liegen diejenigen Leute, die innerhalb der SED oppositionell gedacht haben, und allerdings nicht ernstlich aufgetreten, nicht wirklich hervorgetreten sind, und die anderen Leute, die sich in der verfolgten Ökopaxszene bei DEMOKRATIE JETZT und so weiter und in der Richtung NEUES FORUM engagierten, um einen anderen Sozialismus zu machen, gedanklich nicht so weit auseinander, könnten zusammenfinden für eine neue Perspektive jenseits der gestorbenen Ordnung hier im Osten und jenseits des Kapitalismus, der mindestens so problematisch ist wie das, was wir hier bis voriges Jahr veranstaltet haben.

Für das Zusammenfinden der positiven Energien ist nichts hemmender und ist - neben der Verdrängung der persönlichen Altlasten - nichts schädlicher, als Organisationsformen, die den alten Zuständen verhaftet sind. Es geht darum, für mich jedenfalls, die Wirklichkeit, so wie sie weithin auch gegen uns entschieden hat, anzunehmen und sich auf die Herausforderung einzulassen, die das bedeutet.

Unser Scheitern läßt sich, wenn man die Sowjetunion einbezieht, wirklich nicht auf subjektives Versagen reduzieren, sondern da gilt, die Weltgeschichte ist das Weltgericht. Wollen wir in uns selber sachlich damit umgehen, müssen wir alte Identifikationen und Verhaftungen fallen lassen und uns ungeschützt durch regressive organisatorische Zusammenhänge auf die geistige Bilanzierung einlassen, zu der übrigens mehr gehört als der »realsozialistische« Stoff.

Natürlich ist mit so einer Biographie, wie ich sie bis hierher hinter mir habe - und besonders für die letzten 13 Jahre seit meinem Auftritt 1977 -, viel Gerücht- und Legendenhaftes verbunden. Ich will die Gelegenheit wahrnehmen, etwas zu meiner Person zu sagen, über einige der Irritationen zu reden, die unvermeidlich sind, wenn man sich in die Massenmedienlandschaft der westlichen Welt stürzt und dabei nicht jeden Abend und jeden Morgen daran denkt: »Oh, was muß ich alles vermeiden, damit die mich nicht bei irgend etwas erwischen, das in die Bildzeitung paßt.« Ich habe da drüben nicht mit dieser ich-schonenden Vorsicht gelebt. Ich will einfach diese öffentliche Gelegenheit benutzen, vielleicht doch einiges wenigstens annähernd klarzustellen.

Beginnen will ich mit dieser Rehabilitierung, die im vergangenen Sommer stattgefunden hat. Da saßen ein Gericht und eine Staatsanwaltschaft, zusammengesetzt aus lauter Menschen, von denen ich annehme, sie hätten, damals im Amt, in irgendeiner der Rollen, die in dem Verfahren gegen mich auszufüllen waren, genau das Urteil gefällt, das sie jetzt - vielleicht sogar einsichtig - nachträglich verworfen haben. Das ganze war schon insofern eine Farce, als die Substanz, um die es mir mit der ALTERNATIVE ging, nämlich dieser andere deutsche Staat, ja weg ist. Ich hatte ja gewollt, daß wir in der DDR so etwas wie den *Prager Frühling* zustande bringen. Inzwischen ging es nur noch darum, die verrückte Art von Urteilsbegründung, die man zu jener Zeit für die politische Anästhesie nötig hatte, aus der Welt zu schaffen. Es stand ja da drin, ich hätte Informationen an den Klassenfeind verkauft, etwa über die Tatsache, daß unsere volkseigenen Betriebe ihre Kapazität nach unten frisieren, damit der nächste Plan nicht so hoch ausfällt. Und ich erfuhr über die Summe der Silberlinge, für die ich verraten haben sollte. Von meiner ALTERNATIVE, von der ich pro Kopie 8 Prozent des Verkaufspreises gutgeschrieben bekam, sollten schon 80.000 Exemplare verkauft sein. Es gab nur eine ernsthafte kleine Schwierigkeit für das Gericht. Es war nämlich der Paragraph, nach dem ich dann verurteilt wurde, noch nicht auf der Höhe meiner Perfidie. Mein Manuskript hätte nämlich nach dem Gesetzestext direkt beim Klassenfeind gelandet sein müssen und nicht wie de facto beim Bund-Verlag des DGB. Der Deutsche Gewerkschaftsbund konnte schlechterdings nicht zum Klassenfeind erklärt werden, obwohl der Verlagsdirektor Tomas Kosta ein '68er tschechischer »Konterrevolutionär« war. So konnte Gregor Gysi, mein Anwalt, damals nach geltendem DDR-Recht Freispruch für mich verlangen und hat das auch getan. Bei der Neuverhandlung bestand er darauf, hier haben Leute auch noch persönlich Recht gebrochen. Wiederum haben die Beteiligten damals sicher nicht ohne direkten Auftrag gehandelt.

Ende 1979, als ich zwei Monate drüben war, da hat dann der scharf rechte Journalist Gerhard Löwenthal, der einen unverbesserlichen Kommunisten in mir sah, herausbekommen, daß ich eigentlich Doppelagent bin. Der hatte sich dazu einen jungen Mann ausgeguckt, der um dieselbe Zeit, die ich in Bautzen II verbrachte, in dem Gefängnis Bautzen I, also in dem großen »Gelben Elend« saß. Die Erfindung war, ich hätte dort eine Weile die Zelle mit ihm geteilt und ihm davon abgeraten, in den Westen zu gehen. Eine solche Haltung - angenommen, es wäre so gewesen - hat dem Herrn Löwenthal schon genügt, mich als Stasi-Agenten zu betrachten. Anders wäre sie ihm nicht erklärlich gewesen. Vor kurzem hat dieser junge Mann meine Tochter Sylvia angerufen, um zu sagen, das sei damals mit Geld für ihn verbunden gewesen und es täte ihm leid. Über die Massenmedien drüben kann man jedes Spiel dieser Art laufen lassen; irgendein ausschlachtbarer Anhaltspunkt findet sich immer.

Ich selber habe während der Haftzeit erst einen Prozeß durchgemacht, ehe ich es dann doch besser fand, tatsächlich rüberzugehen. Ich sah schließlich keinen Sinn mehr darin, etwa die Rolle von Robert Havemann hier zu doublieren. Ich dachte, daß sich die öffentliche Aufmerksamkeit dann zu sehr darauf konzentriert, wieviele Leute mich gerade bewachen und dergleichen, so daß meine Existenz eher dem kalten Krieg in Deutschland als der Verbreitung neuen Denkens zugute kommen würde. Allerdings habe ich mir damals, wie schon kurz im Nachwort zu meiner ALTERNATIVE erwähnt, nicht ganz klargemacht, daß ich unterschwellig auch noch andere Motive zum Rausgehen hatte

Der zweite Punkt, der mir aktuell entschieden wichtiger ist und den ich wenigstens anreißen will, betrifft eine Irritation, die mit meiner jetzt ja hier erschienenen LOGIK DER RETTUNG einherging. Ich kann es kurz machen, weil der Stoff, um den es geht, dort schwarz auf weiß nachvollziehbar ist. Manchmal ist ein Thema so tabu, im Bewußtsein so sehr einem traumatisch erlebten Akteur zugeordnet, daß man mit dem verwechselt wird, indem man sich bloß auf die Sache selbst einläßt. Nur so ist mir erklärlich, daß es Menschen gibt, die, dann noch dazu aus zweiter Hand, wissen wollen, ich sei eigentlich faschistoid oder gar faschistisch geworden. Worauf geht das zurück? 1984 auf einem Parteitag der Grünen habe ich einmal darauf hingewiesen, daß es eine strukturelle Verwandtschaft gibt zwischen der Art und Weise, wie Grün oder das grüne Thema, die ökologische Problematik, aufkommt und wie die Nazibewegung aufkam. Gemeint war, wie gesagt, ein struktureller Vergleich, keineswegs eine inhaltliche Gleichsetzung. Ich sah in beiden Fällen eine Bewegung jenseits der Parteienstruktur, und zwar aus Tiefenkräften der menschlichen Seele gespeist. Das allein ist natürlich an und für sich weder gut noch schlecht - sofern Arationales, Unbewußtes nicht gleich als ir-, sprich antirational verdächtigt wird. Dann habe ich aber wegen der Logik der Machtkämpfe, die sich in dieser alternativen Partei entfalteten, hinzugefügt, es kann leicht passieren, daß die Grünen jetzt für eine andersartige, eben eine grüne Restauration des Imperiums gut sind, so wie es die Braunen damals für eine braune waren. Die »Ökologie« kann imperial vereinnahmt werden; man sieht gerade jetzt, wie beflissen auch manche Grüne zum Beispiel deutsch die Ordnung hüten wollen bei den Arabern. Es kann ja lehrreich sein, daß es bei den Nazis einen starken Flügel gab, der sozial- und kulturrevolutionär sein wollte. Das war nicht fundiert, und die Hitlerbewegung konnte zum Diener einer Regeneration des deutschen Kapitalismus werden. Und ich sah und ich sehe, das kann auch den Grünen passieren, indem der eine oder andere als Systembestandteil fungiert und dann zum Beispiel mit-imperialistisch entdeckt, daß »wir« Sicherheitsinteressen am Persischen Golf hätten.

Es gibt diese Tendenz, und es existiert die Gefahr, daß man sich an die Logik der Machtverhältnisse, wie sie hier nun mal sind, ausliefert. Wenn man sich die Vereinnahmung verbergen will - wie gut, daß es einen UNO-Beschluß gibt, der verdeckt, daß es die Interessen Amerikas und Westeuropas sind, die dort am Persischen Golf durchgesetzt werden. (Übrigens liegt auf den Tischen ein Papier mit Texten von Johan Galtung, Alfred Mechtersheimer und Roger Garaudy, die das Thema in einer Perspektive behandeln, mit der ich ganz übereinstimme: Wollen wir Krieg gegen den Süden und speziell gegen den Islam führen? Ich hoffe, nein!)

Zurück zum Thema. Der Sache nach handelt es sich im wesentlichen darum, daß ich also denke, wir können den Faschismus nicht länger ein Tabuthema sein lassen. Wenn ich mich selbst ansehe, die Art Engagement, mit der ich mit 17 Kommunist geworden und dann geblieben bin die ganzen Jahre eigentlich bis gerade gestern - in gewisser Hinsicht bin ich es ja immer noch, was die ökonomische Ebene betrifft, obwohl die nicht mehr im Mittelpunkt meines Denkens steht - also wenn ich den *psychologischen* Antrieb ansehe: Ich kann nicht ausschließen, daß ich Ende der 20er Jahre bei den Nazis gelandet wäre. Und es ist ganz wichtig, daß wir bereit sind, uns solche Fragen zu stellen. Was dann weiter passiert wäre? Ich weiß es nicht. Es hat nazibewegte Leute gegeben, die haben es noch vor 1933 kapiert, es hat Leute gegeben, bei denen war Anfang 1934 mit der Röhm-Affaire der Groschen gefallen, einige sind in den Widerstand gegangen und unters Fallbeil gekommen. Aber man soll sich über sich selbst möglichst wenig vormachen. Und ich war bereit und bin bereit, mich auf solche Fragen einzulassen. Ich denke, daß wir, wenn es ernst wird mit einer Volksbewegung, um die ökologische Krise zu bewältigen, und wenn da wirklich was aus den Tiefen kommt, mit manchem zu tun haben werden, das damals diesen Ausdruck fand und diesmal einen anderen, besseren jedenfalls schon sucht. Das kann nur gut gehen, wenn sehr viel Bewußtheit darüber da ist, was eigentlich alles in uns ansteht an unglückseligen Mechanismen, an Ressentiment-Reaktionen, an Bloß-Rebellion statt Revolution.

Schließlich will ich nicht versäumen, ein Thema zu berühren, das zwar unter einem bestimmten Gesichtspunkt auch in der LOGIK DER RETTUNG behandelt ist, aber nicht so, daß das Persönliche deutlich hervorträte. Ich meine das Thema Bhagwan Shree Rajneesh. Zwar bin ich nicht Sannyasin gewesen - obwohl sich die westdeutsche Presse verschiedentlich Mühe gegeben hat, diesen Eindruck zu erwecken -, aber ich dementiere die Begegnung nicht, obwohl sie gar nicht Auge in Auge war. Sie entspann sich über Bhagwans Buch INTELLIGENZ DES HERZENS. Ich fand größtenteils richtig, was ich darin las, zum Beispiel über die Oberflächlichkeit einer Friedensbewegung, die die Atombombe nicht als quasi natürliche Konsequenz unserer ganzen Ich- und Gesellschaftsverfassung begreift.

Ob nun bei der großen Auswahl des Angebots auf diesem neospirituellen und auch dem therapeutischen Sektor Mann oder Frau immer gleich das Gelbe vom Ei finden, ist eine zweite Frage. Wenn die eigene Antenne nicht völlig verschmutzt ist, kann man auch Glück haben. Jedenfalls war da eine außerordentliche Energie. »Mach was draus.« Ich habe Wichtiges gelernt, indem ich mich ohne selbstschützende Kritikasterei auf diese Bewegung, auf die Leute da, einließ, obwohl ich nicht ihren Weg gegangen bin. Die vier Wochen in Rajneeshpuram, der Bhagwan-Stadt im US-Staat Oregon, sind ein großer Gewinn für mich gewesen. Ich habe dort körperorientierte Workshops mitgemacht. Mein Hauptmotiv ist die Selbsteinsicht gewesen, wie sehr ich als Parteisoldat und Parteimönch hier Mensch-im-Futteral gewesen bin, eingesperrt und verpanzert in mir selbst. Wenn man dann noch zwei Jahre Untersuchungshaft und Knast genossen hat, im Nahkampf mit der bis dahin eigenen Partei Recht haben will, auch nichts zugeben darf, in der gegebenen Situation, verhärtet man sich noch viel mehr. Man zieht sich zusammen, versteckt sich hinter der Brille, lebt also nur auf Sparflamme, bloß den Kopf voller Druck. Da ist es für mich physisch überaus befreiend gewesen, mich auf diese therapeutischen Praktiken einzulassen. Man braucht dabei keineswegs alles einzukaufen, was an Ideologie, Religion und so weiter dazugeliefert wird oder was man dafür hält. Kritik ist nämlich nicht verboten. Wenn manche Menschen dabei nicht sie selbst bleiben, so ist das »freie Wahl von freien Bürgern«, übrigens immer noch mehr als auf dem allgegenwärtigen Supermarkt im allgemeinen. Es hat mich wirklich erstaunt, wie sehr sich Scharen linker und liberaler Leute um die paar tausend Menschen, meistens Intellektuelle, die sie beim Bhagwan auf die falsche Schiene rutschen sahen, gesorgt haben, während sie gleichzeitig die ganze Eisenbahn laufen ließen, bei der alle Züge in den Abgrund fahren. Selbst wenn bei der *Sannyas-Kommune* in Amerika, die nachher glimpflich aufflog, noch irgend etwas Schlimmeres herausgekommen wäre, es hätte der allgemeinen Katastrophe, die die amerikanische Gesellschaft ist, wirklich nichts Wesentliches hinzugefügt. *Wie* das ganze Thema dramatisiert wird, das sagt viel mehr über die Spiegel als über das Gespiegelte.

In der LOGIK DER RETTUNG habe ich mich auch positiv geäußert zu einem Projekt, dessen jetzige Praxis ich allerdings nicht mehr so gut wie die frühere kenne, nämlich zu dem Projekt »Bauhütte«, das sich jetzt »Meiga« nennt. Das ist eine Gruppe, die sich im Schwarzwald um Dieter Duhm konstituiert hatte und deren Grundthema war, daß man, wenn Sexualität und Liebe wieder zusammenkommen sollen, »Liebe« (als ein Verhältnis wechselseitiger Verhaftung verstanden) erst mal lassen muß, daß man sich neutralisieren müßte, um an die wirklichen Gründe für den Krieg zwischen den Geschlechtern heranzukommen. Ich denke, ein überaus wichtiges Thema. Zumindest unter dem kommunitären Aspekt einer sozialen Alternative ist geradezu entscheidend, es wenigstens erst mal klar ins Auge zu fassen. Möglicherweise liegt hier sogar der positive Zugang zu dem ungeheuren Stoff, dessen negative Seite von der Kritik des Patriarchats aufgegriffen wird. Es wird, wie so oft bei Gruppen, problematisch, wenn dann alles durch ein einziges Schlüsselloch gejagt wird. Die erotische Dimension ist viel grundlegender für alle Sozialstrukturen, als wir uns bewußt zu machen pflegen, aber sie ist nicht *der* Schlüssel, sondern eben einer. Doch der Versuch dieser Gruppe ist jedenfalls ganz ernsthaft und verdient es nicht, aus verklemmtem Ressentiment verleumdet zu werden.

Es geht mir weder bei der Bhagwan-Geschichte noch bei diesem »Meiga«-Projekt darum, jeweils der Weisheit letzten Schluß zu vermuten, sondern um den notwendigen Mut, sich auf Erfahrungen dieser Art einzulassen und der eigenen geistigen Souveränität so weit zu trauen, daß man gerade dann, wenn man dicht genug herangeht, schon selber sehen wird, was dran ist und was nicht. Aus der Presse kann man es nicht erfahren, im Gegenteil, sie tendiert systematisch dazu, vor allem das madig oder lächerlich zu machen, was den Lebensnerv gegen die Grundverpanzerungen im Status quo mobilisiert.

Wie so etwas gemacht wird, kann ich am besten charakterisieren, indem ich erzähle, was ich mit zwei typischen, ja den zwei wichtigsten Organen für Meinungsmache, beim SPIEGEL und beim STERN, erlebt habe, nämlich exakt dieselbe blöde Masche, für die sich arrivierte Journalisten nicht zu schade sind. Der SPIEGEL schickte, nachdem ich in Rajneeshpuram gewesen war, einen freundlich wirkenden Mann, der, wie sein Artikel dann zeigte, sein Schema schon als Auftrag in der Tasche hatte und nur noch die »Belege« brauchte. Er setzte sich mir gegenüber an die andere Schreibtischseite, fragte vielerlei, und ich gab ihm in aller Aufrichtigkeit Auskunft. Neben ihm auf dem Bücherbord standen zufällig auch Bücher von Bhagwan, darunter eines, wenn ich mich recht erinnere, über sexuelle Kraft und Yoga. Während ich mal draußen war, hat er sich die Titel notiert und dann geschrieben, daß es das ist, was mich jetzt interessiert, und Marx natürlich nicht mehr. Es ist noch kein Jahr her, da waren sie vom STERN bei mir, und der Schreiber hatte genau dasselbe Format. Auch er fand Bhagwan im Regal. Und auf dem Tisch - ich habe meine Bücher kommuneöffentlich gemacht - lag noch irgendein Quizbuch, nicht mal meines. Auch das stand dann in der Spalte als charakteristisch für mich, nachdem ich nicht mehr mit den GRÜNEN Politik mache. Und je weiter man sich von der Normalität entfernt, also von den Zuständen und Verhaltensweisen, die eigentlich das verrückteste sind, was es gibt, um so mehr reizt man natürlich die Abwehrmechanismen. Das sind nicht nur der SPIEGEL und der STERN als Institutionen, sondern da fechten natürlich auch Menschen ihren Abwehrkampf gegen die Zumutung, ihre jämmerliche Rolle fahren zu lassen. Man darf sich nicht allzu lange über solche Erbärmlichkeiten aufregen. Langfristig läuft sich das dennoch tot. Man darf sich durch nichts verbieten lassen, die existentielle Erfahrung *selbst* zu machen und sich auch öffentlich dazu zu bekennen. Man darf sich irren, man darf auch mal auf einen Flop hereinfallen. Wenn man wirklich sucht, bekommt man neuen Grund unter die Füße.

Um zu verstehen, kann man seine Erinnerung mobilisieren, was in den ersten 300 Jahren nach Christus in Rom passiert ist. Es gab wirklich keinen - damals *nah*östlichen - Kult, so degeneriert der schon gewesen sein, so sehr er seine Zeit zu Hause schon hinter sich gehabt haben mag, der nicht im späten Rom fröhliche Urstände gefeiert hätte. Der persische Mithras war ein Jahrhundert lang der Gott der römischen Legionen. Es gab den Kybelekult und ich weiß nicht was noch alles. Das Imperium war geistig von Jahrzehnt zu Jahrzehnt mehr »ausgelaufen«, leerer geworden, so daß sich die Leute einfach nach einer neuen geistigen Grundorientierung umsehen *mußten*. Da die Politik nicht mehr interessant war, da man auf das soziale Funktionieren im ganzen keinen Einfluß mehr hatte, bot sich um so mehr an, sich neu in den elementarsten Fragen der menschlichen Existenz zurechtzufinden. Und etwas Ähnliches ist jetzt im Westen im Gange, diesmal mehr mit fernöstlichen Importen, weil wir ja nicht nur den Mittelmeerraum, sondern die Welt kolonisiert haben.

Daß es da unzählige Verirrungen gibt, noch dazu bei dem Neurosenpotential, das wahrscheinlich in jeder »modernen« Gesellschaft noch größer und virulenter als im alten Rom ist, muß nicht verwundern. Aber wer sich auf die Anlässe für Gelächter konzentriert, wird das Wesen der Sache versäumen, wird vor lauter Unterholz den Wald nicht sehen. Selbstheilungskräfte sind in Wirklichkeit nicht am Markte auszumachen, sondern allein im Menschen.

Was meinen heutigen politischen Ort betrifft, zu dem ich nicht ohne derartige Erfahrungen gekommen wäre, so liegt er jenseits des Parteienwesens. Das halte ich nicht für wirklich politisch, was da läuft. Das halte ich für Politikasterei und Politikantentum. Ich denke, daß Politik, und zwar bezogen auf die Weltsituation als ganze, gewiß nicht nur hier in der Ex-DDR von Grund auf neu gebaut werden muß. Innerhalb der gegebenen Strukturen wird sich nur fortzeugen, was uns umbringt. Um die Politik neu zu begründen, muß man sich erst einmal auf die *Grundlagen* ökologischer Politik einlassen, die nicht selbst schon politischer und auch nicht umweltschützerischer Art sind.

Jetzt ist noch klarer als es Anfang 1990 war, daß uns keine unmittelbare Möglichkeit bleibt, sie in dem letztlich unverzichtbaren großen, das heißt gesamtgesellschaftlichen Stil zu verwirklichen. Wir sind noch viel mehr darauf verwiesen, von innen her für die notwendige Umkehr vorzuarbeiten.

2. Inweltkrise als Ursprung der Weltzerstörung

Was heißt eigentlich Ökologie? Warum Sozialökologie?

Podiumsgespräch Rudolf Bahro mit Johannes-Günter Kohl und Michael Succow* Statements

Johannes-Günter Kohl: Der Begriff der Ökologie hat in der Biologie seinen Ursprung. Jetzt ist Ökologie zu einem Modewort geworden, auch zu einer Art Tarnkappe. Der Begriff wird wissenschaftlich gebraucht, aber auch umgangssprachlich verwendet und damit abgegriffen, und er hat durch die Umweltkrise der Menschheit politische und globale Dimensionen erlangt.

Ernst Haeckel hat diesen Begriff in seiner »Generellen Morphologie« 1866 in die Wissenschaft eingeführt, und er verstand darunter die Lehre vom Haushalt der Natur und von den Beziehungen der Organismen zu ihrer Umwelt als Gesamtheit aller Existenzbedingungen. Heute wird er nicht mehr nur im biologischen Zusammenhang gebraucht, er erhält durch die Gefährdung der Existenzbedingungen der Menschheit als Ganzes eine bedeutende sozialwissenschaftliche Relevanz. Daher ist neues Denken erforderlich, und es muß über Fachgrenzen hinaus nachgedacht werden. Dieser disziplinäre und interdisziplinäre Handlungsbedarf kann aber nicht durch formales Anhängen der Vorsilbe »öko-« abgedeckt werden.

---

* Podiumsgespräch am 15.10.1990 zwischen Rudolf Bahro und den Biologen Johannes-Günter Kohl, Prof. am »Institut für Ökologie« der Humboldt-Universität, und Prof. Michael Succow, der nach der Wende im Umweltministerium Staatssekretär für die Naturschutzbelange war und sich stark im Bund für Umwelt- und Naturschutz Deutschlands (BUND) engagiert.

Die Ökologie ist durch die Umweltkrise in ein interdisziplinäres Spannungsfeld geraten, hat aber auch dort im engeren Sinne als biologische Disziplin eine Multivalenz. Aber die Umweltprobleme sind nicht mit biologischem Wissen allein zu analysieren geschweige zu lösen, aber auch nicht ohne Biologie, denn die wichtigsten Prozesse in der natürlichen Umwelt des Menschen sind biogener Natur, und die lebensgefährdenten Eingriffe des Menschen in die Umwelt greifen biologische Strukturen an oder beeinflussen das Ökosystem im Ganzen.

Zum Verständnis der Ökosysteme hat die Systemtheorie entscheidend beigetragen. Die Definition von Elementen und die Untersuchung der Wechselwirkungen zwischen ihnen führt allerdings immer nur zu zwar richtigen, aber doch nur zu Teilbildern. Das rührt daher, daß ökologische Systeme außerordentlich komplex aufgebaut sind und sowohl deterministische als auch stochastische Eigenschaften aufweisen.

Der holistische Ansatz in der Ökosystemforschung, bei dem das Ökosystem im Extremfall als »black box« behandelt wird, hat zu außerordentlich wertvollen Ergebnissen geführt, zum Beispiel bei der Beschreibung der Wassergüte von Standgewässern in Abhängigkeit vom Phosphatbudget oder von der externen Belastung. Solche Modelle definieren aber nur ein Kennfeld des mittleren Verhaltens und der Varianzen. Ökosysteme verhalten sich jedoch nicht stetig oder linear, sondern zeigen Stabilitätsbereiche, innerhalb derer sie sich kaum verändern, jedoch auch sprunghafte Veränderungen bei unter Umständen geringen Belastungen, die über ihre Pufferkapaziät hinausgehen. Gleiches gilt auch bei Entlastung. Es sind daher die schleichend wirkenden Einflüsse auf Ökosysteme innerhalb der Pufferbereiche, die zunächst unerkannt bleiben und in ihrer Wirkung erst sichtbar werden, wenn kaum noch eine Umkehr möglich ist. Das ist nur zu vermeiden, wenn bei jeder potentiellen Beeinflussung entweder die Gesamtheit der möglichen Auswirkungen in unter Umständen sehr langen Wirkketten aufgedeckt werden oder in theoretischen oder gegenständlichen Modellen getestet werden. Es bleibt aber immer eine Unsicherheitsspanne, wo wir nicht oder kaum zu erwartende Schäden anrichten.

Mit den Fortschritten der Mathematik und Informatik sowie der Computertechnik hat die mathematische Modellierung von Ökosystemen einen enormen Aufschwung erlebt. Die Verifikation dieser Modelle ist aber vielleicht ungenügend geblieben, und nach einer ersten euphorischen Welle ist eine erhebliche Ernüchterung bei Ökologen eingetreten, vor allem deshalb, weil diese Modelle nicht in die Heuristik des Erkenntnisprozesses einbezogen wurden und stattdessen die Modellentwicklung sich verselbständigt hatte und - was besonders schlimm ist - bei Politikern und Praktikern Erwartungshaltungen hinsichtlich der

Applikabilität dieser Modelle erzeugt wurden, die diese nicht abzudecken vermochten.

Eine hohe Brisanz der Umweltprobleme wird durch die unterschiedlichen Zeitskalen ökologischer Prozesse erzeugt. So können sich Fließgewässer bei pulsartigen Stoffbelastungen innerhalb von Tagen oder Wochen regenerieren, entsprechend der mittleren Verweilzeit des Wassers würden in den Baikalsee eingetragene konservative Schadstoffe erst in 2000 Jahren ausgewaschen sein. Verunreinigungen der Atmosphäre durch Schadstoffe (wie die FCKW) können über Jahrhunderte hinweg ihre verhängnisvolle Wirkung für die irdischen Lebensbedingungen ausüben. Durch starke Bodenerosion oder Devastierung immens gesteigerte Stoffausträge von den Bergen in die Ebenen oder zum Meer könnten erst durch die nächste Eiszeit oder tektonische Ereignisse ausgeglichen werden.

Ganz besonders ist die Biosphäre aber betroffen von Eingriffen, die der Mensch in seinem Erfindungsreichtum plötzlich vornimmt, auf die die Lebewelt nicht vorbereitet ist, wie vom Menschen neu geschaffene Chemikalien, an die die Evolution die Organismen nicht anpassen konnte, besonders wenn diese weltweit verbreitet und so gut wie nicht abgebaut werden, wie uns das - freilich inzwischen abgegriffene - Beispiel des DDT lehrt, welches aber dennoch weiterhin angewendet wird. Gegen natürliche Schadereignisse sind die ökologischen Systeme durch die Vielfalt und die Plastizität der Lebensformen und Lebensgemeinschaften und ihre Adaptationsmechanismen weitgehend gefeit, wenn nicht weltweite Katastrophen eintreten. Unbedachte und unbeachtete Eingriffe in den Naturhaushalt, auf die noch keine schnell wirksamen Adaptationsmechanismen entwickelt wurden, treffen die Natur unvorbereitet, und erst Evolutionsprozesse mit Zeitkonstanten von Jahrhunderten oder wahrscheinlich von Jahrtausenden könnten diese in ihrer Wirkung abfangen. Vielleicht ist es dafür aber dann schon zu spät.

Das alles zeigt, zu welcher Sorgfalt wir verpflichtet sind. Die Naturwissenschaften können den Handlungsspielraum, der der Menschheit zum Überleben verbleibt, mehr oder weniger genau abstecken. Es ist aber eine Aufgabe aller Wissenschaftsdisziplinen, besonders der gesellschafts- bzw. sozialwissenschaftlichen Disziplinen, für die gesamtgesellschaftliche Wahrnehmung der entstandenen Umweltkrise zu sorgen, und die wissenschaftliche Basis und die politischen Mechanismen für einen Paradigmenwechsel zu entwickeln. In diesem Zusammenhang sehe ich den Platz eines Gebildes, das sich »Sozialökologie« nennt.

Rudolf Bahro: Vielleicht machen wir ja auch die nächste Eiszeit selbst. Neulich hörte ich den Physiker Peter Kafka sagen, der Input-Effekt, den der Mensch auf der Erde verursacht, habe bereits die Dimension von geologischer Eiszeit bzw. eventuell Warmzeit erreicht. Wir greifen in einem solchen Umfange in das irdische Gleichgewicht ein, daß die Bedingungen, die evolutionär unser Erscheinen ermöglicht haben und für unsere Fortexistenz ausschlaggebend sind, weggewischt werden. Diese Gleichgewichtsstörung zu erfassen, das kommt natürlich der Naturwissenschaft zu, und zwar muß sie es im Hinblick auf die ganze belebte Erde tun - siehe Lovelooks Gaia-Hypothese. Das leistet nicht die Sozialökologie. Wenn die kulturelle Tätigkeit der Menschen auf der Erde so zerstörerisch ist, dann genügt offenbar keine einzelne Wissenschaft, und es ist die Wissenschaft insgesamt nicht die Instanz, die hinreichend darauf antworten könnte.

Die prekäre Situation ist ja gerade wesentlich vom Wissenschaftsbetrieb - natürlich im Kontext geldansammelnder und staatlicher Tätigkeit des Menschen - mitverursacht. Selbstverständlich ist kein einzelner Zweig der Kultur für sich genommen dafür verantwortlich zu machen. Aber wenn gesagt wird, die Wissenschaft muß die Effekte erfassen, dann bleibt das Problem, wie man ihrem Überborden zuvorkommt. Die Einzelwissenschaft registriert die Veränderung nachträglich, und auch die alternativen Experten mit ihren Gegengutachten hinken unvermeidlich hoffnungslos nach. Und wir geben vor, Folgen vorabschätzen zu können, wo wir im Grundlegenden nur höchst unzulänglich »wissen«.

Unsere Praxis ist komplexer entwickelt als unsere Erkenntnisfähigkeit. Demgegenüber wird sich eine entscheidende Vereinfachung des Zugangs zu gesellschaftlichen Lösungen ergeben, wenn wir vom Menschen ausgehen, davon, daß am Anfang *seine* Tat war. Die Menschen sind Ursache aller zivilisatorischen Effekte und Produkte. »Die Kultur läßt Wüsten hinter sich«, wußte auch Marx. Wer aber ist »die Kultur«? Es mag vor allem unvollständig vereinfacht sein, zu sagen, wir können nur vom Menschen her die Schäden angehen. Das ist aber der Zugang, schon um das naturwissenschaftlich Erkannte umzusetzen, erst recht, um den gesellschaftlichen Gebrauch unseres Wissens ändern bzw. begrenzen zu können. Was soll dann nun *Sozial*ökologie?

Ökologie zunächst ist Wissenschaft vom Systemcharakter des Lebens auf der Erde, und wenn die Menschen aus dem Lebensbegriff nicht ausgeschlossen bleiben, dann macht sich diese Definition, trotz und mit der menschlichen Technik, nicht vom Biologischen los.

Die üblichen Konzepte von Sozialökologie sind zu eng gefaßt, oder werden zumindest in der Anwendung meist eng geführt. Ich sehe zunächst zwei Konzepte. Eines, mehr aus der Sicht des Naturwissenschaftlers bzw. Ingenieurs, geht etwa folgendermaßen heran: Nehmen wir an, wir haben einen theoretischen Vorlauf, wie wir uns in Kürze zulänglich mit Solarenergie versorgen könnten, ökologisch verträglich also, und nun hängt es an der sozialen Umsetzung. Dann ist also Technik der Ausgangspunkt, und wir brauchen Sozialökologie, um ihre Lösungen durchzusetzen, in die Gesellschaft hinein zu vermitteln. Hier wäre Sozialökologie angesetzt als Hilfswissenschaft, um Ökotechnik durchzusetzen. Doch eine neue Technik, in der Regel gerade im Kontext nicht nur »oben«, sondern auch »unten« herrschender Interessen entstanden, bringt natürlich noch keine Lösung der grundlegenden sozialen Strukturen, gar im internationalen Maßstab, die in Richtung Apokalypse arbeiten. Eben hatten wir in Italien auf der »Messe konkreter Utopien« in Città di Castello eine Diskussion »Wird Europa nun, von Portugal bis zum Ural, ein Solarhaus sein?«. Sehr schön, aber solange dieses Europa zugleich zum Kernbestand dessen gehört, was ich das Imperium des weißen Mannes nenne, wird das nur bedeuten, daß Solarenergie demnächst auch für militärische Zwecke gut sein wird? Ist sie es nicht längst? Keine Technik kann für Ökologie garantieren.

Das zweite Konzept geht davon aus, daß man das Verhältnis zwischen Mensch und Industriesystem sozusagen aus der Betroffenenperspektive betrachtet - z.B. auf die industriell bedingte Krebsgefahr abhebt oder abgefülltes Wasser für Säuglinge bereitstellt, überhaupt im sozialen Interesse etwas für die »Umwelt« fordert oder tut. So begrenzt verstanden, würde Sozialökologie schon überhaupt nicht an die Katastrophenlogik selber rühren.

Näher kommen wir dem Sinn der Sache, wenn wir Sozialökologie als Wissenschaft vom Verhältnis Mensch ⇔ Natur, Mensch ⇔ Erde fassen und nach den Überlebensbedingungen der Menschheit fragen. Was macht der Mensch mit den Gleichgewichtsverhältnissen, in denen sich die Evolution bewegt? Die Erde wieder als unverletzlich, als ein heiliges Wesen gelten zu lassen, das würde zu einer anderen Auffassung der Wissenschaft führen. Mehr noch: Es scheint so, als ob uns die Natur von außen Grenzen setzt. Wie ist es aber möglich, daß der Mensch, selbst Glied der Natur, mit seinem subjektiven Geist das Maß zu sprengen vermag? Und das führt über das Feld von Sozialwissenschaft, Soziologie usw. überhaupt hinaus.

Sozialökologie behandelt eine Zwischenzone, behandelt die Vermittlung zwischen den Effekten, die der Mensch durch Wissenschaft, Kapital, Staat usw. verursacht, und den Motiven, die ihn zur Machtansammlung auf diesen Wegen treiben. Ich meine also, daß man in der Ökologie von der Anthropologie und Psychologie ausgehen muß und daß es nicht zu leisten ist, wenn man nicht auf Hegels höchste Trias, die Reiche von Kunst, Religion und Philosophie zurückkommt. Das Ganze hat etwas mit unserer Tiefenpsychologie zu tun, und erhellen wir, was da berührt wird, dann ist die spirituelle Dimension nicht auszuschalten. Wissenschaft ist dann in diesem Kontext dazu da, dem Menschen angesichts seiner Kapazität, das Naturgleichgewicht zu stören, eine Hilfe zur Selbstkontrolle zu bieten. Entscheidend ist, die ausschlaggebende Rolle des Menschengeistes bei der Auslösung wie vor allem bei der Bewältigung der ökologischen Krise ins Auge zu fassen.

Der homo sapiens, so wie ihn die Anthropologie und Psychologie statistisch erfaßt, ebenso *der* Mensch, von dem es am Stammtisch heißt, er sei nun einmal so, wie er ist - der ist bereits verloren. Die Selbstzerstörungskräfte haben Vorlauf. Es gibt aber in uns ein Potential, das darüber hinausreicht. Das meinte Pascal, als er sagte: »Der Mensch übersteigt unendlich den Menschen.« Das heißt auch, das genetische Material ist noch nicht ausgeschöpft. Andererseits sah Einstein: »Nicht die Atombombe ist das Problem, sondern das menschliche Herz.« Beides verträgt wissenschaftliche Behandlung. Wissenschaft und Glauben sind zu Beginn des Mittelalters falsch getrennt worden.

Michael Succow: Der Mensch kann inzwischen vieles, offenbar zu vieles machen. Machbares muß auch vor meiner Mitwelt und der Zukunft verantwortbar sein. Nur Vielfalt kann zur Einheit, Ganzheit führen. Monokultur in Gesellschaft und Landwirtschaft hatten wir. Akademien produzieren Wissen. Wissen führt zu Machen-wollen und das wiederum zu Vereinseitigungen. Jetzt müssen wir zur Weisheit kommen.

Weisheit ist aber, wie bereits Platon feststellte, Verbindung von Wissen und Moral. Die Wissenschaft weiß viel über den vorprogrammierten Niedergang. Wenn es aber dringlich wird, vom Wissen zur Weisheit zu kommen, so ist das nicht nur als modische Kategorie zu verstehen. Wir brauchen höhere Prinzipien, die wir akzeptieren. Eine mongolische Weisheit besagt: Die Natur gibt mit vollen Händen, wenn wir sie achten. Was wir aber tun ist, wir mißachten und überfordern sie. Die notwendige Empfindsamkeit gegenüber der Natur ist mir wieder herstellbar, wenn wir die Dimension Glaube - Religion nicht ausklammern.

Der Schutz der Natur - bisher Lebensaufgabe von Einzelnen, die sich dazu berufen fühlen - ist zur Hauptaufgabe der Zeit geworden. Das zeigt uns heute besonders die Dritte Welt, etwa mit Äthiopien als dem schwächsten Land: Vom Hakenpflug auf den Mähdrescher umsteigen, das geht eben nicht. Wir dürfen die Natur nicht weiter vernutzen.

Mitteleuropa kann noch vieles ausgleichen. Oftmals hilft der Himmel noch, anders als z.B. in Gebieten, wo die Verdunstung höher ist als der Niederschlag, wie in den ariden Ländern. Wo in Deutschland noch funktionstüchtige Landschaft existiert, muß sie unbedingt erhalten werden. Der Mensch muß sie quasi als Heiligtum betrachten und sich möglichst zurückziehen. Da gibt es Lebensräume von höchstem Wert, die auch ohne unser Zutun noch stabil sind.

Da ist zuerst das Programm Nationalpark - es umfaßt bei uns drei bis vier Prozent der Fläche.

Das zweite Feld sind die Kulturlandschaften. Da sind etwa sechs bis acht Prozent bei uns in der ehemaligen DDR noch nutzungs-extensive Naturlandschaften, Grenzgebiete, Staatsjagden, Armeegebiete, die zu erhalten sind. Wir können versuchen, durch Extensivierungsprogramme, also durch Herausziehen aus der Agrarproduktion, noch Landschaft zuzugewinnen. Dazu kommen sieben Biosphärenreservate und die Aufgabe, die Flächen zu ökologisieren, zu renaturieren, die wir durch Intensivierung vernutzt haben. Ich denke z.B. an Landschaften mit verseuchtem Grundwasser. Die Renaturierung der Kulturlandschaften ist zum Teil machbar, aber das muß schnell gehen, indem wir z.B. nicht so viel Grundwasser verbrauchen. Wir schöpfen viel zu tief. Dadurch werden bei den Lamellen, die wir ausgewaschen haben, die Adern immer größer. Besser ist, durch Sanierung der Flüsse aus ihrem Wasserüberfluß Wasser zu gewinnen.

In der Forstwirtschaft als dem dritten Feld sieht es so aus, daß Wälder zu Forsten geworden sind, gezeichnet durch Rückstände, Kahlschläge, Altersstrukturwald. Es darf keine Kahlschläge mehr geben.

Ein viertes Feld sind die dörflichen und städtischen Lebensräume, Wohnräume, die zu ökologisieren sind. Sie müssen den Grunderfordernissen des Naturschutzes und der Menschenwürde entsprechen. Im Naturschutz, der endlich so umfassend wie möglich verstanden werden muß, ist nur ein Denken angemessen, das zugleich moralisch, ökologisch und ökonomisch ist.

Podiumsdiskussion

Johannes-Günter Kohl: Auch in der vorindustriellen Zeit gab es geglückte und mißglückte Versuche der Menschheit, die natürliche Umwelt zu nutzen. Antike Hochkulturen in Vorderasien sind zumindest mit an selbst verursachten Umweltschäden untergegangen. Andererseits ist das große mittelalterliche Rodungsexperiment in Zentraleuropa als geglückt zu bezeichnen, ist doch hier in der Zone der natürlichen Laubmischwälder eine weitere Kulturlandschaft durch Ackerbau und Grünlandwirtschaft entstanden, die ökologisch den natürlichen Steppengebieten entspricht, aber im feuchten Klimagebiet liegt. Durch die Bewirtschaftung wurde die Landschaft ökologisch »aufgewertet«, indem die naturräumliche Vielfalt und damit auch die Artenvielfalt enorm vergrößert wurde. Diese Landschaft war ökologisch dennoch stabil und nachhaltig nutzbar, auch wenn sie wenig »Ursprüngliches« aufwies. Übertriebene Großflächenwirtschaft in ausgeräumten Agrarlandschaften mit einseitiger flächendeckender chemischer »Bekämpfung« aller Fremdelemente, wie Unkräuter, mikrobieller und tierischer Schädlinge, hat ansonsten ökologisch stabile Agrarlandschaften ernsthaft gefährdet. Dadurch sind selbst Naturschutzgebiete, wie zum Beispiel viele Moore, ernsthaft gefährdet worden, die, inmitten der Agrarlandschaft oder in Rest-Waldzellen gelegen, über Jahrhunderte nahezu ungestört blieben. Wenn wir jetzt daran gehen, die Landwirtschaft neu zu gestalten, dann ist auf keinen Fall ein Modell dazu geeignet, wenig produktive Flächen stillzulegen, um andere umso intensiver zu »nutzen«, besser zu »vernutzen«. Die einmalige Chance, hier eine Art Demontageeffekt im Neubeginn mit einer ökologischen Landwirtschaft auszunutzen, muß man angesichts der kritischen Lage skeptisch beurteilen.

Rudolf Bahro: Offenbar fehlen uns die gesellschaftlichen und politischen Institutionen, mit denen wir der Katastrophe entgehen könnten. Viele beginnen das jetzt zu erkennen. Ich denke da an Kurt Biedenkopfs »Ordoliberalismus«-Konzept. Das ist ein etwas seltsamer Name für einen ernsthaften Gedanken. Wovon geht es aus? Die Erde ist endlich, unser Wissensdrang, unser Wille zum Tun und Machen aber grenzenlos. Daher stecken wir jetzt in einer Begrenzungskrise. Da Liberalismus Konkurrenz der Wölfe beinhaltet, der man zwar die Steuerung der Proportionalität in der Produktion, aber nicht des sozialen Ganzen, ja nicht einmal des Gesamtproduktionsumfangs überlassen kann, muß es eine politische Ordnung geben, die stark genug ist, die Wirtschaft zu kanalisieren. Die Macht muß verfassungsmäßig und vor allem de facto stärker sein als die, die hinter dem Informationsfluß zwischen den Bankentürmen steht. Die bundesdeutsche Verfassung gibt das m.E. prinzipiell nicht her, denn da ist von Grund auf der Zauberlehrling eingebaut, der den Besen gerufen hat, aber nicht mehr zu bannen vermag. Die Staatssouveränität ist nach innen keineswegs gegeben, dem Kapital gegenüber, auch nicht unseren eigenen produktivistischen und konsumistischen Ambitionen gegenüber. Zugleich gibt es in jeder(m) von uns eine Gewissensinstanz, eine Instanz allgemeiner Verantwortung. Dieser verantwortlichen »Fakultät« in uns muß in Zukunft wieder eine politische Struktur entsprechen, für Selbstbegrenzung eben, für Suchtbekämpfung.

Wir sollten diesbezüglich nicht zu pessimistisch auf den jetzigen Augenblick fixiert sein. Die deutsche Öffentlichkeit wird sich in ein paar Jahren verstärkt auf diesen Punkt zurückverwiesen sehen.

Michael Succow: Wir brauchen eine neue Idee von Fortschritt. Nicht wer am meisten produziert und verbraucht, ist der Pionier, sondern wer alles aufs Naturgleichgewicht hin bedenkt, aus Ehrfurcht vor der Natur bereit ist, kürzer zu treten. Mag sein, daß uns die Furcht vor der Natur, die nicht mehr mitspielt, zur Ehrfurcht zurückführt. Ich stimme der Biedenkopf-These von der Begrenzungskrise und von ORDO als Antwort zu. Wie ich es wahrnehme, denken auch die Ministerpräsidenten von Brandenburg und Mecklenburg ähnlich.

Rudolf Bahro: Aber ihnen fehlen die Instrumente, und es fehlen auch die massenpsychologischen Voraussetzungen. Wieso kommt die ökologische Komponente in der Moderne so generell zu kurz? Wieso scheinen wir diesbezüglich auf nachklappernde Moral und Ethik, auf Sonntagsreden-Religiosität zurückgeworfen? Obwohl eine Umfrage ergab, daß selbst vormalige DDR-Bürger, sogar in der jetzt als sozial bedrängt empfundenen Situation, »Umwelt« an die Spitze der Prioritätenliste setzen? Aber »Umwelt«, wie sie uns gefällt, und ökologisches Gleichgewicht des Planeten sind eben nicht dasselbe! Wer gegen den Bau einer Flugzeug-Startbahn demonstriert, weil seine Lebensarbeit in einem durch die Lärmbedrohung entwerteten Häuschen steckt, muß noch kein Ökologe sein. Man braucht ja auch kein Pazifist zu sein, um gegen Raketen vor der eigenen Haustür zu demonstrieren, die hauptsächlich geeignet scheinen, die ersten Schläge der anderen Seite anzuziehen.

Seitdem der Mensch in Städten wohnt, verwendet er immer weniger Zeit und Aufmerksamkeit auf den direkten Kontakt mit der Großen Natur. Für den Typus Napoleon ist jeder andere primär Machtkonkurrent. Wer zu wenig hat, kämpft mit denen, die relativ zu viel haben. Alle Energie, alles Bewußtsein geht in die verschiedensten sozialen Kämpfe. Andere Momente unserer Existenz haben keine institutionelle Verstärkung. Nur durch Katastrophen kann sich die gestörte Natur noch bemerkbar machen. Die »soziale Frage« wird immer durch die Flucht nach vorn gelöst, durch Mehrproduktion vor allem - immer neu auf Kosten der Erde. Indessen *müssen* wir jetzt die Frage nach dem sozialen Ausgleich, der sozialen Gerechtigkeit an die zweite Stelle rücken bzw. der Frage nach der Naturgerechtigkeit unserer Gesamtpraxis Priorität einräumen und erst in diesem Rahmen soziale Interessenpolitik einordnen.

Michael Succow: Wie können wir Einfluß nehmen? Über Parteien? Aber Parteien müssen sich wegen der Welt gegeneinander darstellen. Wichtig sind Umweltverbände. Sie haben zusammen mit Presse und Fernsehen schon viel erreicht. Das ist das Feld, um etwas zu bewegen. »Nur ein toter Fisch schwimmt mit dem Strom.« Also Umweltbund, Naturschutzbund und die Grünen. Diese drei Organisationen werden bedeutsam werden. So kann sich Verteidigungsminister Stoltenberg nicht leisten, große Truppenübungsplätze für sich zu behalten. In diesen Plätzen sind viele Räume für die Natur. Er geht jetzt zum Teil mit. Umweltverbände haben den Vorteil, daß sie unabhängig sind, nicht vordergründig zu denken brauchen.

Johannes-Günter Kohl: Die Programme der politischen Parteien bekennen sich alle zu ökologischer und sozialer Politik. Selbst wenn man unterstellt, daß diese Konzepte eigener Überzeugung entspringen und nicht nur Feigenblattfunktion erfüllen, können sie jedoch nur die kurzfristigen Probleme lösen. Langfristige Konzepte einer ökologischen Politik sind kaum auf dieser Ebene zu realisieren, weil der Zwang, dem Wähler innerhalb einer oder weniger Wahlperioden politische Erfolge vorweisen zu müssen, so gravierend wirkt, daß Konzepte, die nur langfristige Erfolge zeitigen oder deren Früchte erst späteren Generationen zugute kommen, auf diesem Weg keine Akzeptanz erhalten. Also muß es andere Kräfte und Formen geben, eine solche Neuorientierung durchzusetzen. In überpolitischen Initiativen müssen sich die Vorreiter Gehör verschaffen und die Einsichten verbreiten. Ohne eine neue Moral wird es keinen Ausweg aus diesem Dilemma geben.

Rudolf Bahro: Vor allem auch deshalb nicht, weil es um eine Revision von Voraussetzungen geht, die eigentlich alle politischen Kräfte stillschweigend teilen. Wer gibt schon zu, daß es die *Grundlast* unseres Produktionssystems ist, die der Erde entschieden zu schwer wird? Etwa unser Kilowatteinsatz pro Quadratkilometer Landesfläche hat sich seit 1880 mehr als verzehnfacht, und nun kann es nicht darum gehen, ihn *um* zehn Prozent zu senken, sondern industrielle Abrüstung *auf* zehn Prozent ist nötig. Wenn da die Dynamik der sozialen Kämpfe die Priorität behält, ist in dieser Richtung nichts zu machen. Der Mensch muß von innen her eine neue Antwort suchen, noch über das hinaus, was wir »Moral und Ethik« nennen. Denn diese Vokabeln erinnern zu sehr an das alte Patronat, an eine Elite, die etwas von außen aufdrückt. Friedrich Schorlemmer nennt den Menschen einen Nimmersatt. Stimmt das, dann ist der Suchtcharakter des Ichs die Herausforderung. Darüber hinaus müssen wir ein neues Niveau der Solidarität entwickeln. Den Weg von innen her gesehen - und demgemäß auch die entsprechenden Institutionen schaffen. Soweit das als eine religiöse Problematik erscheint, geht es jedenfalls um nichts Jenseitiges. Meister Eckhart fragte »Wie kann Christus *in dir* geboren werden?« Da ist doch nicht an ein Holzkreuz, an einen Götzen gedacht. Unsere Seelenkräfte sind real, sowohl die individuellen als auch die kollektiven. Und es ist *nicht* irrational, sich auf sie einzulassen, auch wenn sie selbst eine arationale Schicht mit sich führen.

Michael Succow: Soweit ich sehe, könnten es Modelle der westlichen Marktwirtschaft, nehmen wir die höchstentwickelten, schaffen in ihren eigenen Ländern ökologisch und sozial zu sein. Durch Transformation, nicht Revolution, hat sich der Frühkapitalismus in eine effektive Gesellschaft entwickelt, das aber in hohem Maße auf Kosten der Erde und der Dritten Welt, und nur für sich. Diese hochentwickelte Gesellschaft weiter transformieren, so daß sie weltweit umweltverträglich wird, dem muß sich die moderne Gesellschaft stellen. Wir haben zu wenig Zeit, an etwas anderes zu denken, wir können nicht weiter herumexperimentieren.

Rudolf Bahro: Ob es nicht doch eine Illusion ist, wir hätten im Westen eine Ausgangsbasis? Gerade gegenwärtig läuft was ganz anderes an. Die Ablenkung durch den Ost-West-Konflikt vergeht. Aber schon steht die Frage, ob wir Krieg gegen den Islam führen werden. So werden wir uns nicht retten, werden dort noch mehr zerstören, »müssen« hier auch weiter rüsten.

Michael Succow: Wenn wir so fortfahren, ist der Niedergang nicht aufhaltbar. Bei Strafe des Untergangs muß etwas getan werden. Wir dürfen nicht nur Mitteleuropa sehen, sondern es geht darum, auch z.B. diese nahöstlichen Länder umweltverträglich zu entwickeln.

Allgemeine Diskussion

Michael Succow (zur Frage: Helfen nicht ein paar Reservate?): Nehmen wir das Nationalparkprogramm - ich sagte drei bis vier plus sechs bis acht, also um die zehn Prozent sind drin. Aber das reicht nicht. Es geht nicht mit Reservaten wie für die Indianer. Es geht um Naturschutz auf 100 Prozent der Fläche. Zwar wird Ökologisierung des ganzen Landes nicht gelingen. Aber in Georgien sind das 40 Prozent des Landes, 20 Prozent davon Nationalparks und 20 Prozent umweltfreundliche Landnutzung. Das ist für die Welt vorbildlich. Förster und Ackerbauern müssen die Landnutzung anders machen.

Johannes-Günter Kohl: Ich muß das unterstützen, denn die schützenswerten Arten finden wir nur zu einem kleinen Teil in Naturschutzgebieten, viele vom Aussterben bedrohte Arten leben in der Agrarlandschaft, in vom Menschen geschaffenen Ökosystemen. Auch dadurch hat der Mensch die Vielfalt erhöht. In diesem Zusammenhang sind auch alte Haustierrassen und Kulturpflanzen unbedingt zu erhaltende Natur- und Kulturgüter. Wenn aber in der DDR Plakate im Umlauf waren und auch in Einrichtungen der Humboldt-Universität hingen, wo stolz die Fähigkeit demonstriert wurde, mit »SYS«-Herbiziden solche Pflanzen wie die Sumpfdotterblume »auszumerzen«, ist das nicht nur eine moralische oder ästhetische Frage, sondern auch Ausdruck einer völligen Fehlorientierung. Es ist also auch wieder ein humaner Umgang mit der Natur selbst dort gefragt, wo sie geschützt oder verändert wird. Das gilt insbesondere für die Land- und Forstwirtschaft, die im wahrsten Sinne auch eine naturpflegerische Funktion zu erfüllen hat.

Anfrage (Christine Eschenbach): Ich zweifle daran, daß wir über Furcht zur Ehrfurcht kommen. Feindbilder haben ja auch nicht zur Abrüstung geführt.

Michael Succow: Wir haben Glauben und Wissen getrennt. Ich frage, wie wir über Glauben zur Achtung der Natur kommen. Darüber würde ich mehr wissen wollen.

Rudolf Bahro: In außerordentlichen Situationen erfahren wir in der Begegnung mit der Natur auch heute noch ihre für uns numinose Qualität. Wer einen Berg allein besteigt, fängt an, mit ihm zu sprechen, weil er ihn als Du-Wesen wahrnimmt. Der ursprüngliche Islam etwa hat eine andere Einstellung als die bei uns gewohnte zu dem Thema Glauben und Wissen. Mohammed meinte: »Wer Wissen erwirbt, betet Gott an.« Glaube muß sich ja nicht unbedingt auf Dogmen beziehen. Ich verstehe das Wort als Bezeichnung für Welterfahrung aus dem offenen Herzen heraus.

Johannes-Günter Kohl: Furcht ist auch Furcht, etwas zu verlieren. Die Ehrfurcht muß uns leiten bei allem, was wir mit der Natur machen. Die Natur ist etwas Einmaliges, Unwiederbringliches, Unbeschreibliches. Bei allen wissenschaftlichen und technologischen Möglichkeiten, die die Menschheit entwickelt hat, kann eine Art, die in kurzer Zeit ausgerottet wurde, kaum wieder durch Neuzüchtung ersetzt werden. Natur ist etwas, was mental kaum, nur emotional zu erfassen ist.

Rolf Ammon (FU): Es ist gut, daß die Natur der menschlichen Beziehungen im Blickfeld ist. Wenn wir uns der Problematik »reiche Länder und die anderen« zuwenden, dann dürfen wir nicht nur die Umweltproblematik aufgreifen, sondern müssen auch an die Mitwelt denken. Wir sind in Gefahr, die Ohnmacht der anderen Länder zu verstärken. Solche Positionen wie: »Wir haben als reiche Länder eine Aufgabe, wir werden euch schon helfen oder mit euch was machen«, das ist pathologisch. Da verstehen wir uns als Subjekte gegenüber Objekten. Es ist auch Rassismus im Spiel, wenn wir unsere Bürger hinausschicken oder wenn zigtausende Menschen aus anderen Länder bei uns wie Vieh zusammengepfercht sind.

Rudolf Bahro: Das ist einer der wichtigsten Gründe, daß wir den spirituellen Bereich nicht meiden können. Eigentlich auf allen Gebieten scheinen sich die Interessen zu widersprechen, solange wir nicht von Grund auf zum Menschen zurückkehren. Die Menschheit steckt in der Krise, aber Lösung ist nur denkbar, wenn wir sie als *eine* Gemeinde sehen, die Menschheit als Großen Stamm. Neues Denken allein genügt nicht. Es braucht neues Fühlen dazu. Der Mensch ist auch Körper durch und durch. Wir müssen unsere gesamte innere Verfassung revidieren, um eine solche Einstellungsänderung zu erreichen.

Student (Leipzig): Wir haben etwas hervorgebracht, womit sich der Mensch selbst zum Objekt gemacht hat. Ganz Europa ist bereit, in den Untergang zu gehen, um bei dem Lebensstil zu bleiben, in dem es befangen ist. Moral hat - auch abgeleitet aus den gesellschaftlichen Zuständen, um etwas auszugleichen - nichts geschafft. Opfer bringen - Weg nach innen gehen? Aber angesichts der Übermächtigkeit der technisierten und monetarisierten Außenwelt ist der Weg nach innen verschlossen. Wenn gesagt wird, daß der homo-sapiens-Begriff erweitert werden muß, wie ist dann der Weg nach innen zu gehen?

Rudolf Bahro: Wenn wir weißen Europäer hören, daß wir jetzt nach innen gehen sollen, dann fällt uns ja zunächst immer ein Ökotop ein, das wir zuvor noch schützen sollten. Während es bei Ihrer Frage darum geht, wie wir aufhören können, in einer Struktur zu leben, bei der aus Teichen Ökotope werden, die uns eigentlich daran erinnern sollten, auf dieser Ebene ist es fast schon zu spät. Ich meine halt, zuerst müßte sich der homo sapiens neu verstehen, müßte eine anthropologische Revolution vollbringen, die aber nicht etwa an den Genen herumfummelt, sondern unser Weltverhältnis von angstgesteuerter »Sicherheitspolitik« auf mitfühlendes, auf herzoffenes Erkennen umpolt. Das geht allerdings bis in die Physiologie hinein, nicht nur ins Psychologische oder gar nur bis zur Neuprogrammierung unseres instrumentellen Verstandes. Die letztere wird gar kein Problem sein, wenn Selbstschutz aufhört, unser erstes Anliegen sein zu müssen.

Nun läuft aber die Evolution des Menschen schon ein paar Millionen Jahre. Seit zweieinhalbtausend Jahren kommen solche Vorläufer einer anderen Menschenverfassung wie Laotse, Buddha, Christus. Sie lehrten *Praktiken*, wie wir anders mit dem Erkenntnisorgan, das wir *sind*, in der Welt sein können, mit einer anderen *Art* von Bewußtheit, einer anderen Empfänglichkeit für die Botschaft des Seins an uns. Und solche Praktiken für die Botschaft wurden in kleinen Gruppen, kleinen Lebenskreisen geübt. In dieser Richtung sehe ich den Weg, nach dem Sie fragen. Es gehört natürlich mehr dazu - ich meine in der Tendenz kommunitäre Lebensformen -, aber dieses Üben ist die Achse.

Frage aus dem Auditorium: Ökosozialismus, Sozialökologie/Ökologie als Denk- und Handlungsversuch. Es gibt keine Ökologie, die keine sozialen und psychologischen Faktoren enthält. Deshalb gehören da auch keine Prä- und Suffixe hin. Der Mensch ist ein Produkt der Natur - um das herauszubringen, brauchen wir doch keine besonderen Veranstaltungen. Wir brauchen auch keine heiligen Institutionen darüberzustellen, sonst sind das wieder Ideologisierungen. Und soll der Bereich der menschlichen Arbeit ausgespart bleiben? Arbeit in der Fabrik und auf dem Lande - darüber muß man den Menschen erreichen, mittelbar über Ökologie am Arbeitsplatz.

Rudolf Bahro: Ich stimme den ersten beiden Gesichtspunkten zu - keine Vergewaltigung durch Prinzipien, die wir gesetzt haben! Problematisch ist die Beschwörung der Arbeit. Wenn wir mit unserer industriellen Leistung zehn Mal zu schwer auf der Biosphäre lasten, dann müßten wir neun Zehntel der Arbeit lassen, zumindest, insofern sie Material- und Energieumsatz bedeutet. Ich finde eine Lücke als die um das Thema Arbeit viel größer, nämlich, daß wir Kunst und Liebe nicht berührt haben. Liebe als die umfassende Disziplin des offenen Herzens.

Letzter Zuruf aus dem Raum: Ein Gefühl ist doch ohne Handlung nicht vorhanden, also brauchen wir den Bereich Ökonomie schon allein als Tätigkeitsfeld. Eine Industrie muß sein, des Wissens, der Mittel und der Werkzeuge wegen, um die aufgezeigte Situation zu ändern. Man sollte die Ökonomie gerade in den Vordergrund rücken. Religiöses Herangehen - Macht ist auch eine Religion! Regierungsarbeit ist ein Festhalten an einem überholten Zustand. Daher sollte man sich vor allem direkt mit Ökonomie und Politik befassen.

Rudolf Bahro: Ich hoffe, es wird demnächst noch klarer werden, warum ich diesen Feldern, ohne sie ignorieren zu wollen, nicht mehr den Vorrang im Weltverständnis lassen möchte. - Herzlichen Dank an sie beide, Herr Kohl und Herr Succow.

Bewußtseinspolitik gegen die Logik der Selbstausrottung

Meine ALTERNATIVE vor nun gut zwölf Jahren ist quasi das Buch für Michail Gorbatschow gewesen. Es nahm viel von dem Reformversuch vorweg, den er begann und der jetzt auch seine Grenzen zeigt. In meiner damaligen Perspektive, wo das »grüne« Thema im Schlußteils des Buches bereits deutlich angeschlagen ist, hätte ich jetzt zu reden über Kommunismus und Ökologie oder besser, weil das die wirkliche Priorität ist, über Ökologie und Kommunismus. Aber dann würde der in meinen Augen ausschlaggebende neue Zugang zu einer Politik der menschlichen Emanzipation, der mir inzwischen klar geworden ist, nicht genug hervortreten.

1987 habe ich ein zweites dickes Buch namens LOGIK DER RETTUNG veröffentlicht. Der Untertitel fragt: »Wer kann die Apokalypse aufhalten?« Es ist ein Versuch über die Grundlagen ökologischer Politik. Und der elementarste Gedanke darin ist, daß sich der Mensch nur noch mit einer anthropologischen Revolution retten kann, die wesentlich eine Bewußtseinsrevolution ist. Wie weitgehend auch immer das Sein das Bewußtsein bestimmen mag, noch fundamentaler bestimmt das Bewußtsein, bestimmt die bloße Tatsache seiner Existenz das gesellschaftliche und institutionelle Sein des Menschen, das schließlich auf nichts anderem beruht!

Mit anderen Worten: fürs Gesellschaftliche ist das Bewußtsein die grundlegende »objektive Realität« - wenn man's denn materialistisch formulieren will. Einer der Begründer einer politischen Ökologie in Westdeutschland, der Schriftsteller Carl Amery, konnte Marx vorwerfen, er sei zu *wenig* materialistisch gewesen, indem er dem Menschen, dessen höchster, wirklichkeitsmächtigster Funktion, dem »objektiv real existierenden Geist«, nicht jene grundlegende Bedeutung beimaß, von der etwa Sophokles ausging, wenn er in Hölderlins Übersetzung sagt: »Vieles Gewaltige lebt. Nichts ist gewaltiger als der Mensch.« Das menschliche Bewußtsein ist eben nicht primär falsche Ideologie, Illusion. Daß man es diesbezüglich kritikwürdig findet, setzt ja eben seine Wirklichkeit und Macht voraus. Und *alle* andere gesellschaftliche Wirklichkeit ist ihm gegenüber sekundär, ist *seine Objektivation*! Wie sollten zum Beispiel Institutionen, die ja strukturell geronnener toter Geist sind, wie sollte der Staat »materieller« sein als der lebendige Menschengeist, ohne den all dies nicht wäre, mag es sich noch so sehr »hinter seinem Rücken« hergestellt haben.

Freilich zeigt das Paradox »materiellen« Bewußtseins an, daß es doch zweifelhaft ist, die Einheit der Welt in ihrer Materialität statt in ihrem geistigen (wenn man will: informationellem) Zusammenhang zu sehen. Hinzu kommt für Marxisten die Schwierigkeit, daß sie aus der Aufklärung einen aufs abstrakte Denken, auf den Verstand, bestenfalls auf die dialektische Vernunft verkürzten Begriff von Bewußtheit bevorzugen. Als Lenin Bewußtheit versus Spontaneität artikulierte, war der Fokus ein aus dem Insgesamt der menschlichen Interessen herausabstrahiertes Klasseninteresse in der standardisierten Situation des Menschen als Fabrikarbeiter. Die motivationale psychische *Energie* aber, die entscheidend in den revolutionären Prozeß einging, ist im wesentlichen arational (ich betone a-, nicht irrational). Und *praktisch* haben die Marxisten durchaus und gerade darauf gebaut.

Ich will hier nur daran erinnern, daß sich der Marxismus in dieser Frage stets paradox verhalten hat. Für den historischen Prozeß hat er mit einer materialistisch begründeten »Linie der Massen« stets eine voluntaristische, sozusagen idealistisch willensorientierte, durchaus »fichteanisch« motivierte Politik der bewußten Intervention verbunden. Die Partei-Metaphysik, wie sie etwa Majakowski kongenial in seinem Lenin-Poem verdichtete, gab dem sogenannten »subjektiven Faktor« eindeutig Vorrang. Die Praxis der Bolschewiki, die sich jetzt erschöpft hat, erklärte sich selbst aus einem Primat der Politik über die Ökonomie. Und Lenins Lösung für den Aufbau der Partei und damit ursprünglich für den ganzen Kurs auf die Umwälzung der russischen Produktions- und Lebensweise hieß »Bewußtheit, Bewußtheit, Bewußtheit!«. Deshalb ging meine ALTERNATIVE nicht von einer klassenmäßig-soziologischen, sondern von einer psychologischen Differenzierung der Gesellschaft nach »Bewußtseinsfraktionen« aus, deren Momente sich, wenngleich in sehr verschiedenen Proportionen, in jedem Individuum vorfinden.

Wenn ich nun über die Grundlagen ökologischer Politik nachdenke, gehe ich erneut davon aus, daß es Bewußtseinsanteile sind, die sich einerseits zu einer *Logik der Selbstausrottung* aufgebaut haben, während sich andererseits andere Momente unserer Bewußtseinsverfassung auf eine *Logik der Rettung* hinordnen können. In meinem gleichnamigen Buch habe ich mich zunächst ausführlich mit der Logik der Selbstausrottung, d.h. vor allem mit der bewußtseinsmäßigen Innenseite der von uns erzeugten Realapokalypse, auseinandergesetzt. Ich bin dabei ausgegangen von einem Begriff, den vor Jahren der Vordenker der britischen

Friedensbewegung, Edward P. Thompson, geprägt hat. Er sprach von »Exterminismus als letztem Stadium der Zivilisation.«

»Exterminismus« ist im Deutschen ein Fremdwort, in England ist es unmittelbar eingängig. Dort benutzt man das Verb »to exterminate«, wenn man die Giftspritze nimmt, um Pflanzen und Tiere, die wir für »Unkraut« und »Ungeziefer« erklärt haben, weil sie menschlichen Interessen im Wege sind, massenhaft auszurotten.

So meint der Begriff »Exterminismus« bei Thompson speziell das Militärsystem, die Waffensysteme zur Massenvernichtung von Menschen. Aber ich weite ihn aus auf das ganze Industriesystem, das die Erde zerstört, etwa zu einem massenhaften Artensterben bei den Pflanzen und Tieren führt, und direkt wie indirekt immer mehr auch den Menschen bedroht. Der Hunger in der Dritten Welt, an dem jedes Jahr Millionen Menschen sterben, gehört auch dazu.

Mercedes und Panzer sind miteinander verwandt, und es wird schwerlich gelingen, die Panzer zu verabschieden, solange der Mercedes heilig ist. Die Weltsituation würde uns schnell der Privilegien berauben, die mit dieser Autokultur verbunden sind, wenn die Waffensysteme wirklich ausfielen. Die sind hier zu unser aller Schutz. So ist das Industriesystem selber das Problem und der Militärkomplex nur seine »ultima ratio«.

Allerdings genügen allein schon Rüstung und Krieg, um die Umwelt- oder vielmehr Weltzerstörung unaufhaltsam zu machen. Andererseits geht schon ohne Krieg alles kaputt. Nicht das eine oder andere Biotop - die ganze Erde ist gefährdet.

Wenn ich versuche, das Problem »Logik der Selbstausrottung« einmal theoretisch zu formulieren, gerade auch im Hinblick auf die Frage, wie groß unser Anteil daran ist, dann gehe ich davon aus, daß, wie die Tiefenpsychologie sagt, die mächtigeren Ursachen in den tieferen Schichten zu finden sind. Was wir in erster Linie ins Auge fassen, wenn wir dieses Thema Exterminismus behandeln - denn für mich gehören Krieg und Naturzerstörung ursächlich zusammen und der Welt-Hunger auch -, das sind zunächst nur verschiedene Symptome ein und desselben Problems. Und die GRÜNEN mit ihrer »ökologischen Politik« oder die Friedensbewegung gegen bestimmte besonders selbstmörderische Waffensysteme, das berührt für mich erst mal nur die oberste Schicht des Problems, die Ebene der Erscheinungen, der Symptome. Auf dieser Symptomebene sind erst einmal alle dagegen.

Die erste Ursachenebene: Das Industriesystem

Aber darunter liegt als erste ursächliche Ebene das Industriesystem. Und wenn wir, die wir noch am meisten engagiert sind, was den Kampf gegen diese Symptome betrifft, einmal ganz ehrlich uns selber fragen, wie wir es mit diesem Industriesystem halten - Industrie nun nicht als Verwendung von Werkzeugen allgemein, sondern als Synonym der industriellen Massenproduktion rund um den Planeten -, dann, glaube ich, werden wir alle feststellen müssen, wie weitgehend wir teils bewußt, aber überwiegend unbewußt damit identifiziert sind.

Wenn zum Beispiel, um es einmal dingfest zu machen, Richard von Weizsäcker vor einigen Jahren von einer Reise aus Südostasien zurückkehrt - wo er sich das Elend der Dritten Welt einmal hautnah angesehen, das auch gebührend beklagt und entsprechende Reaktionen angemahnt hat, dann aber den Schlußstrich daruntersetzt - und erklärt, an dem Gesamtkurs dieser industriellen Zivilisation, an diesem Weg des Fortschritts ist nichts zu ändern, er sei im Prinzip nicht revidierbar, so bedeutet das, die Selbstausrottung als unentrinnbar zu akzeptieren.

Ich glaube nicht, daß es sehr viele Leute gibt, die sich darüber klar sind: Wir müssen das bis in die Fundamente aufgeben, unseren Naturverbrauch um mindestens eine Zehnerpotenz zurücknehmen. So ist es aber! Das heißt übrigens nicht, daß wir verhungern oder erfrieren müßten.

Als ich noch in der »armseligen DDR« gelebt habe, in den 70er Jahren, habe ich einmal zusammen mit einem Freund, der damals Ökonomischer Direktor der Leuna-Werke war, überschlagen, wie hoch eigentlich meine Verbräuche liegen. Die lagen zehnmal so hoch wie die Verbräuche Schillers zu seiner Zeit. Und ich lebte auch nicht besser als er, ich war nicht glücklicher; er hatte eher noch mehr Kultur. Das ist eine Frage der machtvollen Infrastruktur und des Transportes von Massengütern, Rohstoffen, Industrieprodukten rund um die Erde und natürlich außerdem der Überproduktion von Gewaltmitteln. Das ist es, was unsere Existenz so teuer macht.

Wir errechneten, daß in einem Hochhaus, einem dieser schrecklichen Wohnmaschinen der DDR, allein 14 Millionen Transportkilometer stecken. Wir hatten die Landwirtschaft so organisiert, daß auf eine landwirtschaftliche Kooperative von etwa zehn Dörfern eine ähnliche Zahl von Transportkilometern im Jahr kam, weil alles spezialisiert und auseinandergerissen war, um dem Prinzip des Industrialismus Genüge zu tun. Dieses Prinzip wird heute weniger den je in Frage gestellt, obwohl es unvernünftig ist.

Es genügt längst nicht, daß wir sozusagen »halblang« machen, »ein bißchen vernünftiger« werden. Denn das betrifft vielleicht 5 - 10 Prozent unserer Verbräuche, und das kann man eigentlich vergessen, denn die Kopfzahl wächst ja weiter. Es hilft auch die Aschenputtel-Methode »die Guten ins Töpfchen, die Schlechten ins Kröpfchen« nicht mehr, als könnten wir zwischen erfreulichen Errungenschaften und dysfunktionellen Sachen sortieren - als wäre das nicht *ein* System.

Wenn wir bereit sind, dieses System der Massenproduktion zur Disposition zu stellen, dann riskieren wir wohl auch die Hi-Fi-Anlage mit. Das ist ein Ganzes, und wenn es aufhört, ist es möglich, daß um des Lebens willen manche Bequemlichkeit ausfällt. Unsere wirkliche Wahl ist gar nicht die zwischen Weiterlaufenlassen wie bisher und ein bißchen Verzicht auf bestimmte *Formen* der Bedürfnisbefriedigung, sondern sie betrifft den Umfang selbst. Zehn Milliarden Menschen, die es in historisch allerkürzester Zeit sein werden, *können* gar nicht so leben, wie wir es uns angewohnt haben. Da helfen keine kosmetischen Veränderungen. Das einzelne Auto mag inzwischen einen Katalysator haben, aber 700 Millionen Chinesen »brauchen« dann erst mal ein Auto, um den Stand der Bundesrepublik zu erreichen, und die Ressourcen werden immer knapper, während immer mehr Energie verbraucht wird - und alles geht auf Kosten der Biosphäre.

Auf dieser Ebene Industriesystem ist das Waffensystem ein unerläßlicher Teil, weil es sonst gestürmt werden würde von den Völkern der Dritten Welt. Das hat schon seine Logik, seine böse Vernunft. Die Entscheidung Krieg oder Frieden läuft in Wirklichkeit auf dieser Ebene. Solange die Kriegsmaschine aufbaubar und der Mensch ein machtbesessenes Wesen ist, wird sie auch aufgebaut werden, und man muß das Gerät dann an irgendeiner Stelle ausprobieren - und wenn man da schon mal die Truppen hingestellt hat, dann ist es ja psychologisch unmöglich, eines Tages nicht auch den Einsatzbefehl zu geben, denn die werden auch nervös. Wenn man diese Logik nicht von ihren Anfängen her stoppt, in unserer täglichen Existenzform, dann ist sie unentrinnbar.

Die zweite Ursachenebene: Das Steuerungssystem, die Geldvermehrung

Die nächste Ursachenebene unter der industriellen ist das Steuerungssystem, mit dem diese Massenproduktion, Multiplikation von Kilogramm und Kilowatt pro Kopf, bis ins Unendliche gesteigert wird - und das auf endlicher Erde! Wir haben ja das Weltregiment aus irgendwelchen guten Gründen zu Ende des Mittelalters dem »lieben Gott« weggenommen, d.h. natürlich den entsprechenden Instanzen alias Priestern und Königen, und haben es den Kaufleuten übergeben, in Wirklichkeit aber dem anonymen Geld.

Heute ist es jedenfalls so einfach nicht mehr festzumachen, wer da noch wirklich die Entscheidungsgewalt und Verfügungsgewalt hat. Die sogenannte Souveränität des Geldmachens haben wir Europäer erfunden, selbst die Japaner haben es nur übernommen von uns. Geld, das sich ins Unendliche multiplizieren soll - es befriedigt natürlich auch das Suchtverhalten des Menschen - wurde zum Regulator des ganzen welthistorischen Prozesses und bestimmte natürlich die Machtkampflogik.

Die Kapitaldynamik ist der spezifische Motor der industriellen Massenproduktion, die als solche auch nur Symptom ist.

Da begegnen sich auf dem Brennerpaß die LKWs, und der eine transportiert Olivetti-Computer nach Deutschland, um sie dort billiger anzubieten als deutsche Computer, und der andere bringt Siemens-Computer nach Italien, um sie dort billiger zu verkaufen als Olivetti. 90 Prozent des Schwerverkehrs über die Alpen findet nicht aus Versorgungsgründen, sondern um der Geldvermehrung willen statt. Und wir haben gerade erlebt, wie dieses System erstmals weltweit triumphiert, von Los Angeles bis Wladiwostok. Das Prinzip der Geldvermehrung ins Unendliche, das ist die zweite Ursachenebene.

Die dritte Ursachenebene: Die europäische Kosmologie

Die Ebene darunter, die dritte Ursachenebene, betrifft das expansio-nistische, kolonialistische Grundmuster, in dem wir Europäer uns bewegen, wenn wir Menschen unterwerfen, Erde und Kosmos erobern, unsere Wissenschaft und unsere Geschäfte betreiben. Es handelt sich um das, was Häuptling Seattle in seiner vielberufenen Rede an den amerikanischen Präsidenten ungefähr so formulierte: »Der weiße Mann kommt über Nacht, rafft, was er ringsherum brauchen kann, und zieht am nächsten Tag weiter; die Erde interessiert ihn nicht.«

In den Tiefenschichten der männlichen Psyche gibt es keine vorherige Versöhnung, da muß erst das Turnier ausgetragen werden. Nur hat man dazu heute keine Schwerter oder Lanzen mehr, sondern Raketen, modernste Waffensysteme. Das ist es, was Johan Galtung die »europäische Kosmologie« genannt hat, um einen Begriff zu haben für diese Tiefenschichten kollektiver Selbstverständlichkeit. Ob man diese nun religiös oder tiefenpsychologisch definiert, ist zweitrangig. Diese Kreuzritter, die damals von der Kirche gesalbt worden sind, um gegen die Ungläubigen zu kämpfen, obwohl Jesus zu Petrus gesagt hat: »Steck dein Schwert ein«, zeigen eine Psychodynamik, die wir ebenso finden beispielsweise in der Art, wie wir Astrophysik betreiben, um im Kosmos »Schwarze Löcher« zu finden, statt zu schauen, ob wir nicht vielleicht im Herzen ein »Schwarzes Loch« sind. Diese Welteroberungspsychologie ist ein durchgängiger Zug, sie reicht in unsere Vorexistenz als kriegerische Wandervölker zurück, und in ihr ist übrigens auch die Ursache für den späteren Durchbruch zum Kapitalismus zu suchen. Schon in unserer Ritterzeit war in der von oben wenig eingeschränkten Schwertkonkurrenz der Aristokratie die spätere, massenhaftere, »demokratischere« Kaufmannskonkurrenz vorgebildet.

Die ganze Logik der Konfliktentwicklung und die Logik, die hinter den technischen Kräften steht, die sich im modernen Krieg gegenüberstehen, ist primär europäisch-amerikanisch, das ist westliche Logik. Die ganze Art und Weise moderner Kriegsführung ist ein Produkt der europäischen Zivilisation. Das haben wir gemacht. Unsere Psychologie der Kontrolle über alle Ressourcen der Welt und der Bestrafung von ungezogenen Kindern und dergleichen, die unmittelbar umgesetzt wird von der pubertären Mentalität in globale Machtkonflikte, und daß man da auch selber nicht mehr heraus kann, ohne sein sogenanntes Gesicht zu verlieren, das in Wahrheit ein Fratze ist - all das sind Erscheinungsformen dieser Grundhaltung in unseren Tiefenschichten.

Die vierte Ursachenebene: Das Patriarchat

Die vierte Ursachenebene - und jede tiefere Ebene ist letztlich relativ mächtiger - ist das Patriarchat (das sich bei so kriegerischen Völkern wie den Germanen auf der eben behandelten dritten Ebene besonders eklatant auswirkt). Das Patriarchat ist eine Struktur, die sich gewiß nicht zufällig durchgesetzt hat beim Aufstieg des menschlichen Geistes, die sich jetzt aber als die Grundschicht in der sozialen Verankerung unserer gesellschaftlichen Selbstmordpraxis herausstellt.

Das Patriarchat bedeutet im Kern nicht einfach die Ungleichberechtigung der Geschlechter, das wäre zu wenig. Gerade die germanischen Völker hatten lange ein verhältnismäßig gutes Gleichgewicht zwischen Mann und Frau, besonders im Norden, wo Rom nicht hinkam. Etwa in Knut Hamsuns SEGEN DER ERDE finden wir den Bauern und die Bäuerin bis in die Gegenwart hinein im Gleichgewicht. Das hinderte nicht, daß das Kulturprojekt als Ganzes radikal auf männliche Expansion ausgerichtet werden konnte. Auf gesamtgesellschaftlicher Ebene gab es schon im Stamm unter Umständen ein derart eindeutiges Ungleichgewicht zugunsten der männlichen Existenzform, so daß die Wagenburg auf dem Kriegszug die vorherrschende Existenzform sein mochte.

Das männliche Projekt ist expansiv aus vielerlei Gründen, die ich hier nicht ausführen kann, während die weibliche Existenz eher kontraktiv ist, eben zentriert um die Reproduktion des Lebens. Der Mann muß erst einmal ein Kunstprodukt schaffen, um sich seiner Kreativität zu versichern. Das Ungleichgewicht im Kulturentwurf des Patriarchats zeigt sich darin, wieviel von der männlichen und wie wenig von der weiblichen Eigenart in die ganze institutionelle Einrichtung der Welt eingebracht wird.

Dabei kommt es jetzt wirklich nicht darauf an, ob jemand persönlich »weiblicher« ist, wenn er in ein Amt kommt, wie Frau Süßmuth, oder »weniger weiblich«, wie Frau Thatcher. Auch Frau Süßmuth kann in dieser durch und durch patriarchalischen Zivilisation und ihrem staatlichen Überbau nur mit ihrer männlichen Seite etwas werden. Der Rest ist Charme, für die Garnierung der Sache. Aber das liegt nicht an ihr, das liegt überhaupt an niemandem individuell; darin setzt sich fixierte Struktur durch, und ich glaube, daß es unmöglich ist, mit der Gesamtproblematik dieser Selbstzerstörungslogik klarzukommen, wenn nicht auf dieser Ebene etwas Neues geschieht.

Das heißt nicht, daß jetzt das Patriarchat durch ein Matriarchat ersetzt werden soll; ich nehme an, es wird eher eine Evolution, die zu einem neuen »Vertrag« der Geschlechter führt, der sich bis in die letzten Verästelungen der Lebenswelt und des Institutionellen umsetzt.

Es war immer eine wichtige Anstrengung der Männer, die sich auf geistige Wege begeben haben, möglichst viel Weibliches anzunehmen, eben das rezeptive Element in sich zu pflegen. Das war natürlich auch ein Ausbeutungsprojekt der Männer. Aber was da an Notwendigkeit drinsteckt, ist, daß die Frauen aufgrund ihrer engeren Beziehung zu den natürlichen Gesetzen, die sich etwa in der Schwangerschaft ohne besondere yogische Übungen realisiert, genauere Botschaft aus ihrem Inneren haben, das, was man »weiblichen Instinkt« nennt. Der Mann, stärker nach außen gerüstet und gepanzert, ist solchen Praktiken wie zum Beispiel Yoga gefolgt, um wieder rezeptiv zu werden. Freilich wurden die meisten dieser hochkulturellen, spirituellen Traditionen im Patriarchat begründet, was darauf hindeutet, daß auch sie wohl noch nicht hinreichend sein werden, um das Patriarchat zu überwinden. Wenn aber tatsächlich der Gang zu den Tiefenschichten, »zu den Müttern«, wie es im FAUST heißt, ansteht, falls man an die Ursachen heran will, dann heißt das jedenfalls, daß unsere hauptsächliche Aktivität statt auf das »Sachenmachen«, die 8 Stunden am Reißbrett, im Büro und in der

Fabrik, auf unseren inneren Umbau, auf die Selbst-Wahrnehmung, Selbsterkenntnis und Selbsttransformation verlagert werden muß.

Über Entfremdung und lebendigen Geist

Wie schon gesagt, je tiefer wir in diese Strukturebenen der Selbstausrottungslogik kommen, umso gewichtiger sind ihre Auswirkungen, umso gewichtiger wäre dort ein Wandel. Natürlich heißt das auch, je mehr wir da hinuntersteigen, umso mehr gehen wir nach innen. Denn der größte Irrtum der Philosophie, die ich ursprünglich gelernt habe, des dialektischen Materialismus, war, auf das, was wir gemacht haben, und damit auf die Seite der Umstände größeres Gewicht zu legen als auf die Ursache, aus der das gekommen ist.

Marx hat einmal festgestellt, daß es auf der kulturellen Ebene nichts gibt, was nicht durch den Menschenkopf hindurchgegangen wäre. Was wir hier als Architektur um uns sehen, ist doch auch im Marxschen Sinne weniger wirklichkeitsmächtig als der Mensch. Das ist ja gerade die Entfremdung, daß wir uns dem menschlichen Wesen Entsprungenes übermächtig gegenübergestellt haben. Marx wollte ja, daß die lebendige *Arbeit* der toten (schon in den Objekten geronnenen) wieder Herr wird, also auch der lebendige Geist sich über den »toten« (zum Beispiel den in Beton objektivierten) stellt. Aber wir tun so, als existierte Beton genauso unabhängig von unserem Geist wie Fels.

Das hat zu tun mit der Schwierigkeit einer Gesellschaft, die zum Beispiel von ihren Ahnen nichts mehr weiß. Da kann es so scheinen, als wäre etwas, das *ich* nicht gemacht habe in diesem meinem kurzen Leben, *überhaupt* nicht menschlich gemacht, also ganz unabhängig von mir, meiner Disposition ganz entzogen. Klar, ich habe das Haus, in dem ich lebe, nicht gebaut. Was jetzt passiert, war cum grano salis schon entschieden, bevor ich geboren wurde, d.h. die sozialen, geistigen, psychischen, wissenschaftlichen und technischen Voraussetzungen dafür sind viel, viel früher geschaffen worden. Aber das war schon aus derselben Mentalität getan, die auch für mich charakteristisch ist, beziehungsweise zumindest war, so daß ich sie nur bruchlos fortsetzen mußte, um auch selbst so etwas zu glauben wie zum Beispiel: »Chemie bringt Brot, Wohlstand und Schönheit.« Dazu gehört etwa auch die Kosmologie, nach der man als Denker berühmt werden muß. Ich habe mein erstes Buch, DIE ALTERNATIVE, nicht nur aus Liebe zu einem besseren Sozialismus geschrieben, sondern auch aus Gründen der Selbstdurchsetzung.

Wir kennen zwar die Geschichte, kennen die historischen Wurzeln, aber daß das alles *heute* in uns drinsteckt, das vergessen wir und glauben wohl u.a eben darum, aktuell nichts machen zu können. Doch wir werden noch immer weder für den Kapitalismus noch für bestimmte Technologien noch für das Patriarchat geboren. Und ist die ungerechte Herrschaft des Mannes des Pudels letzter Kern? Ist nicht selbst sie schon Symptom? Warum konnte das Gleichgewicht zwischen den Geschlechtern verlorengehen?

Die fünfte Ursachenebene: Die conditio humana

Wenn man weiterfragt, bis in die tiefste Tiefe verfolgt, in Richtung der innersten Ursache - denn die muß ja in uns liegen, aus uns ist ja alles Soziale entstanden -, dann kommt man irgendwann bei der conditio humana an, bei der Frage, wie eigentlich die Gattung Mensch beschaffen ist.

Warum sprengt der menschliche Geist via Patriarchat das irdische Gleichgewicht? *Muß* sich die Gattung Mensch auf dem Wege ihrer Evolution umbringen? Wenn ich dächte »ja, sie muß«, hätte ich kein Buch LOGIK DER RETTUNG geschrieben. Wie gesagt, ich bin zu dem Schluß gekommen, daß gerade unsere psychische Verfassung - nicht nur das Großhirn, sondern unsere Bewußtseinskapazität als Ganzes - den Sprengstoff enthält. Denn die Dinge, die Konrad Lorenz mit Recht beschreibt, unsere Affenaggressivität usw., sind wohl gegeben, aber liegt es daran? Die Affen haben bislang nichts erfunden, was die Welt kaputtmacht! Es muß also zumindest noch unsere Fähigkeit zum instrumentellen Verstand hinzukommen, als Schlüsselkapazität, um die Erde kaputtmachen zu können.

Warum machen wir denn eigentlich einen so mörderischen Gebrauch von unserem Verstand? Offenbar konfrontiert uns das Selbstbewußtsein, die geistige Kapazität, die wir auf uns selbst richten können, mit unserer Sterblichkeit. Mit einer Ausstattung begabt, Spiegel des großen Ganzen zu sein, kompensieren wir unsere Erfahrung von Ohnmacht, Angst, Unsicherheit mit Projekten, uns darin zu verewigen, Denkmäler zu setzen.

Mit dieser letzten Ursachenebene haben sich seit Jahrtausenden einzelne Menschen auseinandergesetzt, die wir oft leider vorschnell als »Spinner« bezeichnen, unter anderem weil es angeblich seit 2.000 Jahren nichts gebracht hat, was ein ganz Bestimmter zum Beispiel lehrte: »In der Welt habt ihr Angst; ich habe die Welt überwunden«, und er fügte hinzu: »Mein Reich ist nicht von dieser Welt.« Das heißt, er hat die

Angst vor dem Tod überwunden. Er hat bis in sein alltägliches Verhalten hinein zustande gebracht, sich nicht unter dem Gesichtspunkt der Sicherheitspolitik, der Unsterblichkeit, des Kurses auf die Herz-Lungen-Maschine einzurichten. Und er war offenbar - wenn er sagte: »Sehet die Vöglein unter dem Himmel. Sie säen nicht, sie ernten nicht, und unser himmlischer Vater ernährt sie doch« - der Meinung, daß diese ganze Knappheitsproblematik überhaupt nur dadurch zustande kommt, daß wir aus Gründen unseres alltäglichen Festungsbaues um das bedrohte *Ich* herum immer mehr Machtmittel ansammeln ...

In früheren Zeiten konnte man einfach nur Schamane sein und brauchte nur geistige Macht, um der Größte zu sein, zu heilen, dem Stamm zu dienen und so weiter. Doch je mehr man entdeckt hat, daß man die psychische, die Hirnkraft und die Armkraft durch technische Machtmittel verlängern, gar ersetzen kann (so daß es dann bei Shakespeare heißt: »Wenn ich 10 Pferde zahlen kann, sind ihre Kräfte auch die meinen«) bis hin zur Dampfmaschine, zur Atomkraft und so weiter, desto mehr verschoben sich die Prioritäten. Und wenn ich nun ein Napoleon bin - und in bestimmten Bereichen sind wir Männer das alle (und manche Frauen sind Lady Macbeth) - dann brauche ich mindestens 51 Prozent aller Machtmittel gegen den anderen Napoleon.

Das führt zu diesen vergeblichen Machtkämpfen. In diesem Napoleonismus gilt, daß ich, wenn ich jetzt diesen Kampf gewinnen will, auf nichts anderes schauen darf als auf den Gegner. Das heißt, ich darf nicht etwa dem nachspüren, was der Weltzusammenhang von mir will und wie ich mich unter den großen Gesetzen, unter dem gestirnten Himmel, von dem Kant gesprochen hat, auf der Erde zu verhalten hätte. Wichtig ist nur, daß ich den Gegner im Auge behalte.

Unter diesen Umständen hat einer der größten Weisen, die das Abendland zu seinen Urvätern rechnet, Sokrates, es einmal fertiggebracht, zu sagen: »Bäume können mich nichts lehren.« Denn der athenische Mann hatte sich mit Staatsgeschäften und Philosophieren zu befassen, um sich gegen den anderen Mann zu behaupten, damit der nicht zu groß wird, wie der spätere Feldherr Alkibiades zum Beispiel, den Sokrates liebte. Was zwischen diesen beiden Männern vorging, das war wichtig - dagegen: »Bäume können mich nichts lehren«. Da war Hellas schon abgeholzt, die Bäume fuhren schon als Flotte auf dem Meer. Aber da hat keiner hingeschaut in Athen. In dieser Psycho-Logik haben wir die Wurzel, aus der der abendländische Baum der Erkenntnis gewachsen ist, bis heute.

Es kommt jetzt an auf Leute, die sich in eine »nichtnapoleonische« Verfassung versetzen und daher auch mehr wahrnehmen können und die außerdem noch über zusätzliche positive Praktiken verfügen, um ihre

Empfänglichkeit für das Wahre, Wesentliche, eigentlich Wirkliche zu vermehren. Denn wir müssen auf Wege kommen - und nicht auf die Perfektion, sondern auf die Richtung kommt es an -, wie sie uns Laotse, Buddha, Christus, Mohammed … vorausgegangen sind.

Geld und Magie

Eine Deutung von Goethes Faust

Hans Christoph Binswanger

Südlich von Freiburg im Breisgau liegt das Städtchen Staufen. Im dortigen altehrwürdigen Gasthaus »Zum Löwen« - im Zimmer 5 - war im Jahr 1539 ein bemerkenswerter Todesfall zu verzeichnen, von dem eine Anschrift auf der Außenwand des Gasthofes noch heute berichtet: »Anno 1539 ist im Leuen zu Staufen Doctor Faustus, so ein wunderlicher Nigromanta gewesen, elendiglich gestorben, und es geht die Sage, der oberste Teufel einer, der Mephistopheles, den er in seinen Lebzeiten nur seinen Schwager genennt hat, habe ihm, nachdem der Pact von 24 Jahren abgelaufen, das Genick gebrochen, und seine arme Seele der ewigen Verdammnis überantwortet.«

Faust ist also ein Negromanta gewesen, ein Schwarzkünstler (*lat. niger = schwarz*), einer, der die schwarze Kunst versteht. Die Schwarze Kunst, die hier als Resultat eines Teufelspaktes erscheint, meint aber nichts anderes als Alchemie. Und um der Alchemie - der Magie - willen befand sich Faust auch zu seinem Todestag in Staufen. Er war vom geldbedürftigen Freiherrn Anton von Staufen, der damals auf der Burg über dem Städtchen residierte, nach Staufen geholt worden, um künstliches Gold herzustellen. Die alchemistischen Tätigkeiten Fausts waren allgemein bekannt. Der Abt Trithemius, von dem das einzige ausführliche Zeugnis über den historischen Faust stammt, schreibt, Faust habe sich gerühmt, »daß er in der Alchemie von allen, die je gewesen, der Vollkommenste sei«.

Goethe hat diesen Faust zum Held seines großen Dramas gemacht. Warum? Ich meine: gerade weil Faust ein Alchemist war.

»Faust«, sagt der berühmte Psychologe C.G. Jung, »ist ein alchemistisches Drama von Anfang bis Ende.« Er hat damit völlig recht. Allerdings hat er nicht weiter ausgeführt, höchstens angedeutet, wieso er zu dieser Behauptung kommt, und ich meine, er konnte es auch nicht vollständig begründen, weil es dazu nicht nur einer psychologischen, sondern eben einer ökonomischen Begründung bedarf.

Wir stehen seit der Renaissance, also seit der Zeit des historischen Faust, vor allem aber seit der industriellen Revolution, die Goethe aus seinen Erfahrungen als mit Wirtschaftsfragen betrauter Minister am Weimarer Hof ganz bewußt miterlebt hat, in einem ständigen Prozeß der künstlichen Wertschöpfung - des Goldmachens im weitesten Sinne des Wortes -, das wir wirtschaftliches Wachstum zu nennen gewohnt sind. Das eigentliche Thema des Faust ist die Auseinandersetzung mit diesem Prozeß und die Aufdeckung seines alchemistischen Gehalts.

Goethe weist im FAUST sehr genau auf die Chancen, aber auch auf die Gefahren hin, die damit verbunden sind bzw. verbunden sein werden.

*

Im Faust geht es um einen Pakt mit dem Teufel, der in Gestalt des Mephistopheles als - neuzeitlicher - Alchemist erscheint, der Faust in die tieferen Geheimnisse der Alchemie einweiht.

Im Unterschied zum Faust der Volkssage, wie sie auf der Wand des Gasthofes »Zum Löwen« geschildert wird, schließt der Goethesche Faust aber keinen Dienstvertrag mit dem Teufel ab, sondern eine Wette. Der Dienstvertrag ist seiner Natur nach befristet - in der Faust-Sage auf 24 Jahre - und setzt die Leistung und den dafür zu gebenden Lohn fest. Mephistopheles muß im Diesseits Faust gehorchen und alles leisten, was dieser verlangt; dafür bekommt Mephistopheles nach Ablauf der vereinbarten Frist die Seele Fausts in seine Gewalt. Die Wette von Faust wird demgegenüber auf unbestimmte Zeit abgeschlossen; es bleibt - und das gehört zur Natur der Wette - auch offen, wer gewinnt. Das Ende des Paktes soll dann kommen, wenn das Streben Fausts zu einem endgültigen Ziel - zu einem höchsten Augenblick - geführt hat. So heißt es bei der Vertragsabschließung zwischen Faust und Mephistopheles:

FAUST:
Die Wette bin ich!

MEPHISTOPHELES:
Topp!

FAUST:
Und Schlag auf Schlag!
Werd ich zum Augenblicke sagen:
Verweile doch! du bist so schön!
Dann magst du mich in Fesseln schlagen,

Dann will ich gern zugrunde gehn!
Dann mag die Totenglocke schallen,
Dann bist du deines Dienstes frei,
Die Uhr mag stehn, die Zeiger fallen,
Es sei die Zeit für mich vorbei!

Die Wette geht also darum, ob Faust im diesseitigen Leben eine solche Steigerung seines Lebensgefühls erreicht, daß er es »verewigen« möchte. Genau um diese Verewigung geht es aber auch bei der Alchemie, bei der Herstellung des künstlichen Goldes.

Das Mittel zur Herstellung des künstlichen Goldes war der *Stein der Weisen*. Dieser Stein - der in Wirklichkeit ein Pulver oder eine Tinktur ist - wurde auch *maza* genannt, das griechische Wort für Hefe. Der Stein der Weisen ist also nicht etwa das Material, aus dem Gold gemacht wird, es ist vielmehr die wesentliche Beigabe, das Ferment, der Katalysator, welcher die Transmutation - die Verwandlung - des unedlen in das edle Metall - *bewirkt*. Als unedles Metall wurde vorzugsweise Blei verwendet. Blei ist dem Planeten und damit auch dem Gott Saturn zugeordnet. Die griechische Bezeichnung für Saturn ist Kronos. Kronos heißt Zeit und deutet damit auf die Vergänglichkeit hin. In den alchemistischen Darstellungen wird daher Saturn als Greis mit Sanduhr und Sichel versinnbildlicht. Im übertragenen Sinne gilt es also, im alchemistischen Prozeß aus dem minderwertigen Metall - dem Blei - als dem Symbol des Vergänglichen ein edles Metall - das Gold - als das Symbol des Unvergänglichen zu machen.

Es handelt sich also bei der Alchemie um den Versuch des Menschen, diesseits der Zeit aus der Zeit, diesseits des Todes aus der Vergänglichkeit auszubrechen.

Das Gold ist das Symbol des Dauerhaften, das die Grenzen der Zeit und Vergänglichkeit durchbricht, weil es weder verrottet noch verrostet. Das »Gold« erscheint aber im alchemistischen Prozeß in zwei Formen. Die Alchemie hat also auch zwei Zielsetzungen: Das erste Ziel ist die Herstellung des flüssigen *aurum potabile*, des großen Elixiers, des Allheilmittels oder Panacees, das die Krankheiten vertreibt, die Manneskraft erhält und ewige Jugend und langes Leben garantiert.

Das zweite Ziel ist die Schaffung festen Goldes im Sinne von Geld, das ebenfalls eine Form des Unvergänglichen ist, da es sich im Gebrauch nicht verbraucht und beliebig aufgehäuft werden kann, ohne zu verderben.

Wenn man sich die doppelte Aufgabe der Alchemie vor Augen hält, dann wird einem sofort deutlich, welches das Verhältnis des FAUST-Dramas zur Alchemie ist. Der erste Teil des FAUST handelt von der ersten Aufgabe der neuzeitlichen Alchemie, von der Herstellung des Trinkgoldes in der Hexenküche, von der Wiederverjüngung und der Manneskraft; es ist das Drama der Liebe.

Im zweiten Teil des FAUST steht die zweite Aufgabe im Vordergrund, die Herstellung des künstlichen Goldes im Sinne des Geldes, die mit der Notengeldschöpfung am Kaiserhof beginnt; es ist das Drama der Wirtschaft.

Der erste alchemistische Versuch des Mephistopheles, mit Hilfe des Zaubertranks in der Hexenküche, Faust durch die Liebe dem höchsten Augenblick entgegenzuführen und ihn so zu Fall zu bringen, scheitert. In der Szene, die mit »Wald und Höhle« überschrieben ist, gesteht Faust nach der ersten Begegnung mit Gretchen:

FAUST:
Oh, daß dem Menschen nichts Vollkommnes wird,
Empfind ich nun

und

So tauml ich von Begierde zu Genuß,
Und im Genuß verschmacht ich nach Begierde.

Der Genuß der Liebe hat seinen »höchsten Augenblick« in der Gegenwart, nicht in der Dauer der Zeit. Das Liebesdrama endet tragisch mit dem Tode Gretchens.

Der zweite Versuch des Mephistopheles hingegen, mit Hilfe des künstlichen Goldes bzw. des künstlichen Geldes Faust die Möglichkeit zu geben, seine Vision des wissenschaftlich-technischen Fortschritts der Verwirklichung entgegenzuführen, gelingt. Faust hat vom Kaiser das Recht zur Kolonisierung eines vom Meer immer wieder überfluteten und sumpfigen Geländes erhalten. Während die Arbeit zur Eindämmung dieses Gebietes im Gange ist, bekennt er, die künftige Besiedlung dieses neu geschaffenen Raumes vor Augen:

FAUST:
Solch ein Gewimmel möcht ich sehn,
auf freiem Grund mit freiem Volke stehn.
Zum Augenblicke dürft ich sagen:
»Verweile doch, du bist so schön!
Es kann die Spur von meinen Erdentagen
Nicht in Äonen untergehn.«
Im Vorgefühl von solchem hohen Glück
Genieß ich jetzt den höchsten Augenblick.

In diesem Moment hat Faust die Wette verloren. Faust stirbt. Die wirtschaftliche Tat hat Faust den höchsten Augenblick vermittelt, den ihm die Liebe nicht zu verschaffen vermochte.

*

Was hat es mit der wirtschaftlichen Tat auf sich, daß sie Faust so fasziniert, daß er in ihr den höchsten Augenblick erlebt, er, Faust, der sich selbst als den Repräsentant des modernen Menschen bezeichnet - und dies mit Recht, denn wir sind es ja, die diese Vision Fausts verwirklichen! Was ist das Faszinierende? Es ist - meine ich - gerade der alchemistische Charakter der modernen Wirtschaft.

Heute wird die Alchemie zwar als Aberglaube abgetan. Es heißt, daß sich seit dem Aufkommen der modernen Wissenschaften die Goldmacherei endgültig als Phantasmagorie erwiesen habe und daher niemand mehr sinnlos seine Zeit mit solchen abstrusen Vorhaben vergeuden wolle. Ich behaupte etwas anderes: Die Versuche zur Herstellung des künstlichen Goldes wurden nicht deswegen aufgegeben, weil sie nichts taugten, sondern weil sich die Alchemie *in anderer Form* als so erfolgreich erwiesen hat, daß die mühsame Goldmacherei im Laboratorium gar nicht mehr nötig ist. Für das eigentliche Anliegen der Alchemie im Sinne der Reichtumsvermehrung ist es ja nicht entscheidend, daß tatsächlich Blei in Gold transmutiert wird, sondern lediglich, daß sich eine wertlose Substanz in eine wertvolle verwandelt, also zum Beispiel Papier in Geld. Wir können den Wirtschaftsprozeß als Alchemie deuten, wenn man zu Geld kommen kann, ohne es vorher allein durch eine entsprechende Anstrengung verdient zu haben, wenn die Wirtschaft auch ein Zylinder ist, aus dem man ein Kaninchen herausholen kann, das vorher nicht drin war, wenn also ein echte *Wertschöpfung* möglich ist, die an keine Begrenzung gebunden und in diesem Sinne daher Zauberei oder Magie ist.

*

Der faustische Ausgangspunkt des alchemistischen Prozesses ist der Plan zur Papiergeldschöpfung, den Mephistopheles bzw. Faust dem Kaiser vorlegt und der ihn von seinen Geldsorgen befreien soll. Es ist ein Plan zur Ausgabe von Geldnoten, die sowohl durch die im Boden vergrabenen Goldschätze »gedeckt« als durch die Unterschrift des Kaisers legalisiert werden. Der Plan gelingt. Jedermann ist bereit, die Noten - oder Zettel, wie es gemäß der früher üblichen Bezeichnung im FAUST-Drama heißt - als Geld anzunehmen, und der Kaiser ist seiner

Schulden ledig. Diese Geldschöpfung wird ausdrücklich als »Chymisterei« - ein anderer Ausdruck für Alchemie - gedeutet.

Der ganze Akt der Geldschöpfung wird in der *Mummenschanz*-Szene am Kaiserhof dargestellt. Hier unterschreibt der Kaiser im Schein des Feuers das Original des Papiergeldes, indem er sich als Pluto wähnt, als der Gott der Unterwelt und der Bergwerke (insbesondere der Goldbergwerke). Dabei spielen die Gnomen, die sich selbst als »Felschirurgen« bezeichnen, eine entscheidende Rolle. Sie, die sonst »die hohen Berge schröpfen« und Metalle aus den Erzadern gewinnen, zeigen dem Kaiser eine *neue* Gold-Quelle:

> GNOME:
> *Nun entdecken wir hieneben*
> *Eine Quelle wunderbar,*
> *Die bequem verspricht zu geben,*
> *Was kaum zu erreichen war.*

In diesem Zusammenhang ist auf die Papiergeldschöpfung hinzuweisen, die vom 9. bis 14. Jahrhundert in China stattgefunden hat. Der chinesische Kaiser hatte dafür ein bestimmtes Amt geschaffen. Es hieß »Amt für bequemes Geld«!

*

So gut auch der alchemistische Plan zur Papiergeldschöpfung gelingt, so genügen allerdings die Golddeckung und die staatliche Legalisierung letzten Endes doch nicht, um dem Papiergeld dauernde Geltung zu verschaffen. Das hat Goethe deutlich gesehen. Eine solche Geldschöpfung aus dem Nichts muß vielmehr, auch wenn sie zuerst Handel und Wandel beschleunigt, über kurz oder lang zur Inflation und damit zur Entwertung und zur Repudiation, das heißt zur Annahmeverweigerung des Papiergeldes führen.

Die künstliche Herstellung des Geldes allein ist noch keine wirkliche Alchemie. Das Papiergeld bekommt einen echten Gold-Gleichwert erst dann, wenn es sich materialisiert, wenn es produktiv eingesetzt, wenn es auf Gewinn oder Zins hin angelegt bzw. investiert wird, wenn es also seinen Geld- bzw. seinen Goldwert dem Material mitteilt, das in den Produktionsprozeß eingeht, wenn - mit anderen Worten - der alchemistische Prozeß der Goldschöpfung sich auf die gesamte Wirtschaft ausdehnt und die Wirtschaft im Sinne der Wertschöpfung expandiert bzw. wächst.

Im 4. und 5. Akt kommt die zweite und dritte Stufe des alchemistischen Prozesses bzw. der Wertschöpfung zur Darstellung. In der zweiten Stufe der Wertschöpfung geht es um die Aneignung der Natur im Sinne des absoluten Herrschaftsanspruchs. »Herrschaft gewinn ich Eigentum«, ruft Faust emphatisch aus. Eine weitere - die dritte - Stufe der Wertschöpfung ergibt sich aus dem Einsatz von Maschinen. Baucis, eine unbeteiligte Zuschauerin, schildert es wie Zauberwerk:

Tags umsonst die Knechte lärmten,
Hack und Schaufel, Schlag um Schlag;
Wo die Flämmchen nächtig schwärmten,
Stand ein Damm den andern Tag [...]
Meerab flossen Feuergluten,
Morgens war es ein Kanal.

Das alchemistische Werk der Wertschöpfung gipfelt schließlich in dem von Faust geleiteten großen Unternehmen der Kolonisierung des eingedeichten, dem Meer abgerungenen sumpfigen Küstenstreifen, dem Neuland der Wirtschaft. Faust ist der Unternehmer, der alle Produktionskräfte auf das eine große Unternehmungsziel ausrichtet. Er verkündet zum Schluß:

FAUST:
Auf strenges Ordnen, raschen Fleiß
Erfolgt der allerschönste Preis;
Daß man das größte Werk vollende,
Genügt ein Geist für tausend Hände.

Mit der Bezeichnung des Projekts als »größtes Werk« gibt Goethe deutlich zu erkennen, daß es sich um das *magnum opus*, das große Werk der Alchemisten handelt. Das von Faust geplante Unternehmen ist das größte aller alchemistischen Werke.

Wie in allen alchemistischen Schriften wird auch in Goethes FAUST nur angedeutet, worin das große Werk besteht, was also der *Stein der Weisen* ist. Man kann es aber aus dem Aufbau des Werkes schließen. Der *Stein der Weisen* kann aus dem Material, auf das er »aufgeworfen« wird, nur etwas herausholen, das im Material schon im Kern angelegt ist, und er kann nur deshalb den Transmutationsprozeß vollziehen, weil er die gleiche Natur hat wie das, was das Ergebnis der Transmutation ist.

Das Urmaterial, die *materia prima* der alchemistischen Wertschöpfung, ist der Geldwert, der auf allen Stufen des alchemistischen Prozesses in Erscheinung tritt - der Geldwert des Papiergeldes, der Geldwert des Eigentums, der Geldwert der Maschinen und der Energie. Der *Stein der Weisen* muß imstande sein, diesen Geldwert zu erhöhen, wenn er mit weiteren Materialien in Berührung kommt. Wenn man dies bedenkt, so kann der *Stein* nichts anderes sein als das Geldkapital, das, selbst Geld, wiederum Geld schafft. Das Wort »Kapital« ist abgeleitet vom Wort *capitalis* (*capitalis = zur Hauptsache gehörend*). *Capitalis pars debitit* ist der Hauptteil der Schuld, der von einer Nebenschuld, nämlich dem Zins, begleitet wird. Geldkapital im weitesten Sinne sind alle Geldmittel, die man entweder sozusagen sich selbst auf Gewinn (als Eigenkapital) oder anderen auf Zins (als Fremdkapital) ausleiht. Gewinn oder Zins kann gesamtwirtschaftlich, das heißt in Saldo aller Gewinne und Verluste, nur dann erwirtschaftet werden, wenn alle Erträge bzw. alle Einnahmen zusammengenommen größer sind als alle Aufwendungen bzw. alle Aufwendungen zusammengenommen. Dies ist aber nur möglich, wenn ständig Geld in die Wirtschaft einfließt. Dies setzt, sofern die Goldgewinnung nicht mehr genügt, die Schaffung von stoffwertlosem Geld wie zum Beispiel Papiergeld voraus. Dieses kommt, sofern es nicht in rein inflationärer Weise der Staatsverschuldung dient, durch Kredite in Umlauf. Kredite können aber nur gegeben werden, wenn ein realer Zins bezahlt bzw. ein realer Gewinn erwirtschaftet werden kann. So schließt sich der Kreis.

Voraussetzung dafür ist, daß mit dem zusätzlichen Geld im Bereich von Handel und Industrie immer mehr Realkapital im Sinne von Maschinen geschaffen wird und mit diesem das Instrument, welches die Wirtschaft benötigt, um sich die Natur anzueignen. Durch diese Aneignung erhalten Bestandteile der Natur, die vorher keinen monetären Wert gehabt haben, mit einem Schlag einen Geldwert (ein sumpfiges Gelände ist nichts wert; sobald es aber melioriert und somit wirtschaftlich genutzt werden kann, ist es plötzlich wertvoll).

Auf diese Weise kommt es durch den Einsatz von Geldkapital auf dem Weg über die Geldschöpfung, die Eigentumsergreifung der Natur und die Realkapitalbildung tatsächlich zu einer Schöpfung aus dem Nichts - das heißt aus der wertlosen Natur -, zur Produktion von Werten, die nicht (nur) durch menschliche Leistung erklärt werden können, also von echter Wertschöpfung.

Alle Kräfte der Magie werden von Faust in seinem großen Unternehmen mit den echten Leistungen des Unternehmers und des Arbeiters (»strenges Ordnen, rascher Fleiß«) zusammengefaßt, um den höchsten »Preis« oder - wie Faust sagt - den »allerschönsten« Preis zu erringen. Unter diesem »Preis« scheint auf den ersten Blick nichts anderes zu verstehen zu sein als eine Auszeichnung, als der Ruhm, mit dem das

»größte Werk« gekrönt wird. Dies würde aber ganz im Gegensatz zu dem stehn, was Faust wirklich anstrebt. Als ihn im 4. Akt Mephistopheles frägt: »Und also willst du Ruhm gewinnen?«, antwortet Faust: »Nichts ist der Ruhm«, denn - so hat er ja vorher bekannt - »die Tat ist alles.«

Unter Preis ist vielmehr das zu verstehen, was er im alltäglichen Sprachgebrauch bedeutet, nämlich der Wert eines Gutes, ausgedrückt in Geld. Dieses Gut ist die ganze in »das größte Werk« einbezogene Welt. Es geht um die Maximierung des Geldwertes »der Welt«. In diesem Sinne ist die ganze Welt ein »Goldbergwerk«, in dem nicht nur das echte Gold, sondern alles, was sich in der Welt vorfindet, in »vergoldetem«, d.h. in Geld verwandeltem Zustand herausgeholt und verwertet werden kann, so daß sich das »Gold« so weit vermehren läßt, als das »Bergwerk« der Welt überhaupt an Verwertbarem hergibt.

*

Wenn Goethe in genauer Beobachtung der historischen Tatsachen den alchemistischen Kern der modernen Wirtschaft herauskristallisiert und deutlich beschrieben hat, stellt sich für uns die Frage: Was will uns Goethe damit sagen? Was gewinnen wir, wenn wir wissen, daß die Alchemie nicht der Vergangenheit angehört, sondern fortwirkt und wir mitten in einem alchemistischen Prozeß drinnen stehen?

Um diese Frage zu beantworten, müssen wir uns auf die eigentliche Bedeutung des alchemistischen Bestrebens zurückbesinnen, von der wir ausgegangen sind. Es handelt sich um das Streben nach Überwindung der Vergänglichkeit, nach der Fortsetzung des Schöpfungsprozesses durch den Menschen. Auch wenn der Alchemist nicht unbedingt sagen wird, er mache aus Nichts etwas, so sagt er doch, er mache aus Etwas Mehr. Das ist ja sein ganzes Bestreben. Der Mensch wird in den Stand des Demiurgen versetzt.

Aber: Als Faust am Anfang des Teils I in seinem Studierzimmer den Weltgeist oder Schöpfungsgeist im Zeichen des Makrokosmos herbeirufen will, nimmt er wieder davon Abstand. Er kann die »Quellen alles Lebens, an denen Himmel und Erde hängt«, nicht fassen. So beschwört er den Erdgeist. Er glaubt sich ihm ebenbürtig.

FAUST:
Ich bin's, bin Faust, bin deinesgleichen!

Doch der Erdgeist weist ihn zurück:

GEIST:
Du gleichst dem Geist, den du begreifst[!],
Nicht mir![...]

Der Geist, den Faust begreift, ist Mephistopheles, und wenn in der Folge von Alchemie die Rede ist, ist es nicht die Alchemie des Weltgeistes oder des Erdgeistes, sondern die Alchemie des Mephistopheles. Dieser kann keine neue Materie schaffen; dies ist dem Weltgeist oder dem Erdgeist vorbehalten. Er kann nur etwas schaffen, das im Denken des Menschen seinen Ursprung hat und daher auch vom Menschen begriffen werden kann. Eine solche vom Menschen geschaffene »Materie« aber ist - wie Goethe deutlich herausstellt - das Geld. *Durch die Reduktion der Welt auf die Quintessenz des Geldes wird die Welt vermehrbar.* Sie wächst mit dem wirtschaftlichen Wachstum!

Diese Schöpfungstat der Wirtschaft übt eine ungeheure Faszination aus, die Faszination des unendlich Vermehrbaren, des ewigen Fortschritts. Die Wirtschaft gewinnt damit den transzendenten, d.h. grenzüberschreitenden Charakter, den die Menschen früher in der Religion gesucht haben. Nicht der Glaube an ein Jenseits, sondern das wirtschaftliche Handeln im Diesseits öffnet dem modernen Menschen den Blick in die Unendlichkeit. So weist Faust zum Beispiel ausdrücklich auf die grenzenlosen Möglichkeiten der Geld- und Wertschöpfung hin:

FAUST ZUM KAISER GEWENDET:
Das Übermaß der Schätze, das, erstarrt,
In deinen Landen tief im Boden harrt,
Liegt ungenutzt. Der weiteste Gedanke
Ist solchen Reichtums kümmerlichste Schranke;
Die Phantasie, in ihrem höchsten Flug,
Sie strengt sich an und tut sich nie genug.
Doch fassen Geister, würdig, tief zu schauen,
Zum Grenzenlosen[!] *grenzenlos*[!] *Vertrauen.*

Angesichts dieser Unendlichkeit hat Faust in seiner Vorstellung die Sterblichkeit überwunden, und er kann in den Jubelruf ausbrechen: »Es kann die Spur von meinen Erdentagen nicht in Äonen untergehn.«

In dieser Situation ist für ihn der natürliche Tod nicht mehr entscheidend: Er hat ja - so glaubt er - die selbstgeschaffene Unsterblichkeit gewonnen!

*

Wenn wir so auf der einen Seite den großen Aufschwung sehen, die unendliche Perspektive, die der modernen Wirtschaft ihre magische Anziehungskraft verleiht, so ist andererseits doch nicht zu leugnen, daß sie die reale Begrenzung der Welt doch nicht aufheben kann. Faust hat ja nicht den Weltgeist und auch nicht den Erdgeist herbeizwingen können! In einer endlichen, begrenzten Welt aber muß immer einem Plus auch ein Minus gegenüberstehen. Zur Tat gesellt sich die Un-Tat.

Goethe hebt vor allem drei Bereiche heraus, in denen es zu einer verhängnisvollen Desorientierung des Menschen kommt und daher den ökonomischen Gewinnen entscheidende Verluste entgegenstehen.

Der erste große Verlust, den die Menschheit im Zuge des wirtschaftlichen Fortschritts erleidet, ist der Verlust der Schönheit. Jedem, der den 5. Akt des zweiten Teils von FAUST gelesen hat, bleiben die Verse des Lynkeus im Gedächtnis, die der Lobpreisung der Welt gelten. Diese Lobpreisung beginnt mit den Worten:

LYNKEUS:
Zum Sehen geboren,
Zum Schauen bestellt,
Dem Turme geschworen,
Gefällt mir die Welt.

und endet mit den Worten:

Ihr glücklichen Augen,
Was je ihr gesehn,
Es sei wie es wolle,
Es war doch so schön!

Bei der Interpretation dieser Lobpreisung wird der letzte Vers und das entscheidende Wort darin immer zuwenig beachtet; das Wort »es war«. Es *war* schön - und ist es nicht mehr. Denn gleich darauf entdeckt Lynkeus die Feuersbrunst, in der die Hütte von Philemon und Baucis mitsamt der sie überdachenden Linde verbrennt. Lynkeus bricht in die erschreckten Worte aus:

LYNKEUS:
Nicht allein mich zu ergetzen
Bin ich hier so hoch gestellt;
Welch ein greuliches Entsetzen
Droht mir aus der finstern Welt
[...]

Was sich sonst dem Blick empfohlen,
Mit Jahrhunderten ist hin.

Was ist die Ursache dieses Brandes? Faust konnte es nicht dulden, daß sich das alte Paar Philemon und Baucis, das auf den Dünen über dem neueingedeichten Küstenstreifen wohnt, seinem großen Plan entgegenstellte und eigensinnig an seinem Eigentum festhalten wollte, das nicht einem ökonomischen Zweck, sondern im Sinne das *patrimonium* der Wahrung der alten Väter Sitte diente. Der Absolutheitsanspruch des Eigentums im Sinne des Herrschaftsanspruchs wird deutlich in den Worten Fausts:

FAUST:
Die Alten droben sollten weichen,
Die Linden wünscht ich mir zum Sitz,
Die wenig Bäume, nicht mein eigen,
Verderben mir den Weltbesitz.
[...]
Des allgewaltigen Willens Kür
Bricht sich an diesem Sande hier.

Faust gibt Mephistopheles den Befehl, das alte Paar notfalls mit Gewalt in das neukolonisierte Gebiet umzusiedeln. Angesichts der Sturheit der Alten verliert aber Mephistopheles, wie er später berichtet, die Geduld und zündet die Hütte an. Faust fingiert Entrüstung. Im Grunde genommen ist er aber nur allzu froh, endlich den Rücken für sein Vorhaben frei zu haben.

Das Resultat der »allgewaltigen Willkür« können wir heute ringsum beobachten: Es ist die ungeheuerliche, im Verlauf der Menschheitsgeschichte bisher noch nie dagewesene und immer rascher voranschreitende Verunstaltung der Welt, die schließlich auch vor der letzten Denkmalschutzhütte und der letzten Naturschutzlinde nicht haltmachen wird.

*

Der zweite Verlust, der aus dem alchemistischen Experiment resultiert, ist der Verlust der Sicherheit infolge der von der Technik heraufbeschworenen Gefahren. Mit den technischen Errungenschaften ist stets ein Risiko verbunden. Je weiter sie fortschreitet, um so gefährlicher wird sie. Faust ist sich dieser Tatsache durchaus bewußt. Er gibt ausdrücklich zu, daß, wenn er »vielen Millionen neue Räume« eröffnet, diese zwar »tätig-frei«, aber »nicht sicher wohnen« und daß sie »umrungen von Gefahren sind«. Die Flut kann die Dämme, die ihr entgegengestellt werden, zerstören! Das Neuland der Wirtschaft hat er ja auch durch Eindeichung gewonnen.

Allerdings ist Faust der Auffassung, daß die Gefahren, die dem Neuland drohen, stets gebannt werden können:

FAUST:
Da rase draußen Flut bis auf zum Rand,
Und wie sie nascht, gewaltsam einzuschließen,
Gemeindrang eilt, die Lücke zu verchließen.

Doch Mephistopheles weiß es anders:

MEPHISTOPHELES:
Du bist doch nur für uns bemüht
Mit deinen Dämmen, deinen Buhnen;
Denn du bereitest schon Neptunen,
Dem Wasserteufel, großen Schmaus.
In jeder Art seid ihr verloren; -
Die Elemente sind mit uns verschworen,
Und auf Vernichtung läuft's hinaus.

Wer denkt hier nicht unwillkürlich an die Auseinandersetzung über die Atomenergie, von der die heutigen Jünger Fausts sagen, daß für alle denkbaren Unfälle Sicherheitsvorkehrungen geschaffen und alle Gefahren gebannt werden können, während die Gegner glauben, die Worte des Mephistopheles zu hören?

*

Der dritte Verlust ist die zunehmende Unfähigkeit, den Reichtum, den man erzeugt, auch wirklich zu genießen. Wir können in diesem Zusammenhang von Verlust der Gegenwart sprechen. Denn mit dem Reichtum nimmt auch die Sorge zu. Diese ist sozusagen systemnotwendig mit der modernen Wirtschaft verbunden. Indem man nicht mehr wie früher auf Bestellung, sondern für den Markt produziert, das heißt für den unbekannten Konsumenten, weiß man erst *nach* erfolgter Produktion, ob man die Waren, die man hergestellt hat, auch zu kostendeckenden Preisen verkaufen kann; mit jeder Produktion ist daher die Sorge um den künftigen Absatz verbunden. Sie nimmt mit der Größe des Marktes zu, aber auch mit der Kapitalisierung des Produktionsprozesses.

Wer weiß, wenn er heute das Kapital anlegt, wie die Erträge und die Gewinne morgen, übermorgen und so weiter sein werden? Der Investor ist daher in höchstem Maße durch die Sorge über die künftige Entwicklung der Wirtschaft geplagt. Nie kann er sich mit der Gegenwart zufriedengeben. Er wird vielmehr prognosesüchtig. Er hält nach allen Arten von Prophezeiungen Ausschau und fühlt sich ständig von Unglücksbotschaften bedroht. So geht es auch Faust, der ja zu einem Großinvestor geworden ist:

FAUST:
Ein Vogel krächzt; was krächzt er? Mißgeschick.
Von Aberglauben früh und spät umgarnt:
Es eignet sich, es zeigt sich an, es warnt.

Während der neugewonnene Reichtum dem Mangel, der Schuld und der Not den Eingang zu den Gemächern und zum Herzen Fausts versperrt, schlüpft die Sorge »durchs Schlüsselloch ein«. Faust will sie abwehren, aber sie behauptet sich:

DIE SORGE:
Wen ich einmal mir besitze,
Dem ist alle Welt nichts nütze.
[...]
Ist der Zukunft nur gewärtig,
Und so wird er niemals fertig.

*

Damit kommen wir zum Schluß. Der wachsende Reichtum kann die Sorge nicht bannen. Er zieht sie im Gegenteil an: Die Sorge findet auch oder gerade beim Reichen Einlaß. In der Begegnung mit ihr kommt es zur Entscheidung: Wird Faust sich mit ihr auseinandersetzen und damit die irdischen Dinge so nehmen, wie sie sind, in ihrer Vergänglichkeit und Hinfälligkeit? Wird er die mit der modernen Wirtschaft verbundenen Gefahren der Vernichtung des Schönen, der Risiken der Technik, der Ungewißheit der künftigen wirtschaftlichen Entwicklung erkennen und versuchen, die sich daraus ergebenden Probleme in täglicher Praxis *sorgend* zu bewältigen? Faust findet sich nicht dazu bereit. Er stößt vielmehr die Sorge zurück:

FAUST:
Doch deine Macht, o Sorge, schleichend groß,
Ich werde sie nicht anerkennen.

Faust sucht den Ausweg durch den Fortschritt in die selbstgeschaffene, in die alchemistische Welt der Wertschöpfung, von der die Sorge ausgeschlossen scheint, weil in ihr die Begrenzung der Zeit aufgehoben ist. Es handelt sich um die Utopie des modernen Menschen, er könne alle negativen Folgen der Technik und des wirtschaftlichen Wachstums mit *immer noch mehr* Technik und *immer noch mehr* wirtschaftlichen Wachstum überwinden. Faust verläßt sich auf die Visionen der Zukunft, die ihm aus seinen eigenen Plänen entgegenstrahlten. Aber die Sorge behauptet ihre Macht:

DIE SORGE:
Erfahre sie, wie ich geschwind
Mich mit Verwünschung von dir wende!
Die Menschen sind im ganzen Leben blind,
Nun, Fauste, werde du's am Ende!

Zwar triumphiert der erblindete Faust:

FAUST:
Die Nacht scheint tiefer tief hereinzudringen,
Allein im Innern leuchtet helles Licht;
Was ich[!] *gedacht, ich eil' es zu vollbringen.*

Und er gibt den letzten Befehl:

FAUST:
Vom Lager auf, ihr Knechte! Mann für Mann!
Laßt glücklich schauen, was ich[!] *kühn ersann.*
Ergreift das Werkzeug, Schaufel rührt und Spaten.

Er hört das Spatengeklirr. Aber er - der Erblindete - sieht nicht, daß es nicht um die Entsumpfung des letzten noch nicht meliorierten Landstücks geht, wie er wähnt, sondern um die Aushebung seines Grabes. Faust gräbt sich mit seinem Befehl sozusagen selbst sein Grab! Befangen von seiner Vision des ewigen Fortschritts verliert er die Wirklichkeit aus den Augen, wird blind für die Wirklichkeit, und verwirkt damit »die Zeit«. Mephistopheles aber kann feststellen, als Faust vor ihm im Sand liegt:

MEPHISTOPHELES:
Die Zeit wird Herr.

*

Wenn seit dem 16. Jahrhundert die Alchemie immer mehr in den Dienst materieller Ziele wie des Goldmachens und das heißt letztlich in den Dienst der Wirtschaft gestellt wurde, während ihr ursprünglich religiöser Inhalt in den Hintergrund geriet, so muß man umgekehrt auch sagen: Die Alchemie hat immer mehr die Wirtschaft in ihren Dienst gestellt. Die Wirtschaft hat mit ihrem Streben nach stetem Wachstum selbst einen sakralen Charakter angenommen. Man könnte über Goethes FAUST als Motte die bekannten Worte Vergils setzen: *Auri sacra fames*. Das läßt sich auf deutsch völlig verschieden übersetzen, gemäß der Doppelbedeutung des Wortes *sacer* entweder als »heilig« oder als »verflucht«. Die Worte Vergils heißen daher entweder: »Der heilige Hunger nach Gold« oder »Der verfluchte Hunger nach Gold«. Welches die richtige Übersetzung ist, hängt von der Entscheidung ab, die uns heute, an einem Scheideweg der Geschichte, in gleicher Weise wie Faust angesichts der Sorge - der Sorge um die Zukunft der Menschheit, um die Zukunft des Menschseins - abverlangt werden.

3. Zugänge zum Wesen der ökologischen Krise

»Gott ist tot«

(mit einer Erinnerung an das gleichnamige Hegel-Buch von Garaudy)

versus

»Gott allein ist, und außer ihm ist nichts«

(Fichtes letzter Schluß)

- von welchen Realitäten reden diese Sätze?

Die Frage auf dem Plakat, ob der Mensch in seiner ökologischen Krise Gott braucht, ist völlig ernst gemeint, und ich will vorwegnehmen, ich beantworte sie mit Ja. Dabei setze ich allerdings voraus, wir müssen uns darüber verständigen, was mit der Gottesfrage gemeint ist. Welche Realität wird damit - wie glücklich oder unglücklich auch immer - bezeichnet? Auf welchen Gegenstand man sich bezieht, wie wesentlich der ist, wiegt in der Regel sehr viel mehr als die Meinungsverschiedenheiten über seine Auffassung. Ich will so weit es geht beiseite räumen, was einem unbefangenen Herangehen an bloßem Unbehagen und Vorurteil entgegensteht.

Folgende Schlüsselpassage aus dem FAUST macht überdeutlich, welche Verhaltensfrage zur Debatte steht. Vor zwei Wochen hatten wir hier Michael Succow mit dieser Erfahrung, wohin unsere gewaltige Produktivität beim Trockenlegen von Sümpfen über kurz oder lang führt, nämlich zur Unfruchtbarkeit des Bodens. »Den faulen Pfuhl auch abzuziehn,/Das letzte wär das Höchsterrungene« sinniert Faust. Aber wie weit sollen wir darin gehen? Und warum, was treibt uns? »Eröffn' ich Räume vielen Millionen,/Nicht sicher zwar, doch tätig-frei zu wohnen.« Das ist das Projekt. Binswanger hat die Diesseitigikeit des Goetheschen FAUST betont. Vor diesem Projekt-Hintergrund sagt nun Faust:

Nach drüben ist die Aussicht uns verrannt;
Tor, wer dorthin die Augen blinzelnd richtet,
Sich über Wolken seinesgleichen dichtet!
Er stehe fest und sehe hier sich um:
Dem Tüchtigen ist diese Welt nicht stumm!
Was braucht er in die Ewigkeit zu schweifen?
Was er erkennt, läßt sich ergreifen.
Er wandle so den Erdentag entlang;
Wenn Geister spuken, geh er seinen Gang,
Im Weiterschreiten find er Qual und Glück,
Er, unbefriedigt jeden Augenblick!

Ausgangspunkt also dieser Diesseitigkeit ist die Erfahrung: »Nach drüben ist die Aussicht uns verrannt.« Inzwischen ist uns nun jedenfalls auch die Aussicht verrannt, weiter unbedenklich Sümpfe trockenlegen zu dürfen, gar zu sollen. Es scheint vielmehr, wir dürfen unseren Energieüberschuß gar nicht mehr in diesem Maße in Außenweltveränderung, vermeintlich -verbesserung, stecken, müssen Selbstverwirklichung durch Sachenmachen, durch Produktion und Technik etc. größtenteils lassen. Offenbar muß sich die menschliche Energie *doch* hauptsächlich auf etwas anderes richten; man kann ja auch Seelisches durchaus diesseitig verstehen. Könnte es nicht sein, daß der Mensch immer schon so gemeint war? Daß ihm der Auftrag, die Meere einzudeichen, gar die Erde mit Beton zu verzieren, nicht so unbedingt zugekommen ist, wie es die letzten 500 Jahre den Anschein hat? Daß diese Zuspitzung seiner Praxis vielleicht keine universelle, sondern eine verdammt europäische Angelegenheit ist? Hier in Europa ist die einzige Zivilisation gestartet, die es zu einem - schon - *Volks*atheismus gebracht hat, das heißt zur Selbstverständlichkeit dieses unbefriedigten Weiterschreitens. Andere Zivilisationen haben es nie soweit gebracht. Könnte es nicht sein, daß gerade dieser vulgäre, praktische Atheismus abartig ist und nicht das Umgekehrte?

Mir scheint dieser Atheismus der Verstandesreflex, die Kopfwiderspiegelung unserer prometheischen Kriminalität zu sein, also dieses »Des-Lichtes-Himmelsfackel-leihn«, das Schiller ja in seiner GLOCKE schon bedenklich fand. Offenbar ist die Rebellion des jungen Goethe in seinem PROMETHEUS, die wir alle im Deutschunterricht verinnerlichen sollten, keine hinlänglich aufgeklärte Position, sonst hätten wir jetzt diesen Rückschlag nicht. Ich denke, Hans Christoph Binswanger ist diesbezüglich in seiner Faust-Interpretation noch ausgewichen. Er wollte sich nicht recht fragen lassen, ob denn diese bestimmte faustische Diesseitigkeit, *weil* überwältigend, wirklich auch schon gerechtfertigt ist.

Sieht es nicht ganz so aus, als ob wir mit diesem europäischen Projekt - einschließlich der Art, wie wir gegen Papst und Kaiser die *Prinzipien*, die sich, wie unzulänglich auch immer, in Kirche und Staat ausdrücken, abgeschafft oder nachgeschaltet haben - jetzt eben deswegen total Bruch machen? Sieht es nicht so aus, als ob mit der *Art und Weise*, mit der wir uns individualistisch, *individualabsolutistisch* vom theologischen Mittelalter verabschiedet haben, die Evolution schiefgeht? Und so ist die alte, hundertmal abgetane Sache wohl doch neuer Nachfrage wert, also: »Braucht der Mensch in seiner ökologischen Krise Gott?« Bei dieser Frage habe ich an unseren geliebten Bertolt Brecht gedacht. In einer bekannten Keuner-Geschichte läßt Brecht an Keuner (sein alter ego) die Frage richten, ob es einen Gott gibt. Und Keuner antwortet: Ich kann dir das eigentlich nicht sagen aber ich kann dir mit einer Nachfrage dienen: Würde sich denn, je nach der Antwort, die ich dir gebe, dein Verhalten ändern? Falls du ja sagst, falls sich dein Verhalten also wirklich ändern würde, kann ich dir wenigstens soweit behilflich sein, daß ich dir sage: Du brauchst einen Gott.

Das ist natürlich ironisch gemeint. Neuerdings entdecke ich, daß diese Antwort eine Portion Arroganz enthält. Dennoch spricht natürlich sehr viel dafür, daß Brecht recht hat. An einer anderen Stelle in seinem Werk finden wir die Feststellung, die »flehentliche Anrufung überirdischer Wesen« ließe darauf schließen, »daß da Irdische über Irdischen gesessen sind«. Ja freilich! Und es ist auch der durchschnittliche Glaube von dieser götzendienerischen Qualität. Schiller behandelt in seinen Aufsatz über die SENDUNG MOSES das Unvermeidliche dieser Vergötzung. Man soll dem Volk nicht verübeln, wenn es in das Kapellchen Schilder hängt, in die Nähe des Opferstöckels, auf denen »Maria hat geholfen« steht - nachdem sie gebeten worden war, mach bitte mein Kind wieder gesund. Das ist ja auch nicht total falsch, mag auch das psychologische Moment sehr anders liegen, als die fromme Seele denkt. Aber in dieser Verkürzung und Verkehrung liegt der Grund dafür, daß unser großer Mystiker, Meister Eckhart (vielleicht der radikalste Christ, den Deutschland hatte), gelehrt hat: Und zuletzt, nachdem du schon alles andere losgelassen hast in deinem Ich, sollst du Gott und die Trinität loslassen. Warum? Weil es, wie du mal bist, höchstwahrscheinlich auch bloß Götzen sind, die du dir außen gegenübergestellt hast, damit du deine innere Befreiung doch nicht leisten mußt. Die Essenz des berechtigten Verdachts erscheint auch in der »Internationale«, wo es mit guten Gründen heißt: »Es rettet uns kein höh'res Wesen, kein Gott, kein Kaiser noch Tribun.«

Andererseits ist die »Internationale« selbst ein Lied von religiöser Qualität. Friedrich Engels hat darauf hingewiesen, daß es drei Lieder gibt, die diese Gefühlsqualität, diese psychologische Brisanz besitzen, nämlich außer der Arbeiter-»Internationale« die »Marseillaise« - *und* die »Marseillaise des 16. Jahrhunderts«, das Luther-Lied »Ein feste Burg ist unser Gott«. Da Engels sich ausführlich mit dem deutschen Bauernkrieg und mit Thomas Müntzer befaßt hat, wußte er genau, was dieses Kampf- und Kriegslied in der einzigen deutschen Revolution, die ein paar Monate gedauert hat, sozial bedeutete.

Eine Nebenbemerkung: Es ist überaus interessant, daß in der deutschen Geschichte (von Lessing bis Liebknecht!), selbst in der französischen ausgerechnet der linke Flügel nie atheistisch war. Die Jakobiner hatten diesen Kult des »Höchsten Wesens« eingesetzt. Das war die Gott-Natur Rousseaus gewissermaßen. Das war Spinozas Gott, der gleich der Natur war. Die Feste, die da zu feiern waren, betrafen Tugenden, betrafen Jahreszeiten und ihre Früchte, stellten das menschliche Leben also in seinen natürlichen Zusammenhang.

Worum ging es Thomas Müntzer? Denn es genügt nicht, zu fragen, worum es im Bauernkrieg ging, um mit dieser Fragestellung die Gleichung dann materialistisch zu kürzen. Klar, es gab diese Unterdrückung und Ausbeutung, die sich verstärkte, weil die feudale Klasse im Aufgang der Modernität Geld brauchte, um halbwegs neben den Städten zu bestehen. Und darauf hat natürlich das Volk reagiert. Der Mensch reagiert nie einfach auf materielle Verelendung, sondern zugleich auf die seelische Degradation dadurch, auf die Verelendung seiner Person, seines Ichs, das in dieser europäischen Zivilisation bis hinunter in die Bauernschaft höher entwickelt war als in anderen Formationen, in Asien beispielsweise. Daher Müntzers Losung im Bauernkrieg, die da lautete: »Nichts als die Gerechtigkeit Gottes!« Die ist verletzt, wenn das Evangelium die Gleichheit aller Menschen vor Gott proklamiert, und es werden zugleich massenhaft Seelen niedergedrückt. Gerade hat Luther, der sich inzwischen gegen die Bauern wendet, zum direkten, nicht über die Priester vermittelten Verkehr der Seele mit Gott aufgerufen. Jedes einzelne religiös entwickelte Ich sollte selbst mit den ewigen Mächten kommunizieren. Es geht dann sozusagen um den Flugplatz für den Aufstieg der menschlichen Wesenskräfte. Und den sah Müntzer durch die ausbeuterische Entwürdigung der Bauern sabotiert und blockiert. Fliegen lernen sollen die Menschen keineswegs wie die Englein. Die Revolution soll ihnen den Startplatz für den Aufstieg seelisch-geistiger Energien sichern. Was ist denn politisch notwendig, könnte man fragen, damit junge Menschen sich einigermaßen wahrscheinlich in den Zustand versetzen können, in dem sie kongenial auf eine Beethoven-Symphonie ansprechen? Damit sie erfahren können, was an Energie in ihnen ist und sich erheben könnte, wenn sie nicht dauernd niedergehalten würde; nachher auch von uns selber?

Müntzer wollte die Bauern dazu befreit sehen, wollte in diesem Sinne »Reich Gottes«, daß sie sich wie jeder andere Mensch erheben und die Chance dieser von Luther verkündeten »Freiheit eines Christenmenschen« ergreifen können. Insofern hat er nichts getan, als diese Lutherposition, die er ja teilte, sozialrevolutionär zuzuspitzen, etwa in einem Geist, wie er dann in Bachs Matthäuspassion in der Konstellation zwischen Christus, dem Volk und den Hohenpriestern Musik geworden ist.

Um die Traditionslinie, die von Thomas Müntzer kommt, hat Ernst Bloch sein PRINZIP HOFFNUNG aufgebaut. Ihr Ausgangspunkt ist Joachim di Fiore gewesen, ein erleuchteter Mönch in Kalabrien Ende des 12. Jahrhunderts. Dieser Joachim erschien, kurz bevor Kaisertum (vertreten durch den in Sizilien geborenen Hohenstaufen-Kaiser Friedrich II.) und Papsttum (vertreten besonders durch Innozenz III.) zum Endkampf um die Macht antraten, kurz bevor also endgültig offenbar wurde, daß es im hohen Mittelalter nicht auf Erlösung, nicht auf Befreiung in Christo, sondern auf Macht abgestellt war.

Nach Joachim durchläuft das Menschengeschlecht auf seinem Heilsweg *drei Reiche*. Da gab es zuerst das Reich des Vaters - Altes Testament. Das war ein bißchen »big brother is watching you«, also diese Kontrollinstanz, die der Mensch sich außen gegenüberstellt. Es war Moses und den Seinen damals, gewiß aus inneren Gründen, nicht gelungen, die Leute wirklich vom Götzendienst abzuwenden; es ist ja bis heute die Mehrheit nicht frei davon.

Das zweite Reich war natürlich das des Menschensohnes, war durch Christus als - gewissermaßen brüderlichen - Guru bestimmt. Das ist jemand, der liebevoll sagt: Ihr schafft es nicht ganz alleine, doch wenn Ihr mir nachfolgen wollt, kann ich euch den Weg zeigen. Ich kenne ihn, weil ich ihn vorausgegangen bin. »Ich bin der Weg, die Wahrheit und das Leben.« Laßt es uns als Gemeinde versuchen. Und nun freilich, zwölfhundert Jahre später, sah der Mönch Joachim, daß das in der Kirche festgefahren, daß dieser Versuch also *petrifiziert* worden war. Ich meine Petrus als Stellvertreter, der unentfaltet schon auf den Großinquisitor als spätere Konsequenz hinweist. Zur Zeit Joachims fing der Kurs auf die Inquisition gerade an.

Das kann es also nicht gewesen sein, empfand er, und es stieg die Vision eines dritten Reiches in ihm auf, dessen Aufgang kurz bevorstehen sollte. Dieses dritte Reich beruht darauf, daß Christus ja nicht nur gekreuzigt worden, sondern auch auferstanden, aufgefahren und schließlich in dem Pfingstereignis neu erschienen ist. Joachim konstatiert also nicht - wie später Hegel, später noch anders Nietzsche - *Kar-*

freitag, nämlich »Gott ist tot« als geschichtlichen Zustand, so daß er nicht als der Lebendige mit uns ist, sondern als der Gekreuzigte in der steinernen Kirche und zuletzt dann in der Megamaschine, der technischen Ersatzdarstellung des toten Gottes, ad absurdum geführt ist.

Joachim sprach aus der Pfingsterfahrung, aus seinem eigenen Zustand lebendigen Geistes. Wenn man überhaupt an Kirche festhalten will, dann natürlich nur in dem Geist, in dem Christus sich anheischig gemacht hatte, den Tempel abzureißen und dann in drei Tagen (das ist so eine heilige Frist) wieder aufzubauen - aber nicht in Stein, sondern im Geist und in der Wahrheit. Und Pfingsten nun war für Joachim der Inbegriff des dritten Reiches, das beruhen sollte auf der Ausgießung des Heiligen Geistes, des Christusgeistes, des allgemeinen Geistes, des Gottesgeistes *gleichermaßen über alle*.

Politisch ist dies das Thema einer mystischen, das heißt auf der gleichen Gotteserfahrung gegründeten Demokratie, und so war es auf Müntzer gekommen. Es stammt aus einer *hellen* Mystik, die mit Obskurantismus wahrhaftig nichts zu tun hat. Sie meint einen erhobenen Zustand wie den, in den uns zum Beispiel große Musik versetzt - Beethovens auf die eine Weise etwa, Mozarts auf die andere. Wenn wir diese Kräfte in uns anrufen, erwecken können und wenn wir uns darin begegnen können, dann gibt es diese elende Subalternität nicht mehr, die aus sich selbst heraus natürlich nur zu Kaiser und Papst, zu Staat und Kirche, zu Unterdrückung und Unterwerfung führen kann. So ist auf dem kritischen Höhepunkt der westlichen Zivilisation die Frage nach ihrer wahren sozialen Gestalt aufgeworfen worden. Damals war das, es ist lange her: Als diese Kathedralen entstanden, da war die westliche Zivilisation auf ihrem Höhepunkt. Und ihr letzter Ausläufer ist die große Musik, die sich aus den Kathedralen löste.

Auf diesem Höhepunkt, da mußte sich natürlich die Frage stellen: »Werden wir es bringen?« Werden wir diese Ich-Entwicklung bewältigen, die in der westlichen Zivilisation aus historischen Gründen, die ich jetzt nicht behandeln will, stärker angelegt war als in anderen Zivilisationen? Kann sie es zu solch einer Blüte bringen, daß die Gleichheit aller Menschen vor Gott, die mit dem Evangelium Jesu gemeint ist, sich nicht nur transzendent, sondern auch weltimmanent verwirklicht und nicht nur in einer der übrigen Gesellschaft gegenübergesetzten zölibatären Mönchsgemeinschaft natürlich, in der Joachims soziale Perspektive noch befangen bleiben mußte. Es bleibt da immer diese ungeheuere Schere zu schließen zwischen dieser Möglichkeit, die im Evangelium Pfingsten heißt, und jenem anderen Satz, den Jesus nach dem Bericht des Evangeliums hin und wieder gebraucht hat und der da lautet: »Wer es fassen kann, der fasse es.« Da ist damit gerechnet, daß es Leute geben mag, die es nicht fassen können, und dann auch Pharisäer, die es nicht fassen wollen, oder auch, die es noch weniger als das Volk fassen können, weil hier mehr verkrampftes Hirn im Wege ist, das uns Intellektuellen »kritisch« verbietet, das Ohr für den Kern der Botschaft zu öffnen. Wir sind ja zu stolz im Kopf, um auch nur die Möglichkeit offenbarer Wahrheit zuzulassen, machen demgegenüber jenen an sich sehr löblichen Verstand geltend, der keine Hilfe für das Einmaleins mehr braucht.

Müntzer jedenfalls hatte sich darauf konzentriert, die Bedingungen, unter denen es das Volk »fassen kann«, mit hineinzunehmen in den revolutionären Plan. Nachdem diese Idee des heiligen Reiches im hohen Mittelalter niedergebrochen war (sonst hätte der Kapitalismus gar nicht durchdringen können), kam es zur Degradierung selbst der *germanischen* Bauernschaft, die bis dahin die am relativ wenigsten unterdrückte war. Dagegen erhob sich in Deutschland das Volk. Müntzers Synthese von Mystik und Politik, seine mystisch begründete Politik, war eben die Theologie der Revolution.

Das antikapitalistische, das heißt gegen das Aufkommen der kapitalistischen *Formation* als ganzer gerichtete Moment war mitbedingt durch eine weitere italienische Erfahrung, nämlich durch den letzten gerade noch immanenten Versuch, das Scheitern Christi an seiner Kirche aufzuhalten. Das war die Sendung des Franz von Assisi, der ganz kurz nach dem Tode des Joachim hervortrat. Joachim ist 1202 gestorben, und Franz fand 1209 die ersten Gefährten auf seinem neuen Wege. Was Franz lehrte, hatte Anschluß an den Geist von Joachims Lehre, auch wenn Franz das Thema nun anders faßte. In Joachims Perspektive einer erleuchteten Klostergemeinschaft sieht man das Elend der Welt nicht so sehr. Sie ist gut für weltgeschichtlichen Weitblick. Franz aber sah sich - ähnlich wie um die gleiche Zeit auf der Wartburg in Deutschland die Landgräfin Elisabeth (bei Wagner in anderer Rolle: »Dich, teure Halle, grüß ich wieder«) - in der Stadt mit dem empörenden Gegensatz von äußerstem Elend und Gebrechen hier und unverschämtem Reichtum dort konfrontiert und erfuhr das als einen existentiell unerträglichen Skandal, als den fundamentalen Verrat seiner Welt an dem Christus. Da hat sich Franz nackt ausgezogen vor seinem Vater. Er hat die Klamotten hingeworfen und ihm bedeutet, ich lasse die Kleider fahren, durch die ich Sohn eines reichen Kaufmanns bin, der mir nicht erlaubt, auch nur etwas abzugeben an die Armen; nur los von dir kann ich meinen Weg gehen, den Weg der unmittelbaren Nachfolge Jesu.

Dabei wollte er treuer Sohn der Kirche bleiben, weil er zugleich meinte, wenn diese Institution auch noch fortfällt, dann haben die Mächte »dieser Welt«, also die Satansmächte - und das mit dem Wort

Gemeinte ist viel realer, als wir im ersten Moment denken -, ungehemmt die Übermacht. Franz wollte die Kirche wiederherstellen, damit sie Jesu Vermächtnis erfüllen könnte. Auch war die Kirche trotz aller Krankheitserscheinungen noch stark, noch ihrer geistigen Dominanz bewußt. So war es möglich, daß Franz zuerst den Kardinal in seiner umbrischen Heimat und danach sogar Innozenz III., den machtvollsten Papst der Kirchengeschichte, gewinnen konnte, den Reformansatz zuzulassen, ja in gewisser Weise mitzutragen. Und sie haben ihm den Orden gestiftet, wie er ihn letztlich nicht wollte. Es war Franzens persönliche Tragödie, die ihn wohl auch umgebracht hat, wie sich die Ordensregel, von einer erzwungenen Revision zur nächsten, immer weiter von seinem Ziel entfernt hat. Vier Jahre nach seinem Tode stand in Assisi die Kirche, die er zu seinem Zwecke nie hätte bauen lassen. Er kam dazu wie Lenin zu seinem Mausoleum. Zugleich aber war das der Stärke dieses Geistes geschuldet. Sie *mußten* versuchen, ihn zu integrieren. Bis heute ist die Stadt Assisi durch und durch davon geprägt, daß er gewesen ist, außerdem von der Existenz Claras, der Frau, die er sich zur geistigen Gefährtin gewann, auf daß auch dem weiblichen Teil der Christenheit das Beispiel vorgelebt werde.

Die Völker haben verschiedene Wege. Die deutsche Geschichte ist sehr anders ausgelegt als die italienische. Immerhin läßt sich sagen, dem Joachim di Fiore ist in Deutschland gut 100 Jahre später Meister Eckhart verwandt. Das war, ich vermute, der hellste Kopf, der je über die deutsche Erde gegangen ist, ein Mann, der diese mystische Erfahrung hatte und der zugleich in jeder scholastischen Disputation firm war, theologisch mit allen Wassern gewaschen. Anders als uns das jetzt die Denkfaulen unter den New-Age-Adepten nahelegen möchten, hatte er nicht etwa den Kopf abgegeben, um vorzeitig kindisch zu werden. Zuletzt hatte ihn nicht zufällig die heilige Inquisition doch gestellt und an die 30 seiner Sätze der Ketzerei verdächtigt und, glücklicherweise erst nach seinem Tode, viele davon auch verurteilt. Eckhart hatte diese Angriffe, und zwar natürlich in rationaler Argumentation, ausnahmslos zurückgewiesen. Man weiß nicht, wie er gestorben ist.

Das alles, diese Linie von Joachim über Franz und über Meister Eckhart, ist der Hintergrund des Thomas Müntzer, der 300 Jahre nach Franz auf dem germanischen Boden eine neue Antwort auf die Erfahrung der Entwürdigung des Menschen durch den Menschen entwarf. Ich habe sie skizziert, um etwas von der Wirklichkeit spürbar zu machen, die unter dem Sargdeckel »Gott ist tot« sich verbirgt.

Stellt euch den Lesesaal der Universitätsbibliothek hier nebenan während der 50er Jahre vor. Dort saß ich, während ich mit Fleiß und gutem Glauben das marxistisch-leninistische Philosophiestudium absolvierte, und las ohne das Gefühl der Ketzerei Rilkes STUNDENBUCH, also vom »mönchischen Leben«, in das sich der moderne Dichter hineinversetzt hatte, und wußte ohne zu wissen genau, wovon die Rede war, wenn dort geschrieben stand: »Wie groß war Gott im Mittelalter!« Mir war klar, hier war in dem Gottesbegriff die eigentliche Wirklichkeit der menschlichen Existenz und wahrscheinlich mehr als bloß der menschlichen Existenz berührt. Dabei ahnte ich nicht einmal etwas davon, daß eine der innigsten Passagen darin direkt auf Franziskus bezogen war. Wäre *Gott* nur ein abstraktes Theologenwort, wie hätte dieser Franz mit dem Wolf verhandeln, mit den Fischen reden und die Sprache der Vögel verstehen können. Aber das war einer, der die Blockade hier oben im Kopf, den Krampf im Großhirn, bei Lebzeiten überwunden hatte, so daß diese Kommunion mit der großen Natur wieder unmittelbarer gelang.

Die Wesenskraft, um die es geht und auf die hin ich im Zeichen der ökologischen Krise so etwas erzähle, hat der ganz junge Rilke, auch um die Zeit dieses STUNDENBUCHES, in ein kurzes Gedicht gefaßt:

> Nennt ihr das Seele, was so zage zirpt
> in euch? Was, wie der Klang der Narrenschellen,
> um Beifall bettelt und um Würde wirbt,
> und endlich arm ein armes Sterben stirbt
> im Weihrauchabend gotischer Kapellen, -
> Nennt ihr das Seele?
>
> Schau ich die blaue Nacht, vom Mai verschneit,
> in der die Welten weite Wege reisen,
> mir ist: ich trage ein Stück Ewigkeit
> in meiner Brust. Das rüttelt und das schreit
> und will hinauf und will mit ihnen kreisen...
> Und das ist Seele.

Ich bin ganz überzeugt, mit geringeren Kräften als diesen, ohne diese Art der Begeisterung, deren Keim mit jedem Menschen neu geboren wird, können wir die Herausforderung, die wir uns selbst geliefert haben mit einer Praxis, die größtenteils der Schwerkraft verhaftet blieb, nicht bestehen. Von unserer Not, von unserer Sicherheitsangst her aufgebaut, geht unsere Kultur jetzt mit all ihren Errungenschaften (selbst die Kathedralen - und die Musik inclusive) in die Irre. Wenn die Seelenschwäche der tiefste Grund für unser Festgefahrensein in der Megamaschine, für die Entfremdung, für Gottes Tod ist, dann macht die ökologische Krise, macht der Umstand, daß das Häuschen zu klein wird für diese manisch vulgärmaterialistische Praxis, nur klar, wir müssen unsere inneren Wesenskräfte wiederbeleben. Nur begeistert kann lebendiger Geist (lebendige Arbeit) stärker als toter Geist (tote Arbeit) sein.

Dann erweist es sich als eine Frage unseres persönlichen Zeitplanes, wie unser Schicksal sein wird. Wieviel Stunden täglich füttern wir diesen Götzen, den wir uns gebaut haben? Also wieviel Stunden investieren wir vom Kindergarten bis ins Ingenieurbüro, in dem wir dann mit 27 oder 30 Jahren landen, in unsere Qualifikation als Funktionäre der großen Maschine? Und wieviel Stunden widmen wir der Pflege und Erweckung dessen, was göttlich in uns ist? Im Sinne Friedrich Hölderlins, bei dem es heißt: »Der Mensch ist aber ein Gott, sobald er Mensch ist.«

Und wenn man das Ganze göttlich nennt, das uns ja so hervorgebracht hat, warum sollte nicht auch diese höchste Fähigkeit, die in diesem Zusammenhang herausgekommen ist, also die Fähigkeit, auch noch das Selbstbewußtsein dieses Prozesses zu gewinnen, warum sollte die nicht göttlich genannt werden? Und falls das so herum auch nur gedacht werden kann, warum soll denn der emanzipatorische Prozeß darin bestehen, daß wir uns durch diesen Hirsebrei des materiellen Elends durchfressen und immer nur *dort* ansetzen, um uns praktisch den Ausgang zu verstopfen, indem wir immer mehr und mehr Sachen machen? Man braucht ja heute mindestens, ich würde sagen, 25 mal soviel wie zur Zeit des heiligen Franz, um nicht zu arm für Emanzipation zu sein. Wir haben uns ja hier in dieser DDR arm gewähnt und fühlen uns jetzt so, obwohl dies eines der reichsten Länder der Welt ist. Wir müssen ungeheuer schaffen, schaffen, schaffen, um überhaupt einen Lichtblick in Richtung Freiheit für möglich zu halten. Dabei landen wir ganz automatisch auf dem Niveau von Peepshow.

Wir können »Gott« erst einmal als einen Hinweis darauf lesen, daß wir diesen Schrumpfmaterialismus, auf den wir uns praktisch noch viel mehr eingelassen haben als in der Theorie (Marx war ja nicht so beschränkt, diese Vulgarisierung zu predigen), verabschieden sollen. Freilich ist in diesem 19. Jahrhundert, dem des massenhaften Durchbruchs des Materialismus auch in der Wirklichkeit, auch von der Theorie her, zuviel des Guten getan worden, um die Ansprüche festzuklopfen. Ob es ein Zufall ist, daß von Brecht - der so viele gute Dinge gesagt hat und der etwa im GALILEI kritisch auf denselben Punkt zielt - sich doch vor allem dieses berühmte Wort bis in den Volksmund durchgesetzt hat: »Erst kommt das Fressen, dann kommt die Moral«? Das kommt nebenbei mit heraus, wenn man die ganze Geschichte von diesem Aspekt her aufzieht, so den Hauptakzent auf die Schwerkraft in dem Gesamtprojekt der menschlichen Existenz legt.

Der Schlüssel für einen vernünftigen Umgang mit dem Göttlichen liegt darin, diese sogenannte Grundfrage Materialismus oder Idealismus gänzlich fallenzulassen. Bei Goethe wird eben diese Gretchenfrage, die wir uns im allgemeinen nur verkürzt aus dem FAUST ins Bewußtsein rufen, ganz anders gestellt. Gewiß, Gretchen will wissen, wie er es denn nun mit Gott hält. Und natürlich steckt in dem, was diese junge Frau gelernt haben kann, neben dem intuitiv erfaßten Wahren auch ein Stück Götzendienst, von den Pfaffen befördert. So steckt in ihrer Frage beides drin. Und Faust antwortet nun also: »Gefühl ist alles« - er will sich nicht festlegen, er auch aus doppeltem Grunde - »Name«, sagt er, »ist Schall und Rauch«. Und soweit zitieren wir das in der Regel. Was fehlt, ist die Hinzufügung: »umnebelnd Himmelsglut«.

»Umnebelnd Himmelsglut«. Das ist dieses Prometheusthema, dieses Lichtthema, das im ersten Akt des FAUST, in dem Versuch, dem Weltgeist und dann wenigstens dem Erdgeist zu begegnen, das existentielle Zentrum ist. Dort wird klar, warum die Gottesbegegnung auch Angst macht. Weil sich nämlich der Lichteinbruch, der als so ungeheuer empfunden wird, blendender als Sonnenlicht, in Wirklichkeit innen ereignet. Er ist ein bioelektrisches Phänomen. Da werden Photonen freigesetzt. Es handelt sich um *Psycho*physik. Deshalb hilft uns hier die Physik allein nicht durch, um zu verstehen, *was* uns da eigentlich geschieht. Die Lichterfahrung dürfte darauf beruhen, daß die spirituelle Praxis zu einer Entkrampfung im Gehirn und im ganzen zentralen Nervensystem führt. Auch in Goethes FAUST sind ja die Geistphänomene immer mit einer erschreckenden Lichtwahrnehmung des Helden verbunden. Licht und Finsternis sind bis in die gegensätzlichen Apokalypsevorstellungen etwa des Neuen Testaments geschieden. Die naturalistische Variante von Apokalypse, wie man sie aus der OFFENBARUNG des Johannes herauslesen kann, ist eigentlich pfäffisch und rechnet damit, daß wir wegen unserer materiellen Verfehlungen, unserer Verhaftung im Mammon etc. auch materiell bestraft werden. Heute ist das die ökologische Krise als Realapokalypse. Aber der *Evangelist* Johannes (vielleicht ist das ein anderer Mann!) gibt eine auf den ersten Blick völlig verschiedene Auskunft über das Jüngste Gericht, über die Apokalypse. Er nimmt dasselbe Thema vom anderen Pol her, und da lautet die Formel schlicht: »Das ist aber das Gericht, daß das Licht in die Welt gekommen ist, und ihr habt es nicht erkannt.«

*

Der Satz »Gott allein ist, und außer ihm ist nichts« ist durchaus empirisch, unter bestimmten Bedingungen auch von jedem Menschen unmittelbar überprüfbar durch Selbsterfahrung. Er setzt eine monistische Konzeption voraus, die eine Zweiteilung der Welt in Diesseits und Jenseits ablehnt. Es gibt nur eine und dieselbe Wirklichkeit, und es fragt sich nur, von welchem Pol her, Geist oder Masse, wir an dieses Ganze herangehen, welchen Aspekt wir als dominant betrachten wollen. Für Fichte war die entscheidende Gegenüberstellung sowieso nicht Geist - Materie, sondern *Ich - Nicht-Ich*. Ist das Gesamtgeschehen menschlicher Praxis im tiefsten Grunde kosmos- beziehungsweise gottgeleitet oder ist es ich-gelenkt?

Das Universum *ist* vom Ursprung her »intelligent«. Und das führt in letzter Instanz dazu, daß wir mit *dieser* biologischen Ausstattung auf die Erde und schließlich zu unserem Selbstbewußtsein kommen. Damit ist aber von uns verlangt, nicht nur mit allerhand untergeordneten Gesetzmäßigkeiten konform zu sein, sondern mit der Seinsordnung im ganzen. Andernfalls wird unsere Praxis antikosmisch werden und entgleisen.

Der Begriff der objektiven Realität und der Begriff Gottes sind in Wahrheit anfänglich deckungsgleich. Dann verliert der Satz »Gott allein ist, und außer ihm ist nichts« alles Verwunderliche. Und dann haben wir es in jedem beliebigen Augenblick (das heißt, wenn wir die Augen aufschlagen oder wenn wir die Ohren aufmachen) mit einer Botschaft aus diesem Ganzen zu tun. Und wir entscheiden jeweils, ob wir mit unserer Wahrnehmung an dem Massenaspekt, dem Schwereaspekt festkleben oder darüber hinausgehen wollen. Wenn Nietzsche sagte »Gott ist tot« (und auf noch andere Weise Hegel, der sich dabei auf den christlichen Karfreitag bezog), dann meinte er auch unsere Kapitulation vor den Trägheitskräften, forderte daher den Tanz als Überwindung der Schwere.

Falls wir uns als Mittäter dieses Universums verstehen, dann ist gewiß auch diese von uns geschaffene zweite Natur göttlich. Nur freilich um die Länge unseres Schattens weiter vom Zentrum des Wirbels und von der Logik seiner ungestörten Entfaltung entfernt; daher ist es nur zu wahrscheinlich, daß wir in jedem unbewußten Augenblick Schwere reproduzieren, selbst in den meisten unserer Befreiungsversuche.

Die ganze Praxis der Ökologiebewegung oder der Umweltschutzpolitik ist eben schon an den Milliarden, die sie kosten soll, als etwas kenntlich, das vom Rand her arbeitet, nicht von der Mitte her. So wird der größte Teil der verausgabten Energien in den Status quo zurückgespeist. Ich will jetzt nicht auf die Frage eingehen, wie wir die Umweltkrise aufhalten können, weil das zuviele Zwischenglieder überspringen hieße, und ich will sogar die Frage ausklammern, welche Wege wir selbst einschlagen sollten, um die Gewichte innen von Schwerkraft auf Gnade zu verschieben, sondern dabei bleiben, daß wir uns das *Problem* als solches, oder besser die *Herausforderung*, erst einmal in ihrem wirklichen Charakter vergegenwärtigen.

Der Hauptpunkt ist, daß wir uns, geleitet von Not und Angst und Sicherheitsinteressen, denen wir selbst andauernd den materiellen Anlaß schaffen, nicht auf unsere inneren Kräfte, die prinzipiell mit der kosmischen Entwicklung konform sind, verlassen, sondern immer noch mehr Trägheitsmoment, mehr tödliche Masse produzieren, um dem Tod zu entgehen und Befreiung zu erlangen. Die Leute, die sich ernsthaft mit dem Warum befaßt haben, sind immer wieder auf folgendes gestoßen: Daß der Mensch, der erstmal ein subjektiver Geist ist, erst einmal mit dem Auftrag aus der kosmischen Evolution hervorgeht, ein Ich aufzubauen, es zu entfalten. Der Mensch geht, gerade am Kinde ablesbar, notwendig durch ein Stadium des naiven Egoismus hindurch.

Wenn das Ich in seiner Aufbauphase immer die Erfahrung macht, durch Eltern und Gesellschaft vermittelt, ich werde gar nicht damit fertig, erstmal richtig da zu sein, ich muß schon mit der Verteidigung anfangen, ehe ich überhaupt anerkannt bin, dann setzt sich natürlich dieser kurzschlüssige Selbstschutzmechanismus fest. Fatalerweise müssen wir nicht einfach da sein, sondern etwas leisten, damit wir überhaupt angenommen werden. Ich muß erstmal wenigstens ein Diplom erwerben, damit ich dann in die Annonce schreiben kann: »Physiker in guter Position sucht liebe Frau« oder dergleichen. Das ist doch die Normalität unserer Motivation, und sie verdeutlicht, wie sehr die Schwäche des unvollendeten Ichs unsere gesamte Motivation bestimmt.

Das Kind kann dieser Prägung schwer entgehen, aber der erwachsene Mensch kann sie, auch wenn er diese frühesten Erfahrungen vielleicht nicht völlig hinter sich bringt, weitgehend überwinden bzw. relativieren. Der nächstliegende Einstieg ist Therapie. Er setzt voraus, hinzusehen, wo wir krank sind, einen Schaden haben, im weitesten Sinne von der Lebens-Wahrheit abweichen. In diesem Sinne sind mit unserer Kultur wir alle krank, soweit wir ihr spontan gehorchen. Wagen wir es, dies zu erkennen, kann das unser Vorteil sein, wir können versuchen, gewisse Züge unseres Ichaufbaus preiszugeben. Allerdings ist dieser therapeutische Zugang, wie gesagt der nächstliegende, noch nicht unbedingt der günstigste. In der Regel zielt er auf Regeneration, auf (Wieder-)Herstellung des Ichs ab. Er ist eine Art Training, das an unseren Schwächen ansetzt, nicht an unseren Stärken. Die letzteren mögen mit ins Spiel kommen, aber nicht systematisch, nicht grundsätzlich. Der andere Weg, Meditation, ist radikaler (ohne Therapeutisches auszuschließen, er mag es sekundär einbeziehen).

Meditation setzt voraus, daß wir in unserem Ursprung, in unserer Rückbindung an die universelle Intelligenz heil sind, soviel Deformation sich auch überlagert haben mag. Sie geht über unsere beste Seite, über unsere ursprünglichen Wesenskräfte an unsere Schwäche heran, vor allem führt sie die darauf zurück, daß unser Ich als Ganzes letztlich eine Fehlkonstruktion ist, eine Verpanzerung unserer Psyche, eine bis ins Physiologische hinein, bis in die Steuerungen im Großhirn reichende Instanz der Selbstbeschränkung, ja der Selbsttötung. Das Ich ist der Akteur unserer gesellschaftlichen Praxis, gerade insoweit sie im konventionellen Sinne bewußt, das heißt absichtlich ist. Und es arbeitet grundsätzlich falsch. Entsprechend radikal müssen wir uns der Herausforderung stellen, die in der Unterwerfung unseres Lebens unter diese ambivalente Bewußtseinsstruktur besteht, die uns bis zum gewissen Grade sichert und dann in den entsprechenden Gurten gefangenhält. Natürlich denkt man zunächst, man kann die Fehlkonstruktion, wenn es denn eine ist, sterben lassen nach der Methode Aschenbrödel - die schlechten ins Kröpfchen, die guten ins Töpfchen. Aber das Ich ist ein Ganzes und man riskiert das Ich als Ganzes, wenn man sich radikal auf diesen Weg einläßt.

Ich muß es sehr verkürzt auf den Punkt zu bringen suchen und kehre zu Fichte zurück, wobei ich auf einen Aufsatz von Wilhelm Weischedel verweise. Fichte ist für uns deshalb so ungeheuer interessant, weil er in seiner Ausgangsposition *der* Philosoph des rebellischen und revolutionären Subjektivismus, des Ichs als allmächtig die Welt bestimmend, war. Nun hat er bestimmt nicht einfach das alltägliche kleine Ich bloß gemeint, sondern das ICH mit großen Buchstaben, das Menschheits-ICH. Das aber sollte - keine Instanz über sich habend und das Nicht-Ich ihm ausgeliefert gegenüber - weltbestimmend sein. Aufgrund von Voraussetzungen aber, die auch schon von vornherein mit im Spiel, aber nicht entfaltet waren, hat Fichte dann sukzessiv eine solche Entwicklung genommen, daß Heinrich Heine 30 Jahre später in Paris über ihn geschrieben hat, Fichte sei gerade noch rechtzeitig gestorben, um den Abfall von der eigenen Philosophie nicht allzu offenbar werden zu lassen. Damit war die Kehre zu einer Haltung gemeint, die hier bei uns immer als »objektiver Idealismus« tituliert wurde. Jedenfalls ist er zu früh gestorben, als daß man diese Kehre als senil abtun könnte.

Was ist in Fichtes Denken passiert? Ursprünglich hatte er darauf bestanden, daß das ICH frei ist, das Nicht-Ich, die Welt absolut zu bestimmen, was natürlich als moralischer Imperativ auch heißt, frei sein *soll*! Diese Auffassung war nicht etwa als empirische Feststellung gemeint, sondern sie war ein Appell gegen die Korruption, der der Mensch sein Allerheiligstes, seine vorbestimmte Souveränität und Autonomie, opfert. Und da ist natürlich vor allem was sehr Richtiges dran. Wir sollen uns erst einmal klarmachen, was alles uns da ansozialisiert worden ist an Fremdbestimmung von den »bösen« und von den »guten« Eltern aller Art und daß wir philosophisch nicht das Recht haben, in dieser Subalternität zu verharren. Fichte projektiert einen absoluten Befreiungsprozeß unseres ICHs, der bei genauerem Hinsehen von Anfang an eine Ähnlichkeit mit dem hat, was ich eben als Sinn der Meditation gekennzeichnet habe. In seiner Jugend war ihm der Zweck allerdings die absolute Fähigkeit dieses ICHs, die Welt zu bestimmen. Am Ende aber geht Fichte »von der Tatsache aus, daß unsere Freiheit nicht Freiheit überhaupt ist, sondern die schon bestimmte und zwar von ihrem Grunde her bestimmte Freiheit«, so formuliert es Wilhelm Weischedel. Bestimmt also offenbar durch den Gesamtprozeß der Evolution und unseren Genotyp.

»Sie wurzelt«, sagt Fichte, »im Gewissen.« Das ist ein anderer Name für das, was, am Anfang des FAUST, in der Vertragsverhandlung, heißt: »Ein guter Mensch in seinem dunklen Drange ist sich des rechten Weges wohl bewußt.« Oder auch ein anderer Name für den inneren Dämon, der dem Sokrates immer Bescheid sagte, nicht, was er machen soll, sondern was er *nicht* machen soll. Dieser »Dämon«, diese innere Stimme, das ist nach Fichte das Gewissen in seiner höchsten, nicht sozial korrupt, sondern autonom gemeinten Funktion als Wächter der Integrität. Das ist unsere Verbindung zu diesem Grund der Freiheit. »Wir können« - heißt hier *sollen* - »daher von unserer Freiheit keinen beliebigen Gebrauch machen. Das Gewissen hat immer schon über sie verfügt« - oder sollte immer schon verfügt haben. »Im Ursprung der Freiheit waltet also eine tiefere Notwendigkeit.« Und die sieht er im Zusammenhang mit unserer Endlichkeit; wir sind zum Tod bestimmt, können nur durch den Tod hindurch zum Leben finden.

Das gilt nicht nur individuell, sondern auch kollektiv, mindestens insofern, als wir als Menschheit immer wieder neu kapitulieren müssen vor dem größeren Zusammenhang, in dem wir stehen. Fichte resümiert also: »Das Sterbliche muß sterben, und nichts befreit es von der Gewalt dieses Wesens. Das ICH muß gänzlich vernichtet sein.« Und Weischedel fährt fort: »Darin sieht der späte Fichte die dringlichste Aufgabe für die Menschen auch und gerade im Blick auf seine Gegenwart, die er das Zeitalter der vollendeten Selbstsucht nennt.«

»An die Stelle des absoluten ICH«, schließt Weischedel seine Übersicht, »tritt so der absolute Gott. Das ist die große und entscheidende Kehre im Denken Fichtes. *Gott allein ist, und außer ihm ist nichts*, kann er nun sagen. Der Mensch aber ist nichts aus sich selbst heraus. Was er wesentlich ist, ist er als Dasein und Offenbarung Gottes.«

»Hier ist die Selbstherrlichkeit des absoluten ICH endgültig gebrochen«, kommentiert Weischedel. Fichte hat hier aus der Erfahrung des eigenen Aktivismus als revolutionärer Denker, bis hin zur Teilnahme am Befreiungskrieg 1813, auf der geistigen Ebene einen Schluß der Kapitulation gezogen, der Kapitulation aber nicht vor den zeitlichen, sondern vor den ewigen Mächten.

Und nun einige Anmerkungen zu Garaudy, der als Kommunist in unserem Jahrhundert einen ähnlichen Weg wie Fichte gegangen ist. Er war natürlich nicht »subjektiver Idealist«. Aber wie die meisten von uns ging er davon aus, daß der Mensch auf der Erde das Sagen hat, daß sich das ganze politische Spiel um *seine* Interessen dreht und daß die Natur schon zur Verfügung steht. Umgestaltung der Natur mit dem Ergebnis, daß jetzt die halbe Sowjetunion kaputt ist. Das war im marxistischen Projekt mit enthalten. Nur aus Unterentwicklungsgründen trat unser Subjektivismus kollektivistisch verkleidet auf. Nun ist wirklich spannend, am Schluß dieses damaligen Hegel-Buches von Garaudy den Brief zu lesen, den ihm der »idealistische Philosoph« Jean Wahl, ein anderer Hegel-Kenner, daraufhin geschrieben hat. Mir geht es jetzt um die Struktur des Argumentes, nicht darum, daß es sich auf Kant bezieht. »Die Kantsche Idee des Kategorischen Imperativs«, schreibt Wahl an Garaudy, »wurzelt Ihrer Ansicht nach in historischen Ursachen« (gemeint damit: in der französischen Revolutionszeit) »und ist in Bezug auf die Idee des Staatsbürgers etwas, das man in einem besonderen Sinne sogar etwas reaktionär nennen könnte« (soweit es also diesen rückwärtsgerichteten Zeitbezug betrifft). »Ich aber glaube, daß das Verdienst Kants darin besteht, sich die Realität der Pflicht in ihrem absoluten Charakter vorgestellt zu haben.«

Nun, was Wahl hier Garaudy vorwirft, ist nicht etwa, daß er sich überhaupt die Mühe gemacht hat, Kant mit der Realgeschichte der französischen Revolution in Beziehung zu setzen. Sondern er wirft ihm vor, daß er den grundlegenden Gedanken Kants, daß nämlich in dem Zeitbezogenen etwas Absolutes sich geltend macht, praktisch verdrängt, sich nur diesem realgeschichtlichen Zusammenhang widmet und dabei das Übergreifende aus dem Blick verliert. So sind wir systematisch mit »Konkret-Historischem« umgegangen. Wir haben es aufgegriffen, um unbequemes Langfristiges, manchmal sogar nahezu »Ewigdauerndes« damit zuzudecken.

Nun hat Roger Garaudy aus der Erfahrung des Scheiterns kommunistischer Politik, was man natürlich in Frankreich bei dem dortigen geistigen Leben etwas eher kapieren konnte als damals hier in der DDR, früh weiterführende Schlüsse gezogen. Er suchte zunächst den Dialog mit dem katholischen Denken. So sagt er in einem Interview über den bevorstehenden Krieg gegen Irak, daß er Marx unter dem einen Arm und die Bibel unter dem anderen, Moslem geworden sei. Und nun meine ich, wenn ich ihn Wegweiser nenne, nicht, daß es darum geht, unbedingt Moslem zu werden. Aber es fällt schon auf, daß diese Fichte-

Formel »Gott allein ist, und außer ihm ist nichts« identisch ist mit *dem* einzigen Glaubensgrundsatz des Islam. Ich weiß nicht, ob Fichte, der ja als Philosoph und nicht als Theologe sprach, die Trinität leugnen wollte, indem er Jesus nicht als Gottessohn, sondern als Propheten versteht, wie das der Islam tut. Da gibt es sicher mancherlei kleine Unterschiede. Mir geht es um den biographischen Prozeß Roger Garaudys, und von dem denke ich, daß er geistig wegweisend ist.

Und schließen will ich mit dem Hinweis auf eine Frau, die noch früher als Garaudy, weil nicht in diesen verdammten Parteizusammenhang, in diese Ersatzkirche eingebunden, einen ähnlichen Weg gemacht hat. Ihr Fall ist besonders interessant auch deshalb, weil am Anfang ihres Weges Physik steht. Sie hat also die moderne Naturwissenschaft durch und durch studiert, und zwar an der Elitehochschule in Paris, der Ecole Polytechnique, und ist dann Lehrerin für Physik geworden. Sie war in der Arbeiterbewegung, und sie stand in Spanien auf der republikanischen Seite, bei den Anarchisten allerdings in Barcelona und nicht bei den Kommunisten. Ich spreche von Simone Weil, die nur von 1909 bis 1943 gelebt hat und gestorben ist unter anderem deshalb, weil sie so »verrückt« war, in England, wohin sie aus Frankreich gewichen war, die Rationen zu essen, die die Nazi-Besatzer für Paris verordnet hatten. Da ist sie an Unterernährung und Tbc umgekommen. Sie war radikal franziskanisch geworden.

Der Ort, wo sie von der materialistischen Naturwissenschaft in ihre endgültige Position überging, war die kleine Kapelle Portiuncula in der Ebene unter Assisi. Die Kirche hat einen großen Dom darüber gesetzt, fürsorglich, damit das kleine Haus da nicht verkommt. In der Kapelle ist sie von der Ausstrahlung des Franziskus erreicht worden. Sie hat sich aber nicht taufen lassen und ist nicht in die katholische Kirche eingetreten, weil sie sah, was für ein Ungeheuer das zugleich ist. Und sie hat gesagt, die entscheidende Hemmung sei der Satz »Anathema sit«, das heißt, daß verdammt wird, wer nicht genau dasselbe glaubt, was in dieser Kirche gepredigt wird.

Und jetzt also Simone Weil zu dem Thema Ich und Gott. Ich will die paar Sätze von ihr, die ich mir in eine Folge gebracht habe, ungefähr auch so wie sie in ihrem Buch SCHWERKRAFT UND GNADE aufgeführt sind, dann nicht kommentieren, sondern für das anschließende Gespräch im Raum stehen lassen:

»Die Sünde in mir sagt *ich*. Ich bin alles. Aber dieses *ich* ist Gott. Und also kein Ich.« (Statt Sünde könnte man auch Unwissenheit sagen.)

»Das Ich ist nur der Schatten, den Sünde und Irrtum, welche das Licht Gottes aufhalten, werfen, und dem ich ein wesenhaftes Sein zuschreibe.« (Diesem Schatten, den das Ich *fälschlich* wirft.)

»Es genügte, daß es mir gelungen wäre, mich aus meiner eigenen Seele zurückzuziehen, damit diesem Tisch hier vor mir das unvergleichliche Glück widerführe, von Gott gesehen zu werden.«

»Alles, was ich sehe, höre, atme, berühre, esse, alle Wesen denen ich begegne - alles dieses beraube ich seiner Berührung mit Gott, und ich beraube Gott seiner Berührung mit all diesem, in dem Maße, als etwas in mir *ich* sagt.«

»Ich hinterläßt sein Merkzeichen auf der Welt, indem es zerstört. Wenn es mir nur gelänge, zu verschwinden, dann wäre die liebende Einmut vollkommen zwischen Gott und der Erde, auf der ich gehe, dem Meer, das ich höre.«

»Eine Wissenschaft, die uns nicht näher zu Gott bringt, ist wertlos.«

Vor dem Hintergrund dieser Kehre, die sich da vollzogen hat, und vor allem vor dem Hintergrund der Herausforderung, die sich darin stellt, nämlich eine Neuwahl der Grundposition zu vollziehen, will ich es schließlich auf die Spitze treiben mit einem letzten Zitat. Viel zitieren muß man bei diesem Stoff, weil da nicht so schnell was neu erfunden wird. Da ist eigentlich alles gesagt, wir haben es nur weggedrängt. Es mag so scheinen, als liefe das auf diese schlechte Innerlichkeit hinaus, man kümmere sich um die schlechte Welt nicht mehr. Aber das trügt, es läuft vielmehr auf das Gegenteil solchen Rückzugs aus der Verantwortung hinaus. Es handelt sich bei dem Zitierten um einen Patriarchen des Christentums, aber das Patriarchale spielt in dem Satz von ihm, den ich jetzt bringe, keine Rolle. Augustinus, den ich meine, begann als ein Weltmann in Rom, und geendet hat er mit BEKENNTNISSEN über seine Bekehrung. Er war Bischof geworden, avancierte zum Kirchenvater und Heiligen. Sein Hauptwerk heißt CIVITAS DEI, also, wie verhält sich das Reich Gottes zur irdischen Gesellschaft, zur civitas terrena. Das heißt, er hatte das gesellschaftliche Ganze in seiner weitesten Dimension im Blick. Und dieser Mann wußte den erstaunlichen Satz: »Es ist die ausschließliche Aufgabe des Menschen in diesem Leben, im Auge des Herzens die Gesundheit wiederzuerlangen, durch die es Gott schauen kann.«

Er geht also davon aus, *dann* käme die Welt in Ordnung, dann wäre es möglich, civitas dei (Reich Gottes) und civitas terrena (Reich des Menschen) in ihre rein notwendige Beziehung zu setzen. Die ökologische Krise, sage ich, ist nur der äußerste Anstoß, die gleichwohl unvermeidliche Verkehrung aufzuheben, die in dieser herostratischen Position des möchte-gern-allmächtigen Ichs liegt, aus der wir über die Welt verfügen möchten. Diese Gesundung des Herzens, damit es Gott schauen kann, der *alles* ist, uns eingeschlossen, ist jene *zweite Geburt*, die Jesus in jener nächtlichen Szene des Johannes-Evangeliums dem Nikodemus ans Herz gelegt hatte. Sie ist, soweit ich es verstehe, die

Bedingung dafür, daß wir überhaupt einen Zipfel des Mantels erhaschen können, der in den tiefsten Krisen der Menschheit an sich niemals verfehlt, an uns vorüberzurauschen.

Das Universum als Urmutter, Erkennen als Empfangen

Die »weibliche« Wahrheitssuche im Tao Te King des Laotse

Ernst Schwarz, der das Tao Te King wunderbar für das DDR-Milieu übersetzt hat, vergleicht das Tao mit dem Gott des Alten Testaments. Bei ihm steht nun (Laudse Daudedsching, S. 197):

»Der Gott des Alten Testaments droht: 'Ich will zunichte machen die Weisheit der Weisen, und den Verstand der Verständigen will ich verwerfen' (Jesaia 29,14). Und der Apostel Paulus fragt höhnisch: 'Wo sind die Klugen? Wo sind die Schriftgelehrten? Wo sind die Weltweisen? Hat nicht Gott die Weisheit dieser Welt zur Torheit gemacht?' (I. Korinther 7,20) Weise nach diesen Auffassungen sind nur jene, die ihre Weisheit ein- oder, besser gesagt umschmelzen in der Allweisheit - im Gott der Bibel oder im Dau* der Dauisten. Der magische Kern ist in beiden Weltvorstellungen fühlbar: Nur fehlt den Dauisten jeglicher Hang zur Hingabe an eine neue Autorität - einen anderen Despoten, der Gnaden und Strafen nach eigenem Gutdünken, und nicht nach dem Uni-

---

* Schwarz gebraucht in seiner Übersetzung eine eigene Transkription chinesischer Termini. Er begründet (S. 6): »Jedes chinesische Schriftzeichen wird *einsilbig* gelesen. Das *Tao* der herkömmlichen, dem englischen Wade-System nachgeahmten Umschrift erweist sich für den deutschen Leser aus zwei Gründen als irreführend. Erstens ergeben *a* und *o* beim Lesen keinen Diphthong - und der Chinese würde *a-o* wie *au* in *schau* aussprechen; und zweitens ist der anlautende Vokal durchaus kein hartes *T*, sondern ein weicher Laut, ein *D*. Daher also *Dau* statt des herkömmlichen *Tao*. Ebenso ist die englische - vielfach auch bei uns eingebürgerte - Schreibweise *Te* für *De* unnötigerweise irreführend. Für das *e* in *De* allerdings gibt es im Deutschen kein Äquivalent. Es wird etwa so ausgesprochen wie die Endsilbe *er* in *Schneider*, wenn man den auslautenden Konsonant *r* verschluckt.«
In seiner Übersetzung verwendet Schwarz durchgängig Kleinschreibung (mit Ausnahme der Termini *Dau* und *De*). Satzzeichen werden - außer wo sie für das Verständnis unbedingt nötig scheinen - vermieden. »Der Grund liegt einfach darin, daß es im klassischen Chinesisch keine Wortgruppen im Sinne unserer grammatischen Begriffe gibt - und auch keine Satzzeichen!«

versalgesetz eines Dau (also irgendeines Weltgesetzes - R.B.) austeilen darf. Das Dau ist hereingeholt in die Gesellschaft; der Mensch ist nicht hinausgeworfen in den übersinnlichen Machtbereich eines je nach Laune gütigen oder bösen Tyrannen. Wenn sich das Dau verkörpert, so dann im Weisen - im irdischen Vertreter des Dau, der jeder Gesellschaftsschicht angehören mag, der nur eines braucht, um im dauistischen Sinne weise zu sein: Selbstlosigkeit, und damit Auflösung im Dau und Übereinstimmung mit ihm.«

Da ist also der Gedanke, daß dieser große Zusammenhang wesenhaft selbstlos ist. Was sollte da auch an sich denken? Und das ahnt dieser Weise.

»Nur eines solchen Weisen Wort ist wahr (zuverlässig), nur er ist gut (selbstlos), nur er ist wissend. Und nur er bedarf nicht des Wortegeklingels, des geistreichen Herumredens, des Herbei- und Wegdisputierens, wie es die *glattzüngigen* nach Belieben zu tun pflegen, und der Scheingelehrsamkeit, die an *namen* haftet ohne dem Urgrund des Benannten jemals näherkommen zu können.«

Darin unterscheidet sich das Tao Te King insbesondere vom Alten Testament. Der Gottesbegriff, mit dem wir es empirisch in der Regel zu tun haben und der diesen verständlichen Widerstand hervorruft, ist in den meisten Fällen nicht der des Evangeliums, des Neuen Testaments, sondern das ist nach wie vor der Gott des Alten Testaments, der mißtrauisch wacht, eifersüchtig ist und mit Anathema kontrolliert, daß niemand abweicht, bei Strafe der Inquisition.

Was ich aus den 81 Sprüchen des Tao Te King herausnehme, ist direkt oder indirekt daran orientiert, was für ein Welterkennen und Weltverhalten da abgelehnt bzw. anempfohlen wird in Bezug auf Stören oder Nichtstören der großen Gleichgewichte. Dieses Gleichgewichtsproblem ist der Hintergrund der Auswahl. Man muß das Tao Te King nicht zwingen, um es auf diesen Punkt zu bringen, denn das ist eigentlich sein Kernthema. Natürlich wäre es möglich, auch noch andere Gesichtspunkte nach vorn zu holen. Mich interessiert vor allem, welcher Stil des In-der-Welt-Seins eine Erkenntnis und eine Praxis ermöglicht, mit der der Mensch die Große Ordnung nicht von grundauf stört.

In unserem europäischen Verständnis sind Handeln und Nichthandeln, also Tat und Kontemplation, Gegensätze. Für das Tao Te King dagegen ist *Nichthandeln das eigentliche Handeln*, Nichttun das bessere Tun. Es eröffnet einen ganz anderen Zugang. Vergleichen wir:

Johannes R. Becher hat einmal ein Lenin-Gedicht gegen die Moral gesetzt, auf die »Gyges und sein Ring« von Hebbel hinausläuft. Bei Hebbel geht es um die Erfahrung, wieviel Schuld man durch eingreifendes Handeln auf sich laden kann, und er schließt mit der Formel »Oh rühre nimmer an den Schlaf der Welt!« Gegen diese Verzweiflung am Tun hat Becher ein Gedicht geschrieben, das Hanns Eisler vertont und Ernst Busch dann sehr expressiv in jagendem Tempo gesungen hat.

Der an den Schlaf der Welt rührt - Lenin

Er rührte an den Schlaf der Welt
Mit Worten, die Blitze waren,
Sie kamen auf Schienen und Flüssen daher
Durch alle Länder gefahren.

Er rührte an den Schlaf der Welt
Mit Worten, die wurden Brot,
Mit Worten, die wurden Armeen
Gegen die Hungersnot.

Er rührte an den Schlaf der Welt
Mit Worten, die wurden Maschinen,
Wurden Traktoren, Häuser,
Bohrtürme und Minen -

Wurden Elektrizität,
Hämmern in den Betrieben,
Stehen, unauslöschbare Schrift,
In allen Herzen geschrieben...

Nimmt man dieses Gedicht von seiner besten Seite, so ist es die Vision, durch politisch-propagandistische Intervention und durch ein ungeheure materielle Anstrengung Gott in die Herzen schreiben zu können. Emanzipation, Befreiung und so fort, unter Bedingungen der Unterentwicklung - das darf man nicht vergessen. Aber ein völlig westliches Handlungsprojekt. Und es ist wahrscheinlich doch kein Zufall, daß bei einem Projekt, das in diesem Geist - und noch dazu so seelisch überstürzt - in unterentwickelten Ländern angegangen worden ist, nicht herauskommt, was materiell versprochen worden war. »Kommunismus ist Sowjetmacht plus Elektrifizierung«, hat es geheißen, Tschernobyl kam hervor. Ich sage nicht, man hätte sich nicht um Elektrizität kümmern und lieber bei der Kerze bleiben sollen. Aber *wie* man sich gekümmert hat, das führte dazu, daß man sich später um so klarer in Erinnerung rufen mußte, der Mensch lebt nicht vom Brot allein.

In dem chinesischen Weisheitsbuch liegt der Ton auf einem völlig anderen Umgang schon allein mit der materiellen Dimension der menschlichen Existenz, und zwar vor dem Hintergrund der Erfahrung, wohin großmächtige menschliche Außenweltveränderung führt.

Das Tschou-Reich war in 7 kämpfende Staaten auseinandergefallen. Die alte ursprüngliche Monarchie hatte nicht mehr die Kraft, die lokalen Fürsten zusammenzuhalten. Welchen Schluß zog Laotse aus dem »ersten chinesischen Weltkrieg«? Lenin hatte aus dem ersten europäischen Weltkrieg, wo es doch diese militarisierte große Maschine gewesen war, die Europa kaputt gemacht hatte, den Schluß gezogen, sie nachzubauen. Laotses Schluß, im vorletzten Text dieser 81 Sprüche niedergeschrieben, lautet:

klein sei das land. das volk gering an zahl
so viele werkzeuge es gibt, gebraucht sie nicht!
lehrt das volk den tod scheuen und weites wandern meiden!
gibt es auch boote und wagen
man besteige sie nicht
gibt es auch harnisch und waffen
man hole sie nicht hervor
das schreiben schafft ab
*lehrt die menschen wieder quippu-knoten knüpfen**
die speise sei ihnen süß
die kleidung schön
die hütten bequem
die sitten fröhlich
die nachbarstaaten liegen dicht beisammen
man hört die hühner gackern, die hunde bellen
und doch verkehrt man bis zum tode
mit seinen nachbarn nicht

Eine dieser Umkehr-Perspektive entgegengesetzte Praxis hatte zu der Katastrophe der »Streitenden Reiche« geführt. Wenn man die Sprüche im Ganzen nimmt, sieht man, daß dieser Schluß nicht so naiv ist, wie er klingt, alles andere als unreflektiert. So weit geht kein europäischer Romantiker. Man sieht, was für verschiedene Psychologien in dem europäischen und dem chinesischen Weg stecken.

Ich mache einen zweiten, aktuellen Anlauf zu demselben Thema. Im heutigen SPIEGEL las ich den Bericht über das Attentat von Adelheid Streidel auf Oskar Lafontaine (DER SPIEGEL Nr. 45/1990, »Ich wollte wirklich töten«, SPIEGEL-Reporterin Gisela Friedrichsen über das Unterbringungsverfahren gegen Adelheid Streidel in Köln, S. 97 ff.). Dieser

---

* *quippu-knoten knüpfen* meint ein Rechenverfahren mit Knoten und Schnüren.

Bericht ist von charakteristischer Beschränktheit, was die Dimension der menschlichen Existenz heute betrifft. Das Attentat ging verhältnismäßig glücklich aus, so daß das Attentat vielleicht auch als eine Mahnung verstanden werden kann. Frau Streidel ist der Gegenstand jenes Berichts. Ich will dazu nur vorausschicken, daß sich der marxistische Denker und Therapeut Erich Fromm vor acht oder zehn Jahren mit einem letzten großen Interview für DIE ZEIT verabschiedet hat, das überschrieben war: »Die Kranken sind die Gesündesten«.

Im SPIEGEL steht: »Adelheid Streidel, 43, ist eine seelisch schwer kranke Frau. Sie leidet unter grauenerregenden Wahnvorstellungen, einer paranoid-halluzinatorischen Schizophrenie.« »Damals fing es an mit den Wissenschaftlern (es geht dabei um Stimmen und Erscheinungen - R.B.), von denen sie sich über Gefahren für Erde und Menschen unterrichtet fühlte. Die ihr angeblich berichteten, in riesigen unterirdischen Tötungsfabriken würden Menschen aus unteren sozialen Schichten zu Konserven verarbeitet oder zu Intellektuellen umfunktioniert, indem man ihnen den Kopf abtrennte und einen neuen annähte. Sie habe einmal einen Film gesehen, in dem Bundeskanzler Kohl eine solche Fabrik besichtigte. Sie wisse, daß es Tötungsfabriken etwa unter dem Frankfurter Flughafen gebe, auch unter anderen Flughäfen, in einem Tal in der Nähe von Bad Neuenahr.«

In einem Tal in der Nähe von Bad Neuenahr sitzt die für den Ernstfall vorgesehene Notregierung der Bundesrepublik unter der Erde. Ich weiß nicht, ob Adelheid Streidel das wußte. »Zunächst weigert sie sich auszusagen. Ihren Werdegang ausführlich zu schildern lehnt sie in öffentlicher Sitzung ab. Was habe dies denn mit dem Attentat auf Oskar Lafontaine zu tun?« Sie geht davon aus, einen Auftrag zu haben, auf diese »unterirdischen Menschenversuche« aufmerksam zu machen.

»So habe sie Plakate, Flugblätter verteilt, demonstriert gegen die Menschentötungsfabriken. Wenn dies alles nicht helfe, so ihr Auftrag, sollte sie einen deutschen Politiker töten. Jesus Christus habe sie aufgefordert, sofort ans Werk zu gehen, damit dem Töten ein Ende bereitet werde.

Der Vorsitzende Richter Dr. Bruno Terhorst, 49, der als besonders versiert im Umgang mit psychisch gestörten Angeklagten gilt, stellt einige Fragen. Ob sie mal Menschen gefunden habe, die ihre Ansichten teilten? Ob sie nicht daran gedacht habe, nach einem Attentat auf einen Politiker, festgenommen zu werden? Ob sie denn nicht um ihren Arbeitsplatz gebangt habe?« Und die Reporterin fährt fort: »Solche Fragen bewegen Gesunde.«

Danach muß ich 1976/77 und später auch nicht gesund gewesen sein, denn alle diese kleinvernünftigen Fragen hier: ...nicht an eine Festnahme gedacht zu haben, Menschen zu finden, die meine Ansichten teilen (es hieß immer, ich spinne); und schließlich der Arbeitsplatz - alles hat mich nicht eigentlich mehr interessiert.

Sie ist gefragt worden: Angesichts einer Situation, wo ja Rau auch noch dastand - »Warum Lafontaine? Die Entscheidung fiel spontan. 'Weil er mir im Moment politisch wertvoller erschien', sagt Frau Streidel. Im Polizeiprotokoll steht, daß es ihr um einen deutschen Politiker nicht leid tue. Vor Gericht korrigiert sie sich: 'Es tut mir schon leid. Aber es ist verdient... Der Auftrag... Ich bin der Meinung, daß ein Politiker genauso getötet werden darf, wie man es zuläßt, daß andere getötet werden. Es tut mir weh, daß so etwas sein muß.'«

Und zum Schluß des Artikels im SPIEGEL: »Ihre Verstandesfunktionen werden von den Wahnideen überflutet, sie stehen ganz in deren Dienst. So kommt es, daß die Tat planvoll und folgerichtig erscheint und wahnwitzig zugleich.«

Das ist die Schlauheit des SPIEGEL, so mit einer Sache umzugehen. Mein Eindruck ist, daß die Frau mehr von der Wirklichkeit der Gegenwart mitgekriegt hat als jemand der fragt, was mit dem Arbeitsplatz wird, wenn er/sie so etwas macht.

Was das mit der Weisheit des Tao Te King zu tun hat? Es ist schon klar, daß da der Verstand die Kopplung nicht zuwege bringt, daß das eine der Form nach ganz irrationale Geschichte ist. Es gibt aber einen Gegensatz in der alltäglichen Vernunft, mit ihrem massenhaft tödlichen Ausgang, zu der wir uns nach wie vor irgendwie bekennen. Diese Grundfragen nach dem Arbeitsplatz sind ja ausschlaggebend dafür, ob wir mal etwas riskieren oder nicht. Das auf der einen Seite und solcher Ausfall auf der anderen Seite, das können eigentlich nur die Pole eines falschen Ganzen sein.

John Lash (REISE ZUM TAO), der sich seit Jahren mit dem Tao und mit Tai Chi befasst, hat einen Text geschrieben, der dazu hinführt, wie man so einen Fall verstehen kann:

»Ein kleines Kind ist schwach und verfügt dennoch über unglaubliche Energie. Versuche einmal einem Kind sein Spielzeug wegzunehmen, es klammert sich so fest daran, daß du es mitsamt seinem Spielzeug vom Boden hochheben kannst. Woher kommt diese Kraft? Das Kind hat zwar noch keine stark ausgeprägte Muskulatur, aber es sammelt seinen Willen und vereint ihn mit der ganzen Energie seiner Seele und seines Körpers. Diese Fähigkeit ist bei kleinen Kindern und Tieren naturgegeben. Oder versuche einmal, einen kleinen Frosch in der Hand zu halten. Der Frosch dreht und windet sich, bis er sich durch die Finger herausgequetscht hat. Säuglinge und Frösche geben nicht auf. Sie können es auch gar nicht, da sie keinen Verstand haben, der zwischen ihren Willen und den Rest ihres Wesens tritt. Nur der rationale Verstand könnte ihnen sagen, daß die Situation aussichtslos und ihr Körper viel zu schwach ist. Sie wollen etwas und dann nehmen sie es in Angriff und zwar mit ihrem ganzen Sein. Nur wenn sich der rationale Verstand nicht in die natürliche Funktionsweise unseres Einsseins einmischt, können wir den ganzen Umfang unserer Möglichkeiten im Leben ausschöpfen. Wenn der Verstand nicht stört, können wir erkennen, wozu der menschliche Körper fähig ist. Zum Beispiel ist eine Frau durchaus in der Lage, ein Auto hochzuheben, unter dessen Reifen ihr eben angefahrenes Kind liegt. Die emotionale Notlage setzt den verstandesmäßigen Prozeß außer Funktion, der ihr sagen würde, daß sie nicht fähig ist, ein Auto hochzuheben.

Auch bei hypnotisierten oder sogenannten geisteskranken Menschen werden hin und wieder solche Fähigkeiten beobachtet. Im hypnotisierten Zustand kann man in Bezug auf die Körperkraft ganz erstaunliche Leistungen vollbringen. Und der Umgang mit Geisteskranken ist umso schwieriger, wenn sie toben und ihre Kräfte sich ins zehnfache zu steigern scheinen.

So besitzen das kleine Kind, das Tier, der Mensch in emotionaler Not, der Hypnotisierte und der Geisteskranke die Fähigkeit, das Eine zu empfangen, denn der Verstand ist vorübergehend ausgeschaltet und spaltet die ungeteilte Ganzheit nicht in Körper, Geist, Seele, Willen auf.

Im Tai Chi versucht man, diese natürliche Fähigkeit wieder zu erlangen und zwar ohne dabei in solch außergewöhnliche Zustände wie Hypnose, Geisteskrankheit und so weiter zu geraten.«

Worum es sich handelt, ist also ein seelisches Auseinanderfallen von gesellschaftlichen Reaktionen auf die Zerstörungslogik. Entweder bemerken wir sie schon fast nicht mehr, oder wir fühlen uns wahnhaft davon verfolgt. Es muß doch möglich sein, daß man sowohl offen ist für die Botschaft der Wirklichkeit im Ganzen als auch fähig zur verständigen Sachwahrnehmung - und zur Verbindung beider Befindlichkeiten. Wenn man von den konkreten Bildern absieht, ist die Bezeichnung »unterirdische Menschenversuche« ja so abwegig wirklich nicht. Nur muß einem über der Ungeheuerlichkeit dessen, was man sieht, nicht der Verstand ver-rückt werden. Die Weisheit des Tao Te King und die Praxis des Tai Chi machen es uns leichter, damit umzugehen.

Indem ich mich jetzt auf zwei Sprüche, den 10. und den 16. Spruch konzentriere, will ich einen Eindruck von der inneren Grundhaltung des Tao Te King geben. Ich glaube, daß man aus den Texten selbst etwas von dem Zugang wahrnehmen kann, ohne die Begriffe Tao (*Dau*) und Te (*De*) schon geklärt zu haben (darauf komme ich dann nachher). Besonders im 10. Spruch wird deutlich, daß es da auch um Üben geht.

Nicht einfach um verstandesmäßiges Denken, sondern um eine Praxis, des Atmens beispielsweise. Heute ist das ein therapeutischer Weg, aber richtiges Atmen wäre primär ein Zeichen vitaler Gesundheit. Das Tao ist der Weg, diesen Lebensvorgang des Atmens von vornherein störungsfrei zu halten. Wenn man heutzutage in puncto Atem heilen muß, dann nicht zuletzt deshalb, weil die natürliche Atmung durch das viele Ducken und Zusammenziehen, das wir uns lebenslang schon geleistet haben, längst eingeschränkt ist.

Der 10. Spruch aus dem Tao Te King (man möge sich den Sprechenden vorstellen, wie er entspannt steht oder sitzt oder kniet):

ohne geschäftigsein ans eine sich haltend
kann die seele sich dann noch zerstreuen?

die atemkraft sammelnd, geschmeidig werdend
kann man nicht rückkehren zum kindsein?

den blick läuternd zur schau des tiefen
kann man nicht frei werden von unreinheit?

das volk lieben, den staat ordnen
braucht man dazu wissen?

kann sich öffnen und schließen das himmelstor
ohne das weibliche?

klarheit, die alles ringsum erreicht
braucht sie denn tätigsein?

der weise läßt sie wachsen und nährt
läßt die dinge wachsen und besitzt sie nicht
tut und verlangt nichts für sich
behüter, nicht beherrscher
das sei genannt Süen De - das tiefste De

Mit *De* ist die Wirkungsweise der Prinzipien, die einen durchs Leben führen, gemeint, also der Geist des Lebens. *De* ist die Ausstrahlung, die von der Existenz eines Menschen oder eines beliebigen Dinges ausgeht. *behüter, nicht beherrscher/ das sei genannt Süen De - das tiefste De*: Das setzt den Gedanke voraus, daß demjenigen, der in so einer Verfassung ist - nicht gerade mal fünf Minuten, sondern von weither eingeübt -, eigentlich alles zuströmt, daß ihn also diese Sorge, die uns hindert, wie die Vöglein unter dem Himmel zu sein, nicht hat. Er wird dann nicht vorsorglich zugreifen, an sich reißen. Das hat durchaus eine Parallele zu der »mystischen Demokratie« bei Joachim di Fiore, es erinnert an den Heiligen Geist, der ausgeschüttet werden soll gleichermaßen über alle. Auf der Rückseite der erwähnten Laudse-Übersetzung steht denn auch am Schluß, daß das Werk eine »mystische, den ganzen Kosmos harmonisierende Demokratie zeichnet«.

Mit dem Weisen im Tao Te King ist der weise Mensch überhaupt gemeint und nicht etwa nur ein Ausnahmefall. Es handelt sich um die Behauptung, daß bei jedem, der sich in diese hinnehmende und empfangende Position einübt, sich dann von selber diese Art Offenheit für die Botschaft des Ganzen einstellen würde. Man fände zurück zu der urtiefen Gemeinsamkeit, die eigentlich im Kosmos alles zusammenhält. Und warum sollte die nicht auch die Menschen zusammenhalten? Im Tao Te King ist dem Weisen, der sich so verhält, der Herrschaftsweise gegenübergestellt. Herrschaftsweiser ist der, der sich, statt bei seiner Rolle im Stamm, mit der er ja auch Autorität haben konnte, zu bleiben, darauf geworfen hat, Macht anzusammeln. Dort, wo die ursprüngliche Autorität nicht mehr ausreichte und der Punkt kommt, wo einer hervortritt und »kraft seiner Wassersuppe« bestimmt, da fängt es an, daß man den Sachen besitzergreifend *namen* gibt, steht im Tao Te King. Man benennt den und den und den Punkt und das und das und das Interesse, tut es nutzensorientiert, um eigene Projekte zu verwirklichen.

Der Herrschaftsweise kann nicht besser charakterisiert werden als durch den Vortrag, den Hans Christoph Binswanger über Faust gehalten hat. Das ist tatsächlich das Gegenbild zu dem Weisen, auf den das Tao Te King orientiert. So gesehen, sind Weisheit und Wissenschaft tatsächlich Gegensätze. Faust war viel mehr Wissenschaftler als Weiser, er geht deshalb nicht von innen her an seine Werke. Nach dem Tao Te King macht man es fundamental anders. Dort versteht man das Universum, indem man wahrnimmt, wie es in einem selber arbeitet, und weiß damit von vornherein mehr und grundsätzlicher, was ist, als irgendein Zauberlehrling, der mit dem Mikroskop von außen herangeht und Zellen aufschneidet, um zu erfahren, wie das Leben arbeitet. Dieser Unterschied ist das Wesen der Sache. Ich will nicht behaupten, daß es vom Tao Te King her völlig ausgeschlossen wäre, auch auf die von uns wissenschaftlich genannte Weise etwas zu erfahren. Aber es würde dann Teil eines insgesamt anderen Wissens um den Gegenstand sein.

Der 16. Spruch gibt einen Hinweis darauf. Er zeigt, wie man von jener meditativen Grundhaltung, die aus dem 10. Spruch kommt, zu einer anderen Art und Weise gelangt, Wissen zu erwerben, und wie sich dann die Frage nach der Wirklichkeit stellt.

Vorab muß ich nur einen Hinweis zum ersten Satz geben, der lautet: *erreiche den gipfel der leere. leere* setzt voraus, daß ich in meinem rezeptiven Geist keine bestimmte Annahme, keine Hypothese habe, die bewiesen werden soll. Hätte ich eine Hypothese, erführe ich dann zwar etwas über sie, ob sie richtig oder ob sie falsch ist beispielsweise, aber die Sache selbst, in ihrer eigentümlichen Ganzheit, würde gar nicht zu mir sprechen. Wenn ich etwa ein Interesse habe, es durch Erwerb von Geld und Gütern dahin zu bringen, daß ich den Rest meines Lebens nicht mehr arbeiten muß, dann werde ich Gesellschaft natürlich unter diesem strategischen Gesichtspunkt betrachten. Wie sie überhaupt ist, wie sie sein sollte, wie es einmal mit der urtiefen Gemeinsamkeit gewesen ist und ob wir damit vielleicht ein gutes Leben zustande brächten - all das, so grundlegend es ist, wäre ausgeblendet. Ich wäre dann eben nicht *leer*, sondern besetzt von begrenzten Interessen, die es mir unmöglich machen, die Welt in ihrer eigenen Natur zu erfahren. Und nun der 16. Spruch:

erreiche den gipfel der leere
bewahre die fülle der ruhe
und alle dinge werden gedeihen
so kann ich ihre rückkehr erschauen
in allen dingen in ihrer vielfalt
findet ein jedes zurück zur wurzel
wurzel wiederfinden heißt stille -
was man nennen mag: rückkehr zum wesen
rückkehr zum wesen heißt ewigdauern
ewigdauerndes kennen heißt klarheit
wer ewigdauerndes nicht kennt
wirkt blindlings zum unheil
wer ewigdauerndes kennt, umfaßt alles
wer alles umfaßt, gehört allen
wer allen gehört, ist königlich
königliches gleicht dem himmel
der himmel gleicht dem Dau
das Dau gleicht der ewigkeit
wer dauert im Dau
taucht in die tiefe gefahrlos

Noch ein weiterer, ganz kurzer Spruch in diesem Kontext, in dem unsere Seinsvergessenheit (wegen der Sonderinteressen) der Selbstvergessenheit gegenübergestellt wird. Da heißt es im 7. Spruch:

ewig sind himmel und erde
und sie sind ewig
weil sie nicht wirken ihrer selbst wegen
daher ihre ewigkeit
so stellt der weise sein selbst zurück
und ist den anderen voraus
wahrt nicht sein selbst
und es bleibt ihm bewahrt
denn ohne eigensucht
vollendet er das eigene

Es ist ein naheliegendes Mißverständnis, daß das, was da so eindrucksvoll in den Sprüchen gesagt wird, in erster Linie auf den bei uns so bekannten Typ von Ethik hinausläuft: Wie sollt ihr euch denn um Gottes Willen einigermaßen vernünftig verhalten? Das ist aber ein Trugschluß, auch wenn das Tao Te King sich natürlich mit dem Felde der Ethik berührt. Streng genommen ist das Tao Te King sogar gegen Ethik gerichtet, insofern nämlich, als Konfuzius mit seiner Ethik der große Gegenpart des Laotse war, oder sagen wir Gegenströmung, den es ist womöglich nur Legende, daß sich beide wirklich getroffen und miteinander diskutiert hätten. Konfuzius sah, wie der Staat und die Gesellschaft in diesen Kriegszustand hinein mit sich selbst zerfallen sind. Er wollte dem Gemeinwesen einen Halt geben, für die Einhaltung der Riten sorgen, darauf hinwirken, daß wieder in Ordnung kommt, was in Unordnung geraten war. Aber dazu nimmt das Tao Te King eine Haltung ein, die etwas über den grundsätzlichen Knacks jeder Ethik lehrt. Laotse stellt die Frage, wann und wozu Ethik nötig ist und ob dann, wenn sie nötig wird, nicht schon alles verloren ist. Der 18. Spruch heißt:

verloren ging das große Dau -
güte und rechtschaffenheit entstand
hervor trat die klugheit -
die große heuchelei entstand
zerrissen war die sippe -
der familiensinn entstand
in wirrnissen zerfiel der staat -
der treue minister entstand

Die ethischen Prinzipien werden immer dann besonders wichtig, Wissenschaftsethik heute - ungeheuer wichtig, wenn wir, wie im Falle der Genetik, gerade dabei sind, die nächste Katastrophe massiv wissenschaftlich vorzubereiten. Die Erfahrung mit der Atombombe hat uns offenbar nicht gereicht, wir reden weiterhin von Wissenschaftsethik und von Sicherheit bei diesem Unternehmen.

Bei Laotse ist der Gedanke: Da muß schon etwas falsch sein, wenn ich überhaupt auf Ethik komme. Und er meint, wirklich gelehrt werden müßte, wie die Grundverhältnisse des Menschen in der Welt und zur Welt wieder so in Ordnung kommen, so dahin zurückgeführt werden könnten, daß es friedlich hergeht. Worauf er baut, ist, daß sich großmannssüchtige Projekte von selbst widerlegen werden, weil Monstrositäten in der Evolution an sich selber scheitern.

Eine der Stellen, wo es sich auch zeigt, daß es für ihn nicht um Ethik geht, sondern um einen Hinweis auf die Wirklichkeit, lautet so (aus dem 29. Spruch):

trachtet einer
an sich zu reißen das reich
so sag ich: vergebliche mühe
ein opfergefäß ist das reich
unberührbar
wer es berührt, zerstört es
wer es ergreift, verliert es

Opfergefäß, das ist natürlich nicht aus der heiligen westlichen katholischen Kirche, sondern das ist ein Ding, mit dessen Hilfe Menschen damals mit der allbeseelten Natur umgegangen sind. *Wer es berührt, zerstört es* - das entsprach offenbar der allgemeinen Erfahrung jener Zeit. Es geht primär um etwas anderes als um Ethik.

Ich will jetzt auf den erkenntnistheoretischen Zusammenhang, der sich für unseren westlichen Blick hier ergibt, eingehen. Der 1. Spruch berührt sofort diese Frage:

sagbar das Dau
doch nicht das ewige Dau
nennbar der name
doch nicht der ewige name
namenlos
des himmels, der erde beginn
namhaft erst der zahllosen dinge urmutter
darum:
immer begehrlos
und schaubar wird der dinge geheimnis
immer begehrlich
und schaubar wird der dinge umrandung [...]

Eine andere Übersetzung variiert die Sätze *immer begehrlos/und schaubar wird der dinge geheimnis* und *immer begehrlich/und schaubar wird der dinge umrandung*:

> Stets ohne Wunsch
> sieht man das Geheimnis.
> Stets voller Wünsche
> sieht man die Erscheinungsform.

Wenn man *begehrlich* ist, dann wird nur *der dinge umrandung* sichtbar. Das ist so, weil ich mich dem jeweiligen Ding, das ich haben will, gewissermaßen entgegenstelle. Ich gehe dann der Tendenz nach experimentell mit dem Ding um, bis zu dem Extrem, daß die Natur angeblich am besten unter Folter antwortet.

Immer begehrlich/und schaubar wird der dinge umrandung. Erschließbar wird damit nur die Außenseite, nicht der eigentliche Heraufgang der Dinge, der sich dann nämlich entzieht. Ist doch das *Dau* eigentlich nicht aussagbar, kennt man doch eigentlich, laut dem 25. Spruch, *seinen namen nicht,* sondern: *ich nenne es Dau/und da ich es bezeichnen muß/nenne ich es groß*. Und er schreibt ihm Verschiedenes zu, weil es das Allumfassende, das große Ganze überhaupt ist, seine Gesetzmäßigkeiten eingeschlossen - wiederum nicht so, wie wir *Gesetz* sagen. Es ist sehr schwierig, diese Haltung in westlichen Worten nicht zu verfehlen.

Vor allem umschließt das *Dau*, da es ja darum geht, daß der Weise sich genauso verhält, wie das *Dau* ist, Subjekt und Objekt, unterscheidet sie gar nicht, geht durch beide hindurch. Es schaut kein Subjekt auf ein Objekt, und zwar deshalb nicht, weil das Universum innen wahrgenommen werden kann, sobald man sich dafür aufmacht. Man darf nur nicht meinen, die Erforschung seiner eigenen Innenwelt hauptsächlich dem Psychiater überlassen zu müssen. (Therapie hat in unserem Jahrhundert natürlich ihren Sinn bekommen, weil unser ganzes Ding inzwischen so verquer gebaut ist. Aber wir gehen normalerweise einfach davon aus, daß wir über uns selbst nichts wissen und deswegen ein Spezialist her muß, der von außen guckt - und es eigentlich noch weniger wissen kann.) Das *ewigdauernde* des Laotse ist nicht sagbar und nennbar, es ist jedoch erfahrbar. Diese Selbsterfahrung hat aber nicht diesen westlichen, privatistischen Charakter in dem Sinne: Ich bekomme das Einmalige über mich heraus, und ich gehe meiner speziellen Krankheit nach, sondern ich gehe in mir dem Wesen des Menschen nach, also der Urverfassung der menschlichen Natur im Zusammenhang seines ganzen Gemeinwesens, ja Universums.

Also noch einmal: *nennbar der name/doch nicht der ewige name/namenlos/des himmels, der erde beginn/namhaft erst der zahllosen dinge urmutter.* Zuerst das Universum oder wie immer man es nennen will. Das *Dau* ist sicherlich geschlechtslos. Die Evolution hat ja erst relativ spät zur Zweigeschlechtlichkeit geführt. Aber von der menschlichen Existenz und vom menschlichen Geist her gesehen, ist es wohl klar, daß unser Erkenntnisprozeß, und zwar gerade wenn es darum geht, uns in der Welt zu behaupten, »geschlechtlich« ist. Bei kleinen Kindern, die ja sehr gefährdet sind in ihrer ersten Zeit, spielt offenbar zunächst das weibliche Element eine größere Rolle. Die Sprachentstehung und die Bezeichnungen für das, was mit dem Werden des Menschen vor allem im Nahbereich zusammenhängt, ist meistens vom Weiblichen her benannt worden. Und wer in seinem späteren Leben diese Rückwendung in die mutterrechtliche oder matrilineare Dimension seiner Existenz vollzieht, der kommt einfach darauf, wenn es denn zahllose Dinge gibt, nach deren Urmutter zu fragen.

Die Kosmologien vieler Stämme enthalten eine dementsprechende Abfolge. Da gibt es irgendein undefinierbares *Dau* (oder »Chaos« - das wird vielfach benannt), das teilt sich irgendwie in zwei und dann findet die Hochzeit statt, und dann gibt es drei und dann gibt es die vielen Dinge. Diese Zweigeschlechtlichkeit spielt in den Kosmologien immer eine große Rolle, weil der Mensch in seinem Erkenntnisprozeß auch sich selbst widerspiegelt. Und der Mensch ist Mann und Frau. In den Anfängen hat sicher die weibliche Weise des Erkennens eine größere Rolle gespielt. Also: *namhaft erst der zahllosen dinge urmutter.*

Es ist sehr oft im Tao Te King, an verschiedenen Stellen sogar ganz offenbar, daß diese weibliche Wahrnehmungsweise auch auf das *Dau* und den kosmischen Zusammenhang übertragen wird, sodaß das Universum dann Schoß ist und daß diese Rückkehr zur Wurzel nur schoßhaft verstanden werden kann. Die Wurzel, wenn man auf die menschliche Existenz geht, ist natürlich diese Herkunft, dieses Geborenwerden.

Die Grundfrage, die erkenntnistheoretisch steht, wenn ich begreifen will, wie der Mensch ist, und die sich für Laotse in einer bestimmten Weise beantwortet, lautet: Müßte ich nicht *von innen und unten* (gewissermaßen vom Geburtsvorgang her) mitwachsend erfassen, wie alles wird und ist, statt mich mühsam von der Erwachsenenbiographie zurückzufragen in meine Anfänge?

Natürlich ist Laotse klar, daß wir es als Erwachsene mit Fertigem zu tun haben. Aber seine Grundorientierung ist: Gehe an den Ursprung und versuche von dort aus den Zusammenhang zu sehen! Und das erste, was namhaft ist, ist die Urmutter aller Dinge, das ist das Universum als

Schoß, der alles hervorbringt. Es gibt eine Stelle, die das *Dau* ganz eindeutig in diesen Zusammenhang stellt (6. Spruch):

*unsterblich ist der tiefe geist des tals**
der dunkle mutterschoß sei er benannt
und dieses dunklen mutterschoßes pforte -
genannt wird sie die wurzel des alls
sich hinschlingend durch alles, allgegenwärtig
wirkt sie und wirkt doch mühelos

Den Entstehungsprozeß des Kosmos möchte Laotse mit dem Entstehungsprozeß der Erkenntnis parallel sehen. Wenn die *wurzel* die stärkste Ursache ist, dann kann ich nicht besser als von dorther begreifen, indem ich mich in die entsprechende Verfassung versetze. Das heißt, wenn ich das Erkenntnisorgan, das ich selber bin - und nicht bloß meinen abstrakten Verstand, der von außen begreifen will -, dafür empfänglich machen will, dann muß ich einiges üben, um die Wahrnehmungsfähigkeit für das, was innen mit mir wächst bzw. sich entfaltet, zu entwickeln.

Dieser 10. Spruch mit seinem: *ohne geschäftigsein, ans eine sich haltend* und *die atemkraft sammelnd* und der 16.Spruch mit: *erreiche den gipfel der leere/bewahre die fülle der ruhe* - das sind Hinweise auf *Praktiken*, wie Tai Chi eine, übrigens spätentwickelte, ist, um das Organ in die gemeinte Empfängnisverfassung zu bringen. Deswegen biete ich ja für die, die sich da einmal näher einlassen wollen, am kommenden Wochenende den Workshop an. Der Tai-Chi-Lehrer Klaus Moegling wird die körperlichen Übungen anleiten, und ich werde die Sprüche aus dem Tao Te King zitieren.

Der 28. Spruch des Tao Te King entwickelt diese weibliche Erkenntnistheorie ausdrücklich, indem er fordert: *das männliche wissen/das weibliche wahren.* Das MÄNNLICHE könnte man sich großgeschrieben vorstellen. Der Grundgedanke ist, das Türmchenbauen und was alles sonst an Kulturschaffen, Zivilisation von den männlichen Expeditionen ausgeht, das muß daran zurückgebunden werden, daß das WEIBLICHE gewahrt wird. Deshalb gibt es zum Beispiel in jeder noch einigermaßen intakten indianischen Kosmologie für die Regelung der Stammensangelegenheiten das Gesetz, daß nichts passieren darf, was den Kindern, die zugleich die späteren Generationen sind, schaden könnte. Dieses Gesetz ist natürlich viel mehr an das weibliche und das mütterliche Element gebunden. Bei den Müttern liegt dann der Schwerpunkt, und nicht bei

* Das Tal ist der Ort der Empfängnis.

denen, die den nächsten Kriegszug planen. Bei uns ist diese Rückbindung weg, sonst hätten wir nicht dahin kommen können, daß wir Gift im Wasser, ja in der Muttermilch suchen müssen.

Konzentriert haben wir die »Erkenntnistheorie des *Dau*« im 52. Spruch:

es war ein anfang des alls
benannt urmutter des alls
wer die urmutter erschaut hat
erkennt durch sie ihre kinder
wer ihre kinder erkannt hat
kehre zurück zur urmutter
sich eng an sie haltend
ist er gefeit bis an sein ende

wer seine sinne verschließt
das tor nach außen verriegelt
wird unter bürden nicht ächzen bis an sein ende
wer seine sinne aufschließt
sich hingibt den äußeren dingen
hoffnungslos lebt er dahin bis an sein ende

im keime erkennen, das nenne ich erhellt sein
sein schwachsein bewahren, das nenne ich starksein
wer sein licht nimmt und es zurückträgt zur helle
dem wird nie widerfahren ein leid
denn das heißt: dem ewigen folgen

Wir lassen jetzt erst einmal den mittleren Teil - *wer seine sinne verschließt* [...] (daß das gerade das Bessere wäre) und *wer sie aufschließt* (daß das gerade das Schlimmere wäre) - beiseite und lassen uns von dem Paradox nicht stören. Ich komme darauf zurück. Zunächst wiederhole ich einfach noch einmal diesen 52. Spruch ohne den erstmal irritierenden Mittelteil.

es war ein anfang des alls
benannt urmutter des alls
wer die urmutter erschaut hat
erkennt durch sie ihre kinder
wer ihre kinder erkannt hat
kehre zurück zur urmutter
sich eng an sie haltend

ist er gefeit bis an sein ende
[...]
im keime erkennen, das nenne ich erhellt sein
sein schwachsein bewahren, das nenne ich starksein
wer sein licht nimmt und es zurückträgt zur helle
dem wird nie widerfahren ein leid
denn das heißt: dem ewigen folgen

Wer die urmutter erschaut hat/erkennt durch sie ihre kinder - die Mutter-Kind-Konstellation ist das Gleichnis für die Beziehung zwischen Universum oder großer Natur und Mensch als Teil dieser Natur. Das Ganze hat Laotse, zumindest für die Vergangenheit, als *Großen Stamm* gesehen. Die Bäume und die Tiere und die Sterne, sofern man sie sehen konnte, also alles, was den Menschen umgibt, das war *nicht* Ich und Umwelt, sondern das war der *Große Stamm*, in dem es unmöglich war, Welt zu verletzen, ohne sich selbst zu verletzen.

Bei Laotse ging es allerdings darum, ob man nicht aus der Kulturkatastrophe dorthin zurückfinden könnte. Und von daher hat es den Charakter von Ratschlägen, die in seiner Sicht wohlbegründet sind. *Erkennt durch sie ihre kinder.* Für diese Kinder gibt es einen anderen Namen: *die zehntausend dinge. Zehntausend* ist da nicht als Zählung gemeint, sondern meint sehr viele oder vielmehr *alle* einzelnen *dinge*, ist der Name für alles, was aus dem kosmischen Mutterschoß, aus dem universellen Schoß, hervorgegangen ist und erkannt sein will, damit der Mensch sich in diesem *Großen Stamm*, der das Ganze ist, dem er angehört, zurechtfindet und richtig bewegt. Vor allem nicht störend bewegt!

Der Gedanke ist, daß man das Universum vom Ursprung her (und das heißt, indem man sich, seinen Körper - der aber Seele und Geist einschließt - instandsetzt, über das Weibliche, über den Schoß, den Kontakt herzustellen) verstehen kann, aber auch nur so! Laotse hätte sich über die Selbstverständlichkeit, mit der Kant und dann der moderne Westen herausgebracht hat, daß man über *das Ding an sich*, also die Wirklichkeit, die uns trägt, nichts wissen kann, sehr gewundert. Natürlich, bei der Methode, die wir anwenden - wie soll man es da wissen! Hildegard von Bingen, die in ihrer ganzen Seins- und Daseinsweise im hohen Mittelalter - trotz christlicher Kirche - dem noch viel näher war, was Laotse sagt, hat es noch gewußt. Mit Selbstverständlichkeit sagt sie, daß die Welt Gottes außer uns und in uns ein und dieselbe ist. Sie kam einfach nicht darauf, an ihren Kenntnissen über die Pflanzen zu zweifeln, die sie als Heilkräuter anwandte. Sie hat ihre Heilkunst freilich auch nicht in diesem experimentellen Sinne betrachtet (natürlich war das als Moment mit im Spiel, bloß, es war nicht ihr Weltbild, es verstand sich für sie, daß sie nur schauen mußte, welche von den Pflanzen mit welchem menschlichen Organ besonders korrespondiert.).

So unfähig, das Gleichgewicht zu reproduzieren, wie wir es mit unserer Wissenschaft sind, war kein Stamm mit seinen Tabus, und seien sie noch so überholt gewesen. Es gibt angesichts der selbsterzeugten Apokalypse einfach keinen Grund anzunehmen, daß unsere Methode der Welterkenntnis die einzig geeignete sei. Weniger denn je! Oder auch nur die tragende. Sicherlich muß es zuletzt nicht auf eine endgültige Entgegensetzung hinauslaufen. Aber, wenn ich einer Sache sicher bin, dann der, daß sich unsere wissenschaftlichen Prinzipien diesem Herangehen des Laotse oder der Hildegard ein- und unterzuordnen haben und nicht umgekehrt. Wir müssen das wiederfinden: Das war nicht nur, das *ist* ein höherer Stand der Einsicht. Da war der Mensch zwar nicht wissenschaftlicher, aber weiser in seinem Gesamtbefinden und -verhalten der Welt gegenüber.

Wenn du diese *zehntausend Dinge* erkannt hast, sagt Laotse, dann verliere dich nicht an sie, sondern *kehre zurück zur urmutter*, das heißt, laß diese Begriffe, die du gegeben hast, auch wieder fallen. Und wenn du das tust, dann bist du *gefeit bis an dein ende.* Die *namen* verschwinden ja nicht aus dem Gedächtnis, nur das Beherrschtsein davon, das Verhaftetsein daran muß weg.

Hinter dieser Anweisung steckt als Erfahrung, daß der Mensch seine Fähigkeit, mit Begriffen zu bezeichnen, nicht selbstlos nutzt. Vielmehr werden die Begriffe schon interessiert, schon nutzensorientiert vergeben. Wenn *namen* in das Verhältnis einbrechen, dann geht es schon darum, entweder einen unmittelbaren Vorteil zu haben oder überhaupt Macht anzusammeln und später dann in der Gesellschaft Hierarchien darauf zu gründen. So bringt es das Hirntier Mensch dazu, in der Regel eben nicht *gefeit* zu sein, *bis an sein ende*, es muß sich schützen - und die Katze beißt sich in den Schwanz. Es schaukelt sich Störung auf, und je mächtiger die *namengebende* Praxis ist, um so mehr stören wir.

Am Schluß des 52. Spruches gibt Laotse eine Wertung: *im keime erkennen, das nenn ich erhellt sein.* Gerade dort, wo es nach der üblichen Auffassungsweise am dunkelsten ist, im Keime, da kann er das Gesetz der Welt erschauen. Wer dort mit der Logik des Werdens kommuniziert, sie mit seinem ganzen Wesen spürt, der (oder die - denn Frauen spüren das wohl leichter -) *weiß.*

Sein schwachsein bewahren, das nenne ich starksein. Der Keim ist schwach. Wenn ich das beachte und mich nicht überhebe und mächtig eingreife, *...das nenne ich starksein.*

Wer sein licht nimmt, diese hervorragenden Verstandes- und Vernunfterrungenschaften, die wir haben, *und es zurückträgt zur helle*, zu diesem keimhaften Zustand im Schoß, in dem die Dinge werden, zu dem Vorgang des Hervorbringens und Heraustretens, *dem wird nie widerfahren ein leid/denn das heißt: dem ewigen folgen.* Er wird einfach den großen Zusammenhang nicht oder wenig stören.

Wenn wir jetzt zurückgehen zu dem mittleren Teil, ich lese ihn noch einmal -

wer seine sinne verschließt
das tor nach außen verriegelt
wird unter bürden nicht ächzen bis an sein ende
wer seine sinne aufschließt
sich hingibt den äußeren dingen
hoffnungslos lebt er dahin bis an sein ende

- dann ist vielleicht klar, was schon vordergründig naheliegt: *sich hingibt den äußeren dingen* - das hat etwas damit zu tun, den *zehntausend Dingen*, denen ich dann aus Interesse *namen* gegeben habe, verhaftet zu bleiben. Damit, daß ich hinfort, weil ich etwas erkannt habe und weil sich das in der Praxis als erfolgreich erwiesen hat, besessen werde von dem eigenmächtigen Machen. Ich habe etwas herausgekriegt, oho! Ich baue also die Kultur, die zweite Welt, entlang dieser äußeren Dinge, ihnen hingegeben auf - und lebe *hoffnungslos* dahin.

Die tiefste Korrespondenz zu Laotse findet sich bei Meister Eckhart. Von da aus kann man sich völlig klar machen, worauf sich bezieht: *wer seine sinne verschließt.* Zunächst sieht es so aus, als sei diese Aufforderung, das Tor nach außen zu verriegeln, verrückt. Was ist gemeint? Eckhart aber sah: Dort, wo noch kein Strahl der Außenwelt und kein Strahl deines Ichs hingedrungen ist, dort kann Christus in dir geboren werden. Denn dort hat dich noch kein Eigeninteresse korrumpiert. Oder suchst du etwa den Verkehr mit der Außenwelt allein um der Wahrheit und um der Sache willen, nicht um dich in der Welt durchzusetzen und darzustellen? *Wer seine sinne verschließt/das tor nach außen verriegelt,* das heißt, wer sich von der Korruptionsmacht der Dinge, die natürlich in unserem Ich begründet ist, zurückzieht, um das Universum von innen her zu verstehen, der *wird unter bürden nicht ächzen bis an sein ende*, und *dem wird nie widerfahren ein leid.*

Es geht darum, sich an die Sachen, die wir gemacht haben, an den Götzen, den wir uns gebaut haben und der immer das Gegenteil der lebendigen Gottheit ist, nicht zu verkaufen. Es ist nur zu normal, daß wir uns den äußeren Dingen hingeben. Dagegen richtet sich die Empfehlung, die Sinne zu verschließen. Es ist gemeint, daß wir das üben sollen. Natürlich kann man alles ad absurdum treiben, meinen, man sollte dann sein Leben lang in einer Höhle verschwinden. Das ist aber bei Laotse absolut nicht gemeint. Die Menschen zu seiner Zeit haben in den Bergen gelebt miteinander. Das war der frühe Taoismus, damals noch in einem unerschöpften Zustand. Später verfiel das. Vielfach ist es so gewesen: Man war, wenn man Literat alias Bürokrat war, also gelernt hatte, wie der Staat zu verwalten und zu dominieren ist, bis zum vierzigsten Lebensjahr Konfuzianer. Und dann wurde man Taoist für die zweite Hälfte des Lebens. Vordergründig gesehen ein blödes Spiel, das schon mit dem Sieg des anderen Konzepts in der Wirklichkeit zu tun hat. Aber was da noch drinsteckt und was bei dem Spott über diese Konstellation in der vordergründigen Kritik meist vergessen wurde, ist, daß das »Zweiphasenmodell« sehr mit der Individuationstheorie von Carl Gustav Jung zusammenstimmt, nach der Menschen, insbesondere Männer, die es nötiger haben, so um die Mitte des Lebens noch eine Chance haben, zu sich zu kommen, indem sie tatsächlich ihre Sinne etwas verschließen, die Hingabe an die äußeren Dinge zurücktreten lassen. Es ist mit dieser chinesischen Parabel offenbar die Frage nach einem neuen gesellschaftlichen Kräfteverhältnis aufgeworfen, das sich aus dem Verhältnis zwischen unseren inneren Kräften ins Institutionelle hinein umsetzen könnte.

Ich bin weit entfernt von der Annahme, daß wir jetzt bloß Taoisten werden und Tai Chi machen müßten, um unser Problem zu lösen. Wenn ich das kommende Wochenende mit Klaus Moegling zusammen anbiete, dann nur, damit man sich einmal in diese Erfahrung hineinbegeben kann. Vielleicht ergibt sich indirekt ein Hinweis auf den Umgang mit unserer heutigen Situation. Es bietet sich da noch anderer Zugang als der über Worte, die eigentlich besonders ungeeignet sind, den Kontakt mit der eigentlichen Wirklichkeit herzustellen.

Tai-Chi-Chuan lehrt, daß das einen Unterschied macht, ob ich *diese* Bewegung habe (wo ich beispielsweise den Arm wie einen Stock benutze), oder ob ich von innen mit dem Gedanken, mit dem Gefühl der Einzelbewegung folge - *so*. Wenn unser ganzes Wesen von einem solchen Umgang mit dem Körper mitbestimmt wäre, dann stiege der Geist in allem, was wir machen, anders auf als bei der cartesianischen Methode, sich in der Verstandesfestung zu verschanzen, damit uns unten die dunklen Kräfte ja nicht irritieren können.

Bei der Forderung nach Ganzheitlichkeit der Wahrnehmung geht es nicht um Komplettierung des Weltbildes, sondern um die Resonanzfähigkeit unseres Erkenntnisvermögens. Wenn wir mitfühlend spüren, wie die Natur, wie Pflanze, Tier (und das Tier in uns selber) sind und was sie bedürfen, dann wird es uns unmöglich, andauernd dagegen zu verstoßen, und dann brauchten wir nicht nach einer Ethik zu rufen, um erst über diesen Umweg wenigstens zu erfahren, daß vielleicht mit dem Übergang zur Gentechnik Probleme verbunden sind.

»Erlösung der Natur« als Programm

Hat dieser verwegene Gedanke Schellings eine aktuelle Pointe?

Jochen Kirchhoff

Die »Erlösung der Natur« ist keine der vielen Rettungsphantasien, die heute allenthalben gehandelt werden, etwa im New Age. Worum es mir einleitend geht, ist zu zeigen, was nach meiner Überzeugung das Wesen der Situation ist, in der wir uns befinden. Das Ungeheuerliche, daß wir das Leben hier auf dem Planeten auslöschen können, dieses schlechthin Unvorstellbare, hat etwas zu tun mit den tieferen Schichten unseres eigenen Seins, also mit unserer anthropologischen Substanz. Es ist nicht das Resultat unseres rationalen, empirischen Bewußtseins. Es ist nicht gewollt worden im vordergründigen Sinne. Es muß also etwas passiert sein, was quasi aus unseren eigenen Tiefenschichten herausgebrochen ist. Man könnte sagen, daß die ökologische Katastrophe verursacht worden ist durch eine Art Tiefenpersönlichkeit in uns selber, die man tiefenpsychologisch als »zweites Subjekt« bezeichnen kann. Auf keinen Fall hat es etwas mit unseren Oberflächenschichten zu tun. Ich meine, daß die geschichtliche Wirklichkeit heute eine archetypische und ontologische (also seinsmäßige) Basis hat, die es erst einmal zu erkennen gilt.

Die ökologische Krise muß auch ein Teil der kollektiven Neurose sein, in der wir uns alle befinden. Man könnte überspitzt sagen: Der moderne Mensch *hat* nicht die Neurose, sondern er *ist* die Neurose, d.h. ihre wandelnde Inkarnation. Und wenn es so ist, daß die Katastrophe letztlich nicht gewollt ist und nicht aus den wachbewußten Schichten unserer Existenz erwächst, dann muß sie aus diesen anderen, tieferen Schichten stammen, die man mit »archetypisch«, »seinsmäßig« oder »kosmischem Sein« unzulänglich beschreibt. Auf jeden Fall, das Wesentliche, um es auch wieder überspitzt zu sagen, ist eigentlich schon geschehen, ist ontologisch schon passiert. *Wir sind immer zu spät.* Man kann umfassend verfolgen, daß alle aktionistischen Bemühungen, die Todesspirale zu stoppen, vergeblich sind. Man hat den Eindruck, daß die Natur in unserer Seele bereits gestorben ist, Dionysos bereits tot ist.

Wir können nur noch an seinem Grabe weinen. Rational oder wachbewußt können wir letztlich nichts machen, weil hier ein gigantisches, globales Programm am Laufen ist, das wir selber ins Laufen gebracht haben. Mit den üblichen Mitteln ist es nicht zu stoppen. Natürlich ist es legitim und richtig und gut, immer wieder politisch aktiv zu sein. Aber letztendlich, wie man weiß und wie man immer wieder neu sich vergegenwärtigen muß, bringt es nichts, es hat keinen Erfolg, die Megamaschine auf diesem Planeten läuft weiter.

Und zu fragen ist: Warum kann sie weiterlaufen? Weil wir es in einer tiefen Schicht so wollen!?

Es geht nicht darum, einfach zu sagen, wir müssen in die Natur zurückfinden, wir müssen uns in die Große Ordnung, ins Tao wieder einfügen. Natürlich ist das richtig. Aber es kann nicht eigentlich *gewollt* werden. Man kann nicht wachbewußt, rational sich wieder in die Natur einfügen wollen, sozusagen die Natur erlösen wollen. Das muß ein Geschehen, ein Widerfahrnis sein, das nur aus der Offenheit der eigenen Existenz kommen kann, und nur aus einem schmerzlichen Durchgang durch unsere heutige kollektive Seinswirklichkeit. Wir kommen nicht billig davon, und wir können es nicht billig haben. Unsere Situation ist schlichtweg ungeheuerlich.

Was ja tatsächlich auf Hochtouren läuft, ist ein Erlösungsprogramm, bloß nicht das Programm der »Erlösung *der* Natur«, sondern der Erlösung *von* der Natur, also der Herauslösung des Menschen aus seinem natürlichen und kosmischen Sein und eine umfassende »Vernutzung des Seienden«, wie Heidegger das nennt.

Sicher gibt es heute jede Menge Rückzugsgefechte. Überhaupt sind die meisten der Antihaltungen zur Katastrophe heute Rückzugsgefechte. Rückzugsgefechte sind bereits im Ansatz verloren. Wer nicht die Seinswirklichkeit in ihrer ganzen Dimension heute in sein Bewußtsein aufnimmt, wird letztlich dazu verdammt sein, immer nur Rückzugsgefechte zu führen. Rückzugsgefechte verzögern das ganze Geschehen im besten Fall, aber sie haben keine Chance, in irgendeiner Form den Prozeß zu stoppen. Es ist naiv, anzunehmen, daß man mit einfachem Dagegensein irgend etwas erreichen kann. Nach Auschwitz etwa Antifaschist zu sein ist keine Erkenntnisleistung. Eine ganz andere Sache ist es, wirklich auf der Höhe der Zeit zu sein und von dort aus global zu denken und nicht zu meinen, man könnte mit einem naiven Neinsagen sich diesem Prozeß stellen. Die Verneiner sind selten, ganz selten auf der Höhe dessen, wogegen sie eigentlich sind. Das ist schon beim Faschismus teilweise so gewesen. Also es geht nicht um Rückzugsgefechte. Und die »Erlösung der Natur« ist alles andere als ein »Zurück zur Natur«, so als könnten wir uns einklinken in einen Zustand, bevor die Weichenstellung ins Unheil erfolgt ist, und sozusagen hineinkippen in einen archaischen Zustand und aus Kräften heraus, die wir da in uns wachrufen, den geschichtlichen Prozeß ungeschehen machen. Das wird meiner Überzeugung nach so nicht gehen. Ich denke, daß wir uns auf die Höhe unserer eigenen Seinswirklichkeit erst einmal erheben müssen. Dann besteht vielleicht eine Möglichkeit, eine Wende einzuleiten, aber nicht vorher.

Im Übrigen ist es beinahe eine psychologische Binsenwahrheit, daß das Abgelehnte, das Tabuisierte, das Verteufelte an anderer Stelle wieder herauskommt. Das ist der Komplex, den C.G. Jung als Schattenproblematik beschrieben hat. Der Wohlmeinende, der immer das Gute, das Helle, das Richtige will, setzt eben *dadurch* schon den Gegensatz. Licht gibt es nicht ohne Finsternis, den Tag nicht ohne die Nacht; das sind Banalitäten, aber gemeinhin werden sie selten beachtet. Wohlmeinende Projekte, »Liebesprojekte« womöglich, laufen meistens auf das Gegenteil ihrer selbst hinaus. Also sollte man sich erst einmal klar machen, daß man von der psychologischen *Ganzheit* auszugehen hat und man nicht naiv und blauäugig nur einen Aspekt betonen darf.

Und was psychologisch individuell richtig ist, ist es auch global. Es hat keinen Sinn, hier einfach nur das *ganz andere* zu wollen, weil man auf diese Weise, einseitig lichtfixiert, den Schatten übersieht. Die Energien suchen sich ein anderes Feld und kommen dann ganz furchtbar an einer anderen Seite heraus. Die Geschichte des Christentums ist ein typisches Beispiel, wo auf der anderen Seite der Schatten herauskam und die Scheiterhaufen loderten. - Das als Vorbemerkung.

*

»Erlösung der Natur.« Wenn man eine Umfrage macht, was Natur sei, wird man eine Vielzahl vollkommen unterschiedlicher und einander widersprechender Aussagen hören. Genauso wenn man fragt: »Was ist Erlösung?« Und was nun gar »Erlösung der Natur?« Insofern scheint mir wichtig, zunächst nicht generell zu fragen: »Was ist Natur *eigentlich*?« Oder: Was ist »Erlösung« und »Erlösung der Natur« *eigentlich*?« Sondern zunächst einmal ist zu fragen: »Was ist Natur *heute*, in unserer Seinswirklichkeit, und zwar innen und außen?« Natur im Sinne dieses Themas meint die außermenschliche Natur genauso wie die Natur in uns.

Natur ist für viele die Große Mutter. Das ist Demeter, ist Kybele, ist das kosmische Sein, das ist Pan, ist die Unverstelltheit, die Direktheit. Das ist das Weibliche, das ist Sexualität und Eros. Natur ist die Auflösung und der Strudel der Endlichkeit und der Vergänglichkeit, aber auch, auf der einen Seite, das Unendliche.

Für andere, für Naturwissenschaftler zumal, ist Natur schlichtweg, wie Heidegger das einmal nannte, ein »berechenbarer Kräftezusammenhang«.

Versuchen wir zu verstehen, was Natur heute gleichsam ontologisch ist und wieso ich sagen kann, daß Natur heute in die Unerlöstheit hineingestoßen wurde, ja noch stärker, daß sie in unserer Seele tot ist. Es könnte ja sein, daß dieses Todesprojekt in unserer eigenen Psyche bereits gelaufen ist und wir es nur nicht verstanden haben.

Erwin Chargaff, ein Biochemiker aus den USA, der gleichzeitig Wissenschaftskritiker ist, einer der interessantesten und intelligentesten unserer Zeit, hat gerade kürzlich wieder ein kleines Buch veröffentlicht. Da schreibt er folgenden interessanten Satz, ich darf das zitieren (VORLÄUFIGES ENDE, 1991):

»Unser Naturkonzept ist also keineswegs unabhängig von der Tatsache, daß in unserer Zeit sich so etwas wie Auschwitz, Hiroshima und so vieles andere Neuartige ereignen konnte.«

Eine erstaunliche Aussage, daß unser Naturkonzept nicht davon getrennt sein soll, daß es Auschwitz und Hiroshima gegeben hat. Auschwitz und Hiroshima nicht nur die schauerlichen Realitäten in der Sinnenwelt, sondern auch die psychischen Realitäten, mit denen das Naturkonzept korrespondiert? Wenn das unser heutiges Naturkonzept ist und wenn es davon nicht getrennt werden kann, dann kommt man zu recht schlimmen und verheerenden, auf den ersten Blick geradezu deprimierenden Resultaten. So beliebte Wissenschaftsmythen oder -fiktionen wie der »big bang« oder »Schwarze Löcher« und ähnliches wären dann Spiegelbilder unserer eigenen psychischen Befindlichkeit.

Es wird dem breiten Publikum immer wieder suggeriert, dies sei der letztgültige Stand der jeweiligen Erkenntnis. Aber wenn man ein bißchen Physikgeschichte studiert und genauer hinsieht, stellt man fest, daß immer nur ganz bestimmte Theorien sich zu bestimmten Zeiten durchgesetzt haben und daß ganz bestimmte Gegenkonzepte sich nicht durchsetzen konnten. Und so ist es kein Zufall, daß die beliebteste Wissenschaftsfiktion unserer Zeit eben der »big bang« ist (mittlerweile allerdings zunehmend angezweifelt).

Sein Zusammenhang mit der Atombombe ist augenfällig, und deshalb haben Psychologen und Philosophen in den letzten Jahren immer wieder betont, dies könne kein Zufall sein, da müsse es einen inneren Zusammenhang geben.

Ein eminenter Psychologe aus Stuttgart, der versucht, Heidegger und C.G. Jung zusammenzudenken, Wolfgang Giegerich, hat eine Psychoanalyse der Atombombe geschrieben (der erste Band heißt DIE ATOMBOMBE ALS SEELISCHE WIRKLICHKEIT und der zweite DRACHENKAMPF

ODER INITIATION INS NUKLEARZEITALTER), wo er auf eine sehr scharfsinnige Weise zeigt, wie diese Wissenschaftskonzepte letztlich ihre psychische Entsprechung haben. Das eine ist nicht denkbar ohne das andere. Also auch die scheinbar objektive Realität, wie sie eine bestimmte Form der Naturwissenschaft enthüllt, ist immer auch Ausdruck innerer Seelenschichten, hat immer auch eine archetypische Dimension, der man sich stellen kann. Das kann man ganz genau an der Geschichte der Physik zeigen.

In der Moderne haben wir eine Konzeption von Natur entwickelt, die einen explosiven Grundcharakter hat und die letztendlich den Menschen heraushebelt aus seinem natürlichen, kosmischen Sein; seit zwei bis zweieinhalb Jahrtausenden sozusagen der umfassende Exorzismus des natürlichen Menschen. Dieses Programm hat einen überwältigenden Erfolg gehabt. Und Forschung heute, weltweit, das wissen Sie, ist immer reduktionistische Forschung, weil sie stets ins immer Kleinere geht. Die Teilchenbeschleuniger, die gebaut werden, sind nur ein Beispiel dafür. Natur wird reduziert auf die winzigsten Teilchen, die natürlich dann noch weiter zerschlagen werden müssen. Letztlich ein Projekt, das gedanklich auf Zersprengung aus ist und dann auch physische Zersprengung verursacht.

Wenn man dieses Projekt Revue passieren läßt, dann muß man den Eindruck gewinnen, daß es zutiefst irrational und daß auch die Rationalität, die beansprucht wird, alles andere als rational ist. Das Alles wird aber mit einer Begeisterung und einem ungeheuren Engagement vorangetrieben, und man wundert sich, daß es überhaupt über einen so langen Zeitraum funktionieren kann.

Kürzlich hat der Umweltminister von Brasilien, José Lutzenberger, einer der bekanntesten Ökologen Südamerikas, gesagt, das moderne Aufklärungsprojekt sei eine messianische und fundamentalistische Religion. Fundamentalistisch heißt, daß man geistige Inhalte oder Gehalte so mit der sinnlichen Erscheinung verknüpft, daß sie unlösbar verbunden sind. Der Fundamentalist will Buchstäblichkeit, das Sein gleichsam in seiner buchstäblichen Gestalt festnageln. Und das Messianische des Welteroberungsprogramms ist eine Weiterführung des messianischen Gedankens aus dem Judentum. Also ein Projekt, das auf ein messianisches Friedensreich abzielt: Vernunft → Tugend → Glück → Technik → Fortschritt und so weiter. Letztlich eine Religion, übrigens eine der erfolgreichsten der Weltgeschichte. Und es ist kein Zufall, daß jetzt überall auf der Erde fundamentalistische Gegenbewegungen sich zeigen und stark werden, gerade weil der Machtanspruch dieser Art von Religion so gewaltig ist. Wenn man zurückverfolgt, woher dieses Projekt geschichtlich stammt, dann stößt man relativ schnell - neben dem jüdischen Messianismus - auf drei weitere Wurzeln.

Eine Wurzel ist die griechische Philosophie, in der seit Xenophanes, Parmenides und Sokrates eine ganz neue Seinsidee geboren wurde. Das kosmische Werden wurde zum Schein degradiert, und die neue Seinsidee, in gewisser Weise eine patriarchale Seinsidee, bestimmte das Sein als das Unveränderliche, das Ewige, das Nicht-Werden (= Platonische Seinsidee). Das war eine Absolutsetzung des Intellekts oder, feministisch gesagt, eine Absolutsetzung des patriarchalen Ego.

Man muß, wenn man so denkt, den lebendigen Strom des Werdens negieren und ihn als etwas zu Überwindendes hinstellen. Und dahin soll der Mensch kommen, weil er erst dort in seiner Eigentlichkeit ist, und das wäre dann auch Erlösung. Daß in Griechenland vier-, fünf-, sechshundert vor Christus keine wirkliche Technik entwickelt wurde und auch nicht die Naturwissenschaft, wie wir sie heute kennen, hängt meiner Überzeugung nach mit dem Christentum zusammen, das den nächsten ungeheuren Schub in der Heraushebelung des natürlichen Menschen, in diesem Exorzismus, bedeutet hat.

Wenn man die christliche Erlösungsidee auf den Punkt bringt, könnte man sagen: Erlösung ist die Herauslösung der eigentlichen menschlichen Substanz aus dem Naturzusammenhang. Es gibt eine Fülle von Äußerungen, die man da als Beleg bringen kann. Zum Beispiel Tertullian, der berühmte Kirchenvater: »Höchster Ruhm christlicher Tugend ist es, die Natur mit Füßen zu treten.« Das Christentum hatte mit dem Programm der Herauslösung des Menschen aus der Natur ungeheuren Erfolg und hat dem bereits ansatzweise herausgehebelten Menschen der Antike einen weiteren Stoß gegeben, so daß das ganze Projekt nun unbegrenzt voranrollen konnte.

Die Gegnerschaft, die in der frühen Neuzeit zwischen Christentum und Naturwissenschaft bestand, ist ein Scheingegensatz. In beiden Fällen wird eigentlich eine bestimmte, ganz ähnliche Erlösungsidee vorangetrieben. Kein Wunder, daß das einherging mit einer Dämonisierung des Weiblichen, der Frau, die der Mann ja in den frühchristlichen Jahrhunderten bis weit in die Neuzeit hinein als Bedrohung empfand.

Das Werden wurde abgewertet und als etwas hingestellt, was nicht sein soll. Die Erlösung wurde der Schöpfung diametral entgegengestellt. Man wollte von der Schöpfung erlöst sein. Und es ist eigentlich konsequent, wenn einige Gnostiker dann sagten, der Weltenschöpfer und derjenige, der seinen Sohn als Erlöser geschickt habe, könnten nicht identisch sein. Man hat dann zwei Götter imaginiert, der eine (der Demiurg) schafft die Welt, der andere (der Erlösergott) nimmt den Menschen aus dieser furchtbaren und entsetzlichen Welt heraus und bringt ihn in eine ganz neue Seinsdimension hinein, in die der Erlösung.

Der dritte entscheidende Stoß, der sich ereignete, geschah durch die kopernikanische Revolution. Nietzsche sagt einmal: »Seit Kopernikus rollt der Mensch aus dem Zentrum ins X.« Wobei man sich fragen kann, ob der Mensch sich vorher im Zentrum befunden hat. Nietzsche abwandelnd kann man sagen, daß eigentlich seit ungefähr 500 vor Christus der Mensch aus dem Zentrum ins X rollt.

Dieses Voranrollen scheint unaufhaltsam zu sein. In der Neuzeit läßt sich beobachten, daß der Mensch die kopernikanische Revolution, die ihn aus der Mitte des Kosmos herausnahm und in ein Staubkörnchen im Universum verwandelte, nicht verkraftet hat. Mit diesem Schock ist der moderne Mensch bis heute nicht fertig geworden. Der Selbstwürde, der Seinswürde des Menschen hat es einen ungeheueren Abbruch getan, daß er nur ein Quasi-Nichts im grenzenlosen Universum ist.

Es hat in der Frühphase der neuzeitlichen Naturwissenschaft natürlich auch andere Erkenntniskonzepte gegeben, ein Beispiel ist Giordano Bruno (1548 - 1600). Bei ihm steht nicht, wie bei Galilëi, der Mensch und seine Subjektivität auf der einen Seite und die objektive, berechenbare Welt der Formeln und der Zahlen auf der anderen. Bei Galilëi wird ja der Mensch als lebendiges Subjekt aus dem Erkenntnisvorgang völlig herausgenommen. Er *muß* sich herausnehmen. Was er fühlt, was er glaubt, ist völlig egal, Hauptsache, er rechnet richtig. Nach Bruno dagegen wird der Mensch durch den Erkenntnisvorgang selber eins mit seinem Erkenntnisgegenstand, verwandelt sich in den Gegenstand seiner Suche. Für Bruno ist echte Erkenntnis nur möglich, wenn Subjekt und Objekt zusammenfallen. Es ist kein Zufall, daß dieser Ansatz ihn zu einer, wie man heute sagen würde, holistischen oder ganzheitlichen Weltsicht brachte, die in keiner Weise dieses mechanistische Spalten und Zerschneiden beinhaltet. Es wird nicht eine Phantasiewelt, eine Welt der Gefühle, gegen die Realität ausgespielt, vielmehr wird die Realität vollständiger und umfänglicher gesehen: Der Kosmos als belebter Organismus, die Gestirne als Organismen und nicht als seelenlose, tote Klumpen, die umeinander herumfallen nach Gesetzen, die man berechnen kann. Bruno hat die relative Gültigkeit der Mathematik nie in irgendeiner Form in Frage gestellt.

Bei allen lebendigen Bestrebungen der letzten Jahrhunderte, in denen versucht wurde, den Weg in die Zerstörung aufzuhalten, spielte Bruno immer wieder eine Rolle, übrigens auch bei Schelling.

Die griechische Philosophie, das Christentum und dann die Moderne - mathematisch-naturwissenschaftlich seit Kopernikus -, dies Ganze also ist ein in sich zusammenhängendes Projekt mit dem *einen* Ziel, den

Menschen aus der Natur herauslösen. Wir stehen seither am Abgrund, und man sollte erkennen, daß das in einer langen Geschichte wurzelt. Man muß erst einmal verstehen, was eigentlich dieser Prozeß bedeutet.

*

Ich will jetzt auf Schellings Konzeption der »Erlösung der Natur« eingehen und mit ein paar biographischen Tupfern beginnen, um den Gesamtzusammenhang verständlich zu machen.

Schelling (1775 - 1854) hat eine der erstaunlichsten Karrieren gemacht, die die Philosophiegeschichte kennt. Schon in den 90er Jahren des 18. Jahrhunderts hat er seine Naturphilosophie entwickelt und ungefähr ein Jahrzehntlang ausgebaut, ehe er dann eine neue Richtung in seinem Denken einschlug, wo er sich mehr den spirituellen und, wie man heute sagen würde, tiefenpsychologischen Aspekten der Existenz zuwendet. In dieser Zeit entsteht sein Denken der Erlösung der Natur. Und dann gibt es das Spätwerk, das die PHILOSOPHIE DER MYTHOLOGIE umfaßt und die PHILOSOPHIE DER OFFENBARUNG, die er hier in Berlin 1841 zum erstenmal vorgetragen hat.

Er wurde, bereits in vorgerücktem Alter, von Friedrich Wilhelm IV. nach Berlin gerufen, als Gegenpol zur »Drachensaat des Hegelianismus«, wie es damals hieß. Friedrich Wilhelm IV. wollte in Schelling ein Gegengewicht zu Hegel schaffen, was sich *so* als Fehlschlag erwies. Schellings Vorlesungen blieben erfolglos und wurden nach kurzer Zeit abgebrochen. Als Philosoph und Denker war er für viele nur noch eine Art Fossil, und das hat sich auf eine tragische Weise bis heute gehalten. Schelling ist zwar bekannt, aber wirklich gelesen wird er nicht. Die Geschichte ist sozusagen über ihn hinweggerollt. Zunächst erwies sich Hegel als stärker, später dann Schopenhauer, dann Nietzsche und so weiter, und man sah überhaupt nicht ein, warum man sich auf die Gedankengänge Schellings einlassen sollte, schon gar nicht im Zuge der sich etablierenden mathematischen Naturwissenschaften. Da galt Schelling eher als Naturmystiker, was aber ein Mißverständnis ist. Schelling war im üblichen Sinne kein Mystiker, sondern er war ein eminenter Denker; nur ist sein Denken anderer Art, als jenes, das sich dann - bis heute - als herrschend erwiesen hat.

Was war der Ausgangspunkt der Naturphilosophie Schellings? Natur galt damals als wesenhaft geschieden vom Geist. Bei Descartes sind die ausgedehnte Welt (res extensa) und die denkende Welt (res cogitans) völlig voneinander getrennt; Natur ist - als bloße Ausdehnung - materialisierte Mathematik oder Geometrie. Der Geist ist ausdehnungslose »denkende Substanz«. Das ist auch bei Kant nicht wesentlich anders, nur hat er einen anderen Ansatz; er bezieht die subjektive Komponente mit ein und fragt: »Wie ist überhaupt Naturwissenschaft möglich?« Denn es ist merkwürdig, daß die Natur offenbar Gesetzen gehorcht, die wir bis zu einem gewissen Grade auch erkennen und mathematisch formulieren können. Das kann nur so sein, weil auch Geist in der Natur selber ist oder, eine andere Pointe der Sache, weil wir den Geist in die Natur hineinlegen, wir also mit unseren Denkformen und -kategorien in ein letztlich unbekanntes Etwas, was Kant das »Ding an sich« nannte, eine Ordnungsstruktur hineinprojizieren: Raum, Zeit, Kausalität, Substanz, Einheit, Vielheit und so weiter.

Und hier setzt dann Fichte an. Ein zentraler Aspekt bei ihm besteht darin, daß er Philosophie als »Wissenschaftslehre« begreift, in der es gar nicht primär um die Objekte und den Inhalt geht, sondern um die Wissenschaft von der Wissenschaft. Wissenschaftslehre, das ist für ihn die Lehre von den Formen und Strukturen des Wissens überhaupt. Natur wird dabei zum bloßen Nicht-Ich.

Schelling ist zunächst ein begeisterter Anhänger Fichtes, zweifelt dann aber zunehmend an dessen Konzept der Natur. Schließlich entwickelt er seine Vorstellung, daß Natur nicht einfach Nicht-Ich und reines Objekt ist, sondern Werden des Ich. Nach Schelling ist es nicht so, daß wir in die uns unbekannte und fremde Natur etwas hineinprojizieren. Die Natur muß selbst lebendig sein, und sie muß eine eigenständige seelische und geistige Realität haben, sie muß eine eigenschöpferische Wirkkraft haben.

Das mag für viele heute relativ selbstverständlich sein, war aber damals neu und brachte Schelling sofort den Vorwurf des Mystizismus ein, übrigens auch von Seiten Fichtes. Schelling sieht die Natur von vornherein als einen Prozeß. Er kann sogar mit einigem Recht als der Schöpfer des neuzeitlichen Evolutionsgedankens gelten. Soweit ich weiß, ist er der erste, der hier im Abendland Geist als Evolution denkt. Die Natur hat den Impuls, sich zum Menschen und zum Geist hin zu entwickeln. In jedem kleinsten Atom, in jedem kleinsten Teil der Natur *ist* schon Geist, ist Leben und ist auch potentiell der Mensch. Die Natur als Ganzes ist ein Organismus, und deswegen entwickelt sie organische Formen.

Das war vorher das große Problem der Naturwissenschaft: Wenn die Natur ein bloßer Mechanismus ist, wie ist dann überhaupt organisches Leben möglich? Wie ist dann auch nur simple Chemie zu verstehen? Kant ging ja so weit zu sagen, wie ein Grashalm funktioniere, sei wissenschaftlich völlig unerklärbar, das sei ein absolutes Rätsel, weil der gesamte Bereich der objektiven Natur nicht selbst Geist ist.

Hier war der Ansatz Schellings: Die Natur entwickelt beseelte Organismen, weil sie als Ganzes selber ein belebter Organismus ist. Dieser Gedanke ist alt, man findet ihn schon bei Platon. In dieser *Form* aber, in dieser Phase der Geschichte, auch der Seinsgeschichte, war er originell und zukunftsweisend.

Schelling versucht, das menschliche Subjekt im Gesamtzusammenhang der Natur zu denken: Im menschlichen Subjekt spiegeln sich die Gesetze des Universums, weil der Mensch ein *Teil* der beseelten und allebendigen Natur ist. Natur ist für ihn nicht einfach objekthaftes Sein, sondern von vornherein immer auch Geist. Von hier aus entwickelt er seine sogenannte Identitätsphilosophie, die Lehre, daß Subjekt und Objekt im Grunde eins sind und das objektive Sein immer auch Bewußtsein beinhaltet.

Der frühe Schelling, der in der weiteren Geistesgeschichte eine gewisse Rolle gespielt hat bis hin zu Ernst Bloch und anderen, ist der Wegbereiter Hegels. Mit Hegel denkt Schelling die Natur als im Widerspruch befindlich. Das Werden zu immer höherer Bewußtheit vollzieht sich durch ein Widerspruchsprinzip in den Dingen selbst. Natur und Geschichte denkt Schelling als »Entfaltung Gottes«. Sie wissen, daß man bei Hegel ungefähr zur gleichen Zeit Ähnliches findet.

Alles, was ist, einschließlich des Menschen, ist gleichzeitig objektiv und subjektiv. Schelling war auch der Meinung, alle Dingen der Welt seien als solche, d.h. in ihrer materiellen Verfestigung, Schein: Im Grunde ist jedes Atom und jedes Ding nur gehemmtes Wollen, sozusagen ein Wirbel von Energie - eine recht moderne Vorstellung. Er entwickelt eine dynamische und wirklich revolutionäre Theorie dessen, was Atome sind: Nicht etwa kleine Kügelchen, die man irgendwie greifen könnte (wie im Newtonschen Atomismus), sondern Kraftfeldverdichtungen, Schnittpunkte von Energien, also letztlich etwas Immaterielles.

Sicherlich, das muß man einfach sagen, Schelling hebt auch oft ab ins rein Spekulative, in ein mystisches Analogiedenken. Das konnte sozusagen nicht ausbleiben. Und seine Nachahmer und Anhänger haben es dann noch weitergetrieben, wie ja Anhänger die Worte des Meisters häufig vergröbern und zur Karikatur steigern. Auf jeden Fall hat Schelling auch Nachahmer und Epigonen gefunden, die der Naturphilosophie eher geschadet haben.

Schelling versucht das Denken der Einheit von Natur und Geist immer auch mit den jeweiligen Ergebnissen der Physik, der Chemie und der Physiologie zu verbinden. Und es ist nicht ganz zufällig, daß er zum Beispiel 1799 als erster Denker und Naturphilosoph behauptete, Elektrizität und Magnetismus seien im Grunde das gleiche. Das war damals eine Sensation. Er wurde dann fulminant bestätigt von dem dänischen

Physiker Ørsted, der 1820 tatsächlich entdeckte, daß eine Magnetnadel durch elektrischen Strom abgelenkt wird. Dieser Physiker hat ganz bewußt auf der Grundlage der Schellingschen Prämissen experimentiert. Es ist eine gewisse Ironie der Wissenschaftsgeschichte, daß Schelling auf der einen Seite die elektromagnetische Feldtheorie vorgedacht hat, auf der anderen Seite aber diejenigen, die sie dann weiterführten, von Schelling nichts wußten oder wissen wollten.

Als dann Michael Faraday die elektromagnetische Induktion entdeckte, hat Schelling dies 1832 in einer Rede begeistert begrüßt, weil dadurch die innere Einheit der Naturkräfte experimentell bewiesen worden sei. Das Denken der Einheit - der Einheit von Natur und Geist und der Einheit aller Naturkräfte aus einem gemeinschaftlichen Grund - ist der Schlüssel der Schellingschen Naturphilosophie. Diese Einheit ist nicht gleichzusetzen mit jener Fiktion der klassischen und modernen Physik von der *mathematisch* faßbaren Einheit der Natur (die eine Spielart des Platonismus darstellt). Insofern hat auch das Streben nach einer »einheitlichen Feldtheorie« im herrschenden Verständnis nur sehr wenig mit Schelling zu tun.*

Der frühe Schelling denkt das Universum als ein göttliches Kunstwerk, und der Gedanke, daß da irgend etwas im Bereich der Natur erlöst werden könne oder müsse, wäre ihm ganz abwegig, ja absurd erschienen. Ein Umschwung in Schellings Denken deutet sich aber 1804 an und findet dann in der Freiheitsschrift von 1809 und in dem großen WELTALTER-Fragment von 1813 eine überzeugende Ausformung. Das naturphilosophische Denken der frühen Jahre wird nicht vollständig aufgegeben, erhält einen anderen Stellenwert. Über den Philosophen Franz von Baader lernt Schelling die Schriften des Mystikers Jakob Böhme (1575 - 1624) kennen, die ihn beeindrucken und nachhaltig beeinflussen. Worum geht es bei Jakob Böhme?

Böhme glaubt erkannt zu haben, daß die Schöpfung, wie sie sich unseren Sinnesorganen darstellt, nicht so ist, wie sie sein soll. Die Erde sollte eine *terra lucida*, eine lichte Erde sein, tatsächlich ist »die äußerliche Erde« aber, wie Böhme schreibt, »ein bitterer Geschmack und tot«. Das »Haus der Freude« ist zum »Haus der Finsternis« geworden. Böhme konstatiert die Vergiftung der Erde, den Tod der Natur. Aber: »Die Erde wird wieder lebendig werden...« Dies gehört zur Mission des Menschen. Böhme macht eine Art kosmische Katastrophe für den per-

---

* Einheit im Sinne lebendiger kosmischer Ganzheit, im Sinne der Schellingschen Zielrichtung, spiegelt sich meines Wissens in der neueren Naturphilosophie nur im BAUSTOFF DER WELT des Philosophen Helmut Friedrich Krause (erstmals erschienen 1970, Neuausgabe 1991), wie ich in meinem Schellingbuch gezeigt habe.

vertierten Ist-Zustand verantwortlich, die mit dem Schöpfungsakt selbst zusammenfällt. Er übernimmt diesen Gedanken aus der jüdischen Mystik, der Kabbala. Bereits im Schöpfungsakt, mit dem Fall in die Körperlichkeit, sei ein Bruch geschehen; fortan ist etwas Unerlöstes, Gespaltenes in der Schöpfung. Nach kabbalistischer Vorstellung hat der Mensch die Aufgabe, an der Vollendung und Heilung der Schöpfung mitzuwirken. Gott selbst wird zuweilen als erlösungsbedürftig vorgestellt! Eine dunkle, entsetzliche Schicht in ihm hat sich verselbständigt und wird von uns als »böse« wahrgenommen. Dies ist wahrlich keine idyllische Gottesidee; vielmehr wird Gott in der Kabbala und bei Böhme - und dann bei Schelling - als furchtbar und schrecklich gesehen. Andere Einflüsse gehen auf die Alchemie zurück. Der Mensch sei aufgerufen, die im Stoff verborgene Gottheit herauszulösen. Zusätzlich ist Böhme bemüht, die Lehre des Paracelsus von den Signaturen der Dinge weiterzudenken ...

Zentrale Elemente des Böhmeschen Denkens werden von Schelling in das eigene Denken integriert, was nicht ganz ohne Brüche abging. Schelling meint nun, der Mensch sei aufgerufen, die Schöpfung zu vollenden und die Natur zu sich selbst zu befreien. Die Entwicklung der Natur wird nicht mehr als eigenständiger, aus dem Widerspruch gespeister Prozeß zum ichbewußten Geist hin gesehen, sondern als quälender und ständig vom Chaos gefährdeter Prozeß der Bewußtwerdung. Gedanklich scheint jetzt ein Element von Chaos, von Anarchie und von blindem Eigenwillen in der Natur auf, und Schelling ist bemüht, erstmalig auch das Böse zu denken. Für den naturphilosophischen Monismus des frühen Schelling - wie für jeden Monismus - ist das Böse schlichtweg das, was nicht wirklich existiert, das im eigentlichen Sinne Nicht-Seiende. Jetzt denkt Schelling auch das Böse als vom Grunde her göttlich, das der Reintegration in die Ganzheit der Gottheit bedarf.

Naturerlösung im Sinne Schellings meint: Auflösung und quasi Verflüssigung des versteinerten Bewußtseins, das der Mensch durch sein Versagen produziert hat. Erst dadurch wird die Natur, als lebendige und Gestalt gewordene Bewußtseinsevolution, zu sich selbst befreit. Die Erlösung der Natur ist ein schwieriger, ein schmerzlicher Prozeß, der in der Seele des Menschen seinen Ausgang nimmt, hier also, wo das Unheil begann.

Innere und äußere Natur (Natur im Menschen) sind komplementäre Seinsbereiche. Der frühe Schelling sagt: Natur ist sichtbarer Geist und Geist unsichtbare Natur. Der späte Schelling bringt aber den wesentlichen Gedanken ins Spiel, daß der Mensch einen Auftrag zu erfüllen habe, er müsse der Erlöser der Natur sein, weil er der »Einheits- und

Verklärungspunkt« aller fühlenden Wesen sei. Die Natur soll ganz organisch werden (für den frühen Schelling *war* sie faktisch organisch).

Selbst Naturkatastrophen gehen als Folge alles Unerlösten in der Natur auf das Schuldkonto des Menschen. - Sicher hat Schelling die ökologische Krise in dem heute erkennbaren globalen Ausmaß nicht voraussehen können, aber er hat gesehen, daß der Mensch einen auf die Natur und den Planeten Erde gerichteten Seinsauftrag hat, dem er sich nicht entziehen kann, ohne Katastrophen und Weltzerstörung zu bewirken.

Eher indirekt und auf verborgene Weise haben die Gedanken Schellings zur Naturphilosophie weitergewirkt, und zwar bis in die Tiefenpsychologie C.G. Jungs hinein. Und es ist bemerkenswert, daß gerade derjenige, der wie kein anderer von dem Gedanken der Erlösung der Natur beseelt war, nämlich Richard Wagner, wahrscheinlich nichts von Schelling kannte. Er übernahm einfach das Negativurteil des von ihm bewunderten Schopenhauer.

*

Ich will nun abschließend meine eigene Konzeption der Erlösung der Natur umreißen; und zwar soll dies mit Hilfe einer Interpretation von Werken Richard Wagners geschehen.

Im Laufe meiner langjährigen Beschäftigung mit Wagner ist mir irgendwann deutlich geworden, daß Wagner, als Musiker und als Dichter, im Kern nur *einen* Gedanken denkt und gestaltet, nämlich den der Erlösung der Natur, obgleich die Formel selbst in seinem Werk gar nicht auftaucht. Zentral hierfür ist das gigantische Musikdrama »Der Ring des Nibelungen«, das nicht zufällig viele Menschen bis heute fasziniert und immer wieder zu neuen Deutungen herausfordert.

Worum geht es da? Am Anfang ist die reine, unverdorbene Natur, symbolisiert durch das ruhige Strömen des Rheins (musikalisch die Entfaltung des Es-dur-Akkords). Die Erde ist im Gleichgewicht und Teil der Großen Ordnung. Die Rheintöchter hüten das Rheingold, das »reine Gold« der Tiefe, das zugleich sonnenhaftes Urelement ist und nichts weiß von Vernutzung und Ausbeutung. Da erscheint Alberich, der Schwarzalbe, und raubt das Gold, um daraus den Ring zu schmieden, der als Ring der Macht aber nur taugt, wenn sein Eigner der Liebe entsagt. Das der strömenden Natur Entrissene wird zum Vehikel des planetarischen Willens zur Macht, der Weltherrschaft und Weltvernutzung. Verzicht auf die Liebe meint nicht Verzicht auf die Sexualität; Alberich zeugt einen Sohn, Hagen. Das Rheingold in der Form des Rings der Macht wird im Drama auch zu einem Symbol für den industriellen Zugriff auf die Schöpfung.

Ein Aufenthalt in England führte Wagner die moderne Industriegesellschaft vor Augen, und er fühlte sich erinnert an die dunklen Werkstätten Alberichs; an das unermüdliche Arbeiten in den Tiefen der Erde, das die Liebe nicht kennt und nur der Macht dient. -

Eine andere Ebene stellt Wotan dar, obwohl auch er ein vom Willen zur Macht Verführter ist. Wotan formt einen Speer aus der Weltesche und fügt ihr, die für die lebendige Natur steht, damit eine nicht heilen wollende Wunde zu, die nun fortwährend Unheil gebiert (»In langer Zeiten Lauf/zehrte die Wunde den Wald...«). Schließlich läßt Wotan den Weltenbaum fällen, damit versiegt aber auch der Weisheitsquell an seinem Fuße. Das Holz der Weltesche wird zum Bau von Walhall verwendet. Wotan will nun in später Einsicht das Rad des Verderbens anhalten und hierzu Siegfried als Werkzeug verwenden, der die aus den Fugen geratene Welt wieder ins Lot bringen soll. Aber Siegfried leistet als patriarchal geprägter Kraftprotz nicht das von ihm Verlangte und versagt. Er wird zum Verräter am Weiblichen (so verrät er Brünnhilde, der er liebend verbunden war) um der Männerkumpanei willen, korrumpiert von der Machtwelt Gunthers und vor allem Hagens, der die Erdherrschaft anstrebt.

Nach Siegfrieds Tod (erst sterbend begreift er sein Versagen) kommt die Stunde Brünnhildes, Erdas Tochter. Beide verkörpern das Weisheitsvoll-Weibliche, die »Urmütter-Weisheit«. Hinter der Gestalt der Erda steht die altgriechische Erdmutter Gaia oder Demeter. Diese ist an sich machtlos, und sie bedarf des Walters in der Welt - das hat sehr schön Kurt Hübner in seinem Buch DIE WAHRHEIT DES MYTHOS herausgearbeitet. Andere haben gesagt, daß der gesamte »Ring der Nibelungen« im Grunde eine feministische Geschichte sei. Das letzte Wort hat die verratene Brünnhilde, die nun Walhall in Flammen aufgehen läßt. Brünnhilde wird zur Vollstreckerin der Rache Erdas. Sie wirkt »erlösende Weltentat«, wie es wörtlich heißt, und zwar indem sie die lebensfeindliche Welt Walhalls verbrennt.

Geradezu besessen war Wagner von dem Gedanken an das, was er »die schaffende Vernichtung der modernen Welt« nannte. Die moderne Welt müsse radikal zerstört werden, um das Gleichgewicht der Schöpfung wieder herzustellen. So geschieht es am Ende des »Ring«-Dramas.

Walhall brennt, und Brünnhilde stürzt sich in die Flammen. Hagen wird in den Rhein gerissen. Während Walhall brennt, scheint das Neue - die erlöste Natur - als Ahnung auf. Die Natur ist aus ihrer Starrheit befreit, der Rhein verschlingt den Ring der Macht und kann nun wieder frei strömen.

Aufs Ganze gesehen hielt Wagner die Frauen schlicht für menschlicher, ja es finden sich Äußerungen, in denen er sie als die eigentlichen

Menschen bezeichnet, während es zur Aufgabe der Männer gehöre, erst vollgültige Menschen zu werden, und zwar durch Wahrnehmung und Verlebendigung des Weiblichen in ihnen selbst. Über den von ihm bewunderten Beethoven schreibt Wagner einmal in der Schrift OPER UND DRAMA: »Um *Mensch* zu werden, mußte Beethoven ein *ganzer*, d.h. gemeinsamer, den geschlechtlichen Bedingungen *des Männlichen und Weiblichen* unterworfener Mensch werden.«

Die im Sinne des »Rings« erlöste Natur - und das ist ein entscheidender Punkt - bleibt sinnlich erfahrbare Wirklichkeit; gleichwohl gewinnt die Natur eine neue, höhere Qualität. Und das Neue ist nicht einfach das wiederhergestellte Alte; der Rhein am Ende ist nicht völlig identisch mit dem Rhein zu Beginn des Weltendramas. Erlösung der Natur meint also hier nicht, im Sinne Schopenhauers, die totale Auflösung der Sinnenwelt, sondern ihre Befreiung zu sich selbst. Und das hieß für Wagner immer auch: zum lebendigen Fluß des Weiblichen und des Eros. Dies kann nur die Frau leisten, und dazu bedarf es der Zerstörung des männlichen Machtwahns.*

Etwas anders sehen die Dinge im »Parsifal« aus, wo es auch zentral um die Erlösung der Natur und die Mann-Frau-Problematik geht.

Da ist Kundry, die Erlösung ersehnt, aber schließlich ihre Erlösung nur im Tode findet. Das vernichtete Weibliche ist hier die erlöste Natur, und zwar buddhistisch-Schopenhauerisch als Verneinung des Willens zum Leben, als Auflösung. Am Ende steht eine sterile, erstarrte, kalte und rein männliche Gralsgesellschaft, die nun selber erlösungsbedürftig ist. Ihr Gegenspieler (und doch geheimer Bündnispartner) ist Klingsor, der kastrierte Schwarzmagier, der auch vernichtet wird, aber gleichwohl eine eigene Seinswirklichkeit repräsentiert. Kundry pendelt zwischen beiden Sphären hin und her. Klingsor zieht seine Kraft aus seiner zerstörten Geschlechtlichkeit (die Blumenmädchen sind ein Gaukelbild erlöster Natur, ein »Wonnegarten« des Scheins, der schließlich zerstiebt). Die Wunde des siechen Gralskönigs Amfortas - er ist am Geschlecht, am Hoden, verwundet - ist ein Symbol für die unerlöste Natur.

Die Erlösung im »Parsifal« bleibt mehrdeutig und mißverständlich. Man weiß nicht so recht, ob Wagner den Tod Kundrys nun so meint, daß das Weibliche, als ewige Lust, um des Heiles willen, vernichtet werden müsse. Das wäre geradezu klassisch patriarchal, ja mittelalterlich-rigide. Nun gibt es andere Deutungsmöglichkeiten, etwa diejenige, daß *beide* Welten, die Zauberwelt Klingsors und die Gralswelt Titurels,

---

* Eine andere Frage ist, wieso Wagner dann einer der entscheidenden Inspiratoren von Hitler werden konnte. Ich bin diesem Problem in meinem Buch NIETZSCHE, HITLER UND DIE DEUTSCHEN nachgegangen.

als zu überwindende hingestellt werden. Der Speer (auch ein Symbol des Geist-Phallus) kehrt zurück zur Gralsschale (die auch das Weibliche symbolisiert). Männliches und Weibliches verbinden sich neu, wie am Ende der »Zauberflöte«, und Parsifal ist ein ganz neuer Typ von Gralsherrscher, nämlich mann-weiblicher und eigentlicher Mensch! ...

Eine Schlußbemerkung, um noch einmal das eingangs Gesagte hervorzuheben, »Erlösung der Natur« kann kein Kopfprojekt und fest umrissenes Programm sein, sondern hat wesenhaft zu tun mit *Öffnung*. »Erlösung der Natur«, wenn sie denn möglich sein sollte, wird wohl nur geschehen können, wenn wir in eine Art archetypischen Tiefenprozeß hineinkommen, in dem wir die Weite des inneren Raumes zurückgewinnen, die Öffnung für den Klang des kosmischen Seins.

Literatur:

Wolfgang *Giegerich*, Die Atombombe als seelische Wirklichkeit. Versuch über den Geist des christlichen Abendlandes (Psychoanalyse der Atombombe, Band I), Zürich 1988.

Wolfgang *Giegerich*, Drachenkampf oder Initiation ins Nuklearzeitalter (Psychoanalyse der Atombombe, Band II), Zürich 1989.

Kurt *Hübner*, Die Wahrheit des Mythos, München 1985

Carl Gustav *Jung*, Erlösungsvorstellungen in der Alchemie, Olten und Freiburg i.Br. 1981.

Emma *Jung*, Marie-Louise *von Franz*, Die Graalslegende in psychologischer Sicht, Olten und Freiburg i.Br. 1983.

Jochen *Kirchhoff*, Giordano Bruno, Reinbek 1980.

Jochen *Kirchhoff*, Schelling, Reinbek 1982.

Jochen *Kirchhoff*, Kopernikus, Reinbek 1985.

Jochen *Kirchhoff*, Klang und Verwandlung. Klassische Musik als Weg der Bewußtseinsentwicklung, München 1989.

Jochen *Kirchhoff*, Nietzsche, Hitler und die Deutschen. Die Perversion des Neuen Zeitalters. Vom unerlösten Schatten des Dritten Reiches, Berlin 1990

Helmut Friedrich *Krause*, Der Baustoff der Welt. Von den bewohnten Gestirnen und der Ursache der Gravitation. Eine einheitliche Feldlehre aus kosmischer Sicht. - Mit einem Vorwort von Jochen *Kirchhoff* und einem Gespräch mit Werner *Heisenberg*, Berlin 1991.

Dieter *Schickling*, Abschied von Walhall. Richard Wagners erotische Gesellschaft, Stuttgart 1985.

Edward *Whitmont*, Die Rückkehr der Göttin. Von der Kraft des Weiblichen in Individuum und Gesellschaft, München 1989.

Kann die Menschheit als »Großer Stamm« kommunizieren?

Sozialpsychologisches über die Ursachen der Naturentfremdung

Ich beziehe mich heute auf die Seiten 237 bis 245 der LOGIK DER RETTUNG, in denen ich die Grundeinstellung zu einer ökologischen Wende umrissen habe. Wo könnte eine Rettungspolitik ansetzen? Wohlgemerkt, es handelt sich nicht um die Entwicklung einer solchen, sondern um den möglichen Zugang dazu. Der Abschnitt steht am Anfang des Kapitels »Subjektivität der Rettung«. Es geht also um den *logischen Ort* einer Rettungspolitik.

Zuvor will ich aber noch einmal zurück in den Zusammenhang, den wir beim letzten Mal behandelt haben. Jochen Kirchhoff führte uns auf die Ebene der allgemeinsten Dimension der menschlichen Existenz, auf die naturhistorische gewissermaßen, auf die Ebene der Gattungsproblematik. In der anschließenden Diskussion waren wir bei deren Übersetzung in die Individualproblematik. Jedenfalls ging es um Dinge, die uns *unbewußt* regieren. Aber müssen wir uns nicht allmählich für diese Unbewußtheiten, dafür, daß wir tatsächlich immer noch Wesentlichstes über uns nicht wissen, verantwortlich machen?

Und wir können uns auch nicht darauf beschränken, nur in den individuellen Prozeß Licht bringen zu wollen, es muß auch für den kollektiven Prozeß geleistet werden. Was sind das für unbewußte Kräfte in der Menschheitsgeschichte, was für noch-nicht-bewußt-gewordene, beziehungsweise noch-nicht-bewußt-gemachte, die mit uns durchgehen? Hier finde ich eine Nuance problematisch, die Jochen Kirchhoff voriges Mal gebracht hat.

Er legte nahe, unbewußt *wollten* wir den Gang der Geschichte, samt Untergang. Ich glaube aber, es ist die Spontaneität der Naturkraft Psyche, die uns mitreißt, solange wir unseren Willen nicht *bewußt* in Beziehung dazu setzen. Und wenn Kirchhoff dann ausgerufen hat, daß wir diese Erlösung der Natur (nicht so sehr *der* Natur, sondern hauptsächlich der *in uns* repräsentierten Natur) nicht wollen *können*, so kann ich nicht folgen. Denn die *Möglichkeit*, es zu wollen, ist uns durchaus gegeben, nur daß wir sie mit dem begrenzten Bewußtsein, das wir für unsere Willensregungen haben, nicht voll auszuschöpfen vermögen. Aber da gibt es einen Spielraum, den wir uns überdies mit gewissen Techniken, Methoden, Übungen, Exerzitien, Praktiken erweitern können, in dem wir uns mit deren Hilfe sensibilisieren für das, was da eigentlich in uns treibt. Da ist eine Menge Disziplin verlangt, die willentlich ist.

Ich will hier einmal von einer Erfahrung sprechen. Oft, wenn ich in eine dunklere Phase gerate, bin ich geneigt, früh noch eine Stunde länger liegen zu bleiben, wenn das geht. Ich brauchte ein halbes Jahr, ehe ich recht bemerkte, daß ich auf diese Weise tiefer ins Depressive hineingeriet. Steht man gleich auf, so ist nicht nur die Stunde gewonnen, sondern ein anderer Tonus für den ganzen Tag. Das Dösen gibt den dunklen Kräften Nahrung. Wie gesagt, es gibt außer solcherart Vermeiden des Falschen auch noch Einübung in den richtigen Umgang mit unserem seelischen Fundus. Diesbezüglich haben mir die zehn Jahre, die ich im Westen verbrachte, vielerlei Anregung gegeben.

Der Buddha nennt die Fixierung unseres Verhaltens auf durch das Bewußtsein nichtbewältigte Evolutionserfahrung *Karma*. Aber dieser Begriff ist bei ihm deutlich mit der Botschaft kombiniert: *Unwissenheit* ist die eigentliche Katastrophe des Menschen - nicht Erbsünde, sondern Unwissenheit. Wenn er uns etwas vorwirft, dann mangelndes Bemühen, das zu begreifen, worin wir festgelegt sind. *Wenn* wir's dann begreifen, fällt es nicht im selben Augenblick von uns ab, aber wenn wir lange genug achtsam sind, verschwindet etwas davon. In Brechts GALILEI gibt es eine Szene, wo es darum geht, daß niemand anhaltend zuschauen kann, wie die Steine fallen, und dabei fähig bliebe zu sagen, sie fallen nicht. Das gilt auch für unsere inneren Vorgänge. Zumindest manche Neurosen verschwinden, wenn wir lange genug hinsehen, wenn wir unser Spiel durchschauen. Bei Psychosen ist es schwieriger, aber der Normalbestand an Neurosen ist auf diesem Weg der Aufmerksamkeit wahrscheinlich einfacher zu heilen als mit Therapien, die nur auf den kranken Punkt zielen. Im gesellschaftlichen Zusammenhang geht es eigentlich um dasselbe.

Jetzt zu dem heutigen Gegenstand. Auf unserem Wochenendseminar jüngst in Niederstadtfeld wurde Johan Galtung gefragt, ob das denn hinreiche, wenn wir unsere individuellen Befangenheiten, Verhaftungen, unser *persönliches Karma* in genügend Meditation und Therapie so bearbeiten, wie das in den letzten Jahrzehnten durchaus üblich geworden ist, jedenfalls in der Mittelschicht. Galtung meinte, seines Wissens könnten die Leute, die das Verderben hier offiziell produzieren, und zwar nicht nur die Oben, sondern auch die Unten, durch mancherlei

Therapie individuell wieder zu sich kommen. Aber daraus folge noch nicht, daß sie den Job in der Megamaschine nicht weitermachen - abgesehen davon, daß die Megamaschine auch mit einem Bruchteil des Personals weiterläuft. Galtung plädierte entschieden dafür, das gesellschaftliche Unbewußte, so sehr es mit dem individuellen verkoppelt ist, theoretisch und praktisch als eigenen Gegenstand zu nehmen.

Das Schema, das ich benutzen werde, steht in meiner LOGIK DER RETTUNG auf Seite 239. Ich will das jetzt halbwegs reproduzieren, damit man verfolgen kann, wie der Gedanke da aufgebaut ist.

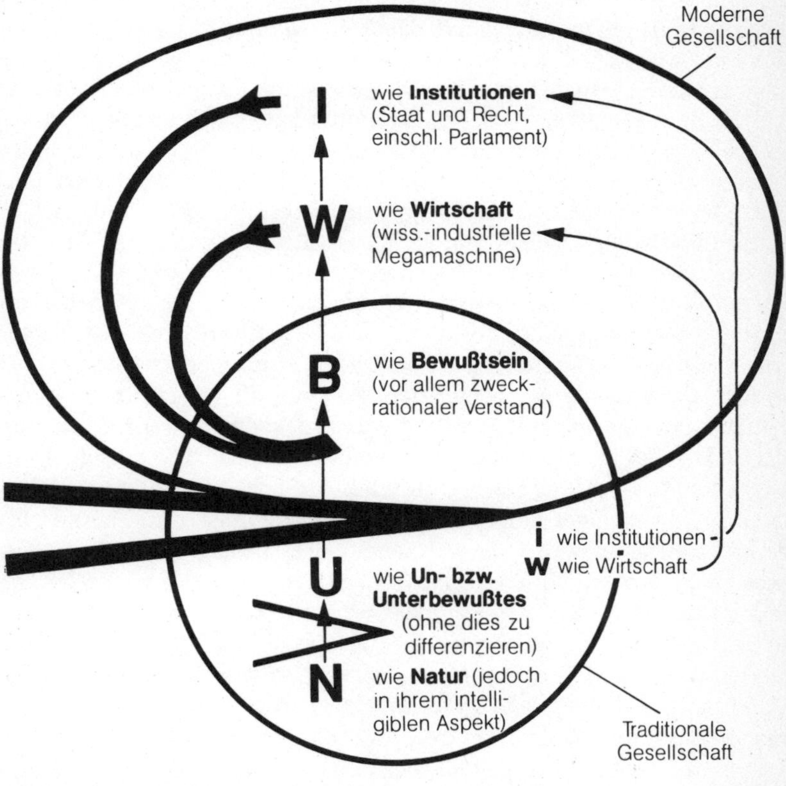

Ich habe also eine aufsteigende Linie gezeichnet, die das menschliche Bewußtsein bedeuten soll, aber jetzt unter dem Gesichtspunkt, daß der Mensch, wie Marx zutreffend gezeigt hat, u.a. auch das *Ensemble der gesellschaftlichen Verhältnisse* ist. Dieser Ensembleaspekt, aber unter psychologischem Blickwinkel, steht jetzt im Vordergrund. Insofern ist Sozialpsychologie, soziale Tiefenpsychologie könnte ich es auch näher akzentuieren, der Bereich, in dem wir uns bewegen wollen. Ich mache auf dieser Linie hier fünf Punkte fest und frage: In welcher Weise institutionalisiert sich dieses menschliche Bewußtsein im historischen und weiter zurück auch im *naturhistorischen* Prozeß der Menschwerdung. Mit »N« meine ich die Natur in ihrem intelligiblen Aspekt, der im Menschen zu seinem selbstreflexiven Höhepunkt kommt. Dies widerspricht übrigens der Katastrophe keineswegs, die der subjektive Geist anrichten kann, im Gegenteil. Aber vom Biologischen her ist der Mensch erst einmal das Wesen, das seine Übermacht in dem gesamten irdischen Lebenszusammenhang durch seine hirnbedingte Handlungsfähigkeit erlangt hat.

Ich schreibe *Natur* und meine damit die *Naturkraft* menschliches Bewußtsein, wie es mit unserem Großhirn als Organ gegeben ist. Sozial artikuliert es sich zunächst archaisch. Das ist die Ebene, wo der Mensch sich mit dem ganzen kosmischen Zusammenhang noch ungefähr so verbunden fühlt, wie das für kleine Kinder charakteristisch ist. Die unterscheiden nicht von vornherein außen und innen. Die Mutter ist doch auch eine innere Instanz, neben dem andrängenden Erbe. Was sich da über dem Bett zeigt, gehört zur Welt. Da ist *ein* Kosmos, von ihr zuerst repräsentiert. Für dieses archaische Bewußtsein ist die Welt noch »Großer Stamm« - darauf komme ich gleich. Das reicht bis in die entwickelte Stammesgesellschaft hinein. Die Menschen haben sich damals noch nicht so von älteren Bewußtseinsformen abgestoßen, wie es zum Beispiel am Ausgang des Mittelalters geschah, als die Hexen verbrannt wurden, um eine ganze ältere und offenbar stabilere Schicht menschlichen Bewußtseins zu verdammen, weil der Mönch Angst davor hatte. Demgegenüber hat die Stammesgesellschaft noch bis in entwickeltere Zustände hinein ein Gefühl für die tiefere Wahrheit ihres kosmischen Zusammenhangs bewahrt. Der Indianer-Chief Seattle suchte dem USA-Präsidenten begreiflich zu machen: *Die Tiere sind meine Brüder, die Flüsse sind schwesterlich, die Steine gehören zur Familie, das alles ist ein Universum, das zum Stamm dazu gehört, einschließlich der Sterne, die man sehen kann. Und alles hat eine offenbare Bedeutung, die mit den Festen im Jahreszyklus gewürdigt sein will, damit wir guten Umgang mit der Welt haben.* Von daher war das Leben wohl geregelt.

Und das war bereits Bewußtsein. Das war auch schon reflektiert, reicht also bis hier hinauf, wo ich »B« hingeschrieben habe. Wir neigen dazu, es herabzuwerten, indem wir es hier bei »UB«, für das Un- und Unterbewußte, zuordnen. Es wird aber eigentlich rückwirkend so bezeichnet, von unserem rationalistischen Vorurteil her. In der Aufstiegsrichtung genommen, ist es gerade eine Stufe der Bewußtseinsentwicklung, und wesentlich ist es *anderes* Bewußtsein, an der langwährenden Stabilität des Stammeswesens als weitgehend adäquat erwiesen.

Wir haben das Unbewußte aus zwei Gründen verteufelt. Einmal, weil wir stolz darauf sind, daß der Verstand der Herrscher über alles ist. Und zum anderen weil wir vom Verstand, vom entwickelteren, begrifflichen Bewußtsein her so viel Unterdrückung gegenüber diesen mit der Zeit dann als bedrohlich empfundenen älteren Schichten praktiziert haben, daß da manches »böse« geworden ist. Der Unterschied von Gut und Böse ist ja keineswegs natürlich. Die Natur kennt dieses ethische Problem nicht, das vielmehr schon in seiner bloßen Existenz ein dunkler Spiegel unseres existentiellen Dilemmas ist. So ist dieses Unterbewußte heute meist ein Diskriminierungsbegriff, also negativ akzentuiert. Es ist erstens nicht aufgeklärter Verstand, und zweitens fürchten wir uns, den Leu zu wecken. Nach 1945 zum Beispiel hat man in der Bundesrepublik bis in die Verfassung hinein die Artikulation dieser Sphäre begrenzt, damit ja keine schlimmen Sachen hochkommen: Ein rationalistisches Republikanertum von oben, das dem »Volk, dem großen Lümmel« (Heine) nicht im geringsten traut.

Weil uns aber dieser Aufstieg zum Bewußtsein von Anfang an der Natur auch gegenüberstellt, uns eine besondere Identität verschafft, gibt es hier - zwischen »N« und »UB« in der Skizze - schon früh einen ersten Spalt, der uns von dem Naturzusammenhang abtrennt. Auf dieser Ebene gibt es außer der archaischen Komponente auch schon magische und mythische Vorstellungen, die zumindest ausschnittweise auf Weltbeherrschung gerichtet sind. Es gab früh schon auch »schwarze Magie«, den machtmagischen Mißbrauch psychischer Kräfte. Aber ganz im Gegensatz zur Moderne hat diese Möglichkeit damals die Geschichte noch nicht negativ bestimmt. Die Abspaltung vom Ursprung hatte nicht entfernt diesen absoluten Charakter, wurde immer wieder rituell überbrückt, das heißt der »Große Stamm« wurde psychisch wiederhergestellt.

Mit der größeren Komplexität des entwickelteren Stammeswesens wird die Steuerung bewußter, jetzt schon im Sinne dessen, was wir dann Vernunft nennen. Das meiste davon existiert in Form von Priesterwissen. Es geht dann die große Auseinandersetzung darum, im Tao Te King etwa, ob man einen Weisen hat, der noch in der Lage ist, das Ganze, den kleinen Kreis, intuitiv-vernünftig zu integrieren, oder ob man bereits Priester hat, die herrschaftlich mit den sozialen Widersprüchen umgehen.

Und hier, zwischen Bewußtem und Un- bzw. Unterbewußtem, ist dann schon ein weiterer bzw. tieferer Spalt. Vielleicht ist es besser, statt Bewußtsein Bewußtheit zu sagen. Denn Bewußtheit ist ja ein viel schmalerer Lichtkegel, der in dem allgemeineren Bewußtseinsfeld hervorsticht.

Natürlich wacht die abgesonderte Elite schon sehr interessiert darüber, daß alles stabil bleibt, daß Macht und Einfluß auch gewahrt bleiben. Der Weg da hinein ist nicht Ergebnis einer Planung oder Verschwörung, sondern das passiert zunächst naturwüchsig, im Grundlegenden nicht abhängig von Reflexion. Erst mit dem Anwachsen des dadurch erzeugten Aggressionspotentials wird es bewußter. Es kommt mehr repressive Strategie ins Spiel, um die sozialen Spannungen und die Ungleichgewichte zwischen Mensch und Natur zu bewältigen. Als Korrektiv wirkte aber, daß es in der Regel noch viele institutionelle Residuen des vorigen Zeitalters gibt.

In unserer Lernwerkstatt in Niederstadtfeld haben wir mehrfach das sogenannte *indianische Medizinrad* praktiziert - Medizinrad mit »*d*«, aber das ist auch ein Rat. Medizin ist der Name, den die Indianer für den Bereich des Geistigen verwenden, der in der Perspektive von Heilsein und Heilen gesehen wird. Und Medizinrad ist dieser Kreis, in dem sie zur Beratung zusammensitzen, wobei auch die Zuordnung zu den acht verschiedenen Himmelsrichtungen eine Rolle spielt. Die sind zum Beispiel mit je einem Mann und je einer Frau besetzt, so daß es in diesem Falle 16 sind, die da sitzen. Kommt in dieses Rad eine Eingabe zur Beratung, so haben die »Räte«, je nach ihrem Ort im Rad, verschiedene Aspekte der einen menschlichen Existenz zur Geltung zu bringen. So ist zum Beispiel im *Süden* der Platz, wo die *Naivität und Unschuld des Kindes* ungebrochen zu Wort kommen soll.

Angenommen, man sitzt zusammen, *weil vor ein paar Tagen auf dem anderen Ufer des Flusses andere Leute aufgetaucht sind, die in unserem Fluß, den wir bisher allein besitzen, fischen. Wie sollen wir reagieren?* Vielleicht kommt von dort, *vom Süden*, die unmittelbare Antwort als ein Kraftwort: *Das dürfen wir uns nicht bieten lassen, da müssen wir etwas unternehmen*. Andere sagen das ihre dazu. Und der *Norden* - das ist die Position, wo sich der hoffentlich herzgeleitete Verstand äußert - würde vielleicht sagen: *Dann laßt uns darüber klar sein, wollen wir gegen die Fremden zu den Waffen greifen oder nicht*. Und hier, im *Nordwesten*, wo der Platz der *heiligen Gesetze* ist, hat vielleicht zuvor noch jemand gesagt, *das ist einfach nicht erlaubt, der Fluß gehört von jeher zu uns*. Hier wird auf ganz anderer Ebene ein Verbot ausgesprochen als auf der südlichen, »kindlichen« Position. Im *Westen* ist die Frau das Prinzip, insbesondere in ihrer Qualität auch als *alte, weise Frau*, die vielleicht schon vorher noch den Gedanken eingegeben hatte, *daß sich da für den Stamm am Horizont etwas verdunkelt, daß vielleicht etwas untergeht, etwas stirbt, die bisherige Harmonie, bei der es niemanden gab, der den Stamm bedrohte*. Die Rede geht herum bis an die Position, wo der Kreis sich schließt. Und vielleicht kommt von dieser Stelle der Vorschlag oder auch nur die Frage, *ob denn nicht jemand bereit ist, mit dem Kanu auf die Flußmitte zu fahren und dort ein paar Stunden zu warten, denn vielleicht kommt ja einer von den anderen, damit es eine Verständigung gibt.* Resultat also: *Wir wollen zunächst friedlich Kontakt aufnehmen.* Und das ist die Einstellung auf Verhandlungen.

In diesem Rad können sich also die verschiedenen Fakultäten unserer Psyche - wofür Leute ausgewählt sind, die dafür bekannt sind, daß sie die jeweiligen Fakultäten besonders repräsentieren, daß das ihre besondere Gabe ist - miteinander beraten, können sich ergänzen. Auch der Schamane und der Häuptling, die gar nicht im Rad sitzen, haben sicherlich mit der Konstitution des Rades zu tun, er oder sie werden wohl die Regeln hüten. Eines der ungeschriebenen Gesetze ist hier, daß vor allem *nichts passieren darf, was den Kindern schadet.* Das ist ganz unmittelbar gegenwärtig und muß nicht einmal ausgesprochen sein. Natürlich schadet es den Kindern auch, wenn Streit um die Fische aufkommt, von denen der Stamm lebt. Das ist klar. Wichtig ist, wieviel dann von der Regel gegenwärtig ist. Und man mag sich erinnern, wie wenig in diesem Lande hier gegenwärtig war, wenn das Politbüro beriet. Da wurde praktisch von einer Rationalität ausgegangen, die nicht *herzgeleiteter Verstand* war, sondern etwas ganz residuales, ein völlig an das Machterhaltungsinteresse gebundenes Kalkül.

Unsere Vorfahren werden nicht so sehr bessere Menschen als vielmehr besser Mensch gewesen sein, das heißt unter anderem, besser mit dem auch bei ihnen vorhandenen Machtwillen umgegangen sein. Sie hatten ein Regulationssystem, bei dem man Aussicht auf stabile Zustände über sehr viele Generationen hatte. Und zwar eins, das positiv konsensbildend wirkte. Wenn es zuletzt auf die Frage zugelaufen war: *Sollte nicht einer der unseren zur Mitte des Flusses rudern*?, dann bedeutete das zugleich, daß niemand vehement für Krieg plädiert hatte. Denn das hätte nicht einfach übergangen werden können, wäre zum Beispiel Anlaß eines weiteren Durchlaufs gewesen.

In dem Kreis ist all das, was Institution (klein »*i*«) ist, etwa das Medizinrad, sowie das, was der Schamane und was der Häuptling zu sagen haben, auch wie es eingeteilt ist mit den Geschlechtern, wie mit dem Austausch der Tätigkeiten usw. - all das ist im Ganzen noch diesem Bewußtseinsprozeß untergeordnet. Es ist noch offenbar, daß die Struktur *psychisch* bedingt und geschaffen ist. Erst recht die Wirtschaft (klein »*w*«), also was und wie produziert wird, wie man mit den Fischen umgeht, das ist alles rituell geregelt. Die Normen können natürlich falsch werden, wenn sich die Lebensweise durch äußere Einwirkungen ändert, das Volk zum Beispiel gezwungen ist, auf Wanderung zu gehen. Dann wird vieles inadäquat. Aber im Prinzip sind die Institution und die Wirtschaft hier einfach *Teil*bereiche, *Teil*aspekte des Ganzen. In dem kleinen Kreis sind die mit dem Spalt - auch dem zweiten - angedeuteten Probleme in der Regel noch zu bewältigen. Sozialpsychisch gesehen setzt sich die Naturentfremdung noch nicht als Konstante durch, die Konfrontation des sozialen *Logos* mit dem *Bios* fixiert sich noch nicht.

Der Untergrund dafür ist natürlich der - ich habe den bisher nicht entwickelt -, daß dieses ganze Stammeswesen mit dem Fluß verbunden ist, wie mit den Bäumen und Tieren auch. Höchstwahrscheinlich ist das, was die Bäume und Tiere sagen und wie der Fluß sich äußert, wichtiger, einfach auch im Zeitplan der Menschen, als das, was die Werkzeuge verlangen. In der Wahrnehmung, in der Repräsentanz im Gehirn dominiert noch nicht das Werkzeug, solange es ein Angelhaken ist.

Anders bei uns heute. Wenn ich zum Beispiel »Hochschulkader« werde, wie wir das hier genannt haben, und dann zehn Jahre Industrieerfahrung sammle, dann habe ich mein Hirn ungefähr 30 Jahre lang mit Wissen gemartert, das auf Künstliches, Unnatürliches, manchmal direkt Widernatürliches geht. Es bezieht sich auf Sachen, die wir aus dem Zusammenhang herausgerissen haben, um damit umzugehen. Das Silizium, das wir in Computer einbauen, hat mit Sand verhältnismäßig wenig zu tun, obwohl es daraus gemacht ist. Das ist ein Geistprodukt - unnatürlich in dem genannten Sinne. Und es ist klar, die Menschen im »Großen Stamm« waren, wenn schon besessen, dann von Natur besessen. Sie waren nicht etwa frei, diese Wahl so zu treffen. Sondern das war einfach so, und es hat mit Selbstverständlichkeit funktioniert.

Wenn jetzt aber dieser andere Stamm häufiger an den Grenzen zu sehen ist und die Erfahrung gelehrt hat, man gräbt in solchen Fällen am besten das Kriegsbeil aus, dann konzentriert sich mehr Geist auf die Produktion von Waffen und auf strategische Überlegungen, die nicht mehr auf die Natur gerichtet sind, sondern auf das andere Hirntier, auf die Fremden (die ursprüngliche Definition des Menschen ist meist der eigene Stammesname - und die anderen, das sind die Fremden). Wenn man gegen die Fremden Krieg machen muß, dann schärft das sowieso das Werkzeugsystem, denn man muß ja immer mithalten, um nicht schon technisch zu unterliegen. Man muß auch studieren, was die Fremden machen. Auf solchen Wegen wird ein immer größerer geistig-sozialer Zusammenhang aus der Natur herausgetrennt, durch den Verstand geleitet und zu einem Werkzeug gemacht.

Der »Große Stamm« wandelt sich zur Gesellschaft, und wenn diese in die Stadt eingezogen ist und wie im Gilgamesch-Epos die *Mauer von Uruk* lobt, dann sind wir nicht weit von der athenischen Weisheit entfernt, daß *Staatsgeschäfte und Philosophieren die einzig würdigen Beschäftigungen für den Mann der POLIS sind.* Und das Philosophieren richtet sich auf die POLIS. Das heißt, der Geist ist nicht mehr auf die große Natur gerichtet, sondern auf die *große Stadt*. Und man fängt an, die Naturgeister zu erschlagen, wie es das Gilgamesch-Epos schildert. Der Geist, der die Zedern des Libanon hütet, war dem Zugriff auf die Ressourcen im Wege. Und andererseits wendet sich das Bewußtsein von der Natur ab und der »sozialen Frage«, das heißt der innergesellschaftlichen Machtkampfarena zu. Die schützende Mauer, gegen konkurrierende Feinde gerichtet, trennt das Gemeinwesen wirklich von der Natur.

Gleichzeitig beginnen sich die Institutionen und die wirtschaftlichen Aktivitäten, die ursprünglich Aspekte dieses allgemeinen Bewußtseinsprozesses waren, mehr und mehr zu verselbständigen. Die POLIS, institutionell gesehen, hat eine Verfassung, an der man eigentlich nichts mehr ändern kann, und sie ist bestimmender als der wirtschaftliche Prozeß. Erinnern wir uns an die Reform Solons in Athen. Er konnte, nachdem zuviele Mitglieder der eigenen Gesellschaft in Schuldsklaverei geraten waren, den Schuldenerlaß und das interne Versklavungsverbot tatsächlich durchsetzen. Die ökonomischen Sonderinteressen der Gläubiger, also der Reichsten, mußten zurückstehen. »Es geht nicht, daß wir die eigenen Leute versklaven.« Da muß aber das institutionelle Ethos noch stärker gewesen sein als die Wirtschaft! Soviel also war noch übrig von der richtigen Ordnung. Noch hält trotz allem der kleine Kreis, es herrscht POLIS-Vernunft, *politische Vernunft*. Daß wirtschaftliche Interessen, wie bei uns, stärker als die allgemeinen sind, ist etwas vom Ursprung her völlig Unerlaubtes, eine Perversion. Hier auf der Skizze steht für die Moderne alles Bewußtsein in der großen Ellipse, die ich die Megamaschine nenne. Die Wirtschaft, ursprünglich klein »*w*«, ist von hier nach dort gewandert, wo sie als groß »W« über dem Bewußtsein, dem lebendigen Geist steht. Und die Institutionen, ursprünglich klein »*i*«, sind von hier nach groß »I« gewandert. Dort gehorchen sie dem ökonomischen Prozeß groß »W«. Im kleinen Kreis war die Wirtschaft unter- bzw. eingeordnet, und hier in der Ellipse steht das »I« (wie Institutionen) zwar darüber, aber in Wirklichkeit ist diese Sphäre abgeleitet. Inzwischen sind die Institutionen quasi zum Wurmfortsatz des ökonomischen Prozesses geworden. Die Wirtschaft dominiert, und in demselben Maße steuert das Gewinnstreben das Menschheitsgeschick.

Wenn der Aufstieg des Bewußtseins - diese *Vertikale*, auf der wir uns allmählich vom Ursprung losreißen -, wenn der Weg, den ich geschildert habe, gegangen worden ist, dann wird der Spalt hier, wo die Ellipse ihre Grenze hat, immer tiefer, nimmt eine neue Qualität an. Ich zeichne einen zweiten, stärkeren Riß. Dabei werden alle Rückverbindungen abgeschnitten. Wir schlagen unser eigenes Archaisches, unser eigenes Unbewußtes, unsere ganze psychophysische Lebensenergie gedanklich und faktisch der »objektiven« Natur zu. Und falls da was nicht funktioniert, ist es mit Elektroschocks zu behandeln. Im Endeffekt geht fast alles Bewußtsein, sklavisch entfremdet, in die *Horizontale*, objektiviert sich in eine unendliche Sachenwelt hinein und wird bald von vornherein zu deren Reproduktion abgerichtet.

Einschließlich der Wissenschaft ist das Bewußtsein völlig dem Dienst an der Megamaschine unterworfen. Die Wirtschaft und die Institutionen schreiben dem lebendigen Geist vor, wie er funktionieren soll. Und diese 30 Lehrjahre, von denen ich sprach, die sind dazu da, daß wir qualifizierte Funktionäre werden, um diesen Selbstlauf der Multiplikation von immer mehr Sachen, immer mehr Wissen, immer mehr Geld fortzuzeugen. Darum, diese verheerende Abspaltung des Bewußtseins von der Natur in uns und außer uns zu überwinden, kümmern wir uns nicht. Wenden wir unsere Energie jetzt infolge der ökologischen Krise an irgendeines der zahllosen Krebsgeschwüre, die innerhalb der großen Ellipse in Erscheinung treten, um etwas zu ändern - und dieses Grundproblem des Abgespaltenseins, der Entfremdung, bleibt unberührt, so spielen wir mit im vorgeschriebenen Text. Etwa wenn wir uns eine »ökologische« Steuerreform einfallen lassen, also von den Institutionen, vom Staat her unsere Wirtschaft begrenzen wollen. Wir setzen dann an genau den Stellen an, wo der entfremdete Geist alternativlos festsitzt, wo das Bewußtsein Sache geworden und an Gesetze gebunden ist, die mit dem Naturzusammenhang nichts mehr zu tun haben. Und dann berät man hier oben in den Büros und Labors, wie wir davonkommen könnten - unter der selbstverständlichen Bedingung, daß das alles so weitergehen muß, schon damit auch das Kapital für die Reparaturen nachkommt. Wie es scheint, sind wir mit der Verfassung der Bundesrepublik in der besten aller möglichen Welten. Dabei ist ihr Grundgesetz eines für Zauberlehrlinge, die den Besen zerbrechen, zerbrechen, zerbrechen, damit das Wasserschleppen für die endgültige Sintflut weitergeht.

Wenn man seine Energien hauptsächlich dort einsetzt, wo unter dem Druck der Trägheitskräfte die Dämme brechen und wo die wissenschaftlich-industrielle Beschleunigung die materiellen Lasten herumwirbelt, plaziert man sich ja selbst in der Todeszone. Ich will nicht sagen, daß man sich um diese Symptome gar nicht kümmern soll, denn es hängt wirklich alles mit allem zusammen. Aber die Kraft ist massenhaft verschwendet, nährt und legitimiert gar noch den großen Drachen, solange wir sie nicht hauptsächlich darauf konzentrieren, diesen Spalt zwischen unserem lebendigen Geist und der Natur zu schließen.

*

In der Moderne ist also das menschliche Bewußtsein gar nicht das Organ unserer tatsächlichen biologischen, anthropologischen Existenz. Wir haben es umgedreht. Es ist der fast total verhaftete Funktionär dieser entfremdeten Supermächte. Seine Kraft ist an die Wirtschaft und an die Institutionen abgegeben. Natürlich ist auch heute immer noch etwas im Staat enthalten, was bewußtseinsmäßig über der Wirtschaft steht, auch wenn es meist nicht mehr funktioniert. Im Ganzen gesehen aber ist die heutige Ausdehnung der Institutionen eine Unterfunktion dieses expansiven ökonomischen Differenzierungsprozesses. So ist auch das Umweltministerium - weil unser modernes Naturverhältnis selbst! - nur eine Unterfunktion dieser materiellen Expansion. Wohl war, als durch unser kulturelles Vordringen der kleine Kreis ummauert zu werden begann, städtisch wurde, das Problem schon gesetzt. Jetzt erst aber ist quasi die ganze Zivilisation ummauert, die Welt ist Stadt, das heißt, es ist die ganze Erde, Pflanzen, Tiere, alles zu einer einzigen Superkolonie des Menschen als Städter geworden, und nun werden diese Städter - Stadtökologen (um als solche nur zuletzt in den Problemen der Stadt befangen zu bleiben!).

Institutionell ist im Rahmen dieser Ellipse überhaupt nichts vorhanden, keine Struktur, die in puncto Kulturleistung auch nur halbwegs an das heranreicht, was diese Medizin damals für den Stamm geleistet hat. Natürlich waren die Aufgaben damals andere, aber sie wurden erfüllt unter Wahrung der Stabilität. Es ist grotesk, zu glauben, daß wir mit dem Marktmechanismus, der die Versorgungs-, die Konkurrenz- und die Machtverhältnisse *zwischen den Menschen* regelt, eine Steuerung hätten, die unser *Natur*verhältnis grundlegend erneuern könnte. Es ist genauso unsinnig, zu glauben, daß die Abzähldemokratie, bei der es um die Interessen geht, die Menschen *in der Stadt gegeneinander* auszufechten haben, etwas wie Wiederversöhnung mit der Natur bringen würde. Beide Veranstaltungen sind absolut nicht auf diesen Zweck gerichtet, sind in der Abkehr davon heraufgekommen. Und es ist für mich eine völlig offene Frage, die wir ja mit Jochen Kirchhoff kontrovers diskutiert haben, ob es da einen Weg *hindurch* gibt. Und wenn, dann in welchem Sinne.

Ich schließe mich da Jean Gebser an. Gebser, der sich mit den Konsequenzen dieser mentalen Struktur befasst hat, also mit der Herrschaft des Verstandes und ihrem Ausdruck in der modernen Zivilisation, hat zunächst einmal festgestellt, *aus der erschöpften Struktur geht keine neue hervor*. Und seine Alternative lautet: *Aber aus dem, was ursprungsgegenwärtig ist, aus der Ganzheit heraus, da kann eine neue Struktur hervorgehen.*

Mit der erschöpften Struktur meint er gerade das, was hier an der Tafel diese riesige Ellipse symbolisiert: Gesellschaft als Megamaschine. Mit Megamaschine meine ich nicht das Technische daran, das ist Moment, sondern Gesellschaft, die als Megamaschine organisiert ist und wo die Menschen einfach Unterfunktion dieser riesigen entfremdeten Struktur sind.

Was kann dann *hindurch* heißen? Meiner Meinung nach kann das nur heißen, daß wir durch die Erfahrung, die Dante über den Eingang der Hölle geschrieben hatte, hindurchgehen müssen: »Die ihr hier eingeht, laßt alle Hoffnung fahren.« Und die ihr hier drin bleibt, natürlich auch. Es liegt in unserer Entscheidung, und dessen bin ich sicher, uns zu etwas Ähnlichem wie damals dem *Rückzug von Rom* zu entschließen.

Werner Raith, TAZ-Korrespondent in Rom, hat ein schönes Büchlein geschrieben, DAS VERLASSENE IMPERIUM, wo er gezeigt hat, wie die Römer Rom verlassen haben. Nicht bloß, indem sie auszogen, sondern auch indem sie aufhörten, sich für die Angelegenheiten der Stadt und des Reichs zu interessieren, selbst und gerade auch, was die Verteidigung des Imperiums angeht. Was auch hieß, man überließ es den Militärs, aber der Geist kümmerte sich nicht mehr darum. Auszug und Neubeginn. In Rom jedenfalls war es ein Versuch in Richtung Urgemeinde. Und das Problem war nur, daß das *Christentum*, das Rom dann beerbt hat, daß diese spirituelle Tradition nicht bis auf den Naturgrund zurückging. Wie Bede Griffiths, ein Benediktiner, der es vorzog, 30 Jahre in Indien zu leben, gezeigt hat, gehen Christen- und Judentum von *historischen* Ereignissen aus, d.h. von Ereignissen, die im Prinzip bereits in der Stadt, in der städtischen Gesellschaft spielen. Der Auszug der Juden, die am Rande Ägyptens gelebt hatten (Ägypten war in dem Sinne, in dem ich das hier behandle, bereits städtisch) und in eine Wüstenwanderung aufbrachen, hat eine Wiederaufnahme des Kontakts mit dem großen Zusammenhang bedeutet. Aber sie waren ja dann alsbald wieder städtisch, da es eigentlich darum ging, Kanaan einzunehmen (und *der Herr soll sie zerschlagen wie Töpfe*, nämlich die, die da im Wege sind, ein Reich zu gründen). Diese historischen Ereignisse also, und im Christentum dann die Passion Jesu, beides Mensch-Mensch-, nicht Mensch-Natur-Ereignisse, sind hier Ausgangspunkte. Die darunter liegende Ebene, das eigentliche Naturproblem, von den Indern in den UPANISHADEN behandelt, tritt bei diesen spirituellen Anläufen gar nicht mehr in den Vordergrund, sagt Griffiths. Deswegen nachher auch nicht bei den römischen Christen.

Ich möchte hier mit Gebser fragen: Ist es denkbar, daß wir einen Weg finden, die Ursprungsgegenwart, die er für selbstverständlich gegeben hält, auch im geschichtlichen Durchgang wirksam zu bewahren bzw. wieder zu holen? Können wir uns den Ursprung erfahrbar machen? Was ist der Ursprung?

Namen wie »Tiefstrukturen« und auch »Ursprung« klingen erst einmal mysteriös. Aber es sind Bezeichnungen, die elementare Realitäten, Elementarmächte der menschlichen Existenz zu benennen suchen, das, was im Genotyp, als dem Gattungscharakter des Menschen, liegt, das, was die Anthropologie beschreibt. Wenn wir von den Tiefenkräften reden, so wie Rilke es tat, zurückschauend auf vielleicht sieben Generationen, die Väter betreffend, dann sind wir erst irgendwo in der absolutistischen Zeit. Das sind Tiefstrukturen bereits auf einem hohen Entfremdungsniveau. Das ist nicht der biologische Kern im Menschen, seine ursprüngliche Natur. Und wenn wir bei der *germanischen Kosmologie* sind (oder weil uns die nun aus den bekannten Gründen erst einmal verdächtig ist und wir dann lieber dieselben Sachen anläßlich der Indianer behandeln, manchmal ohne die grausameren Seiten der indianischen Stammeskultur mitzubedenken), dann offenbart sich uns, daß selbst jede solche Stammeskultur, buddhistisch gesprochen, immer noch ein bestimmtes *Karma* hat. Da stecken meistens ganz bestimmte, notgedrungene Antworten auf historische Situationen drin, mit denen auch Störung des großen Zusammenhangs geschah. Das heißt, wenn von Ursprung die Rede ist und von den tiefsten der Tiefenkräfte, dann muß immer gemeint sein, daß wir uns sowohl im Individuellen als auch im Kollektiven - also menschheits- und stammensgeschichtlich - praktisch von allen Strukturen befreien, die eine Spezialisierung fixieren oder in eine heute offenbar bedrohliche Richtung weisen. Das alles steht dann zur Disposition, was nicht zugleich bedeutet, gewaltsam tabula rasa zu machen. Zur Disposition stehen heißt erst mal, wir müssen bereit sein, es uns als kritikwürdig zur Disposition zu stellen. Und Kritik im Sinne des Marxschen Begriffs einer praktischen Veränderung ist jetzt *primär auf innen* gerichtet. Praktische Kritik bedeutet positiv das *Einüben einer anderen Subjektivität*.

Ausgangspunkt ist dann erst einmal das Prinzip: »Mein Reich ist nicht von dieser Welt.« In der Tat, wir müssen hier heraus, anstatt uns die Komplexität, teils auch korumpiert von den Errungenschaften der Differenzierung, von ihrem Reichtum, als unentrinnbar zu beschreiben. Nach Gebsers Hinweis auf die in der Explosion der Quantität mitbeschlossenen Defizienz *dieser* Differenzierung, ist sie eine Sackgasse der menschlichen Evolution. Man hat doch gesehen, daß Stämme verschwunden sind. Der germanische Stamm kann die Menschheit mit sich reißen in das absolute Nichts. Es steht keineswegs fest, daß die Errungenschaften einer bestimmten Differenzierung, eines bestimmten Fortschritts, nicht zur Disposition stehen dürfen.

Und immer wieder fallen die Sätze: »Aber, wir können aus dieser Sache nicht mehr heraus! Wir können nicht mehr zurück!«

Man kann das verschieden weit zurücktransponieren. Es ist doch aber einfach verrückt, die Errungenschaften der letzten 150 Jahre heilig zu finden und zu sagen, wir können alles ändern was wir wollen, aber zum Beispiel Hi-Fi darf nicht ausfallen. Wir mögen, namens unserer Identifikation mit schönen Sachen, unser Veto einlegen, sobald sie zur Disposition zu stehen scheinen - jetzt steht ein viel größerer Schatz zur Disposition! Nicht weil es Hi-Fi gibt, so einfach ist es nicht; und doch steht es im Kontext dieser Gesamtentwicklung, die wir genommen haben und mit der etwas grundlegend Verhängnisvolles einhergeht.

Aber im Unterschied zu dem Säbelzahn, von dem sein Träger, der betreffende Tiger, dann nicht mehr loskommt, haben wir den großen Vorteil, nicht mit unseren Werkzeugen verwachsen zu sein. Ursprungsgegenwart meint, daß mit jedem von uns das kulturell unspezialisierte, unfestgelegte menschliche Potential neu geboren wird. Es mag sich kulturell bedingt die eine oder andere Selektion durchgesetzt haben, aber im Ganzen gesehen sind wir genotypisch dem homo sapiens von vor 10.000 und vor 4.000 Jahren gleich. Wir kolonisieren nicht nur Natur, andere Völker, die Frauen. Wir kolonisieren uns selbst. Der Mensch, das meine ich gerade mit dieser zivilisatorischen Umfassungsbewegung von da oben - von dem Produktionsapparat und den Institutionen her -, die das Bewußtsein vereinnahmt, ist kolonisiert.

Das alte Thema Entfremdung auf die Spitze getrieben. Kann das natürliche Potential in uns sich selbst dagegen schützen? Können wir aufhören, das, was wir gemacht haben, unentwegt wie einen Götzen anzubeten, vom Kindergarten bis zur Universität diese praktische Anbetung des Götzen einzuüben? Was machen wir, die wir erwachsen sind, mit der heranwachsenden Generation?

Dort, wo der Spalt sich auftut, ist die Mitte des ganzen gesellschaftlichen Prozesses. In dem kleinen Kreis hier, im »Großen Stamm«, ist das menschlich veranstaltet, das heißt, das ist projizierter Geist (wenn zum Beispiel zu meinem Stamm die Sterne gehören, dann sind es die, die ich sehen kann, und nicht die Sterne, wie sie an und für sich sind, denn davon wußte man damals verhältnismäßig wenig - was wissen wir wirklich?). Das Ganze ist geistgeschaffen, »geist-« aber jetzt nicht bloß im Sinne des Verstandes, sondern auf die Gesamtheit unserer psychophysischen Wesenskräfte bezogen.

Das ist diese gesamte Horizontale hier, dieses Zerstreutsein nicht in zehn-, sondern in hunderttausend Dinge, die wir nachher soziologisch, ökonomisch, technisch, computermäßig und was weiß ich analysieren, um uns zu sagen: Das sind Realitäten, die mußt du unbedingt verinnerlichen! Hast du dieses schlechtunendliche Ganze nicht »durchaus studiert mit heißem Bemühen« - aber dann bist du meist schon besessen -, darfst du Dilettant nicht die kleinste Korrektur anbringen. Das ist vielleicht wahr. Aber dann dürfte man sich von vornherein nicht auf dies »Projekt der Moderne« einlassen.

Habermas' Formel vom »Projekt der Moderne« ist die Wahnvorstellung, daß der Mensch seine Emanzipation voranbringen kann, indem er diese Realitäten hinnimmt, ja diese zur Grundlage der Emanzipation macht. Praktisch ist der von Kant verlangte aufgeklärte Auszug aus der selbstverschuldeten Unmündigkeit, die auf diese Weise verfolgte allgemeine Emanzipation, mit dem Exterminismus, mit der Logik der Selbstausrottung verheiratet. Der westliche Freiheitsbegriff bleibt in dem Kontext der Entfremdung befangen, indem er die expansive Praxis bejaht, in der sie erweitert reproduziert wird.

Wenn das ein Ganzes, *ein* Systemzusammenhang ist und wenn das Sortieren in gut und schlecht bei Systemischem nicht anwendbar ist, dann folgt, daß es nicht genügt, bloß Komfortprodukten das Vetorecht zu entziehen, sondern es muß auch die individualistische Persönlichkeit zur Disposition gestellt werden. »Höchstes Glück der Erdenkinder ist doch die Persönlichkeit«, hat Goethe gesagt - ich erinnere an Binswangers Vorlesung. Dabei ist Persönlichkeit, zumindest wenn man die geläufige soziologische Lesart nimmt, etwa die Luhmannsche, de facto kaum mehr als die Summe aller Rollen, die wir in diesem System spielen.

Wir haben gedacht, daß dieses befangene Sachenmachen die Bedingungen der allgemeinen Emanzipation herbeiführt, das war ja das Marxsche Projekt. Und wieviele Sachen wir brauchen, das sollte sich von dem jeweils höchsten Stand der produktivistischen Expansion, der *Entäußerung* unserer Wesenskräfte ableiten. Die ökologische Krise deckt nur endgültig auf, daß der Gedanke so von grundauf falsch war. Das emanzipatorische Projekt der Moderne ist ein individualistisches Machtprojekt, deshalb sind Weltzerstörung und Kolonialismus, wie sie zuletzt auch aufs privilegierte Subjekt zurückfallen, sein natürlicher Schatten.

Dieser selbstische Individualismus, der es wagt, auf beschränkte Einsicht in den Gesamtzusammenhang eine hybride ego- und anthropozentrische Praxis zu gründen, ist der innerste Grund des Weltuntergangs. Selbst wenn wir uns entidentifizieren von all den hunderttausend produzierten Dingen und Zusammenhängen, ist die so errungene Gelassenheit immer erst noch der kleinere Teil, nur erst die Außenseite des Problems.

Die Innenseite ist die Kapitulation der Persönlichkeit. Persönlichkeit ist nicht dasselbe wie Individuum (also die genotypisch unverwechselbare Naturkraft, die wir sind), und auch nicht dasselbe wie Individualität. Persönlichkeit ist rückgebunden an *persona* für Maske, an das soziale Rollenspiel, an unsere Verhaftung in Beziehungen usw.

Das, was vom Ursprung her im Menschen angelegt ist, so daß wir erst Ich werden müssen, um an Ich-Überwindung, Ich-Übersteigung denken zu können, diese anthropologische Realität ist mit dieser Kapitulation nicht berührt.

Sie hat auch nichts mit der schlechten Alternative Individualismus - Kollektivismus zu tun. Kollektivismus ist der ältere, natürliche Schatten des Individualismus. Das hat Hannah Arendt in ihrer tiefgründigen Auseinandersetzung mit dem Totalitarismus am deutlichsten gezeigt. Der Individualismus der atomisierten Individuen und ihre Neigung zur massenhaften Regression bilden zusammen einen Teufelskreis. Hier ist also ein Ausbruch erforderlich, damit die Kräfte neu integriert werden können. Was da an Neurose und Psychose begraben ist, wird nicht unwirksam, indem wir es bedeckt halten - ja nicht daran rühren, vielleicht könnte sich Faschistoides zeigen! Wenn die falsch gebundenen Energien wiedergewonnen werden sollen, muß der Stoff in geschützten Räumen aufgearbeitet werden.

Und noch wichtiger als entsprechende Gruppenveranstaltungen ist unsere eigene radikale Anstrengung, diese Sachen in uns zu begreifen; und zwar in uns als Individuen *und* in unserer generellen Eigenschaft als Glieder des »Großen Stammes« Mensch. Die Menschheit kann nur als »Großer Stamm« überleben, d.h. aus der Erfahrung der grundlegenden Menschenbrüder- und -schwesterlichkeit nach »innen« (Gesellschaft) wie nach »außen« (Natur). Wir müssen wieder da hin. Und die Möglichkeit liegt nicht in der Vergangenheit, sondern hauptsächlich *jetzt* in unserem Bewußtsein. Die Zukunft hängt davon ab, ob wir in uns den bewußten Willen und die Sensibilität wiedergewinnen können, womit auf der Stufe der heutigen Menschheit so Konsens erzeugt werden kann, wie das einst in dem erwähnten Medizinrad passierte.

Das ist natürlich eine ungeheuere, ja vom Standpunkt, sagen wir einmal, der Luhmannschen Soziologie, eine ganz ungeheuerliche und zugleich lächerliche, naive Fragestellung. Nach Luhmann sind wir endgültig als Anhängsel, das mitgerissen wird, an dem objektiven Differenzierungsprozeß angesiedelt. Es gibt gar kein Subjekt, das da noch irgend etwas tun könnte.

Ja, natürlich, wenn ich dann in meinem Managersessel die Wende zustande bringen will, ist das ziemlich aussichtslos. Ich kann dort für »Weniger-Schlimm« fungieren, ich kann dort Bewußtseinsarbeit leisten, ich kann dort andere Gedanken verbreiten - öffentlich oder unterschwellig -, als es meines Amtes ist. Aber angesichts der Energie, die wir so noch einmal einspeisen, werden wir morgen und übermorgen nur sehen, daß wir den ganzen Betrieb nochmal legitimiert haben, à la Katalysator für Autos, damit sie weiterfahren können.

Es ist aber eine Entscheidung des Soziolgen, vor lauter Funktionen den Menschen nicht mehr ins Auge zu fassen, nur die Zersplitterung zu sehen, nicht die darin absorbierten *Kräfte*. Gerade wenn es wahr ist, daß wir als Rollenspieler in Teilbereichen an diese Komplexität verloren sind, und wenn uns das zu allem Überfluß kollektiv umbringt, kann das doch nur heißen, daß wir unsere Energien aus den Rollen entfesseln müssen, um vom Geist her ein ganz anderes Projekt in Angriff zu nehmen, mit einer anderen Art von Kämpfen auch. Projekte haben ja in den Engpaß hineingeführt. Es muß auch ein Projekt des Auszuges geben. Und mit kommunitären Projekten hat die Alternative zum Römischen Reich, das Christentum, auch angefangen, mit Gemeindebildung, mit Klostergründung und so fort. Sicher, das hat sich dann auch wieder im Feudalismus, in der Kirchenherrschaft bis hin zur Inquisition festgefahren. Projekte sind eben nie ganz frei von selbstischen Interessen, aber sie liegen auf dem Wege, wenn wir uns nicht mit unseren Verdiensten daran und mit unseren sachlichen Resultaten identifizieren.

Nehmen wir beispielsweise, um es konkret zu machen, das Ökodorfprojekt. Wenn sich Menschen im Hinblick auf ihre Rückkehr in einen vernünftigen Lebenszusammenhang versammeln, und sie sagen dazu Ökodorf, dann liegt natürlich nahe, daß man 20 Jahre lang damit zu tun hat, da wieder das Nötigste aufzubauen, und für den inneren Prozeß bleibt zu wenig Zeit übrig. Viele Projekte arbeiten sich in dieser Richtung tot. Dabei ist materiell sowieso nicht so viel auf die Waagschale zu bringen, daß es dem Großbetrieb zählbar entgegengestellt werden könnte. Doch wozu auch? Die Hauptfrage ist, daß die Kraft, die das alles erzeugt hat, sich auf sich selbst zurückwendet. Das ist kein Rückzug, sondern es ist ein Aufbruch an den Bauplatz der neuen Kultur, der hauptsächlich innen liegt.

Ehe sich im frühen Mittelalter so etwas wie eine christliche Gesellschaft zeigte, mußten sich Menschen jahrhundertelang auf dahin führenden Wegen befinden. Für jetzt will ich nicht über Jahrhunderte reden, denn wenn der Druck größer ist, ist auch die Zeit kürzer. »Der Bauplatz liegt innen«, heißt nicht, die Außenwelt zu unterschätzen, sondern das heißt sehen, daß die mächtigste Ursache von allem die menschliche Lebensenergie ist, die auch das Alte hervorgebracht und projiziert hat.

Das wird nicht hauptsächlich und allein von außen zurücknehmbar sein. Wenn wir die Wirtschaft und die Institutionen wieder dem lebendigen Geist unterordnen wollen - dann wird sich das nicht in der Welt der großen Ellipse ereignen; ehe es sich aber real in dem kleinen Kreis ereignen kann, muß es entsprechend in uns entworfen sein. Wenn wir in den alten Zeiten im Stamm *einen* Schamanen finden, der das überschüssige Bewußtsein repräsentiert, so können wir vermuten, seine Kraft hat im Kontakt mit der Empathie der anderen ausgereicht. Die Stämme waren in ihrer Größe unter anderem auch durch die Reichweite der lebendigen Energie bestimmt, Größe hier nicht als geographische Ausdehnung gemeint (ein Schamane konnte über gewisse Entfernungen hinweg heilen, soweit eben die gemeinsame Bewußtseinsverfassung gegeben war, das heißt, soweit es *eine* sozial geschlossene Kultur war).

Julian Jaynes hat in dem Buch vom »Zusammenbruch des Zweikammergeistes« gezeigt: Wenn die Gesellschaften so groß und differenziert wurden, daß die Autorität, die von einem entwickelteren Bewußtsein (bleibt) ausgeht, nicht mehr alles verbinden konnte, drohte zunächst der Möglichkeit nach die Despotie. Der Despotismus kommt nicht aus der gegebenen Autorität, sondern kompensiert gerade die fehlende, wo also, wie im Großreich, eine rationale Dogmatik mittels bürokratischer Hierarchie an die Stelle der intuitiven schamanistischen Synthese tritt. Man hat dann auch nicht mehr einen sakralen König, sondern einen Militärkaiser, und die Energetik des lebendigen Geistes wird untergeordnet. Dies ist schon eine der Verkehrungen, die für Geschichte so charakteristisch sind.

Es kann demzufolge nicht für *eine* Menschheit *einen* Guru geben. Das ist schlicht psychoenergetisch unmöglich und unsinnig zu denken. Die höchste Forderung ist immer gewesen, und jetzt fordert sie uns unmittelbar heraus, den eigenen inneren Meister, die innere Meisterin anzurufen.

Heideggers Weg zum asiatischen Denken

14 Annäherungen und ein Weg

Hans-Peter Hempel

1. Ich muß sicher auch in diesem Vortrag davon ausgehen, daß der Name Heidegger vielen unter Ihnen geläufig ist als einer der bedeutendsten Denker des 20. Jahrhunderts, daß aber der Inhalt seines Denkens wenigen wirklich bekannt ist. Ich möchte Ihnen erste Fingerzeige geben in der Hoffnung, daß Sie sich allmählich mit diesem neuen Denken unseres Jahrhunderts nicht nur vertraut machen, sondern, was viel wesentlicher ist, selbst zu denken beginnen.

2. *Philosophie*: einerseits die *sophia*, andererseits die *phronesis* - die durchaus praktische Erhellung des eigenen Daseins in seinem Woher, Wohin und Wozu. Die Erhellung, Sie können auch von Aufklärung sprechen, die unser Dasein von sich aus sucht, besteht darin, daß wir uns selbst durchsichtig werden und gleichzeitig nicht davor zurückscheuen, die Welt, in der wir leben, zu erkunden, sie - wie in dieser gesamten Vorlesungsreihe von Rudi Bahro praktiziert - transparent zu machen und unerschrocken auch die Gefahren zu benennen, in der sie steckt.

Dabei besteht nach Heidegger heute die Gefahr aller Gefahren in erster Linie darin, nicht mehr wirklich zu wissen, was wir meinen, wenn wir sagen: *Das Sein ist*. Indem wir nach unserem Woher, Wohin, Wozu fragen, fragen wir im Grunde stets nach dem Sein, was es mit ihm *von uns selbst her* auf sich hat. Mit anderen Worten: Wir stellen ständig die Seinsfrage, ohne heute wirklich zu wissen, was wir eigentlich damit meinen.

Daher holt Heidegger weit aus. Er zeigt, daß die Seinsfrage als *Leitfrage* stets und ständig der abendländischen Philosophie zugrunde lag - wenn auch in einer spezifischen *Seinsvergessenheit*. Diese *Seinsvergessenheit* sieht er philosophisch verbunden mit Platon, Aristoteles, Leibniz, Descartes, Kant, Hegel, Schelling, Marx und Nietzsche, so daß eine Kenntnis ihrer Denkversuche zur unabdingbaren Voraussetzung der Auseinandersetzung der Gegenwart mit der Vergangenheit und natürlich auch mit der Zukunft des abendländischen Denkens wurde.

Dabei mißtraute Heidegger stets aufs Äußerste der scheinbaren Klarheit fertiger Begriffssysteme der Klassiker. Stattdessen dachte er dem noch lebendigen Sinn von Worten und Begriffen, mithin den sich ständig wandelnden Bedeutungen der Sprache nach, um auf diese Weise die uns vorgegebenen und verfestigten Denkstrukturen *aufzulösen*. Um es noch etwas anders zu formulieren: ihren Bedingungscharakter so scharf wie möglich hervortreten zu lassen.

Ich betone diesen letzteren Gesichtspunkt deshalb, um klarzustellen, daß Heidegger in keiner Weise, wie immer wieder behauptet wird, das rationale Denken an pseudopoetische Mythologien preisgegeben hat. Heidegger ging es vielmehr in erster Linie darum, die Begegnung mit der Sprache, die von keiner technischen Präzision ausschließlich logischer Mittel jemals eingeholt werden kann, im Philosophieren selbst zu vollziehen.

3. Ich muß mich in meinen Ausführungen beschränken, daher nur soviel: Das Denken Nietzsches ist für Heidegger *die* entscheidende Krise (bzw. Chance), durch die heute die abendländische Philosophie - und zwar nach Heidegger *definitiv* - im Sinne ihres Endes entschieden hat. Und da in Nietzsches Denken die Philosophie als Metaphysik ihre äußerste und letzte Möglichkeit verwirklicht habe, könne, so Heideggers Generalthese, nun auch in Zukunft nicht mehr metaphysisch *gedacht* werden. Ich will die damit zusammenhängenden Fragen kurz erläutern. Nebenbei sei bemerkt, daß nach Heidegger das Ende des Denkens der Metaphysik keineswegs bedeutet, sie wäre nicht mehr wirksam. Heidegger zeigt, daß gerade die Herrschaft der Technik Metaphysik ist; mit ihrem Ende geht zugleich ihre planetare Wirksamkeit einher!

Heidegger geht über Nietzsches gewonnene Position, die sich in seiner Philosophie des *Willens zur Macht in der ewigen Wiederkehr des Gleichen* ausspricht, insoweit hinaus, als er noch einmal so radikal wie nur möglich nach der Bedingung der Möglichkeit, nach dem *Sein* des Seienden - der Wirklichkeit, in der wir leben - ausdrücklich fragt. In seinem ersten Hauptwerk, SEIN UND ZEIT (1927), erörtert Heidegger daher den Zusammenhang zwischen der Frage nach dem Sinn von Sein - was wir denn eigentlich meinen, wenn wir vom *Sein* sprechen? - und dem Sein des *sein*verstehenden Menschen.

Entscheidend ist nun, daß Heidegger von Anfang an die Seinsfrage an der für ihn noch fundamentaleren Frage *nach der Zeit als möglichem Verständnishorizont des Seins selbst* festmacht. Dadurch wird die Zeitfrage zur zentralen Herausforderung, nicht zuletzt im Hinblick auf das

Da-sein des Menschen und seiner Fortexistenz. Zudem wurde schon in SEIN UND ZEIT eine äußerst subtile Verwandlung der Subjektivität - als des bisher gültigen Fundaments der Seinsinterpretation, die mit dem Namen Descartes aufs Engste verbunden ist - ins Da-sein vollzogen.

Aber auch jetzt möchte ich gleich wieder ein Mißverständnis ausräumen: Die in SEIN UND ZEIT vollzogene Verwandlung, die ich eben mit Blick auf Descartes andeutete und die dann bis zuletzt von Heidegger durchgeführte »Kehre«, bedeutet kein Aufgeben oder Aufheben des »Ich« oder des »Bewußtseins« zugunsten eines mehr oder weniger nebulös (irrational) definierten Seins, sondern ein »in Anspruch nehmenlassen« des Menschen von der Seins- bzw. der Zeitfrage, auf die hin der Mensch, also wir, schon immer ausgerichtet ist. Das Faktum dieser *Herausforderung*, sagt Heidegger, *ist*, noch bevor wir es ausdrücklich als Frage aufgreifen und zu beantworten versuchen. Diese Faktizität *ist* auch dann, wenn wir die Frage nach dieser Herausforderung verfehlen oder *vergessen*.

4. Heidegger fragt also (und das bleibt der entscheidende Leitfaden seiner Philosophie) nach der Zeit, indem er fragt, wie wir in der Vergangenheit und wie wir heute nach ihr fragen. Er gibt zur Antwort: »Im Anhalt an die Seinsfrage«. Die eine Frage bedingt also die andere. Heidegger denkt nicht in erster Linie an die physikalisch definierte oder definierbare Zeit, er hat vielmehr jene Zeit vor Augen, innerhalb der erst die Rede von »Abständen«, »Strecken«, »Entfernungen«, die »Dimensionsvielfalt« und die »Dauer«, aber auch die »Bewegung« zu be*greifen* und exakt zu definieren möglich wird. Die Zeit also, von der her wir überhaupt erst in die Lage versetzt sind, die uns so vertraute, weil selbstverständlich gewordene Uhrzeigerzeit und die Geschichtszeit zu bestimmen.

Auf diese Weise nach der Zeit zu fragen heißt im Heideggerschen Sinne, »fundamentalontologisch« fragen, heißt zugleich aber auch, nach stets bei uns schon vorhandenen Vor-verständnisses zu fragen, in deren Licht dann auch erst die bestimmte Erfahrung von Einzelwirklichem möglich wird.

5. Gerade dieser letzte Hinweis verbietet uns, die Zeit als »Etwas«, als »Ding«, mithin als bloß »Vorhandenes« an irgendwelchem Seienden verstehen zu wollen. Ein solches Verständnis würde Heidegger aus seiner Perspektive als ein »metaphysisches« kennzeichnen. Eine solche Zeitvorstellung würde eben gerade nicht die eigentliche Dimension, sondern nur wieder eine abgeleitete Form der »ur-sprünglichen« Zeit darstellen. Eine solche Zeitvorstellung ist daher nur von einem begrenzten Aussagewert, wobei eine solche Begrenztheit im Verständnis der eigentlichen Dimension der Zeit umso schwerer einsichtig zu machen ist, je stärker und je länger sich die Seinsauffassung der Metaphysik am Seienden, am Dinghaften, am Vorhandenen orientiert. Und hier bei uns im Abendland verfestigt sich die dinghafte Zeitvorstellung nunmehr schon seit über 2.500 Jahren!

6. Das entscheidende Merkmal einer metaphysisch orientierten Philosophie, die *über* das Sein und *über* die Zeit *Ur-teile fällt* ist, zeigt Heidegger, die schon erwähnte permanente *Seinsvergessenheit*, die ihrerseits wesentliche Ursache dafür ist, daß wir uns heute seins*verlassen* in der Situation befinden, uns selbst ad absurdum zu führen. Die sprachliche Fixierung von Seinsverhältnissen und Bewußtseinszuständen in der bisherigen Metaphysik waren maßgebend für den Verdinglichungsprozeß des Seins bzw. der Zeit in der abendländischen Philosophie.

Diese Seins- und Zeitvergessenheit ist nach Heidegger so sehr das Wesensmerkmal der metaphysisch orientierten Philosophie, daß sie schon zu ihrem Seinsverständnis wesensmäßig gehört und folglich weder über dieses Verständnis zur eigentlichen Seins- bzw. Zeitfrage übergehen noch gar zu ihr wieder zurückkehren kann. Stattdessen erfindet das metaphysische Denken, und um dieses geht es ja eigentlich auch im Praxisbezug, jetzt immer neue Geschichten *über* das, was das Sein *ist* oder *sein soll* - ohne noch der diesen Antworten zugrundeliegenden Seins- und Zeitfrage nachgehen zu können.

7. Das mit der Metaphysik zur Sprache gekommene europäische Seinsverständnis hat, wie Heidegger vermerkt, »das Forschen von Platon und Aristoteles in Atem gehalten, um freilich auch von da an zu verstummen«, so daß bis heute »der Streit bezüglich der Interpretation des Seins nicht geschlichtet werden kann, weil er [bis heute]* noch nicht einmal entfacht« worden ist. Darin erblickte Heidegger die eigentliche Katastrophe unserer Zeit.

Heideggers berühmt gewordener »Schritt-zurück« versuchte diesen not-wendigen Streit, diese für uns alle notwendige Aus-einander-setzung, neu zu entfachen, indem er die Aufgabe der Interpretation des hier in Rede stehenden Zeit-Seins in der Herausarbeitung der Temporalität, vorrangig des Seins, zu verstehen suchte, um damit jenen Versuch »rückgängig« zu machen, der mit dem Anfang der Geschichte der Philosophie als Metaphysik bei Parmenides zusammenfiel, - dem Versuch, die Zeit »aus dem Wesen des Seins«, wie Eugen Fink es einmal formulierte, endgültig »auszutreiben«.

8. Mit der Parmenides'schen Seinsfrage wurde eine Grundkonstellation des abendländischen Denkens sichtbar, die bis hin zu Nietzsche sowohl für die Philosophie als auch für die Wissenschaften *maß*geblich

---

* In eckige Klammern, [], gesetzte Einfügungen stammen von H.-P. H.

und richtungsweisend wurde. Indem Heidegger sich gerade mit der Parmenides'schen Seinsfrage kritisch auseinandersetzte, was wir jetzt aus Zeitgründen nicht tun können, gewann er den entscheidenden Ansatzpunkt, der für seine *Destruktion* des tradierten Seins- und Zeitverständnisses seit SEIN UND ZEIT leitend wurde.

Nach diesem Verständnis ist die »Auslegung des Seins des Seienden an der 'Welt', bzw. an der 'Natur' im weitesten Sinne orientiert«. Dokument dafür ist die Bestimmung des Sinnes von Sein als »Anwesenheit«, als »Vorhandenheit«, als eine »Sache«, als ein in der Folge der europäischen Philosophie zum Leitfaden aller weiteren Bestimmungen des Seins des Seienden hochinterpretierten »Gegenstand«.

Indem Heidegger an seiner Kritik festhielt, versuchte er in jenem »Rück-Schritt« *vor* dieses Parmenides'sche Paradigma, sich immer wieder der Erfahrung auszusetzen, die *vor* dem Vergegenständlichungsvorgang des Seins selbst mächtig war. Indem Heidegger sich diesem Versuch aussetzte, negierte er, um auch hier kein Mißverständnis aufkommen zu lassen, nicht den Grundzug des neuzeitlichen Denkens. Ganz im Gegenteil; er vermutete vielmehr, daß in dem Maße, in dem er sich diesem Versuch und dieser Erfahrung aussetzte, er über die Grundvoraussetzungen und Implikationen des neuzeitlichen Denkens einen weit größeren Aufschluß erhalten konnte, als dies zum Beispiel Marx und Nietzsche möglich war.

Dies war eine seiner Vermutungen. Die andere zielte darauf ab, herauszufinden, ob nicht möglicherweise mit Marx und Nietzsche ein Denken zutage trat, das die Eindimensionalität des neuzeitlichen Denkens und damit die Eindimensionalität der vom neuzeitlichen Denken geprägten Aufklärung zu überwinden versuchte.

9. Das neuzeitliche Denken läßt sich unter anderem von der Frage nach dem gesetz-mäßigen Zusammenhang aller Erscheinungen in der Zeit leiten. Folglich bleibt zum Beispiel ein *Ereignis* nur dann ein wirkliches Ereignis, wenn in seinem Kontext auch eine feststellbare *Ursache* vorhanden und gefunden ist. Das neuzeitliche Denken läßt sich dabei von der unantastbaren Selbstgewißheit des empirischen Ich, des uns allen bekannten cartesianischen Ego, leiten.

Mit Nietzsche und Heidegger wird nun von den genannten kritischen Ansatzpunkten aus das cartesianische Ego als letzte unantastbare Bastion des universalen Zweifels so weit fragwürdig gemacht, daß alle Rehabilitationsversuche, die natürlich auch heute noch unternommen werden, seither ständig ins Leere greifen.

Aber in der von Heidegger aufgewiesenen Begrenzung der metaphysisch verstandenen Philosophie manifestiert sich nicht nur die eindimensionale Subjekterfahrung. Diese Begrenzung zeigt sich auch und erst recht von dem *vorstellenden*, alles *berechnen* wollenden Denken her, das die Natur und die Geschichte auf eine ganz bestimmte Vorstellungsart hin aus- und festlegt. Sowohl die Natur wie auch die Geschichte werden insgesamt stets auf etwas »Seiendes«, das heißt auf ein Objekt hin vorgestellt, wobei das Seiende zu einem Entgegen-stehen (= Objekt) für das Subjekt wird. Dieses Subjekt - das Ich - gelangt schließlich dazu, permanent nach dem Seienden, dem *Gegen-stand* machtvoll auszugreifen und so durchgreifend sich auf das Vorgestelltwerden zurückzubeziehen. Das aber heißt dann folgerichtig und vor allem folgenschwer, daß das Zeit-Sein jetzt allein an und in das vorstellende Denken von Zielen, Zwecken und Mitteln, von Wirkungen und Ursachen verwiesen ist - ohne daß dieses Denken nunmehr noch *offen* sein kann für das der Vorstellung sich verweigernde *mehr*dimensionale Zeit-Sein.

In diesem spezifischen neuzeitlichen Denken (das gewissermaßen unter einem »Vorstellungszwang« steht) sah Heidegger die Gefahr, die unserer Zeit innewohnt, weil es, wie er immer wieder zu verdeutlichen versuchte, unter anderem für die Prozesse von gesellschaftlicher Tragweite zu kurz denkt und zum Beispiel geschichtliche Ereignisse nur dort aufsucht, wo sie sich niemals ereignen.

Oder anders formuliert: Das Denken ausschließlich in den verdinglichten Kategorien, so wie wir es heute an den Schulen und Universitäten lehren und lernen, birgt nach Heidegger die Gefahr in sich, daß alles das, was *ist* und nicht auf diese verdinglichte Weise in die »Realität« eingeht, aus einer möglichen und hinreichenden *Besinnung* abgedrängt wird.

10. Wenn wir uns heute nicht die Perspektive vergegenwärtigen, unter der unser europäisches Denken steht, verstehen wir auch nicht, was heute umgedacht werden soll und auch umgedacht werden muß, wenn die Gefahr, von der in dieser Bahroschen Lehrveranstaltung die Rede ist, gebannt werden soll. Denn wir erfahren heute ja nicht nur durch Heidegger, daß die europäische Vorstellungswelt in ihrer neuzeitlichen Ausprägung offenkundig nicht mehr in der Lage ist, dem offen und frei nachzufragen, was gedacht werden müßte, um heute getan werden zu können.

Die Sprengung der europäischen Vorstellungswelt in ihrer neuzeitlichen Ausprägung mit ihrem spezifischen Vorrang des vorstellenden, alles und jedes berechnenden Denkens heißt ja zugleich auch, die bisherigen, von uns allen noch praktizierten Vorstellungsgewohnheiten endlich aufzugeben. Heidegger schreibt in seiner EINFÜHRUNG IN DIE METAPHYSIK im Hinblick auf den spezifischen Charakter des europäischen Denkens: »Wir müssen in der scheinbar gleichgültigen Scheidung [von] Sein und Denken [heute] jene Grundstellung des Geistes des Abendlandes erkennen, dem unser [Heideggers] eigentlicher Angriff gilt.« Diese Scheidung, fährt Heidegger fort, lasse sich aber nur »ur-sprünglich überwinden, d.h. so, daß ihre anfängliche Wahrheit in ihre eigenen Grenzen gewiesen und damit neu begründet wird.« Ein paar Seiten weiter heißt es dann: »Die Neugründung [...] verlangt vor allem anderen [erst einmal] den Rückgang auf die Frage nach dem Sein als solchem«, also der Wahrheit des Seins und ineins damit auch nach der Zeit. Aber Überwindung der überlieferten Logik heißt nicht »die Abschaffung des Denkens und [die] Herrschaft bloßer Gefühle, sondern heißt [jetzt] ursprünglicheres, strengeres, dem Sein zugehöriges Denken«.

11. Ich präzisiere meine Ausführungen noch einmal: Die europäische Vorstellungswelt »verstellt das, was eigentlich ist«, wobei dieses »Verstellen« ja heute »nicht beiläufig« geschieht, wie Heidegger schreibt, sondern sich als das entscheidende Prinzip des sogenannten gesunden Menschenverstandes versteht, dem inzwischen zusätzlich noch das höchste Richteramt über das Denken zuerkannt worden ist. Denn nur, was sich den verstellenden Vorstellungsgewohnheiten fügt, wird als solches auch anerkannt.

Dabei muß das mit allem rechnende vorstellende Denken, also das Denken in ausschließlich rationalen Kategorien, so präzise wie nur möglich verstanden und begriffen werden, damit einmal seine Folgen, zum anderen aber jetzt auch die Aufgabe, die an *anderes Denken*, das jene andere Denkungsart in seiner Beengung zu überwinden trachtet, deutlich werden kann. »Das Vorstellen stellt das zu, was ist. Es stellt und setzt fest, was als seiend gelten darf. Die Bestimmung dessen, was ist, steht so in gewisser Weise unter der Botmäßigkeit eines Vorstellens, das allem nachstellt, um es nach seiner Weise aufzustellen und im Stand zu halten.« Die Grundtendenz, die dem zugrunde liegt, nennt Heidegger dann durchaus folgerichtig: *das Technische*.

Zum Technischen gehört das vorstellende logisch-rationale Vorstellen, ohne das von einem Fortschritt im Sinne des neuzeitlichen Fortschritts keine Rede mehr sein kann. Erst angesichts der heutigen Krise dieses Fortschritts beginnen wir zu ahnen, daß es sich bei diesem Denken um eine fundamentale *Verengung* und *Einengung*, ja um eine *Verarmung des menschlichen Denkvermögens* handelt, ohne daß unsere Zeit begreift, wie sie sich aus diesem Zustand noch befreien kann.

12. Meines Erachtens ist wichtig, daß wir uns darüber klar werden, was wir bisher unter dem menschlichen Vernunfts- und Verstandesvermögen (als den Grundelementen unseres Denkvermögens) verstanden haben und heute immer noch verstehen. Hier kann uns nur Kant helfen. Um es wenigstens anzudeuten: Vernunft besagt Denken der Ideen im Unterschied zum Verstand als dem Denken der Kategorien, also der allgemeinsten Wirklichkeits-, Aussage- und Begriffsformen, von denen alle übrigen Begriffe abgeleitet werden. Die Ideen, die vorzugsweise die Vernunft denkt, sind Kant zufolge stets die »regulativen Prinzipien«, in denen eben diese Vernunft das Ganze des Seienden zu denken versucht (dabei ist das Sein - anders als nach Heideggers Seins-Verständnis - das »oberste Seiende«). Damit ist die Vernunft nicht unmittelbar auf die Erscheinungen bezogen, sondern allein auf die Regeln und Grundsätze, mit denen der Verstand, der sich unmittelbar auf die Erscheinungen konzentriert, operiert.

Die Aufgabe der Vernunft, an die heute angesichts der apokalyptischen Situation, in der wir uns befinden, von allen Seiten appelliert wird, besteht demnach vordringlich darin, die höchste Einheit des Ganzen des Seienden zu denken, das heißt, wie wir inzwischen wissen, »vorzustellen«. Was aber ist dieses Ganze? Adorno antwortet: »das Falsche« - aber, so frage ich weiter, »das Falsche« *woraufhin*? In keinem Fall das, was allein in das abendländisch-europäische Vorstellungsvermögen - in dem ständig der mathematisch-physikalische Horizont unterschwellig alles weitere Nachdenken über das Denken verbietet und die logische Fassung des Denkens als »Aussage« und »Urteil« es schon auf den Begriff gebracht zu haben glaubt - ein- und aufgeht! Eben dieser Frage ging Heidegger in der Seinsfrage nach - jener Seinsfrage, die das Sein und die Zeit nicht mehr als Gegenstand zu verstehen und zu begreifen versuchte und die er infolgedessen *vor* aller begrifflichen Fixierung und Systematisierung in festen Kategorien ansiedelte.

Dieses »*vor*« zeigt uns jetzt noch einmal jene zu erörternde Dimension an, die es uns erlaubt, nach der Gegenwart des Gegenstandes und darüber hinaus nach der Welt im Ganzen und der sich mit ihr ereignenden Zeit fragen zu können, ohne damit schon das Ganze im Sinne der traditionellen Metaphysik »im Griff zu haben«. Heidegger folgt in gewisser Weise noch der Tradition, verwandelt dann aber die *traditionelle Weise, nach dem Sein zu fragen* (herkömmlich ist das Sein *unhinterfragt*, weil es mit schierer Selbstverständlichkeit als das Allgemeinste, etwa als »Gott« oder auch als »die Einheit der Natur«, dem Seienden einfach oben drauf gesetzt wird), wie ich bisher hoffentlich deutlich machen konnte, von Grund auf.

13. Wir kamen schon zu der Fragestellung, ob etwa die heute nicht mehr zu übersehende globale Krise auf die Krise des durchgängigen Verfügungswillens des neuzeitlichen Menschen über alles, was ist beziehungsweise sich bislang diesem Verfügungswillen stellte, zurückzuführen ist. Ich bin bisher nicht auf die Genesis eingegangen, die zur Herausbildung dieses Verfügungswillens geführt hat.

Max Horkheimer führte ihn »auf das rechnende Denken des ersten Menschen zurück, der die Welt bereits als seine eigene Beute kalkuliert« hatte. Werde die außermenschliche Natur - und dadurch auch die menschliche - in dieser Weise zum bloßen Objekt der Beherrschung, so mißrate schließlich auch die Vernunft zum bloßen Instrument eines solchen universalen Beherrschungswillens. Horkheimer unterstreicht dann: »Das Ideal der Technischen Welt«, als Resultat »der Abschaffung der Natur als radikale Herrschaft *über* sie, schlägt [heute] auf den Menschen zurück.« Das erklärt, warum auch heute jeder einzelne Mensch zum Material der Verfügbarkeit *entwertet* wird, »in der das Sein [zuvor vergegenständlicht] nur [noch] unter dem Aspekt der Verarbeitung und Verwaltung angeschaut« und auch nur noch unter diesem Aspekt verstanden wird. Am Ende richtet »die verwaltete Welt die Menschen ab, und sie gehorchen ihr mit jener Resignation, die dem [so beschaffenen] vermeintlichen Schicksal gilt.« »Ihr wirkliches Schicksal«, lesen wir bei Horkheimer weiter, »ist der Zerfall, mit dem sie für [diese] blinde Herrschaft bezahlen, und das nun umso mehr, je weiter Herrschaft zu Herrschaft der Sachen und zur Verwaltung von Menschen wird.«

14. Unsere Kapazität zur Zerstörung des Planeten, auf dem wir leben, ist soweit angewachsen, daß das Gleichgewicht der Natur schon heute weitgehend zerstört ist. Solange die Entwicklung langsam und mit Bedacht vor sich ging, konnte sie sich ihr noch anpassen, aber die Geschwindigkeit der gegenwärtigen Entwicklung aufgrund des Fortschritts, der Ausdruck eben dieses von Heidegger gekennzeichneten metaphysisch orientierten Denkens ist, überfordert sie. Dabei mag die Hauptursache des Raubbaus in unserer extremen Gier liegen, das schnelle Geld zu machen. Zu bewerkstelligen war das aber nur aufgrund des fundamentalontologischen Paradigmas, wie es Heidegger von immer wieder neuen Perspektiven aus auf- und nachgewiesen hat.

Die Entwicklung der Einzelwissenschaften - und sie sind erst recht nicht ohne das gekennzeichnete Paradigma zu begreifen - hat dazu geführt, daß die einzelnen Wissenschaftler den Überblick verloren und infolgedessen auch ihre Verantwortung aus dem Auge verloren haben, so daß heute wieder die Philosophie in starkem Maße gefordert ist. Dies aber im Hinblick auf ein gewandeltes Sein- und Zeitverständnis, dem Heidegger in der hier skizzierten Weise vorzuarbeiten versuchte.

Dieses gewandelte Verständnis trifft sich heute in vielen Aspekten mit den Grundeinsichten des *Tao* und des *Zen*.

*

Meine Generalthese im Hinblick auf das Thema unserer heutigen Veranstaltung lautet: *In dem Maße, in dem Heidegger in unermüdlichen Anläufen die europäisch-abendländische, in erster Linie metaphysisch orientierte Philosophie transparent und ihre Fiktion Schritt um Schritt abzubauen bzw. aufzulösen versuchte, in dem Maße konnte erst jetzt ein ernsthaftes Gespräch mit der fernöstlichen Philosophie beginnen, der wir uns nach meiner Überzeugung heute nicht mehr entziehen können, wenn wir überhaupt noch eine Zukunft haben und in Zukunft noch ernsthaft philosophieren wollen.*

Das industriell-wissenschaftlich-technische Denken, dem wir Abendländer bis heute alle verhaftet sind, hat uns in seinem *metaphysisch bestimmten Ausschließlichkeitsanspruch* jene unheilvollen Probleme geschaffen, die wir nicht mehr so ohne weiteres loswerden, wenn wir nicht endlich über dieses Denken hinausgehen und uns vom ostasiatischen Denken jenes sagen lassen, was uns gesagt werden muß.

Beide - Tao und Zen - versuchen das *nichttechnische Wesen der Technik* zu ergründen, indem sie ihr andenkendes - besinnliches - Denken *gegen* das heute praktizierte vor-stellende, her-stellende und auskalkulierende Denken wenden; indem sie den Menschen als »*Ek*-sistenz« - als Sterblichen - *gegen* den Menschen als *animal rationale* behaupten; indem sie die Welt als »Geviert« *gegen* die Welt des »Gestells« - über beides wird Rudolf Bahro hier ja noch referieren - und die Geschichte als »Geschick« *gegen* die Geschichte als Historie zu Bewußtsein bringen; indem sie die »Wahrheit als Lichtung« *gegen* die »Wahrheit als Richtigkeit« behaupten und die Sprache als »Haus des Seins« *gegen* die Sprache als bloßes Zeichen setzen; indem sie das Ding als Versammlungsstätte der Welt *gegen* das Ding als Gegenstand und Bestand bewahren und schließlich das erörterte Zeit-Sein als Ereignis *gegen* das Zeit-Sein als stetes Anwesen begreifen. Heidegger hat sich nicht anders als die Taoisten und Zen-Meister damit *gegen* eine »Ethik der technischen Welt« gewandt, sofern sie im Endeffekt doch nur wieder im vorstellenden und rechnenden Denken befangen bleibt.

Gleichwohl geht es jetzt mit Heidegger erst einmal darum, die Seinsvergessenheit, von der ich im ersten Teil meines Vortrages sprach, und, was ich jetzt noch hinzusetzen will, die Seins*verlassenheit*, als solche ankommen zu lassen - will sagen, zur wirklich durchgreifenden Erfahrung werden zu lassen.

Die alles durchherrschende Geschichtlichkeit unseres Daseins in allen seinen Bezügen wird in diesem West-Ost-Dialog zukünftig in der Nachfolge Heideggers auf jenen Ort des Gechicks hin destruiert, der für jede geschichtliche Sicht »namenlos«, weil »unverfügbar« bleiben muß und sich am Ende dieses Dialogs dann auch nicht mehr als spezifisch abendländisch bezeichnen läßt. So wie Heideggers »Seyn«, wie ich zeigte, unverfügbar und im Grunde »namenlos« und infolgedessen auch nicht definierbar ist, so ist auch das *Tao* Laotses, wie es Ihnen Bahro noch vor Augen führen wird, »unverfügbar« und »namenlos«.

In diesem Sinne ist die von beiden Seiten her anempfohlene »Gelassenheit zu den Dingen« der beredte Ausdruck der erreichten *Offenheit* für das letzte Geheimnis, so daß Heidegger auch sagen kann: Wenn der Mensch als Sterblicher den Tod als Tod vermag und die Welt als Geviert in ihrem Wesen hütet, wird der Mensch erst wirklich ethisch wohnen. Bis dahin wird er weiterhin am Leben verzweifeln und sich gerade aus diesem Grunde das Gehabe eines »Machers« als Weltveränderer zulegen.

Aus der Sicht des Tao ist das »wahre Sein« die Erfahrung, den Willen, das Ego zum Verschwinden zu bringen, wobei der Mechanismus des Willens darin liegt, stets etwas erreichen, ja etwas »werden« zu wollen, was letzten Endes unerreichbar ist. Der Wille ist und bleibt dabei das Zentrum des Wählenden, und solange der Wille existiert, können wir auch nur in den selbstgewählten oder von außen uns auferlegten Mustern funktionieren.

Zum Abschluß meines Vortrages möchte ich eine an diesen Gedanken anknüpfende These formulieren: *Das eigentliche Problem, vor dem wir stehen, besteht heute darin, vom Willen endlich frei zu kommen, was nach meiner Überzeugung aber nur durch die Beschreitung des Tao- oder Zen-Weges, für uns Abendländer jetzt durch Heidegger vorbereitet, möglich ist.*

Die industriell-wissenschaftlich-technische Welt, in der wir leben und die ihren Ursprung hier bei uns im Abendland hat, führte dazu, daß wir unsere Kontakte zur Natur verlieren und zugrunde gehen. Was uns heute beherrscht, sind Formeln, Ideologien, Konzepte und Glaubenssysteme. Der Wille zur Macht, der darin zum Ausdruck kommt, ist Wille zur permanenten Gewalt, wobei der Wunsch nach Macht uns seit Anbeginn der Welt beherrscht. Aber nie zuvor in einem solchen Ausmaß und angesichts solcher Bedrohung mit der Folge, daß wir heute vor unserem eigenen Abgrund stehen.

Mit High Tech gegen die ökologische Krise?

Unser Verfallensein an das Wesen der Technik

Wenn die ökologische Krise, die sich unter dem Schlagwort Umweltkrise verbirgt, eine Störung des Gleichgewichts zwischen Mensch und Natur ist, muß sie mit dem Elementarcharakter menschlichen Verhaltens auf der Erde zu tun haben. Wenn es eine globale Gleichgewichtsstörung zwischen Mensch und Erde ist, dürfte wohl kaum irgendeine einzelne menschliche Betätigung, sei sie sozialer, sei sie technischer, sei sie philosophischer, sei sie künstlerischer Art, ohne weiteres aus dem Dilemma herausführen.

Was ist denn der Status von Technik in der ökologischen Krise? Der eines Heilmittels oder der einer Krankheit? Wer wird nicht wenigstens zugeben, daß die Störung des irdischen Gleichgewichts durch Technik, durch Technologie mindestens mitverursacht ist? Und High Tech ist der anspruchsvolle Propagandaname für ein weiteres Stockwerk auf dieses Gebäude der Technologien, eine weitere Konsequenz des abendländischen wissenschaftlichen Denkens der letzten 200, 400 Jahre, ja zurück bis auf die Griechen. Und insofern wird das wohl nicht hinreichend sein, wenn man sich vorstellt, daß jetzt irgendwelche ökomodernistischen Versuche mit neuesten Technologien die Grundlast bewältigen könnten, die aus Technologien stammt. Wenn High Tech da als Heilmittel ausgegeben wird, müssen wir kommentieren: Das ist nur mehr von einer Medizin, die wir jetzt seit Jahrhunderten zum Schaden der planetaren Gesundheit anwenden.

Dabei behaupte ich nicht, es gäbe da nicht im Einzelnen manches, das relativ vernünftig aussieht. Nur liegt die Crux bei der ganzen Sache gerade nicht im Detail! Wenn die Technik *Teil* eines übergreifenden kulturellen Zusammenhanges ist, mit dem wir gerade dabei sind, Bruch zu machen, wird dieser einzelne Strang schwerlich *die* allgemeine Katastrophenursache sein. Zugunsten eines gelasseneren Umgangs mit dem Gegenstand will ich vielmehr feststellen, daß Technik eher das Mittel als die Ursache der Weltzerstörung ist, daß es also nicht an der Technik als solcher liegt. Damit gewinnen wir die Möglichkeit, uns erst mal einen Schritt von der unzulänglichen und unzweckmäßigen Alternative zu entfernen, die da zu lauten scheint: entweder technologischer Durchbruch, neue Forschungsergebnisse, neue Investitionen - oder das Gegenteil, nämlich eine Verdammung der Technik als solcher, »weil wir ja gesehen haben, wohin das alles führt«. Klar ist für meine Begriffe nur eines, daß diese Riesenausmaße, die die modernen Technologien und Sozialstrukturen angenommen haben, unbewältigbar und lebensfeindlich sind. Die Erde hält es nicht aus, daß wir die massenhaften Trägheitskräfte unendlich fortmultiplizieren. Aber wenn die Ursache tiefer liegt als in der Multiplikation dieser Massenkräfte durch den Einsatz von modernster Wissenschaft und Kapital, dann werden wir wahrscheinlich auch zu »small is beautiful« nur kommen, wenn wir uns auf diesen tieferen Ursachenzusammenhang einlassen.

Jenseits der Großtechnologien, die mit hunderttausend Tonnen von irgendwelchen Chemikalien, von Stahl und so fort zu tun haben, bleibt durchaus wahr: Der Mensch war von Anfang an ein werkzeuggebrauchendes Wesen und wird wahrscheinlich nicht aufhören, Werkzeuge zu benutzen, Kultur zu schaffen, mit Technik umzugehen. Ivan Illich, einer der Pioniere des ökologischen Denkens, spricht von »konvivialer Technik« und meint, es ginge darum, daß sich unsere Werkzeuge in einen menschlich überschaubaren, lebbaren, wahrhaft sozialen Kontext einfügen, daß sie ihm angemessen werden sollten, daß sie ihrer ganzen Auslegung nach abhängig bleiben sollen von dem Gemeinwesen und von den seelischen Strukturen, die in so einem Gemeinwesen gelten, und natürlich von den geistigen Voraussetzungen in jedem Individuum. Und wenn man sich das vor Augen führt, diese Möglichkeit, sich in verhältnismäßig kleinen Gemeinwesen sozial neu zu konstituieren, die wieder in den Naturzusammenhang zurückfinden, dann ist schon klar, daß es nicht um Verteufelung von Wissenschaft, Technik, Technologie schlechthin geht, sondern um Maß und Funktion, vor allem um ihre Rückbindung an die menschliche Mitte. Wir müssen wirklich begreifen, *weshalb* uns die »Technik« *hat*.

Jetzt will ich versuchen, durch die Parallele zwischen drei Betrachtungsweisen unseres Problems plausibler zu machen, warum ich so großen Wert darauf lege, die letzten Gründe für unser Befangensein herauszuarbeiten.

Zunächst gibt es die Ebene der Erscheinungen bzw. dessen, was englisch der output des Systems genannt wird. Galtung sagt, der Produkte, der Ergebnisse eines strukturellen Zusammenhangs. Das mögen schöne Sachen sein, das mag Brot sein, das mögen Autos sein, das mögen Atombomben sein, das mag Umweltzerstörung sein. In der Sprache meiner LOGIK DER RETTUNG sind das Symptome; ich habe die negative

Seite der Sache akzentuiert, die Symptome des Weltzustandes als »exterministisch« hervorgehoben.

Parallelogramm einiger Struktur-Tektoniken

	GALTUNG	BAHRO	HEIDEGGER
1. Erscheinungsebene	Produkte, Ergebnisse	Symptome (der Selbstausrottung)	Vernutzung, Berechnung
2. Gesellsch. Vermittlung	Soziale Prozesse	Industriesystem, Kapitaldynamik, Politik	Technik (im weiteren Sinne)
3. Tiefenstrukturen	Kulturelle Selbstverständlichkeiten bezügl. Raum, Zeit, Wissen, Naturverhältnis, Mensch↔Mensch-Verhältnis, Transzendenz (»Gott«, »Tao«)	Europäische Kosmologie, Patriarchat, menschlicher Gattungscharakter	Griechische Verkehrung des Verhältnisses von Sein und Seiendem; »Gestell« statt »Geviert«

Bei Heidegger gibt es viele Ausdrücke, die diese Produktebene, diese Symptomebene, die Erscheinungsebene der Zivilisationskrise, in der wir uns befinden, treffen sollen, »Vernutzung« wäre einer dieser wesentlichen Begriffe; »Berechnung« zum Beispiel gehört auch dazu. Wenn er verdeutlichen will, mit welchem Grundproblem wir es schon auf der Erscheinungsebene hier zu tun haben, dann bezieht er sich gerne auf den schönen Rhein und weist darauf hin, daß er in einer Hymne Hölderlins als ein Gott gefeiert wird, dieser Fluß, von seiner Quelle an, mit seinen Nebenflüssen, mit den Städten, mit den Menschen, die dort wohnen, daß das Ganze also ein letzten Endes von Natur und von Kultur her geheiligter Zusammenhang ist. Was wir aber heute haben, das ist in erster Linie eine Wasserstraße, das ist ein Energiespender und das ist auch etwas, wo Touristen hinbestellt werden, aus aller Welt, um was zu besichtigen, an der Loreley vorbeizufahren. »Besichtige Europa, solange es noch steht«, war in der Zeit der Friedensbewegung ein Werbe-Slogan in Amerika. Das ist die Ebene der Erscheinungen, die in allen diesen drei Konzepten irgendwie parallel sind.

In puncto Entfremdung und in puncto Historizität des Denkens gibt es zwischen Heidegger und Marx überraschende Parallelen. Man kann sich gründlich vertun, wenn man sich zu sehr an die Ebene der Bezeichnungen und der Bewertungen hält, anstatt vor allem danach zu fragen, was für Gegenstände im Mittelpunkt der Aufmerksamkeit stehen und warum.

Und dann gibt es - nächste Zeile - die Ebene der gesellschaftlichen Vermittlungen. Galtung hebt ihre Funktionalität hervor, deswegen hat er hier einen abstrakteren Begriff, spricht von »Prozessen«, wo ich vom »Industriesystem« und von der »Kapitaldynamik« rede, Galtung denkt hier auch das »politische System« mit. De facto ist Politik heute hauptsächlich eine dienstbare Unterfunktion der Megamaschine. Deswegen habe ich sie in meinem deskriptiven Schema der Selbstausrottungs-Logik gar nicht besonders hervorgehoben. Galtung jedenfalls versteht unter »Prozessen« die ganze Art und Weise, wie die »Megamaschine« technisch, ökonomisch und politisch funktioniert.

Und Heideggers Denken konzentriert sich, was diese Ebene angeht, auf das Problem der Technik, wobei aber in den Erwägungen, die er etwa im Zusammenhang mit der Vernutzung des Rheins anstellt, natürlich das Geld und die Politik nicht unberücksichtigt bleiben. Nur hält er die Technik aus Gründen, auf die ich dann kommen werde, für die umfassendste Kategorie, um alles das zusammenzudenken, was ich hier unter »Megamaschine«, »Kapitaldynamik«, »europäische Kosmologie«, ja selbst »Patriarchat« abhandle. Heidegger geht nicht den Weg von der Oberfläche, von der Außenseite, von den Erscheinungen in die tieferen, inneren Problemschichten, er denkt meist direkt von der dritten Ebene, also gleich von der elementarsten philosophischen Problematik her und kommt *so* auf die Technik als den Ausfluß einer geistigen Grundentscheidung.

Aus SEIN UND ZEIT ist noch nicht ablesbar, daß sich das ganze Denken Heideggers mehr und mehr auf diese Frage der Technik - aber als einer spirituellen Angelegenheit, als eines zentralen Themas dieser Gesamtzivilisation - konzentriert hat. Rückwirkend begreift man besser, daß auch schon SEIN UND ZEIT da hinaus will, mehr als der Autor »weiß«. Wenn hier also in der *Heidegger-Spalte* nur »Technik« steht, dann nicht, um eine Verengung anzuzeigen, sondern einen Fokus!

Und jetzt suche ich den zweckmässigsten Ausdruck für diese dritte und letzte Ebene und finde ihn bei Galtung. Der spricht von »Tiefstrukturen«, aus denen steuern sich bei ihm die vermittelnden »Prozesse«, und es kommt dann hier »oben« zu den verschiedenen »Resultaten«, »Produkten«, nicht zuletzt den »Symptomen« der Welt »vernutzung« und -zerstörung. Alles das ergibt sich nach der Analyse

Galtungs aus diesen »Tiefstrukturen«. In den Jahren, bevor ich durch dieses Buch LOGIK DER RETTUNG hindurchgegangen bin, hatte ich meine Analyse zunächst immer am Äußeren angesetzt, war aber durch die unlösbaren Widersprüche an der Oberfläche und in den nächstliegenden Ursachenebenen dazu getrieben worden, mich tiefer hineinzubohren. Galtung hat zunächst einfach die sogenannten Tatsachen des historischen Prozesses analysiert, wie das gut materialistisch im Westen der Brauch ist, und hat dann mit seinem multikulturell geschärften Blick gesehen, daß es nicht begreifbar ist, wenn man die unausgesprochenen Voraussetzungen hier »unten« unbefragt läßt.

Das Hauptcharakteristikum dieser »Tiefstruktur« ist, daß es sich da um »Selbstverständlichkeiten« handelt, die normalerweise nicht hinterfragt werden. Die jeweilige Welt wird aus inneren Annahmen reproduziert, die sich die Beteiligten selbst gar nicht klarmachen. Galtung hebt analytisch auf sechs Elemente der »Tiefstruktur« ab: Auf die Dimensionen Raum, Zeit, Wissen, Mensch ↔ Natur, Mensch ↔ Mensch, Mensch ↔ Gott (Transzendenz).

Greifen wir einmal den Aspekt »Wissen« heraus, weil der für das Thema besonders interessiert. Die Art und Weise, wie wir hier im Westen, oder vielmehr in der »weißen« Zivilisation des Nordens, wissen, ist atomistisch orientiert; man stellt Ausschnitte, Partikel des Wissens nebeneinander und baut sie zu einer Pyramide auf, bei der alles deduktiv aus einem höchsten Prinzip abgeleitet ist. Das hängt auch damit zusammen, daß Gott an der Spitze ist, daß wir uns ein im wesentlichen immer noch alttestamentarisches, despotisch gelenktes Universum denken.

Heidegger, wie gesagt, ging als Philosoph von vornherein von dieser Ebene der »Tiefstruktur« aus, freilich nicht in der Galtungschen Einteilung. Meinerseits schreibe ich hier »unten« die Frage nach dem Menschen selbst hin, also nach der conditio humana als der tiefsten Ursachenschicht.

Bei Galtung fällt natürlich das, was ich an ihm orientiert als »europäische Kosmologie« bezeichne, unter die »Tiefstrukturen«, und so auch das Patriarchat, obwohl er das nicht so herausstreicht. Aber er sagt etwa, grundsätzlich steht in der westlichen Kosmologie der Mann über der Frau. Das Weibliche wird in dieser Weltsicht untergeordnet und im allgemeinen nicht bewahrt. Nur tritt es hier, wegen der Methode, die er bevorzugt, nicht als eine selbständige Strukturebene in Erscheinung.

Bei Heidegger nun ist es so, daß er sich, was diese tiefstrukturellen Ebenen betrifft, primär mit der »europäischen Kosmologie« auseinandersetzt, und zwar von den Griechen her. Dagegen reflektiert er kaum, jedenfalls nicht explizit, das patriarchale Prinzip, obwohl der ganze Weg, den er innerlich zurücklegt, mehr und mehr in die Richtung eines

»weiblichen«, empfängnishaften Denkens führt. Es ist schon phänomenal: Im Mittelpunkt seiner Abrechnung mit der »europäischen Kosmologie« stehen lauter Philosophen, die eindeutig im Patriarchat stehen, männliche Denker, die auf dem Boden der Tragödie leben, die die griechische Dramatik in der Antigone, in der Elektra und so fort behandelt hat. Die »weltgeschichtliche Niederlage des weiblichen Geschlechts« (Engels) ist in alle diese Denksysteme eingegangen, mit denen er sich da auseinandersetzt, aber daran scheint seine Aufmerksamkeit vorbeizugehen. Dennoch läuft es bei ihm infolge der wirklichen Konstellation, die er über die Philosophie im Blick hat, stark darauf hinaus, daß nachher die Modi des Verhaltens, die Daseinsweisen des erkennenden Menschen so postiert werden - unter anderem unter dem Terminus »Besinnung« -, daß dem »weiblichen« Element das Übergewicht zukommt. Es kommt bei ihm heraus wie im Tao Te King, obwohl das nicht ausdrücklich angesagt ist.

Er hat in der Zeit nach seiner Erfahrung als praktizierender Nazi, als der er konkordant mit dem Machtantritt der Hitlerbewegung Rektor der Freiburger Universität gewesen war, also nach der Erfahrung des politischen Scheiterns und der persönlichen Krise, sukzessiv diesen machtwilligen, angreiferischen, welterobernden, auch welterlösenden Gestus in der Nazipsychologie abgelegt, hat ihn in einer genauen immanenten Kritik am Nationalsozialismus überwunden.

Heideggers Auseinandersetzung mit dem Nationalsozialismus ging davon aus, die Bewegung hätte eigentlich die Aufgabe gehabt, das Verfallensein an diesen Atomismus des Wissens, an diese deduktive Struktur, an diesen wahnwitzigen Willen zur Macht und an den Nihilismus, der in der vernichtenden Herrschaft der Technik eklatant wird, aufzuheben. Heidegger sah, daß der Mensch sich mit der Technik die ganze Welt, die Natur verstellt. Da war also stark eine grüne Komponente. Er hatte eine Menge Illusionen in den Nationalsozialismus investiert. Es gibt dann spät eine etwas bösartig wirkende Bemerkung Ernst Jüngers, Heidegger hätte bis zuletzt erwartet, daß Hitler noch einmal aufsteht, zu ihm kommt und sich dafür entschuldigt, daß er alles falsch gemacht hat. Das ist nicht Heidegger selber, sondern das hat eben Jünger über ihn gesagt, aber es ist, glaube ich, ein Gran Wahrheit darin.

Übriges muß ich sagen, daß mein Verhalten zum Kommunismus ganz ähnlich strukturiert, auch auf immanente Kritik gebaut war. Ich hatte mit meiner ALTERNATIVE unseren hiesigen Versuch der allgemeinen Emanzipation des Menschen als Idee - oder wenn man will Illusion - nicht aufgegeben, während ich zeigte, wie ungeheuerlich er von der Zielsetzung abweicht. Und ich habe am Ende jenes Buches noch eine Strategie entworfen, die darauf hinauslief, die Würde der kommunistischen Idee wiederherzustellen. Ich habe erst zurückkommen müssen, das habe ich wohl hier schon einmal gesagt, um endgültig zu erkennen, daß das konkrete Modell von grundauf erschöpft ist.

Also Heidegger ist über eine *immanente* Tiefenkritik am Nationalsozialismus nicht wirklich hinausgegangen, hat sich auf der politischen Ebene nicht davon distanziert. Aber die Technikkritik, die er während der Naziherrschaft entwickelt hat, die richtet sich gegen diese Herrschaft, indem sie einen der fundamentalsten Bruchpunkte der westlichen Zivilisation trifft. Und er wäre wohl ohne die Erwartungen und Illusionen, die er ins Dritte Reich investiert hatte, und ohne sein aktives Engagement, das ihn nachher um so mehr zur Verarbeitung zwang, kaum so weit damit gelangt. Er ist mental wirklich ein anderer darüber geworden, hat sich auf dem Weg über die Rezeption Hölderlins gegen Hitler und dann Nietzsches gegen Hitler auf eine seelisch-geistige Umstimmung und Umstellung eingelassen, die völlig unvereinbar war mit der Art und Weise, wie der Nazi in der Welt zu sein pflegte. Nichts mehr von ressentimentgeladener Gewalt zum Beispiel, und zwar schon vor 1945, nachdem seine Rektoratsrede psychologisch noch in den Diskurs der Nazis hineingepaßt hatte. Die Welthaltung seines Denkens und Sprechens hat sich da völlig geändert. Auffällig ist etwa, daß alles, was er in späteren Jahre geschrieben und geredet hat, mehr und mehr auf *Gehör* hin angelegt war, auf Hineinlauschen in die Welt, in die Sprache, auf eine Haltung »zuvorkommender Zurückhaltung« (Padrutt) gegenüber dem Sein.

Dieser Exkurs war notwendig, weil man an dieser Tatsache der Heideggerschen Verstrickung ins Nazitum nicht vorbeigehen kann, auch wenn man keinen Grund hat, sich über ihn zu stellen.

Wie analog Heideggers Zugang demjenigen ist, den heute Galtung verfolgt, wenn der die Kosmologien verschiedener Zivilisationen vergleicht, zeigt sich unter anderem darin, daß er etwa sagt, wir müssen die Grundpositionen der griechischen Philosophie und damit natürlich der griechischen Art und Weise, in der Welt zu sein, nicht zuletzt deshalb studieren, weil nur auf diesem Fundament eine wirkliche Verständigung mit Asien möglich ist.

Heidegger hat zunächst mit Erstaunen erlebt, daß ihn Japan und damit ein Vorposten Asiens, geistig gesehen der »westlichste« Vorposten, sympathisierend aufgenommen hat. Eine solche Konvergenz muß Gründe haben, um so mehr, als er keineswegs einfach diese asiatische Denkweise übernahm. Es genügte offenbar, die europäische in ihrem Grund aufzusuchen und dort durch »Destruktion« ihrer Selbstverständlichkeiten Offenheit zu gewinnen, um eine Korrespondenz mit Zen, mit dem Tao sich ereignen zu lassen. Im Grunde genommen ist Heideggers ganzes späteres Werk nach SEIN UND ZEIT (obwohl es dort schon beginnt) eine anhaltende Meditation zur Überwindung der Selbstverständlichkeiten abendländischen Denkens gewesen. Meditation destruiert hier in dem Sinne, daß sie durch Abbau der überkommenen griechisch-abendländischen philosophischen Grundmuster Raum für einen neuen Aufbau freimacht.

Nach dem Untergang der Metaphysik in die positivistische Moderne hinein glaubt man vielleicht vorschnell, die Bühne wäre bereits leer - während die Wurzeln unangetastet blieben, weil sie gar nicht bewußt sind. Normalerweise hat man ja Philosophie nicht studiert, um sie aufzulösen. Läßt man sich so auf irgendwelche asiatischen Praktiken ein, dann liegt es sehr nahe, sich nach der Zen-Übung eines Wochenendes oder selbst einer ganzen Woche einzubilden, wir hätten auf einmal tabula rasa. Dabei sind wir kaum zu Hause angekommen und tun den Stecker in die Steckdose - damit wieder ganz im Kontext dieser *Realitäten*, in die hinein diese abendländische Denk- und Daseinsweise geronnen ist. Heideggers philosophische Meditation geht Punkt um Punkt bis in die Einzelheiten den Urgründen dafür nach, so daß man konkret auf all den Stoff aufmerksam wird, der uns besetzt hält, mit dem wir angefüllt sind bis hier oben: Wirklich bis zum Scheitel, nicht bloß bis zum Hals.

Das charakteristisch Abendländische ist, daß unser Kopf praktisch nur noch auf Seiendes, und zwar hauptsächlich auf von uns erst seiend gemachte einzelne Sachen sieht, auf Dinge sieht, die wir produziert haben, und daß er von da aus rückblickend auch Felsen so wahrnimmt, als wären sie disparat und verfügbar. Scheinbar ist von unseren Begriffen her *alles* atomistisch definiert und unterschieden - und der eigentliche und grundlegende Wirklichkeitsbetrag, der von unseren besitzergreifenden Begriffen nicht erfaßt wird, weil er uns wenig Nutzen verspricht, bleibt draußen. Der tragende Grund selbst bleibt mit draußen, eben das, was Heidegger das Sein nennt, aus dem alles Einzelne erst hervorgeht, aus dem wir hervorgegangen sind und zu dem natürlich alles als Vorübergehendes, als wieder Vergehendes auch zurückkehrt. Sicher, selbst was wir produziert haben, *ist*, hat Sein. Aber wir sehen es nur als seiend, aus der Perspektive dessen, der entweder die Sache gemacht hat oder den Begriff dafür und auf diese Weise über ein subjektiv komponiertes Universum verfügt. Die Scholastik schon hatte Gott selbst aus dem Sein ins Seiende zu holen versucht, im Bestreben, ihn in lauter Begriffe einzufangen.

Heidegger hat bei Platon und Aristoteles die Grundstellung hierfür ausgemacht - und dann zuletzt bei Nietzsche in dem rücksichtslosen Willen zur Macht deren letzte Konsequenz entdeckt - und noch einen entscheidenden Punkt dahinter psychologisch erklärt, warum wir uns so auf die von uns gemachten Sachen fixieren. Dies war Nietzsches Hinweis auf eine verborgene Tendenz des Menschen, und das heißt diesbezüglich des Mannes, sich für seine Vergänglichkeit zu rächen. Es ist ein Moment von Rache an der Wirklichkeit darin enthalten, wenn man sich so an lauter Seiendes, nämlich von uns Gemachtes hält, das uns Ewigkeit verbürgen soll.

Daß wir nicht zum persönlichen Überleben bestimmt sind, unsere Sterblichkeit aber nicht annehmen wollen, das hält Nietzsche für den tiefsten Grund unseres kriegerischen Umgangs mit der Welt, denn er sagt, wenn wir das übersteigen könnten, dieses Moment der Rache an allem Möglichen, das uns entgegen ist, wenn wir das aus unserem Geist vertreiben könnten, loswerden könnten, dann wäre es vielleicht möglich, uns damit abzufinden, daß die Zeit nicht dieser Strahl ist, der von unendlicher Vergangenheit in unendliche Zukunft läuft, wie es nach Galtung typisch für die »europäische Kosmologie« ist, sondern daß sie zyklisch ist. Wenn ein Prinzip der ewigen Wiederkehr übergreift, dann heißt das natürlich, der Einzelne verschwindet. Nietzsche und Heidegger haben nicht das Patriarchat überwinden wollen. Aber zyklische Zeit ist nichtpatriarchale Zeit. Das Patriarchat war u.a. dieser Ausbruchsversuch des männlichen Geistes aus der Hinnahme der ewigen Wiederkehr, in der das Ich wieder verschwindet. Nietzsche ahnte, daß mit der Überwindung der Rachsucht etwas geschehen könnte, um für die menschliche (männliche?!) Existenz den Kreis wieder zu schließen.

Jetzt will ich noch ein Buch empfehlen, das unten ausliegt. Es heißt DER EPOCHALE WINTER. Hanspeter Padrutt behandelt darin vor dem Hintergrund des Heideggerschen Denkens alle die westlich-kulturellen Selbstverständlichkeiten, in denen wir normalerweise auch als Grüne noch befangen sind. Der Titel bezieht sich auf Schuberts »Winterreise«: »Fremd bin ich eingezogen, fremd zieh' ich wieder aus.« Diese Assoziation ist geeignet, Heideggers Ansatz nicht nur von grundauf, sondern zugleich auf poetische Weise verständlich zu machen.

*

Stellen wir uns die elementare Frage, die auch Heidegger kritisch aufnahm: Wenn wir nach Hause kommen und das Licht anmachen, benutzen wir die Elektrotechnik zweifellos als nützliches Mittel zu unserem Zweck. Wie aber steht es um das Atomkraftwerk, aus dem der Strom vielleicht kommt? Wie weit ist das wirklich wahr, daß die Technik bloß Mittel unserer Bequemlichkeit ist?

Heidegger kommt zu dem Schluß, daß im Ganzen gesehen nicht wir die Technik haben, sondern eher die Technik uns hat. Wir können hinzufügen: und zwar ganz empirisch. Wenn wir unseren eigenen Erfahrungen ein kleines Stück weiter nachgehen als bloß bis zum unmittelbaren Benutzen irgendeines technischen Gegenstandes, dann werden wir wohl nicht dabei bleiben können, daß die Technik bloß ein Hilfsmittel ist, das wir benutzen.

Wäre es so, dann müßten wir nicht nur auf das elektrische Licht zu Hause, das Messer, den Aufzug und die Straßenbahn so begreifen, sondern die gesamte Technostruktur, die wir jetzt um die Welt herum gelegt haben, wäre in diesem Sinne ein Mittel, das wir haben. Doch unsere eigene Biographie zeigt uns, daß wir von Anfang an von dieser technischen Zivilisation besessen wurden. Unser ganzer Ausbildungs- und Bildungsprozeß, unser Erziehungsprozeß läuft darauf hinaus, uns ihren Erfordernissen anzupassen. Wir werden kleinere oder größere Funktionäre dieser Struktur, werden, was immer wir im einzelnen erlernen, im weitesten Sinne »Techniker«, alle. Das heißt, wir sollten den Gedanken fallenlassen, daß die Technik bloß unser Mittel ist - *obwohl* sie das *auch* ist, versteht sich.

Weiter: Wenn die Technik nun schon nicht unser Mittel in dem Sinne ist, daß wir frei darüber verfügen, so ist sie doch offenbar etwas, das wir gemacht haben; d.h., sie ist unser Tun. Oder? Wenn nicht jetzt in der Gegenwart, wo wir sie reproduzieren, weil sie es verlangt, so in der Vergangenheit: Wir haben sie doch geschaffen! Würden wir nicht die Logik der Selbstausrottung völlig verfehlen, wollten wir verleugnen, daß wir das selber sind und nicht »die Technik«?

Neulich sah ich am Grunewaldsee ein Schild, auf dem die Behörden mitteilten, daß dort gewisse Tier- und Pflanzenarten ökologische Schwierigkeiten hätten, »wegen Umwelteinflüssen«, hieß es. Zunächst ist festzuhalten, daß es *unser* Einfluß ist, daß *wir* die Technik, die Technologie, die Energieerzeugung, die Chemie, den Müll usw., daß *wir* alles das, was Ursache für den Artenrückzug ist, zu verantworten haben.

Heidegger nun stellt auch das als noch zu vordergründig in Frage und verwirft diese anthropologische Erklärung der Technik, daß sie menschliches Tun sei, allein vom Menschen abgeleitet, so daß sie prinzipiell in unserer Verfügung stehe. Dann müßten wir sie ja auch lassen können, was uns nicht ohne weiteres freisteht. Natürlich leugnet er nicht unsere Verantwortlichkeit, will er nicht unsere Projektion verteidigen, es läge an allem Möglichen, nur nicht an uns. Auch ihm kommt es auf uns an, wir werden zumindest dazu gebraucht, die Herrschaft der Technik zu überwinden, es geht nicht ohne uns.

Aber hier, bei der Frage nach der Technik, nach ihrer Rolle im kulturellen Prozeß, geht es eben nicht darum, was wir mit dieser oder jener *bestimmten* Technik zu schaffen haben, sondern mit der Technik *überhaupt*. Haben wir es in der Hand, Techniker zu sein oder nicht zu sein? Und jetzt nicht bloß in dem Sinne, daß wir in so einer vordergründig technischen Gesellschaft leben wie der modernen westlichen oder daß wir einen bestimmten technischen Beruf erlernt hätten und nun daran gebunden wären. Denn das alles wäre nicht, könnte uns nicht herausfordern und zwingen, wären wir nicht von sehr weit her dazu bestimmt, zweckrational technisch zu handeln, zu tun. Wenn schon anthropologisch Techniker, dann sind wir es in dem Sinne, daß es uns wirklich aus der ganzen Evolution, also als Gattungs-»Geschick« zugekommen ist, nicht erst aus der modernen Zivilisation, die, so gesehen, viel mehr eine Folge unserer Entfaltung als wesentlich Techniker wäre. Natürlich ist jemand, der in der Urgesellschaft einen Faustkeil benutzt, nicht so von der Technik besessen und besetzt wie wir. Wir würden ihn nicht Techniker nennen. Und doch, in dem Sinne, der hier interessiert, ist er gerade doch im Begriff, es zu werden. Mit dem Kalkül, das in dieser Werkzeugbenutzung steckt, fängt es an.

Wenn man ganz streng an dieser Sache bohrt, dann stellt sich folgendes heraus. Hinter dem Begriff Technik steht der griechische Ausdruck techné als der allgemeinere Oberbegriff, aus dem »Technik« abgeleitet ist. Er bezeichnet das *Hervorbringen*, jene Tätigkeit, die über Naturproduktivität, natürliches Hervorbringen, Hervorkommen, Aufkommen hinausgeht. Mit techné als menschlichem Hervorbringen ist einerseits handwerkliches Fertigen gemeint, aber das Verfertigen von Gedanken fällt auch darunter, und nicht zuletzt auch das Hervorbringen von Kunst. Ein in diesem Sinn »technisches« Tun kennzeichnet den Menschen schlechthin als homo faber, als - »kulturschaffend« im weitesten Sinne. Das zu sein, sagt Heidegger, ist dem Menschen »zugesprochen«, und es kommt darauf an, *wie* wir mit dieser Bestimmung umgehen.

Und er stellt weiter fest, daß den Menschen das Sein zu verschiedenen Zeiten auf verschiedene Weise zugesprochen worden ist. Vor Sokrates, Platon, Aristoteles war dieses »technische« Hervorbringen noch viel analoger der Produktivität der natura naturans, der »bewirkenden Natur«, war weniger nutzens- und begriffsgesteuert. Elisabeth Charlotte Welskopf hat in ihrem Buch PROBLEME DER MUSSE IM ALTEN HELLAS diesen Unterschied sehr schön verdeutlicht. In der Zeit, die Homer in der Ilias schildert, spielte die Frage, wieviel Arbeitsstunden bei der Herstellung eines Bechers als Unikat benötigt wurden, keine Rolle. Nur der Gebrauchszweck, vielleicht als Opfergefäß oder hier als Trinkbecher eines Königs, leitete das Schaffen und noch nicht, wie schon wenig später auch in Griechenland bei der beginnenden Massenproduktion von Geschirr, die »Ökonomie der Zeit«. Der Übergang zur Massenproduktion, der Übergang zur Philosophie, in dem Sinne wie Heidegger sie als schon seinsabgewandt kritisiert, und der Übergang zur Geldwirtschaft - das ist alles ein und derselbe Prozeß.

Wo das Seiende (insbesondere als Gemachtes) dem Sein gegenüber überhand nimmt, hat das zu tun mit der Herrschaft der Realabstraktionen. Massenproduzierte Becher oder Ziegel - dahinter muß ja ein allgemeiner Begriff von Becher oder Ziegel stehen -, das sind bereits Realabstraktionen, die aber noch nicht unbedingt das Gemeinwesen beherrschen. Wert ist zunächst auch nur ein abstrakter Begriff, aber *Geld*, das ist eine Realabstraktion, die dahin tendiert, über das Gemeinwesen, seine Sitte, zu herrschen. Wo der Becher - egal wieviel Zeit das kostet - direkt für einen heiligen oder repräsentativen Zweck hergestellt wird, sind wir noch in einem anderen Weltzustand. Da lebt man und denkt man und fühlt man, da *sieht* man noch anders! Platon in seinem Höhlengleichnis (wonach wir die Wirklichkeit nur in Schattenbildern ihrer Ideen an der Höhlenwand sehen) spricht unseren Abstraktionen, den Produkten unseres Kopfes, eine den Dingen vorausliegende Wirklichkeit zu, ganz wie das beim Herstellen von Bechern oder Ziegeln ist.

Mit dem Übergang zur geldgesteuerten Massenproduktion als gesamtgesellschaftlich wichtigem Produktionsverhältnis bei Griechen und Römern hat man von vornherein einen anderen Weltbezug der Stämme, um die es sich da handelt. Woraus folgt, daß also Platon nicht aus sich selbst heraus erklärt werden kann, sondern es geht aus den neuen herrschenden Lebensverhältnissen eine Philosophie hervor, die unter dem Namen der »Ideen« einen Haufen seiender Dinge bzw. die Begriffe davon in den Vordergrund rückt und so vom Sein ablenkt. Fast schon wie später bei Kant - obwohl das bei Platon anders gemeint ist - können wir in der Höhle eigentlich nichts Rechtes erfahren, das Sein »spricht sich uns unmittelbar nicht mehr zu«. Und dahinter steckt wohl, daß die klassischen Griechen kriegerische Stämme waren, die wenig empfangend dagesessen haben, sondern die erobernd über das Land hergefallen waren, die die mykenische Urbevölkerung unterworfen hatten und jetzt aus der befestigten Stadt heraus, geistig von ihrer Akropolis herab über sie herrschten. Unsere Kultur ist einschließlich der ihr zugehörigen Technik auf eine Welthaltung gegründet, die wir (mit Padrutt) als »objektbeherrschenden Subjektivismus« charakterisieren können.

Ein Subjekt, das zu seinem Zweck herausgegriffene Objekte beherrscht, und seien das selbst andere Menschen, steht am Anfang abendländischer Wissenschaft und Technik. Mit diesem objektbeherrschenden Subjektivismus ist mehr gemeint als etwa subjektiver Idealismus im Unterschied zu objektivem. Platon war in diesem engeren philosophischen Sinne kein Subjektivist, sondern er ging ja von einem übergreifenden Reich objektiver Ideen aus. Mit Subjektivismus ist hier gemeint, daß der Mensch von Begriffen her, die er sich gemacht hat, von Abstraktionen her, die er aus dem großen Zusammenhang zu seinem Nutzen herausgeholt hat, weltgestaltend vorgeht. Praktisch ist die ganze Kultur des Abendlandes von diesem Zuschnitt.

Heidegger betont nur: *Daß* sich der abendländische Mensch dies herausnimmt, nach seinem begrenzten Maße zu bestimmen, wie die ganze Welt einzurichten wäre, ist mehr als ein vermeidbares Versagen. Deshalb hält er es für ungenügend zu sagen: »Wir haben das gemacht.« Vielmehr sei es uns seinsgeschichtlich zugesprochen, technisch mit der Welt umgehen zu *müssen*. Und gerade diese elementare Bestimmung unserer Existenz ist uns am wenigsten bewußt. Wir stoßen mit dieser Überlegung in anderer Weise auf diesselbe Schicht nichthinterfragter Selbstverständlichkeiten, mit der sich Galtung auseinandersetzt. Nicht nur Hellas, auch Ostasien, dessen anderes Verfaßtsein Heidegger so interessierte, ist naturwüchsig, unreflektiert auf das Seine gekommen und hielt es für selbstverständlich, wer nicht so dachte, war Barbar, gehörte nicht dazu. Sicher haben wir im Westen es uns seit den Griechen immer wieder rational theorisiert und manches tatsächlich aufgeklärt. Heideggers Versuch ist eigentlich eine Tiefenaufklärung in diese Strukturen hinein, ein Bewußtmachen unserer *ältesten* Selbstverständlichkeiten.

Das moderne Drama nun besteht in dem ganz bestimmten Verhältnis, in dem uns das Technische, die Technik, aber jetzt nicht als materieller Apparat, sondern, so hebt er hervor, als das *Wesen der Technik*, »zugesprochen« worden ist. Was damit gemeint ist, erschließt sich über folgenden Gedankengang, den Heidegger am Beispiel eines antiken Silberschmiedes darstellt.

Dieser muß natürlich von Silber vorab einiges im logischen Sinne gewußt haben, damit er richtig damit umgehen kann. Aber das ist hier nicht der Punkt, sondern, daß er mit seiner Tätigkeit einen bestimmten Aspekt der Wirklichkeit *entbirgt*, aus der Verborgenheit des Naturganzen heraushebt. Es muß ja dieses Metall diese Eigenschaft der bestimmten Formbarkeit gehabt haben, es muß seine zweckhafte Verwendung, nämlich etwa als ein silberner Becher irgendeinen Inhalt aufzunehmen, schon vorausgesetzt gewesen sein, und es muß dann schließlich auch einer da sein, der bereits als Silberschmied aus dem Stammeszusammenhang *entborgen* ist, denn Silberschmiede sind nicht von Natur aus anzutreffen. Es tritt also in dem Gefäß schon viel zuvor Verborgenes ans *Licht* des Tages. Wenn nun aber nicht mehr ein antiker Silberschmied in einem noch einigermaßen intakten Kulturzusammenhang einen Becher herstellt, aus dem die Helden trinken, sondern wenn sich das Herstellen als Massenproduktion vollzieht, absolut nicht mehr auf naturanaloge Weise, auch ohne Rückbindung an mythische Vermittlungen des Geschehens, sondern es wird diese atomistische Wissensstruktur und diese Deduktion aus Prinzipien auch auf die Herstellung des ganzen gesellschaftlichen Zusammenhangs übertragen, dann kommt man dahin, daß das Entbergen der Wahrheit nicht mehr ein Vorgang wechselseitiger Ein- und Abstimmung ist, sondern daß es *herausfordernd* wird der Welt gegenüber.

Dieses *herausfordernd herrschaftliche Stellen* der Natur als eines Gegners macht Heidegger an dem Übergang von den Vorsokratikern zu Sokrates und Platon fest, einem Übergang, der natürlich eine Entwicklung in der allgemeinen Praxis der Polis spiegelt.

Feststellen, Sicherstellen, Herausstellen, Herstellen, alle diese Begriffe kennzeichnen seitdem immer mehr den großmächtigen Umgang des Menschen mit der Natur.

»Gestell« ist das Wort, das Heidegger fand, um dieses vielfältige »Stellen der Natur« als neuzeitliches *Wesen der Technik* zu kennzeichnen. »Gestell« ist anscheinend analog zu Gerüst gebildet, man denkt an ein Gerüst, das um den Planeten errichtet ist, um jederzeit überall alles benutzbar zu haben. So ähnlich hat er es auch gedacht. Er erwähnt bei der Einführung dieser Bestimmung einmal das »Büchergestell«, und meint damit, daß mit der modernen Wissenschaft eine Art Matrix oder Netz über den Erdball geworfen ist, mit der der weiße Mann die ganze äußere und innere Wirklichkeit als eine Ressource zur Be- und Vernutzung in die Hände bekommt, Bestand daraus herstellt. Lagerbestand geradezu für seine Zivilisation.

Diese Josephsgeschichte im Alten Testament, wo die Großtat darin besteht, daß der Pharao durch Joseph darauf kommt, in den sieben fetten Jahren die Speicher zu füllen, würde nach Heidegger bereits unter »Gestell« fallen. Und zwar nicht der Speicher als solcher, sondern diese Konstruktion in unserem Kopf, mit der wir davon ausgehen, die Welt ist uns dazu gegeben, den Fortbestand unserer Existenz sicherzustellen und uns letztlich insgesamt in den Bestand zu holen. Der Rhein ist dann bloß noch Energielieferant für uns, und er ist Wasserstraße, außerdem noch Touristenattraktion, kurzum Teil eines technischen Universums, das wir geschaffen haben. Dieses Bestandsdenken, das die Wirklichkeit nur herausfordert, unseren Ansprüchen zu genügen, diesem »objektbeherrschenden Subjektivismus« dienstbar zu sein, nennt er »Gestell«.

Der im »Gestell« verborgene Begriff in der Seinsgeschichte ist »Geviert«. In den frühesten Zuständen der Geschichte steckt natürlich das große Geheimnis. Das Frühe geht dem Bewußtsein zuletzt auf. Vieles ist dort noch in der Ordnung, ehe dann der herstellende, herausstellende, der interessierte Verstand nicht bloß das Unbewußte, sondern den ganzen Zusammenhang stört. Heidegger geht davon aus, daß der Hintergrund des Ganzen, der Ursprung der Sache, »vergessen« und »verlassen« ist, aber seine grundlegende Gültigkeit nicht verloren hat. Vom Ursprung her wirkt daher im Wesen der Technik als dem »Gestell« verborgen das »Geviert«, und es erscheint möglich, daß diese vier Momente, Himmel und Erde - und der Himmel ist durchaus das empirische Universum und nicht der Ort, wo die Englein fliegen - Göttliche und Sterbliche, von dorther eine neue Gestalt der Kultur vorbereiten.

Es ist fraglich, ob Heidegger in den dreißiger Jahren, als er diese Gedanken entwickelte, bereits mit dem Tao Te King vertraut war. Desto überraschender sind die Parallelen.

Auch bei Laotse gibt es *vier große dinge in der welt*:

so ist das Dau groß
groß der himmel
groß die erde
und groß auch das königliche

Aus dem Kontext geht hervor, *das königliche*, das ist zugleich der Mensch in seiner Wesentlichkeit, der, wenn er sich an das Tao hält, auch verdienen würde, Herr der Welt zu sein. Das heißt dann nicht: »Macht euch die Erde untertan«, sondern Mensch und Erde aufeinander hingeordnet, Herr der Welt - gut, das ist wieder der männliche Ausdruck, aber mit dem *königlichen* ist der Mensch als Mann und Frau gemeint. Es ist auch gut übersetzt, nicht »der König«, sondern *das königliche* steht gedruckt - bei Heidegger also die Sterblichen, die den Tod auch annehmen würden.

Der Schluß des 25. Spruchs im ganzen Wortlaut:

so ist das Dau groß
groß der himmel
groß die erde
und groß auch das königliche
vier große dinge gibt es in der welt
eines davon ist das königliche
es folgt der mensch der erde
die erde folgt dem himmel
der himmel folgt dem Dau
das Dau folgt sich selbst

Also der Mensch gehorcht der Großen Ordnung, fügt sich ein in diese gedachte Stufenfolge der großen Dinge. Bei Heidegger stehen sie mehr nebeneinander; aber das ist nicht so wichtig, die sind natürlich auch alle zugleich gültig, weil die Götter, der Himmel und die Erde auch in den Sterblichen enthalten sind. Alles ist dort auch in allem enthalten, alles ist korrelativ! Diese Vier in ihrer Zuordnung zueinander, damit könnte es gutgehen!

Das »Geviert« und diese Ordnung im Tao Te King sind ganz am Gegenpol zu diesem »objektbeherrschenden Subjektivismus« angesiedelt, bei dem sich alles um das Ego statt um das Ewigdauernde dreht. Wir sind also jenseits dessen, was Fichte »das Zeitalter der vollendeten Selbstsucht« genannt hatte, das Heidegger schon in der Antike beginnen sieht. Es ist von da an eine durchgängige Entwicklung, auch wenn sie eigentlich erst mit der Renaissance richtig explodiert, wir also erst seitdem zu diesem massenhaften realen Bestellen und Herstellen gekommen sind. Die Griechen waren zwar in ihrem Denken, aber in ihrer Praxis doch noch nicht gänzlich dem »Gestell« verfallen. Bei uns ist das dann überwältigend machtvoll geworden.

Wenn wir mit Heidegger unter dem »Zugesprochenen« Selbstverständlichkeiten im Sinne unaufgedeckter, unbewußter Realitäten unserer Existenz verstehen, dann ist die *Besinnung* gefordert, das Eindringen des Bewußtseins in diese unbewußten Strukturen, das mit der Zeit verstehende, das sich einfühlende, einstimmende Eingehen in diese Gründe unseres Verhaltens.

Nur durch eine Meditation, die den Weg freimacht, zu sehen, was uns da hat und treibt, was uns in unseren verschiedensten Verhaltensweisen beherrscht, nur durch sie gibt es eine Chance. Heidegger hofft nun, daß uns so das Sein neu, im Sinne von anders, zugesprochen wird, daß uns damit ein »anderer Anfang« zugesprochen wird.

Die Chance, die wir haben, hängt gerade mit dem Zugesprochensein des Status quo zusammen, denn es ist uns, meint Heidegger, *mehr* gewährt als der jeweils letzte Zuspruch. Das menschliche Sein hat auch noch eine Geschichte vor sich, und die wird mit einer neuen Bewußtseinsverfassung einhergehen. Die wird sich in den tiefsten Gründen unserer Existenz ereignen, wird die Selbstverständlichkeiten unserer Kultur redefinieren. Und die liegen in der Frühe, in der Frühzeit am klarsten zutage. Deshalb ist Heidegger als Philosoph in die frühe griechische Philosophie eingetaucht, um von dort aus neu zu begreifen, was es eigentlich ist, das auf den aktuellen Realebenen mit uns durchgeht.

Ist der Engpaß genetisch bedingt?

Die Idee einer anthropologischen Revolution

Bei der Beantwortung der Frage, was vielleicht oder angeblich oder tatsächlich von den Wurzeln des Menschseins her, von unserem Gattungscharakter her evolutionär schiefgeht, wird in der Regel viel durcheinandergebracht. Es gibt sehr gegenläufige Standpunkte, was die biologische Mitgift wert ist im Hinblick auf das menschliche Glück und das menschliche Überleben. Wir hatten ja hier Murray Bookchin zu Gast, diesen Ökoanarchisten aus Nordamerika, der sich die letzten 20 Jahre sehr intensiv mit diesem Thema befaßt hat und zu dem Schluß kam, daß sie eigentlich auf Solidarität, auf Kooperation angelegt ist. Man müßte also fragen, wieso es überhaupt zu solchen Verzerrungen in Richtung Hierarchie und Herrschaft, zu diesem Verderb der guten Anlage durch den Machtgebrauch kommen konnte. Aus seinem Vortrag ging allerdings doch nicht ganz hervor, wieso man die eine Tendenz in der menschlichen Existenz als naturgegeben ansehen soll und die andere nicht. Denn nicht bloß die Geschichte, sondern auch die Vorgeschichte - also das, was Ethnographie oder auch was Verhaltensforschung von den Primaten aufwärts untersucht -, zeigt, daß es andererseits auch nie an Kruditäten, an Machtgebrauch und Machtmißbrauch gemangelt hat.

Elias Canetti beschreibt in seinem Buch MASSE UND MACHT urtümliche Stämme, die offenbar schlimmer waren als wir, was das unmittelbare Verhalten betrifft, zum Beispiel in puncto Fremdenhaß mit Mord und Totschlag an andersstämmigen Menschen. Wir kommen nicht davon, wenn wir feststellen, von Natur her ist der Mensch gut. Es ist eine ganz andere Frage, ob wir feststellen müssen, er ist gut und böse zugleich. Ist es doch schon eine Liebhaberei ganz bestimmter Zivilisationen, gut und böse so sauber auseinanderzuhalten und vielleicht dadurch erst Effekte zu erzeugen, die dann erneut unter Gut und Böse, Gott und Teufel verbucht werden können.

Jedenfalls erklärt die Behauptung: »Der Mensch ist gut, nur die Umstände, die sind nicht so«, den Zusammenhang nicht hinlänglich. Es mag so sein, daß die Tendenz zur Solidarität, zur Kooperation, zur Liebe (also zur Mitmenschlichkeit), mit uns gegeben ist. Man sieht das im Verhältnis von Eltern zu ihren Kindern durch den größten Teil auch des Tierreiches hindurch. Es geht nicht darum, plötzlich vor dieser Tendenz die Augen zu verschließen. Aber vor der anderen ebensowenig. Wir können wohl nicht umhin, beides ins Auge zu fassen.

Andererseits gibt es den entgegengesetzten Zugang, wonach der Mensch ein Irrläufer der Evolution, quasi ein Monstrum sei. Denn alles das, was in der großen Natur einschließlich des Tierreiches im Gleichgewicht angelegt ist oder wenigstens war, weil dort nicht so viel machtvolles und böses Bewußtsein im Spiele ist, geht im Menschen schief. »Er nennt's Vernunft und braucht's allein, um tierischer als jedes Tier zu sein«, heißt es im FAUST. In diesem Zusammenhang wird besonders oft darauf hingewiesen, daß unser ganzer Genbestand aus großen Tiefen der Geschichte stammt, aus der Steinzeit, wenn nicht aus noch viel älterer Zeit. Wir fragen heute fünf Millionen Jahre nach dem Menschen zurück.

Aus dieser »Brunnentiefe der Geschichte«, wie das Thomas Mann in seinem Josephsroman genannt hat, ist unser Gehirn auf eine Weise aufgebaut, die jedenfalls ermöglicht, daß der neueste Teil, das Großhirn, jetzt mit uns durchgeht. Dies aber nicht, weil es in sich selber schlecht funktionierte, sondern weil es vom Stammhirn und vom Mittelhirn (also diesem limbischen System) her gespeist, Impulse empfängt, die mit einer anderen, älteren Welt korrespondieren als der vom Großhirn her entstehenden. Beispielsweise ist ein bestimmtes Maß an natürlicher Aggressivität tatsächlich da, die kann man nicht theoretisch ausklammern. Die Hoffnung auf einen guten Ausgang darf nicht voraussetzen, daß wir irgendwelche Sachverhalte leugnen. Und das Thema, welches in diesem Gedanken, wir seien ein Irrläufer, entfaltet wird, ist halt, daß diese Aggressivität, die sonst der Mensch, oder der Vormensch, auch der Affe, nur unmittelbar auf seine Umwelt oder Artgenossen richtet, durch das Großhirn und die Koordination von Hirn und Hand in eine Massenproduktion von Vernichtungsmitteln umgesetzt wird. Es kann sich eigentlich jede Errungenschaft der Kultur umdrehen und in ein Tötungswerkzeug verwandeln, in ein Werkzeug der Ausbeutung, der Unterdrückung, der Ausgrenzung oder der Abqualifizierung auch. Nun wird gesagt, es sei nicht gerade wahrscheinlich, daß der Antrieb dazu vom Verstande her, also vom Großhirn her, gesteuert werden könne.

Wir wissen, bisher ist es mehr als einmal gegenteilig ausgegangen, wenn der Verstand steuernd eingegriffen, wenn er gar Weltbeglückung projektiert und machtvolle gesellschaftliche Kräfte dafür organisiert hat. Es sind uns die wirklichen Antriebe, die sich dann auch in der schönsten Befreiungsbewegung äußern, größtenteils unbewußt. Und soweit sie unbewußt sind, regiert uns allerdings diese Naturausstattung (Stammhirn,

Mittelhirn und das darübergebaute Großhirn), mit der wir aus dem Evolutionsprozeß hervorgegangen sind. Soweit wir unbewußt sind, durchdringen auch die geistigen Mittel, über die wir durch das Hinzukommen des Großhirns verfügen, die Tiefen des Wassers nicht, soweit sind wir in dem, was uns mitgegeben ist, be- und gefangen.

Das ist zunächst einmal ein Moment der Entlastung für unsere Diskussion: Wir müssen uns nicht so in die Idee von der Erbsünde verbohren, daß wir wegen unserer unendlichen Verschuldung in unserem Selbstbewußtsein kapitulieren. Es könnte ja sein, daß es gerade an einem Mangel an Selbstbewußtsein bzw. -bewußtheit liegt. In letzter Instanz ist es genau das, freilich nicht unser selbstbewußtes Auftreten betreffend, sondern das Sich-selbst-bewußt-Sein bis in die tiefsten Schichten der eigenen Existenz.

Es gibt also diese beiden entgegengesetzten Zugänge. Mir scheint allerdings, daß dieser zweite Zugang, der nach uns als dem Irrläufer der Evolution fragt, deshalb der zweckmäßigere ist, weil uns die Wirklichkeit dieser Selbstausrottungslogik, in der wir uns bewegen, auf die Notwendigkeit aufmerksam macht, vielleicht einmal zuerst nach dem Schatten zu fragen, uns nicht zu trösten mit dem Buchtitel Leonhard Franks DER MENSCH IST GUT. Das heißt nicht, dann gleich umgekehrt zu entscheiden, er ist böse. Diese These über die Macht des Stammhirns aus einer anderen Welt als der, die wir jetzt mit der aus der schnellen Evolution zum Großhirn hervorgegangen Praxis gemacht haben, ist in Wirklichkeit kein Hinweis auf so etwas wie Erbsünde. Vielmehr spricht alles, was ich gesagt habe, dafür, die Bezeichnung vorzuziehen, die die Weisheit des alten Indien benutzt hat, um denselben Komplex zu treffen: Unwissenheit, also Unbewußtheit. Sie erlaubt mehr Gelassenheit, mit dem Thema umzugehen, und sie faßt es von vornherein aussichtsreicher.

Wichtig bleibt, den Sachverhalt, der mit dem Wort Irrläufer gemeint ist, nicht aus dem Auge zu verlieren. Dazu genügt auch eine für mich eine Zeitlang hinreichende Fassung dieses optimistischen Konzepts, der Mensch sei gut, ich meine die von Wilhelm Reich, nicht mehr. Reich war der revolutionäre, ketzerische Schüler Freuds. Wilhelm Reich sagt, vielleicht nicht der Mensch, aber sein biologischer Kern ist gut. Heute, da die Biologie immer dichter ans Anthropologische heranrückt, wird sie für unser Thema tatsächlich aktuell, obwohl wir uns vor einem Kurzschluß hüten müssen. Jedenfalls war Wilhelm Reich schon in diese Richtung gegangen. Er zog aus dem Freudschen »Unbehagen in der Kultur« den Schluß, von Natur her müßte es eigentlich mit uns gutgehen.

Eines spricht übrigens dafür, das habe ich bis jetzt ausgelassen, sich nicht zu direkt auf das Biologische - auch der anderen Hypothese, der mit dem Irrläufer - zu werfen. Wir sind ja nicht die einzigen, die Großhirn besitzen. Und ohne Zivilisation, also ohne massenhafte praktische Umsetzung auch mit der Hand, und somit ohne den direkten Eingriff in den Naturzusammenhang, schaffen es andere hohe Tiere, die Affen, eben nicht, sich und die Welt kaputt zu machen. Das heißt, das Irrläuferische muß mit etwas zu tun haben, das über die Biologie hinausreicht, die wir mit den Tieren teilen. Wie breit wir uns auch, neuerdings soziobiologisch, damit befassen, was wir alles mit den Affen gemein haben, auf dieser Ebene geht es einfach nicht um das hier interessierende Thema. Was wir auf der Erde anrichten und wie wir miteinander umgehen, erklärt sich nämlich gerade nicht aus unserem tierischen Erbe. Freilich gehört zu unserem menschlichen »biologischen Kern« diese spezifische Einordnung der Denkfähigkeit. Wie Freud ging Reich ja davon aus, daß wir uns wegen dem, was wir mehr haben als die Tiere, so unbehaglich eingerichtet haben. Wir mußten, hatte Freud gemeint, weil sonst diese Natur mit uns durchgeht. Bloß ist da schon unsere eigene Natur gewissermaßen aus uns herausverlagert. Wir selbst sind nicht dazugezählt und die Zivilisation auch nicht, während sie doch natürlich eine Fortsetzung der Natur ist, eine Umsetzung dessen, was der Mensch an seinen »übertierischen« Kräften hat. Also wenn schon Irrläufer, dann müßte der biologische Kern alles das umfassen. Nicht, daß sich Reich mit dem Hinweis auf all die Verzerrungen und Verwerfungen irrte, die wir uns aus Kultur aufgebürdet haben, so daß wir diesbezüglich erlösungsbedürftig sind. Das ist richtig. Aber ausreichen kann dieser Hinweis deshalb nicht, weil wir ja mit dem biologischen Kern, der anfänglich offenbar *nicht* durch diese spätere Kultur, die so unbehaglich ist, unterdrückt war, aus dem Gesamtprozeß der Evolution hervorgegangen sind. Wie soll der dann garantieren, daß wir ins Gleichgewicht zurückfinden? Es ist doch nicht wahrscheinlich, daß wir nun zufällig und durch Unglücksfälle, die nichts mit dieser unserer Natur, mit diesem biologischen Kern, zu tun hätten, in unsere prekäre Lage geraten sind. Oder man braucht einen reduzierten Begriff dieses menschlichen biologischen Kerns, der seine kulturellen Konsequenzen abschneidet.

Also würde eine Präzisierung der Frage, um die es Reich gegangen ist, wohl darauf hinauslaufen, ob wir nicht zu einer bewußten Selbstkontrolle, Selbststeuerung unseres Bios, unseres biologischen Fundus gelangen können, mit der es weniger unbehaglich und weniger selbstschädigend abgeht. Dann bleibt alles, was Wilhelm Reich gewollt hat, richtig, wenn er auch, wie jeder, der etwas gefunden hat, geneigt war, alles durch den einen Punkt zu treiben, in diesem Falle also sexuelle Befreiung; der Begriff der Sexualität war ja von Freud her so ausgeweitet, daß er eigentlich viel mehr umfaßte. Worauf ich hinweisen wollte, war nur, daß es für eine Umkehr nicht ausreichen wird, unseren biologischen Kern sozusagen zu befrieden, zu versöhnen, wieder voll zu seinem Recht kommen zu lassen. Der biologische Kern des menschlichen Wesens ist, vom Besonderen her gesehen, in erster Linie selbstbewußtseinsfähiger Geist, daß wir ich-fähig sind. Das von Freud formulierte Thema »Was Es war, muß Ich werden«, bedeutet also nicht, es sei überhaupt kein Ich da, wir müßten das erst machen, sondern im wesentlichen geht es darum, daß das Ich zunächst einmal noch viel zu wenig nach innen schaut, und zwar jetzt nicht Innenschau im Sinne der ewigen Umdrehung im Gedankenkarussell, sondern Innenschau, was unsere gesamte psychophysische Naturausstattung betrifft. »Es« ist ein anderer Name für diesen großen Bereich des Unbewußten, also für die Antriebe, die uns vom Stammhirn über das Mittelhirn bis in das Großhirn hinein bestimmen. Deren Anpassung (in dem üblichen biologischen Sinne) an die mit dem »Unbewußten« selbst schon gegebenen kulturellen und zivilisatorischen Realitäten hat noch eine verdammt kurze Zeit gehabt hat, wenn man evolutionär denkt, wo ja das »Ausmendeln« der Gleichgewichte über Jahrmillionen geht. Und der Kulturprozeß ist sozusagen zu einem Selbstläufer geworden, der *uns* hat und den nicht mehr *wir* haben. Er ist erst vor zehntausend Jahren zu diesem rasanten Tempo übergegangen, d.h. wir haben in kürzester Zeit so viel Verstand »objektiviert«, daß nun der Gesamtaufbau des menschlichen Nervensystems, und natürlich nicht nur des Gehirns, seine liebe Not damit hat. Wenn diese menschgeschaffene zweite Natur da ist, prägt das natürlich alles, was die Wirbelsäule rauf- und runterläuft, anders als bei sonstigen Lebewesen.

Wenn man jetzt die moderne Biologie, Genetik, Molekularbiologie befragt, was ihre Spitzenvertreter dazu zu sagen haben, dann kommt man etwa zu folgendem Ergebnis: Sie gehen, soweit es zusammenfassende Feststellungen betrifft, eigentlich wenig über das hinaus, was die Philosophie und die Mystik und auch die Psychoanalyse bisher darüber herausgebracht haben. Das alles wird aber jetzt detailliert naturwissenschaftlich belegbar, und es wird begreifbarer, wie wahr diesbezügliche alte Einsichten der geistigen Traditionen immer waren. Das ist ein Hinweis darauf, daß dieser Weg des methodisch-wissenschaftlichen Hineinblickens in die Natur von außen, durch Aufschneiden und Prüfen, nicht der einzige Weg ist, um etwas über die Natur der Dinge zu erfahren. Sie übernehmen sich allerdings etwas, wenn sie glauben, wir wären dadurch, daß wir jetzt dabei sind, den menschlichen Genotyp zu entschlüsseln (andere sagen zugleich, wir wissen erst ein Hundertstel darüber und über das Großhirn wissen wir nicht sehr viel mehr - eigentlich reicht die naturwissenschaftliche, die biologische Basis doch nicht aus dafür), dichter dran. In einem Punkte allerdings geben ihnen die Ergebnisse jetzt recht: Es geht aus dem Studium dieser Sachverhalte nämlich zwingend hervor, daß es unmöglich ist, die geistigen Prozesse von ihrer natürlichen Grundlage abzukoppeln. Sie spirituell abzuheben und dann zu verleugnen, daß diese genotypischen Triebkräfte aus der Altsteinzeit, überhaupt aus der ganzen Evolution, da wären - das ist ganz falsch. Worum sich die geistigen, also die philosophischen und auch die spirituellen Traditionen von jeher bemüht haben, das war in Wirklichkeit immer schon das Problem, wie ein Wesen, das mit diesem besonderen Organ ausgestattet ist, mit dieser seiner, ich sage es jetzt einmal aus unserem Rückblick, mit dieser seiner Overkillkapazität, umgeht. Müssen wir uns da nicht teils wieder natürliche, teils übernatürliche Regeln geben? Das aber hat bisher meistens auch deshalb repressiv funktioniert, weil man dann angenommen hat, solche Disziplin müßte gegen das gerichtet werden, was in uns Natur ist - statt daß wir diese Natur nach oben (und mit oben meine ich jetzt einfach das, was wir dazugekriegt haben) integrieren, also in die höchste Regulationsebene hinein aufgehen lassen.

Und wieso es zu dieser Konstellation gekommen ist, erklärt sich einfach aus dem verhältnismäßig ungünstigen Kräfteverhältnis zwischen subjektivem Bewußtsein, also nicht der gegebenen universellen Intelligenz, sondern unserer menschlichen, und der Masse des Unbewußten. Wenn ich eine kleine Einsicht habe und sonst von denselben Triebkräften beherrscht bin, die andere Leute auch beherrschen, aber damit regieren will, dann funktioniert das in der Regel repressiv. Wo die natürliche Autorität endet, die sich auf Integrität im Umgang mit erfahrener Wahrheit gründet, da fängt der Autoritarismus an. Oder deutlicher: Wo Jesus in uns aufhört, Peter und Paul in uns anfangen. Und deswegen haben die meisten spirituellen Traditionen fast von Anfang an diesen repressiven Zug. Das heißt, »das Unbehagen in der Kultur« war immer schon auch priestervermittelt. (Die Schamanen der Stammeszeit standen noch auf der Schwelle, ursprünglich haben sie noch nicht als herrschaftliche Priester funktioniert, waren noch wesentlich Diener des allgemeinen Zusammenhangs. Das Problem beginnt sich aber dort schon zu zeigen, insofern schon früh oft bereits auch Schwarzmagie, d.h. machtmißbräuchlicher Einsatz der Bewußtseinsenergie, ins Spiel kommt.)

Die Hochreligionen sind alle bereits patriarchal. Das ist ein weiteres Thema, und ich greife hier nur andeutend vor. Das Patriarchat als geistige Struktur, das ist eine andere Ebene und auch eine andere Qualität, Qualifikation der *Repression* vom Geiste her, und zwar von schwachem

Geist her, der etwas zu *kompensieren* sucht. Deshalb vermehrt der Überbau aus moralischen Idealen, in dem sich das ausdrückt, so oft den Schrecken der Geschichte, anstatt die menschliche Emanzipation zu fördern.

Die wenigen spirituellen Traditionen, die nicht gegen die Natur, gegen den erotischen Körper arbeiten, wie beispielsweise Tantra oder Tao, sind bisher Ausnahme geblieben. Aber ich denke, sie müssen es nicht bleiben, und es ermutigt, daß da schon unter gegengerichteten Umständen immer auch schon Menschen waren, die das andere praktiziert haben, jahrhundertelang und in größerer Zahl. Logisch gesehen beweist *ein* Mensch die *Möglichkeit* für alle Menschen, beweist, unser Gattungscharakter gibt eine glücklichere Verfassung her. Und dazu muß der Mensch weder im Genom noch im Gehirn - sei's mit Laser, sei's mit Drogen - operiert werden.

Kürzlich lief eine SPIEGEL-Serie, die sich um dieselbe Problematik drehte, auf ein Bild hinaus, das eine Meditation lohnt. Es handelt sich um die Laokoongruppe, aber statt mit den Schlangen hat der Laokoon mit der DNS-Spirale zu ringen, das heißt mit der menschlichen Disposition. Die wirkliche Frage aber, die oft falsch beantwortet wird, tendenziell falsch auch in der SPIEGEL-Serie, ist, was diese Ge- und Befangenheit in unserem Erbgut bedeutet. Legt sie uns überhaupt in dieser bedrohlichen Weise fest? Da gibt es ganz verschiedene Zugänge.

Der eine ist der, auf den, wie ich vermute, in diesem Falle Hoimar von Ditfurth in seinem »Apfelbaum«-Buch hereingefallen ist, indem er einfach dem Gedanken folgt, ob wir - wie die falsche Überschrift jener SPIEGEL-Serie lautet - »zu tüchtig fürs Überleben« sind. Dahinter steckt der Verdacht, daß die Bewußtseinskräfte, die uns mit unserem Genotyp gegeben sind, andererseits nicht ausreichen, das Werk unserer durch rationalen Verstand via Technik verstärkten Hände in seiner Komplexität zu beherrschen. Als handelte es sich überhaupt um eine Frage unserer intellektuellen Kapazität, um ein Versagen des »Computers« hier oben hinter der Stirn. Diese Prämisse steckt als selbstverständlich hinter einem Experiment von Dörner (das viele Soziobiologen als klassisch behandeln). Darin geht es um sozialökonomisch zu entwickelnde Länder, und es sind die Annahmen über die dafür ausschlaggebenden Ressourcen, Bedingungen, Einflußgrößen ins Computerprogramm geschrieben. Dann bekommen Versuchspersonen, Studenten, die Aufgabe, sich eine Strategie einfallen zu lassen und entsprechende Befehle einzugeben. Wie sich zeigt, richten sie die Gesellschaft, die sie so entwickeln wollen, am Computer regelmäßig zugrunde - was zu beweisen war! Nämlich: es sei die Komplexität von keinem Steuermann mehr zu bewältigen. Dabei ist es eine konstruierte, nicht die wirkliche Komplexität. Das ganze Experiment bewegt sich in einer Antinomie, die *innerhalb* des menschlichen Verstandes spielt, über unser Verhältnis zur Wirklichkeit nur insofern etwas sagt, als es unsere Ignoranz und Arroganz verrät, andere und anderes nach unserem Gusto zu »entwickeln«. Ansonsten ist alles ein Zirkelschluß.

Übrigens hat Jean Gebser, einer der großen Vordenker der Ökologiebewegung (im weitesten Sinne, nicht nur dessen, was da so vordergründig grün ist), geradezu ein Gesetz festgestellt, nämlich daß immer dann, wenn Rechenhaftigkeit, wenn Quantität regiert, kulturelle Komplexität überhandnimmt, wesentlich die Dekadenz und Defizienz des bisher gültigen Weltzustandes angezeigt ist. Das *Muster* muß sich ändern, ja das *Motiv* der Steuerung. Das Problem reduziert sich gerade nicht darauf, unseren Verstand zu qualifizieren, wenn wir feststellen, daß wir täglich 100 mal soviel kaputtmachen wie reparieren. Wir müssen die schlechte Unendlichkeit der von uns produzierten Komplexität vergessen und uns fragen, von *woher* die Sache eigentlich schief geht und *weshalb* wir so besessen und besetzt das Grundmuster fortschreiben, in dem wir uns umbringen. Und da stellt allerdings die Soziobiologie auch nur fest, was diese alten Weisen immer gewußt haben und wovon sie auch in ihren Heilungspraktiken ausgegangen sind: Wenn wir mit irgendeiner Handlung eine gute Erfahrung, eine Erfolgserfahrung, speichern, verharren wir darin und müssen erst durch Scheitern darüber belehrt werden, daß Vernunft Unsinn, Wohltat Plage geworden ist. Anstatt bei jedem neuen Quantum zu fragen, ob dadurch nicht alles in einen neuen Zustand übergeht. Mit der Bewußtheit, der Achtsamkeit aber ist die Möglichkeit der Änderung gegeben, und deren Subjekt ist der ganze Mensch, von oben bis unten, und umgekehrt.

*

Wie man sich die Perspektive verbauen kann, zeigt ein anthropologisch gedachter Satz, wonach unser Erkenntnisapparat »eine Partitur vitaler Orientierung und kein Mittel für den Durchblick zu letzter Wahrheit« sei. Hier ist ein kleiner Trick eingebaut. Wer wird leugnen, daß es keinen Durchblick zu *letzter* Wahrheit gibt. Aber eigentlich ist gemeint, unsere Psyche sei kein Mittel für den Durchblick zur Wahrheit. Das ist natürlich nicht total falsch.

Auch das Menschentier benutzt natürlich sein gesamtes Gehirn, sein gesamtes Steuerungssystem zunächst in seinem unmittelbaren Interesse. Es ist *natürlich*, ist *normal*, seinen kurzfristigen, unmittelbaren und besonderen Interessen zu folgen. Aber dient das menschliche Gehirn *nur* einem Organismus, der letzten Endes nach seinem Überleben, nach seiner Versorgung, wenn die gesichert ist, auch nach seiner Bequemlichkeit, und wenn es noch besser ist, nach seiner Lust strebt? Oder ist es darüberhinaus noch auf ganz etwas anderes angelegt? - Was übersieht diese individualistische Fassung des Themas? Daß unsere Existenz dennoch nicht völlig jenseits der Prinzipien angesiedelt ist, die einen Ameisenhaufen charakterisieren. Dort hat nämlich die einzelne Ameise kein Gehirn, sondern der Stamm hat ein Gehirn, und diese Hirnfunktion ist die Ameisenkönigin. Sie ist das Zentrum der gesamten Information, nur eben nicht selbstbewußt, sondern das funktioniert einfach. In ihr ist die ganze Reproduktion, der ganze Zyklus dieser Spezies gegeben.

Wenn man nun allerdings einen primitiven Stamm ansieht - und primitiv jetzt wertfrei gesehen -, so ist da in Wirklichkeit bereits Kultur und es besteht kein prinzipieller Unterschied zu unserer. Soweit es einen Unterschied gibt, hat so ein Stamm in Bezug auf unser Problem noch einen Vorteil. Er hat kein aus sich herausgesetztes, kein über sich gesetztes Gehirn. Die Leitungs-, die Steuerungsfunktionen sind noch eingegliedert. Die berühmte Formel, die ja beschreibend auch was trifft, der Mensch sei das Ensemble seiner Verhältnisse, verlangt nicht per se, sich die verschiedenen Verhältnisse und das ganze Ensemble auch noch als extra Wesen vorzustellen. Aber Verselbständigung liegt nahe. Dann haben Staat, Kirche, Schule usw. riesige Institutionen. Und das institutionelle Gehirn arbeitet sehr viel schlechter als das des Ameisenhaufens. Doch gerade in früheren Stadien der Stammesentwicklung war sehr wohl kollektives Gehirn anzutreffen. Der Stammesrat kam sogar ohne schwarze und weiße Kugeln zum Abzählen der Meinungen aus, das ja mit Wahrheitsfindung überhaupt nichts zu tun hat. Sie konnten sich gemeinschaftlich darüber verständigen, was für ein Lebensinteresse Priorität haben sollte. Sie konnten sich natürlich auch irren. Das ist nicht so, daß da einfach alles gut war, weil es sich um einen primitiven Stamm handelte, und wir sind jetzt schlimm. Das ist nicht der Punkt, sondern eben, daß es auf dieser kollektiven Ebene Bewußtsein gegeben hat. Auch kollektives Unbewußtes gab es. Aber zwischen beiden war ein enges Zusammenspiel, das mit dem Menschen von grundauf gegeben ist, auch wenn er in früheren Zeiten vielleicht mit dem Bewußten noch mehr im Unbewußten drin, also auch besser in seiner eigenen Psyche orientiert war. Es gab also zwischen diesem sozialen Organismus und seiner natürlichen Umgebung ein sehr gutes Abstimmungssystem, weil man sich für die Steuerung des Lebenszusammenhanges ja nicht auf so ein spezialisiertes Gehirn, jetzt als institutionelles System, das an der Großen Maschine der Zivilisation orientiert ist, stützen mußte. Das Gesamtinteresse war über einzelne Menschen vermittelt, über den Medizinmann oder die Medizinfrau, den Schamanen oder die Schamanin. In der Moderne ist Führerschaft so prekär, weil die charismatischen Funktionen dem entfremdeten Mechanismus untergeordnet sind. Dann steht das Charisma in Wirklichkeit im Dienst der schon installierten Unbewußtheit, und wenn es dann die Disfunktionen, die bei dieser verkehrten Welt unvermeidlich sind, noch gewaltsam regulieren will, sei es gutwillig, damit »nichts aus dem Ruder läuft«, dann wird es meistens noch schlimmer. Das ist also ein völlig anderes Problem als das der »Medizin«-Funktion, über die der Stamm mit sich selbst kommuniziert. Wenn der Schamane bei der Beratung dabeigesessen hat, dann sind die Schwingungen, die Ströme, die Bedürfnisse, das, was die Verschiedenen mit ihren Gaben dazu beitragen, dann ist all das durch ihn hindurchgegangen. Und er ist nur in seiner Funktion, weil er es integrieren kann. In solche Verhältnisse waren auch die heute »privat« genannten Freuden und Leiden viel besser eingebettet.

Im großen Stamm waren selbst noch die Narren positiv aufgehoben. Man machte Gebrauch von ihren Wahrnehmungsfähigkeiten. Wo selbst den Schamanen vielleicht schon Begriffe blockierten, weil er schon zu lange zu vieles erfolgreich wußte, konnte jemand intervenieren, der zum Beispiel eine Gefahr oder auch eine Lösung sah, wo niemand anderes seine Aufmerksamkeit hinwandte. Vielleicht verdeutlichte er sich nicht, indem er sprach, sondern durch irgendeinen Akt, den die anderen dann noch verstanden, während wir den Psychiater brauchen, um zu verstehen, was sich da Geltung verschaffen will.

Das war eine Sozialstruktur, in der das Gehirn zunächst dem Großen Stamme dient. Es ist ja die Frage, ob selbst das überhaupt ausreicht, das menschliche Gehirn an die menschlichen Interessen zu binden. Könnte es nicht einen übersozialen Existenzzweck haben? Jochen Kirchhoff hat ja seine Vorlesung im Zeichen der Frage gehalten, ob der Mensch als die Spezies, die das entwickeltste Gehirn besitzt, nicht für eine Aufgabe im Universum da ist. Zumindest muß sich der Mensch diese Frage ohne Überhebung für sein reales Universum stellen, und das ist jetzt mindestens die Erde, die ganze Erde. Weil nämlich die Praxis, die wir entfaltet haben, den letzten Rand berührt, ja darüber hinausgeht. Wir sind ja schon dabei, den Himmel zu destabilisieren. Wenn wir eine so umfassende Praxis haben, dann müssen wir die Funktionen unseres Gehirns - und nicht allein aus Überlebensinteresse - grundsätzlich über die vitale Orientierung im Dienste unmittelbarer, besonderer und kurzfristiger Interessen hinaus begreifen. Es wird das erste Mal empirisch faßbar, daß wir »Gott«, dem Tao, dem Ganzen damit zu dienen haben.

Und jetzt komme ich auf die größte Lücke, die auszufüllen sich bisher weder die Naturwissenschaft noch die im Westen übliche Gesellschaftswissenschaft auch nur vorgenommen hat. Wenn da die Frage gestellt wird, wie könnten wir von den unmittelbaren zu den langfristigen und allgemeinen Interessen vordringen, dann stellen sowohl die Biologie als auch die Soziologie und die Psychologie die Frage in der Regel so: Wie könnten wir unseren Verstand so einrichten, daß er in der Lage ist, alles total zu berücksichtigen? Wie könnten wir sozusagen die Weltgesetze nicht bloß im Ganzen, sondern en detail für jeden einzelnen Prozeß modellmäßig bis ans Ende durchrechnen und dann endgültig der große Steuermann sein? Das Mittel ist natürlich der Computer, der diese Art Verstand verstärkt.

Das ist dasselbe Mißverständnis wie hinter dem Dörner-Experiment. Wieso sollte uns die Verstandesfunktion, die uns ins Dilemma hineingeführt hat, auch wieder hinausführen? Computer sind gut für die Buchhaltung, zum Beispiel, auch für die Buchhaltung im wissenschaftlichen Sinne, also für das Durchsehen und die Bewältigung von Unmassen produzierter Fakten. Aber glauben wir schon deshalb, diesem Werkzeug die Steuerung des Ganzen anvertrauen zu können, während uns immer noch der größte Teil unserer Antriebe, Motive unbewußt ist? Dort geschieht aber die wirkliche Steuerung, die sich des instrumentellen Verstandes bedient. Die tatsächliche Antriebsstruktur hat sich umgesetzt in jene ausgedehnte Horizontale, dieses Räderwerk der Zivilisation, das ich Megamaschine nenne. Dort hinein gehen fast alle unsere Energien, *ihre* Probleme fordern uns heraus. Sie wird dabei ausgebaut, und die Entfremdung wächst. Die Freaks sitzen dann auch noch in der Freizeit über dem spannenden Computerspiel. In einem anderen Zusammenhang habe ich diese Horizontale als die *Diagonale des Verderbens* bezeichnet, auf der Ost und West miteinander um dasselbe Zeug konkurriert haben, die einen mit mehr Staat, die anderen mit mehr Markt als Steuerungsmechanismus, die einen mit mehr Sucht nach Macht und die anderen mit mehr Sucht nach Kapital. Wenn wir unseren Verstand und unseren ganzen körperlichen Organismus davon in Dienst nehmen lassen, dann ist es wirklich hoffnungslos, die institutionelle Problematik zu lösen.

Bleiben wir nämlich eingebaut, dann bewegt sich unser Verstand und dann bewegt sich selbst das alles, was wir psychotherapeutisch machen können, immer bezogen auf die Massenkräfte und Informationsstrukturen der Megamaschine. Wir sind immer damit befaßt, wie wir uns da erneut adaptieren könnten. Wenn die Wissenschaften herauskriegen wollen, wie wir dieses exterministische Werk unseres Kopfes und unserer Hände beherrschen können, so ist das eigentlich verrückt. Es ist die grundsätzliche Befangenheit in der Matrix, an der wir scheitern.

Die horizontale Achse, die Achse der Praxis, gibt es in den frühen Gesellschaften ja auch. Die Menschen sind schon mit dem Sammeln von Kenntnissen darüber beschäftigt, wie die Kinder gedeihen können, welche Kräuter giftig sind und welche nicht, wie die Tiere sich verhalten. Übrigens hat man gefunden, daß es auch Jäger gab, die ihr Wissen um Feuer und Wind dazu einsetzten, Großwild auf den tödlichen Felsabsturz zuzutreiben, massenhaft. Die exterministische Tendenz ist von weither mit uns. Nur daß die Erfahrung bei kleinen Verhältnissen viel direkter rückgekoppelt ist und auf die Vertikale der menschlichen Existenz bezogen bleibt. Der Stamm ist nicht von der Arbeitsteilung auseinandergerissen. Später bringt die soziale Koordinierung dieser Spezialisierung den Rest der Ablenkung von der Vertikale unserer Natur.

In der naturwüchsigen Gesellschaft setzt sich diese Vertikale in solchen Vermittlungen wie zum Beispiel dem Medizinrad durch. Diese Kulturleistung macht sich gewissermaßen hier noch von selbst. Julian Jaynes hat überzeugend gezeigt, daß der Schrecken der Geschichte - das, was so normalerweise an Greueln zu berichten ist, die hohe Zahl der Erschlagenen und so weiter - erst seit ein paar tausend Jahren so überwältigend hervortritt. Das hat nach seiner Analyse mit dem Zusammenbrechen dieser Kommunikationsstruktur zu tun, wenn die Gesellschaften zu groß für sie werden. Wie sich zeigt, entsteht so erst der Raum für Machtpolitik. In dem wird von außen/oben despotischer Ersatz geschaffen, der die vorige organische Kommunikation der kleinen ethnischen Einheiten unterwirft, abdrängt, überlagert, zerstört. Sichtbar ist das daran, daß nun eine Kriegerklasse hervortritt, die wie die Assyrer, ein Musterfall solchen kriegerischen Despotismus, nicht mehr darauf schaut, wie der Stamm sich selbst reproduzieren kann, sondern eine auf Krieg beruhende Daseinsweise lebt.

In bestimmten Kulturen, wie im alten Ägypten oder in China, hat es Jahrhunderte gedauert, bis die älteste Form des Gottkönigtums wirklich auseinanderfiel. Als die Spanier nach Südamerika, nach Indioamerika kamen, war das Inkareich dort etwa im Stadium des ägyptischen alten Reiches; und es war gerade erst in seiner Krise: zwei Brüder konkurrierten um die Macht, wohin es eigentlich in dieser Struktur, wenn sie noch heil ist, nicht kommen darf. Das war aber typischerweise bereits eine Gesellschaft, wo der zentrale Clan schon viele andere Stämme unter Kontrolle hielt. Solange ein Stamm noch ein einziges, selbst auch größeres Flußtal kontrolliert und die Unterwerfungsverhältnisse noch geistlich, d.h. über ein allgemeinverbindliches Symbolsystem und die entsprechenden Riten, zu bewältigen sind, bricht das jeweilige »alte Reich« nicht nieder. Die Führung ist noch reich genug an Mana, d.h. echter Autorität. Erst danach kommt die Zeit der Wirren, des Bürgerkrieges und des Aufbaus von Macht um selbstsüchtige Interessen, und der militärische Despotismus ist nicht mehr fern, die Priesterrolle nimmt repressiven und betrügerischen Charakter an. Die Menschenmassen, die

die Pyramiden bauen, können das Ganze natürlich nicht mehr kontrollieren. Sie sind dann auch durch die Art von Arbeitsteilung, die aus dem Zusammenbruch der Gleichheitsverhältnisse im Stamm hervorgeht, versklavt.

In der Moderne ist uns der Despotismus, der Totalitarismus das größte Greuel. Das hängt damit zusammen, daß wir in Europa einen Weg gegangen sind, der erst einmal die Befreiung des Individuums von persönlicher Herrschaft gebracht hat, so daß theoretisch jeder den Marschallstab im Tournister hat und jeder Tellerwäscher Rockefeller werden kann. Es ist ein Ersatzprojekt dafür, daß im Großen Stamm jedem Mitglied die gleiche Würde gesichert ist. Da aber auf dieser Basis die soziale Dimension nicht zu bewältigen ist, kommt als schlechtes Korrektiv bei uns tendenziell Faschismus, Totalitarismus heraus. Die totalitäre Lösung wird genau dann auch aktuell heraufbeschworen, wenn die anonyme Steuerung, für die wir uns entschieden haben, aussetzt. Wir lassen uns sozial über den Marktmechanismus steuern, also durch diese »unsichtbare Hand«, die uns ideale, gerechte Rahmenbedingungen für die individuelle Konkurrenz verspricht - was natürlich nicht aufgeht. Soziale Ungerechtigkeit schaukelt sich auf, und wir wundern uns, daß der nächste Führer immer schon hinter der Ecke wartet, wenn das mal überschwappt und zu größeren Konflikten führt. Immerhin konnte sich Europa, konnten sich bestimmte Länder in Europa wie Frankreich, England, dann auch die Vereinigten Staaten, über ein paar wenige Jahrhunderte, eigentlich nur über zwei, halbwegs darin stabilisieren. Wenn dann aber ein Ausnahmezustand auftritt, greifen die so lange verhüllten faktischen Mächte Geld, Militär, Kirche usw. offen ein. Darüber klagen dann die alten Liberalen, indem sie nicht verstehen, daß es nur die Kehrseite des von ihnen vertretenen Prinzips ist. Freilich: Je mehr Dirigismus wir sehen, umso wahrscheinlicher, daß er schon die Reaktion auf die Insuffizienz der gepriesenen Selbstregulation ist. Die Megamaschine *ist* längst totalitär, die zukünftige Problematik ist nicht totalitärer Staat, sondern totalitäre Gesellschaft.

Es geht darum, diese überwuchernde Komplexität zu reduzieren, anstatt uns auf nun vielleicht öko-dirigistische Beherrschung des ganzen »horizontal« ausgebreiteten Stoffes zu orientieren. Wie können wir verkleinern? Denn es ist bewiesen, Groß disfunktioniert notwendig. Aber die Vertikale des lebendigen Geistes ist schwach, ist dünn. Wir suchen unsere schwachen Kräften an die unzähligen Stellen zu werfen, wo die Dämme brechen, ungläubig eigentlich, daß noch was zu halten ist, und immer durch die Wirklichkeit belehrt, daß das Verhängnis schneller schreitet als jede Rettungsaktion. Das führt auf die wichtigste Frage: Was könnten wir tun, um die Vertikale zu verbreitern?

Ich behandle jetzt nicht die politische Problematik, nicht die Frage der sozialen Bedingungen für die Selbstentfaltung der menschlichen Wesenskräfte. Es geht mir zuerst einmal um die Sache selbst, d.h. unser psychisches Potential.

Ich komme eben aus einer spirituellen Übung, die »Enlightenment Intensive« heißt. Enlightenment ist das englische Wort für Aufklärung, aber auch für Erleuchtung, und meint in diesem Falle so etwas wie »Aufklärung nach innen«. Man wird dabei nicht auf Anhieb erleuchtet. Ich habe das jetzt drei- oder viermal mitgemacht. Die letzte Wahrheit gibt es da nicht, sondern es ist ein Bemühen. Und meine stärkste Erfahrung bei der ersten dieser Übungen vor 7 Jahren war die folgende: In drei Tagen damals (jetzt waren es vier Tage) haben wir uns in gegenseitiger Befragung von 36 mal 40 Minuten in einer rituellen Konstellation, wo jeder Spiegel des anderen zu sein hat, alle 5 Minuten, nach einem Glockenzeichen wechselnd, gefragt: »Wer bist Du?« Und der andere hört sich an, wenn ich mich selber frage: »Wer bin ich?« Es stellt sich heraus, daß die Antworten auf der logischen Ebene, auf der bloß-Verstandes-Ebene, je länger die Übung dauert, anscheinend immer unsinniger werden. Was da in Wirklichkeit passiert, das ist etwas, was man mal grob materialistisch eine Massage des zentralen Nervensystems nennen könnte. Diese Kennzeichnung analogisiert mit der Erfahrung, wie man sich durch Massage, ihre Handgriffe, körperlich lockern kann. Die Frage »Wer bin ich?« ist so etwas wie ein Handgriff, ist eine Art Werkzeug. Und ich hatte die Erfahrung, daß meine gesamte psychische Aufnahmefähigkeit heiler wird. Das ist eine Art empowerment, wie die Engländer sagen. Man kann das mit Ermutigung, aber auch mit Ermächtigung übersetzen. Ein schlimmes Wort! Aber das hier ist gerade etwas ganz anderes als eine Ermächtigung für den Notstandsfall. Es mobilisiert unsere eigentliche Substanz. Unsere große Reserve, heißt es, seien die ungefähr 90 Prozent grauer Zellen, die wir noch nicht als Speicherplätze benutzen - sonst würde unser Computer hier oben wohl die Komplexität bewältigen. Dabei handelt es sich vielmehr darum, daß wir nur einen Bruchteil unserer psychophysiologischen *Energie* gebrauchen, jene »Schlangenkraft«, die etwa Indien sich als am unteren Ende der Wirbelsäule, meist zusammengerollt, also unentfaltet, unaufgestiegen vorstellt. Stiege sie öfter und stärker auf, hätten wir ein anderes Kräfteverhältnis zwischen lebendiger und toter Arbeit, lebendigem und totem Geist. Vor allem befreit der Aufstieg dieser Kraft von der Weltangst, die uns üblicherweise beherrscht.

Die überlieferte Aussage des Jesus, »in der Welt habt ihr Angst, ich habe die Welt überwunden«, meint, er hat die Angst überwunden. Es ist eine Erfahrung der Befreiung, nicht von *der* und aller Angst, denn das gibt es nicht, sondern eine Erfahrung der Ermutigung, der Verfügbarkeit der Kräfte, der Möglichkeit: »Siehe, ich mache alles neu.« Und wenn Marx irgend etwas gemeint haben kann mit der Frage, ob nicht die lebendige Arbeit wieder zur Herrin der toten werden könnte, dann ist das die Frage, ob sich der lebendige Menschengeist nicht in jenen Gnadenstand versetzen kann, der es ihm ermöglicht, den Kulturzusammenhang neu zu bestimmen, wie es das Gesetz des Lebens verlangt.

So wie wir normalerweise in der Prüfungsvorbereitung sitzen, beklemmt nämlich, so stehen wir doch allzu oft auch im Alltag und können uns gar nicht ernstlich die Aufgabe stellen, darüber nachzudenken, wie die Welt eingerichtet sein sollte. Es kommen dann höchstens diese Kopfutopien heraus, die das nicht leisten können.

Das ganze Leben müßte um dieses »Enlightenment Intensive« herum organisiert werden. Ich meine das symbolisch, weil es wirklich nicht die einzige Methode ist. Es gibt viele gute Methoden. Das Angebot auf dem New-Age-Markt enthält allerdings auch Scharlatanerie, Unernstes und die Vorstellung, es ginge nur darum, wie ich mich gerade fühle. Das bleibt nicht aus. Es ist unvermeidlich, daß so etwas mitschwimmt. Quantitativ mag es sogar überwiegen. Und doch geht dort etwas weiter. So verschieden die Wege auch sind, wer einen ernsthaft betritt, erfährt, daß es stärkere Praxis gibt als die so einer Vorlesung. Hier ist der Kern, den ich meine: Wie könnten Wissenschaft und Liebe zusammenkommen? Wie kann die Fähigkeit zur Liebe wiedergewonnen werden? Wir sind erst einmal angstvoll, ob sie oder er auch nicht »nein« sagen wird. Wir reagieren mit unseren Ängsten, mit Eitelkeiten und Eifersucht, und zwar nicht nur auf Partner, sondern auf die Welt. Durch die Befreiung der eigenen Energie, die man bei so einer Übung erfährt, merkt man dann, daß auf einmal wieder alles unmittelbar spricht. Die Bäume sprechen! Mit ihnen sprechen, ehe es zu spät ist und wir es nur noch mit der Botschaft des Betons zu tun haben.

Die Mittel, die die europäische Kultur bis jetzt zur Kommunikation mit dem inneren Gesetz des Lebens einsetzt, einschließlich der Künste, reichen nicht hin, vor allem, weil sie nicht unsere eigene innere Arbeit verlangen. Es bedarf einer Praxis der Selbstentfaltung unserer Wesenskräfte, die die Mitte des ganzen gesellschaftlichen Zusammenhangs erfaßt und von der ursächlichsten Kraft in der menschlichen Welt ausgeht, von unseren eigenen psychophysischen Gegebenheiten!

Das ist die anthropologische Revolution - wie sie etwa der katholische Befreiungstheologe Johann Baptist Metz wohl in Anschluß an Marcuse genannt hat. Da handelt es sich eben nicht darum, etwas an unserer Biologie zu verbessern, sondern da gibt es eine Möglichkeit, im menschlich Gegebenen über die Schwerkraft der Normalität hinauszuwachsen. Und die einzelnen, die das praktiziert haben, beweisen, daß die Allaussagen, der Mensch sei nun mal nur »normal«, nicht zutreffen. Es liegt an uns, eine Lebenspraxis aufzubauen, in der das Platz hat, und es ist klar, daß wir uns für diese Aufgabe ganz gewiß nicht an die Verwaltung der großen Maschine wenden können - es sei denn um materielle Möglichkeiten, Rahmenbedingungen zu verbessern. Es ist auch möglich, manchmal bezahlen die das auch. Selbst für ein »Enlightenment Intensive« kriegt man irgendwoher eine kleine finanzielle Unterstützung, es muß ja nicht aus dem staatlichen Topfe sein. Natürlich werden die gegebenen Institutionen und auch die Kirchen, die hier dazu passen, das nicht absichtlich fördern.

Die Kirche hat die Mystik, hat diese innere Arbeit, das was Eckhart gelehrt hat, was Franz von Assisi und Joachim von Fiore gelebt haben, systematisch abgedrängt. Nur am Rande und wenn der Mönch noch durch andere Leistungen für den Apparat ganz wichtig geworden war, durfte er das auch noch machen, nebenbei. In keiner der großen Kulturen gibt es so wenig wirklichen Glauben. Glaube hat nämlich nichts mit den Worten zu tun, die da im Katechismus stehen. Das hat mit dieser spirituellen Erfahrung zu tun. Und wir müssen uns einfach jenseits der alten institutionellen Zusammenhänge den Raum und die Zeit dafür nehmen.

TEIL II

Logik der Seele als Logik der Rettung

Das Organ des Erkennens

Mit einem Exkurs über die »Abwicklung« der Universität und den Abschied von der DDR

Ich begrüße Sie und Euch alle zu der letzten Vorlesung in diesem Jahr, nicht der letzten des Semesters, es folgen ja noch drei. Für diesmal habe ich, teilweise nur wird es angekommen sein, angekündigt, daß ich - aus weitläufig genug gegebenem Anlaß - über das hinausgehen will, was ich für die letzte Vorlesung in diesem Jahr vorhatte, nämlich über das Organ des Erkennens und die Praxis seiner Reinigung zu sprechen, über die organische Ausstattung, mit der wir Menschen als verantwortliche Erkenntniswesen in der Welt sind. Nun will ich mich heute diesbezüglich auf die Fragestellung als solche beschränken, um mir vorab ein wenig Zeit für eine Reflexion über die Würde der Universität und über den würdigen Abschied von der DDR zu nehmen.

Wie wir solche Umbrüche, wie sie sich hier vollzogen haben - für viele befreiend, für viele aber auch enteignend, und nicht selten für ein und dieselben Menschen beides - bewältigen, das hängt durchaus damit zusammen, wie eng unser Kontakt mit uns selbst, mit unseren natürlichen, ursprünglichen Gattungskräften ist.

Ich gehe davon aus, daß es aus dem innersten Kern der menschlichen Existenz eine Sprache gibt, die noch direkter ist als Worte, gar die eines theoretischen Diskurses. Mir ist vor kurzem eine Schubert-Sonate begegnet, die ich lange kenne und die mir bisher in ihrer letzten Dimension noch nicht aufgegangen war. Es ist ein Werk aus Schuberts letzter Zeit, die allerdings wiederum sehr früh lag, Schubert ist ja nur wenig über 30 Jahre alt geworden, eine Sonate in B-Dur. Deren erster Satz schien mir diesmal aus solchen Tiefen zu kommen, daß ich von dem Augenblick an, wo ich das Thema hörte, wie gebannt lauschte. So sehr traf sie meine jetzige innere Verfassung.

Ich bin sehr vertraut mit Beethoven. Er hat mich über Jahrzehnte als Lehrer, als etwas wie ein Meister begleitet, und natürlich in der für ihn charakteristischen Eigenschaft, in dieser himmelstürmenden Subjektivität, diesem Bauen auf die eigenen Kräfte, diesem prometheischen Geist der Weltbemächtigung durch den kraftvollen Menschen.

Bei dieser Schubert-Sonate ist das ganz anders, und deshalb scheint sie mir jetzt so viel gemäßer. Das Ich, das dort Musik macht, ist um sich selber nicht besorgt. Es geht auch nicht davon aus: Ich muß es unbedingt noch heute oder wenigstens morgen oder in den nächsten fünf Jahren bringen, sondern es verläßt sich darauf, daß der Mensch eingebettet ist und jederzeit ankommen kann an dem Ort, wo er den inneren Ruhepunkt hat, im Zentrum der in ihm angewachsenen Natur. Dort ist eine Ruhe nicht vom Typus »erste Bürgerpflicht«, sondern im Gegenteil als der Ort der Selbstgewißheit in unserer Mitte, der jeder äußeren Ordnung Maße setzt. Dort müssen wir sein, wenn wir Krisen wie die, in der wir uns jetzt, bei allem Unterschied in der Position und Motivation, mehr oder weniger alle befinden, als Wachstumschance erfahren wollen.

So habe ich Dietrich Brauer gewonnen, uns heute zweimal, und zwar jetzt am Anfang und dann nochmal am Ende, den ersten Satz aus dieser posthumen Schubert-Sonate zu spielen. Und ich schlage vor, daß wir das in einer Stimmung der Meditation aufnehmen, daß wir uns möglichst aufrecht dazu hinsetzen und ruhigen Atems lauschen.

Brauer spielt am Klavier Schubert.

Starker Beifall im Publikum.

Wir haben das Spiel vor allem durch das konzentrierte Hören gewürdigt. Wie ich es empfinde, ist das die Sprache der menschlichen Existenz, wenn nicht der Existenz überhaupt. Zu ihrer Botschaft gehört, daß der Kampf um irgend etwas und der Protest gegen irgend etwas - wie diese »Abwicklung« von Universitätsbereichen jetzt - nicht sehr weit tragen werden, wenn man sich darauf beschränkt, an Studienabschlüsse, an Gehälter, wissenschaftliche Karrieren und dergleichen oder überhaupt an irgendeines der unmittelbar natürlich vorhandenen und drängenden, beunruhigenden Probleme zu denken. Morgen beispielsweise vor dem Schöneberger Rathaus darauf hinzuweisen, daß es absurd wäre, die Humboldt-Universität abzuwickeln - und dies mag beginnen mit der Abwicklung einzelner Fachbereiche und Sektionen -, das macht nur Sinn, wenn man sich der übergreifenden Werte bewußt ist, die da durch einen relativ anonymen Verwaltungsapparat zur Disposition gestellt werden. Und demgegenüber haben besonders natürlich die Studenten recht, die am wenigsten an den Ursachen und Anlässen für diese Schwierigkeit beteiligt sind, in die die Humboldt-Universität jetzt mit der ganzen DDR geraten ist.

Was bedeutet es, an dieser Universität die Philosophie »abzuwickeln«? Ich habe dies Fach hier einmal studiert, und dabei wohl den

Grundstock für die theoretische Auseinandersetzung mit dem System gelernt, die ich dann später entfalten konnte. Es gibt da einen Satz bei Hölderlin der lautet etwa: »Wissende zweifeln an einer Stunde nicht.« Also, wenn ganze Großkirchen nicht an ihrer Inquisition zugrunde gegangen sind, dann ist es wirklich absurd, eine zeitweilige Verdunkelung durch den Mißbrauch, den die Macht mit Philosophie getrieben hat und den die Philosophen allgemeinmenschlich mit sich treiben ließen, zum Anlaß zu nehmen, um diesen Fachbereich, der hier einmal durch Fichte und Hegel vertreten war, womöglich zuzumachen oder erst einmal derart zu beenden, daß es später eigentlich nicht mehr derselbe Körper ist, der sich regeneriert zeigt, sondern ein Transplantat. Macht es Sinn, die Kontinuität so zu brechen, daß diese 40 Jahre Geschichte der Deutschen Demokratischen Republik, die zur Geschichte Deutschlands nach Stalingrad gehören, aus der Geschichte einer Universität, ja unseres ganzen Landes herausfallen?

Es ist nun in Deutschland so gekommen, daß es erst einmal so aussieht, als ob das westliche System recht hätte. Ich glaube und habe schon lange auch gesagt, daß die beiden Systeme, die hier in Deutschland miteinander konkurrierten, einander keine Alternative sind. Besteht nicht das Verhängnis gerade darin, daß wir bislang nur zwischen der einen und der anderen Sorte eines übrigens mehr und mehr bürokratischen Industrialismus zu wählen hatten? Und haben wir nicht diese kapitalistische Komponente, die gegenwärtig triumphiert, so mächtig auch zuvor schon in unsere Verhältnisse hineinregieren lassen, daß wir auch diesbezüglich schon längst nichts wesenhaft anderes mehr waren? So halte ich es allerdings auch nicht für möglich, daß sich irgendein Wissenschaftler aus Westdeutschland ernsthaft in der Lage sieht, hier Evaluationen vorzunehmen. Das ist moralisch unmöglich. In Wirklichkeit geht es dabei nicht um die Bewertung von Qualifikationen. Ich habe, als ich in den 60er Jahren Redakteur beim »Forum« war und beispielsweise Gedichte von Günter Kunert kritisierte, so wie ich es für richtig hielt, die Erfahrung machen müssen, daß hinter meiner Schreibmaschine ganz andere Mächte mit am Drücker saßen als hinter seiner. So war ich also den herrschenden Mächten dienstbar. Mit der sogenannten Abwicklung hier werden in Wirklichkeit machtpolitische, finanzpolitische und andere Interessen verfolgt, auch sehr subjektive Interessen westlicher Wissenschaftler übrigens (die sind einfach mit im Spiel, das muß man sehen). In so einer Situation muß eigentlich der Appell völlig an die Selbstheilungs- und Selbstreinigunskräfte dieser Universität gehen. Wenn *dann* von hier die Einladung an Menschen aus dem westdeutschen akademischen Bereich ausgeht, mit zu ratschlagen, könnte es letzten Endes gut ausgehen. Jedenfalls ist die Katastrophe von 1945 in Westdeutschland ebenso verdrängt worden wie sie hier nicht bewältigt ist. Und die Freie Universität und die Technische Universität, in den Verfassungen, die mir aus den zehn Jahren im Westen vertraut sind - ich habe an der FU auch einmal ein paar Monate gelesen -, diese Universitäten stehen, wenn man den gesamten Kontext der Gegenwart nimmt, auf genauso tönernen Füssen wie die Humboldt-Universität. Vielleicht ist es sogar ihr Nachteil, daß sie im Augenblick keinen Anstoß haben, sich mit der Unzuträglichkeit der gesamten akademischen Existenz in dieser ökologischen Krise auseinanderzusetzen, während es nur allzu notwendig wäre. Das sind, soweit ich weiß, 60.000 Studenten an der FU, 30.000 an der TU. Dagegen ist die Humboldt-Universität fast noch eine Idylle, wenn man die Möglichkeit des Kontakts betrachtet, der zwischen Hochschullehrern und Studenten sein könnte. Ich verstehe, daß etwa Ökonomie und Jura ein Problem sind, weil sie explizit als Herrschaftswissenschaften fungierten, drüben ist das verhüllter. Dennoch, für mich wiegt es schwerer, daß hier ein Savigny Recht gelehrt hat. Ist es undenkbar, daß die Herausforderung von innen aufgenommen wird, daß sich diese Fachbereiche selbst für frische Kräfte öffnen und in einem etwas längeren Prozeß regenerieren?

Es sollen - völlig erstaunlich für mich - die Kulturwissenschaften abgewickelt werden. An den Kulturwissenschaften hat unter anderem mein verehrter Lehrer Wolfgang Heise unterrichtet. Und es ist noch nicht lange her, vier oder fünf Jahre, daß Kurt Hager dort eine Kommission hingeschickt hat, um festzustellen, ob die offizielle Politik dort unterminiert und unterwandert werde, daß dort unter den Gesichtspunkten europäischer Kultur gelehrt würde. Und jetzt wieder eine Kommission, die diesen kulturwissenschaftlichen Bereich von außen begutachten soll! Für die Menschen werden da auch Erfahrungen reproduziert, die jetzt eigentlich nicht reproduziert werden sollten.

An dieser Universität hat Mommsen gelehrt, und man will die Geschichtswissenschaft zumachen, weil sie - sicher! - auch benutzt worden ist, um unglückliche Zustände hier historisch heiligzusprechen. Es ist tatsächlich viel geschummelt worden, hier in mancher Hinsicht bewußter als bei der objektiven Schummelei, die die Wissenschaft in der Moderne ohnehin mehr und mehr geworden ist. Wir hätten jetzt eigentlich die Chance, uns mit der Frage, wozu Wissenschaft wirklich gut sein könnte und was ihr eigentlicher Kontakt mit der Wahrheit wäre, neu zu befassen. Schließlich geht es nicht hauptsächlich darum, lautstark zu protestieren, sondern der ruhige Stil, in dem das Konzil sich dieser Sache gestellt hat, war gut, und der sollte auch bei der morgigen Kundgebung regieren. Aber wir können von dem Selbstbewußtsein ausgehen, daß es um die positiven Bedingungen für eine Erneuerung, um den freien Raum dafür geht. Dafür ist es wichtig, sich dessen bewußt zu sein, wie hoch, jeweils von Mensch zu Mensch verschieden, der eigene Anteil an dem Dilemma ist, in das wir hier geraten sind. Aber wie auch immer, die Humboldt-Universität zu bewahren ist ein Dienst, der dem ganzen Land erwiesen wird. Es geht nicht an, daß da eine Bürokratie, noch dazu im Interimszustand zwischen zwei Regierungen (die Abgeordneten sind ja neu gewählt!), Entscheidungen trifft, für die sie substantiell nicht legitimiert ist. Wer wird denn nachher dafür stehen, daß das geschehen ist? Es ist ja heute nicht so sicher, wie zu den Zeiten der Brüder Humboldt und des Kultusministers Altenstein im 19. Jahrhundert, wer dafür verantwortlich ist.

Ich denke, es gibt hier einen offensichtlichen Zusammenhang mit der Frage, wie wir überhaupt von der Deutschen Demokratischen Republik Abschied nehmen wollen. Sehr subjektiv habe ich manchmal geradezu das Gefühl, als ginge in unserem Raum, in dem wir uns seit Oktober treffen, nachdem die Institutionen weg sind, nachdem die Macht weg ist, nachdem der Machtverderb weg ist, ein Stück Deutsche Demokratische Republik weiter. Nicht institutionell natürlich, und schon gar nicht im Sinne der nachträglichen Rechtfertigung einer Praxis, die, wie mir scheint, ein für allemal gescheitert ist, was die konkrete Inkarnation der Idee, was den historischen Anlauf zu ihrer Realisierung betrifft. Aber im wesentlichen besteht natürlich jedes beliebige Staatswesen aus den Menschen, die ihre Kräfte dort hineingegeben haben. Als ich 1979 in den Westen kam, haben viele gefunden, das, was ich repräsentiere, sei durch und durch DDR. Das rechtfertigt keineswegs, zu denken, ich sei die Sonnenseite der DDR gewesen. Im Gegenteil, ich muß mir darüber klar sein, daß ich, der ich seit früher Jugend entscheidende Jahre überzeugtes Mitglied der SED, und zwar als für mich einer kommunistischen Partei, gewesen bin, für die Gesamtstruktur, die hier bankrott gemacht hat, etwas verantwortlicher bin als Stasi-Leute, die 30 Jahre alt waren, als sie jüngst um die Gethsemane-Kirche herum andere Leute gegriffen haben. Das ganze Geschäft hier auf die Stasi abzuschieben, ist völliger Unfug. Das war die kommunistische Partei, die ich mitvertreten und zu einem gewissen Grade mitgeschaffen habe. Vor vielen Jahren bin ich von Stoiber, damals Generalsekretär der CSU in Bayern, auf einem Forum in München, zu dem mich die CSU-Jugend eingeladen hatte, gefragt worden, wie ich es denn mit der Mauer hielte - weil ich gerade etwas zugunsten der DDR gesagt hatte. Ich würde doch wohl die Mauer nicht rechtfertigen wollen? Da mußte ich erklären, daß ich 1961, als wir sie errichteten, »Endlich!« gesagt hatte, weil ich wollte, daß die DDR bewahrt bleibt, und wußte, daß sie anders nicht zu halten ist. Ich war identifiziert mit der Grundidee, die hier von 1917 her gedacht und gelehrt worden ist. Und dann kam natürlich der Einwurf, nicht bloß vom Podium, sondern auch aus dem Saal: »Aber gegen den Schießbefehl sind Sie doch gewesen?!« Da mußte ich sagen: »Zwar ist mir diese Konsequenz der Mauer vorab nicht völlig klar gewesen; denn natürlich hatte ich nicht den Wunsch, daß da Leute abgeknallt werden.« Den hatte, so weit ich sehen kann, die Führung auch nicht. Aber diese Grenze war nicht ohne die Macht aus den Gewehrläufen zu halten. Ich schloß also: »Ich bin für den Schießbefehl mit verantwortlich, wenn ich für den Bau der Mauer gewesen bin, alles andere wäre politischer Selbstbetrug, Lügen in die eigene Tasche.«

Ich denke, wenn wir es wagen werden, gelassen zu dem, was in uns Deutsche Demokratische Republik war oder ist, zu stehen, werden auch solche Irritationen verschwinden, wie sie sich jetzt einstellen mögen, wenn ich so etwas sage. Sollte jetzt tatsächlich etwas von der Substanz, die wir meinten, spürbar werden, so ist das überhaupt nur möglich, *weil* die DDR nun institutionell abgewickelt ist. *Dank ihres Untergangs* ist es möglich, daß da noch etwas weitergeht. Anders wäre es unmöglich!

Das mußte ich auch erst lernen. Im November/Dezember vorigen Jahres habe ich bei mir noch vorgestellt, endlich die DDR, wie ich sie gemeint hatte, mitgestalten zu können. Damit bin ich zurückgekommen. Dabei hatte ich in meinem damaligen Buch gezeigt, daß und warum wir untergehen werden, wenn alles weitergeht wie gehabt. Es ging so weiter, und doch bewahrte ich mir unbewußt die Illusion, es wäre drin, das noch erfolgreich umzubauen. Da muß ich mir schon Augenverschließen vor der Wahrheit vorwerfen. Es ist also auch für mich aktuell noch etwas »abzuwickeln«.

Und wenn ich dann zu unserem Thema mit der Uni-»Abwicklung« zurückkehre: Es handelt sich wohl darum, daß die Universität im Laufe des letzten Jahres sehr langsam und sehr zögerlich den Versuch gemacht hat, an diesen Selbstheilungs- und Selbstreinigungsprozeß heranzugehen. Es haben sich auch Menschen, die Grund gehabt hätten, sich genauer zu fragen: »Wäre es nicht besser, ich räume das Feld?«, aus kurzsichtigen sozialen und Prestigeerwägungen an ihren Stühlen festgehalten, und andererseits hat es einen unnötigen und unvernünftigen Solidarisierungseffekt gegenüber dem Druck der historischen Siegerseite gegeben.

Für das, was wir hier in diesen Dingen, die die Geschichte der DDR und der Humboldt-Universität betreffen, auszutragen haben, können wir uns in keiner Weise davon abhängig machen, wie Berlin regiert wird - im Augenblick interim, demnächst von dem neugewählten Senat. Es bleibt unsere eigene Gewissensangelegenheit. Mein Wunsch, den heutigen Abend mit dieser Musik einzurahmen, rührt von der Empfindung her, daß sie in uns die Kräfte ruft, die dafür nötig sind und die allerdings unser Weltverhältnis überhaupt betreffen.

Die Umgestaltung dieser Universität, das Ende der DDR und die Probleme der Vereinigung verführen allzuleicht zur Nabelschau auf eigenes Leiden - in einer vielerorts und insgesamt viel schlimmer gebeutelten Welt. Blicken wir über den nationalen Tellerrand, so steht Europas Gesamtleistung in Frage. Da sie zerstörerisch wirkt, muß sie in einer bestimmten Hinsicht aufgegeben werden, muß auch sie »abgewickelt« werden - so fürchterlich der Ausdruck klingt. Es muß sein, wenn die Substanz gerettet werden soll, die unverkennbar ist, wenn man so etwas wie diese Musik von Schubert hört oder an die Geschichte der Humboldt-Universität samt ihrer Verwicklungen denkt.

Es ist ja doch grotesk, diese Universität war aus sich selbst heraus dem Naziregime verhaftet, ist aber danach nicht aufgelöst und abgewickelt worden, auch keine andere deutsche Universität. Und das, was jetzt hier war, ist in meinen Augen nach wie vor nicht damit gleichzusetzen - wenn man auch nur als Indiz ansieht, *wie* hier die Macht am Ende abgetreten ist, ohne ihr Gewaltpotential auch nur annähernd einzusetzen. Offenbar waren die meisten der Leute, die für den Einsatz zuständig gewesen wären, zu dem Schluß gekommen: »Hier gibt es eigentlich nichts mehr zu verteidigen, wir wollen das nicht gegen das Volk mit Waffengewalt behaupten, wir wollen diese Tien-Anmen-Situation nicht herbeiführen.« Auch das charakterisiert die Psychologie der letzten 40, 45 Jahre.

Ich denke an die vielen Menschen, die mit mir zusammen an der Humboldt-Universität studiert haben. Die meisten sind nicht denselben Weg wie ich gegangen. Es gibt da vieles zu bereden und noch mehr still miteinander zu besinnen. Aber in der Regel gibt es weder Grund, sich in Schuldgefühlen zu vergraben noch für die Scheu, hinzusehen, weshalb man so lau durch diese Zeiten gegangen ist. Weshalb hat es gerade diejenigen, die am meisten mit der Sache verbunden waren, nicht gründlicher beunruhigt, daß derart Schindluder getrieben wurde mit dem Pfund, das in unsere Hände gegeben war?

Dieser Abbruch von 1917, von dem wir hier nur ein Ausläufer gewesen sind, hat seine weltgeschichtliche Notwendigkeit gehabt. Im Ganzen gedacht, wie es nicht bloß die Dialektik, sondern auch jede spirituelle Tradition lehrt, haben die Gegensätze »aneinander an sich«. Das östliche System und das, was in der dritten Welt an Despotismus und Militärdiktatur existiert, ist der unvermeidliche Schatten des Westens, die Folge davon, daß die ganze ökonomische Macht und die Zerstörungskraft der modernen Zivilisation auf die übrige Menschheit niedergeht.

Es ist einfach nicht wahr, daß die da drüben nicht mit dafür verantwortlich wären, wie es im Osten zugegangen ist und im Süden des Erdballs zugeht. »Richtet nicht, auf das ihr nicht gerichtet werdet.« Es kann eigentlich nur eine gemeinsame Verarbeitung geben, die jenseits des bisherigen Gegensatzes anhebt.

*

Nun zu dem Stoff, den ich heute vortragen will. Er mag vor diesem Hintergrund noch sichtbarer, noch spürbarer aktuell sein. Die aufrechte Körperhaltung für das Atmen beim Musikhören vorhin hatte schon direkt damit zu tun.

Was ich an die Tafel zeichne, mag erst einmal als ein Symbol für unsre Wirbelsäule, oben dann den Kopf, stehen, für das, was in der naturwissenschaftlichen Terminologie das zentrale Nervensystem genannt wird. Viele Meditationspraktiken beziehen sich auf dieses Organ, und sie empfehlen als die günstigste Körperhaltung, damit die psychophysiologische Energie da ungehemmt fließen kann, ungefähr das, was Bloch den aufrechten Gang genannt hat.

»Schlangenkraft«-Skizze (Kundalini)

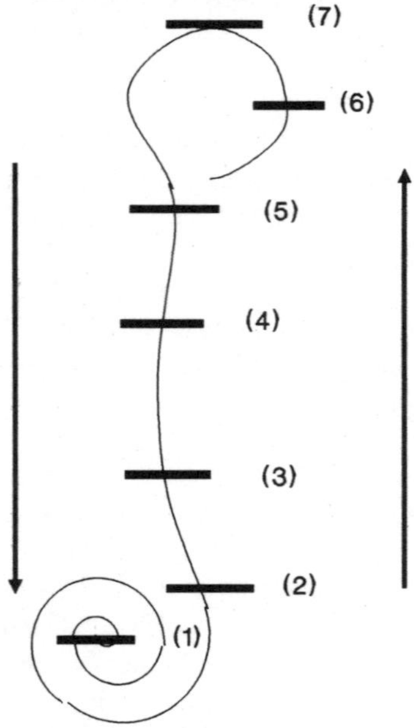

Nach diesem Modell wurde im alten Indien unser zentrales Nervensystem verstanden. Nur nannten die das nicht so, sondern sprachen von »Kundalini«, das heißt sinnfällig von »Schlangenkraft«. Übrigens ist nicht nur unser zentrales Nervensystem, auf das ich mich hier beschränken will, sondern unser gesamtes Nervensystem Erkenntnisorgan. Vielleicht haben Sie schon einmal von »Fußreflexzonenmassage« gehört. Dieses Verfahren setzt voraus, daß wir von dort unten her bis in die Hirnzentren hinauf ansprechbar sind, daß das also wirklich unten bis oben und von oben bis unten *ein* Organismus ist, der erkennt. Verstand für sich - worauf wir ja Erkennen gern reduzieren - ist eine Reduktion! Als Verstandesmenschen, d.h. wenn wir nur auf die Abstraktionskraft des Großhirns bauen, sind wir nicht vital, verfügen nur über einen Bruchteil der besten Kräfte, die wir in uns haben. Daher Goethes »Grau, teurer Freund, ist alle Theorie...« - nämlich wegen der Unbewegtheit unseres physiologischen Reservoirs. Manchmal wird das Nervensystem, insbesondere das zentrale, mit einer Flöte verglichen, insofern es sich nämlich über unsere Atemführung ansprechen, mobilisieren läßt. Schubert, könnte man auch sagen, spielt eigentlich auf dieser Flöte, oder besser, er spricht - übers Klavier in diesem Falle - die unsere an, insofern eben Musik die Sprache der bewegten Seele ist. Was ich hier angezeichnet habe, symbolisiert die Seele, wenn wir die psychophysische Innerlichkeit des Menschen in ihrer Gesamtheit so bezeichnen wollen. Das ist das Organ des Erkennens, nicht nur des rationalen, und die Musik ist der unmittelbarste Ausdruck davon, zugleich ein inniges Mittel seiner Wahrnehmung und seiner Entfaltung.

Kundalini, »Schlangenkraft« ist der altindische Name für die bewußtseinsfähige Lebensenergie, um die es hier geht. Was hier eingerollt liegt, das ist dieselbe Schlange, die als Evas Tier auch im Alten Testament erscheint, dort die Erkenntnislust symbolisiert. Nur wird sie in diesem indischen kulturellen Kontext nicht jüdisch-christlich diskriminiert, sondern positiv als Naturkraft aufgefaßt. Dieselbe Schlange tritt etwa in Altmexiko als Quetzalcoatl auf, als dieser Gott Federschlange, d.h. als Schlange mit Vogelkopf - das Lufttier oben steht für Geist. Und sie schaut den ägyptischen Pharaonen aus der Stirn. Die Stelle, wo sie eingerollt noch weitgehend schläft, wird in Indien »Wurzelchakra« genannt. »Chakra« heißt soviel wie Rad, es bezeichnet die als drehend, wirbelnd erfahrenen Kreisbewegungen unserer psychophysischen Energie, deren sieben ich in der Skizze durch die Querstriche angedeutet habe.

Da handelt es sich also um ein Symbol für kulturübergreifende Erfahrungen, die in den frühen Zeiten leichter gemacht wurden, als der abstrakte Verstand noch nicht so sehr den menschlichen Zeitplan beherrscht hat. Träger waren gerade die höchstentfalteten Individuen des jeweiligen Stammes bzw. der jeweiligen Kultur, waren diejenigen, die etwas davon wußten, daß diese Schlange als eingerolltes Potential, das wir erst zu einem ganz geringen Teil gebrauchen, überhaupt da ist! Wenn diese Kraft tatsächlich hier oben aus dem »dritten Auge«, wie die spirituellen Traditionen den Punkt zwischen den Augenbrauen nennen, herausschaut, wie auf diesen Bildern aus dem alten Ägypten dargestellt, dann muß da eine Erfahrung ihres Aufstiegs in diesem von der Wirbelsäule umschlossenen Kanal, das heißt in erster Linie ihrer Anregung, Mobilisierung gemacht worden sein, die Erfahrung einer Ausweitung dieses Kanals, in dem die psychophysische Energie aufsteigt. Ohne eine solche Erfahrung der inneren Öffnung für die Energien gäbe es diese Musik wie die von Schubert nicht.

Es gab nun Kulturen - insbesondere Zweige von Kulturen, oft untergegangene, oft an die Seite gedrängte, manchmal nur geheim das Ganze begleitende -, die sich darauf konzentriert hatten, diese innerlichen Wesenskräfte des Menschen höchstmöglich zu entfalten und direkt mit der aufsteigenden Kundalini, der Schlangenkraft, zu arbeiten. Da gibt es viele Verfahren, beispielsweise Yoga und Tantra, so auch dieses »Enlightenment Intensive«. Auch wir Europäer sind mit unserer Philosophie, unserer Kunst, unserer Musik und unseren Kathedralen auf demselben Wege gewesen, wobei hier die intellektuellen Strukturen von vornherein eine größere Rolle gespielt haben. Aber es gibt auch in Indien eine Yoga-Disziplin verwandten Charakters, das sogenannte Jnana-Yoga, Yoga des Wissens. Sie ist ein Hinweis darauf, wie Philosophie begeistert betrieben werden kann. Auch nach meiner eigenen Erfahrung kann Kopfarbeit mehr als eine Tätigkeit des »kühlen« Großhirns sein, kann sie von emotionaler Erregung getragen sein. Wir kennen leider eher das Gegenteil, den Zustand der Hemmung, der sich einstellt, wenn man Angst vor einer Prüfung hat, mit zusammengezogenem Herzen sitzt, bis einem rein gar nichts mehr einfällt. Aber dieses Empfinden weist von der anderen, negativen Seite her auf die Beteiligung desselben organischen Fundus hin. Wir organisieren uns das Leben so, daß es viel Angst gibt und daß die Fülle unserer Lebensenergie kaum jemals aufgerufen ist. Aber so wie unsere großen Denker, wie etwa Fichte, Hegel, Schelling Philosophie betrieben haben, muß es Momente der Begeisterung gegeben haben, die uns nur leider beim Nachlesen ihrer für uns komplizierten Texte nicht so leicht erfahrbar wird.

Wenn Denken, Philosophieren an die große Aufgabe, die die Zeit stellt, angeschlossen ist - nicht der sogenannte Zeitgeist, der in der Zeitung steht und der nur »der Herren eigener Geist« ist, wie Goethe sagt - und mit dem in Beziehung tritt, was entborgen sein möchte, mit der nächsten Wahrheit, die enthüllt werden soll - das entflammt. Ich habe meine erste bewußte Erfahrung mit dieser Schlangenkraft mit 16 in Eisenhüttenstadt gemacht. Dort hatte man für die Erbauer der Stadt und des Werkes, weil es galt, das »nationale Kulturerbe« anzueignen, eine Riesenbaracke errichtet, die im Volksmund »Kulturscheune« hieß. Eines Abends spielte die Dresdner Philharmonie, und zwar unter anderem Beethovens fünftes Klavierkonzert Es-Dur. Ich wußte nicht, wie mir geschah, das ging mir wie elektrisiert die Wirbelsäule rauf bis oben und floß dann wieder abwärts. Es war eine Glückserfahrung, die mich die nächsten drei Tage nicht losgelassen hat, und ich bin dann später, als ich in Berlin studierte, immer süchtig in die Konzerte gegangen, und es war für mich gelaufen oder nicht gelaufen, je nachdem, ob sich diese Erfahrung wiederholte oder nicht.

Diese Glückserfahrung ist nicht einfach verfügbar - »der Geist weht, wo er will«. Aber zugleich gibt es Übungen, Techniken (auch das hat eine technische Seite!), die den Zugang vermitteln. Im alten Indien sind zahllose verschiedene gelehrt worden. Sie sind nicht die Sache selbst, sondern das Mittel, die Kraft zu wecken. Es geht methodisch nüchtern zu, es handelt sich um eine andere Art Wissenschaft, sogar mit experimentellen Zügen.

Machen wir uns etwas weitergehend bewußt, was es an Wissen über diesen Aufstieg aus dem »eingerollten« Stadium, vom sogenannten Wurzelchakra, bis hier hinauf, wo beim Kind die zunächst noch offene Fontanelle ist, gibt, das heißt, was sie in diesen alten Zeiten über die psychophysiologische Wirklichkeit unserer menschlichen Naturausstattung wußten, nämlich viele Dinge, die die naturwissenschaftliche Psychologie bisher noch nicht annähernd rekonstruiert hat. An die Erfahrung der Begeisterung durch Musik, durch Kunst oder durch Philosophie reicht die naturwissenschaftliche Methode nicht heran, sie kann sie kaum auch nur beschreiben. Es gibt da zuverlässige, praktische Zugänge, und sie sind nicht neu, alles andere als New-Age-Erfindungen. Daß auf diesem Markt, der sich von der New-Age-Stimmung nährt, vieles in den Kommerz heruntergezogen und blamiert wird, berührt die Quellen nicht.

In der bekanntesten Überlieferung nimmt man im Menschen, wie schon gesagt, sieben verschiedene Ebenen, also noch sechs andere über dem Wurzelchakra an, durch die die Kundalini, also unsere Lebensenergie, in der Tendenz bis in den Scheitel aufsteigt.

Indem ich ihren Ort als Querstriche markiere, zeige ich erst einmal die Blockaden an, die sich dem Aufstieg der Lebensenergie an diesen Stellen besonders fühlbar entgegenstellen. Im einfachsten Falle handelt es sich um mangelnde Durchlässigkeit des Kanals, die teilweise noch naturbedingt sein mag, wie ja der Schlaf der Schlange, ihr eingerollter Zustand an und für sich noch für unentfaltete Natur in uns steht. Hinzu kommen sozialisationsbedingte Einschränkungen, Deformationen, Panzerungen und so weiter. All das hat Auswirkungen nicht nur im individuellen, sondern, wie ich nachher noch etwas verdeutlichen will, auch im gesellschaftlichen Leben.

Was geschieht, wenn die psychophysischen Energien, die sich im Wurzelchakra erheben wollen, blockiert werden? Ereignet haben wird sich die Blockierung bzw. Verzerrung wahrscheinlich in der allerersten Zeit unseres Lebens, so etwa im ersten Jahr. Sie hat mit dem mütterlichen Aspekt der Welt zu tun. Damit ist nicht nur die Mutter gemeint, sondern die Grundversorgung mit Nahrung und mit Liebe, von deren erlebter Fülle es abhängt, ob, wie und wie weit der Mensch später von seiner Elementarkraft getragen wird, aus seiner Wurzel leben kann. Bekommt diese Elementarkraft, dieses Bündel von Kräften, genügend Anreiz, sich zu erheben, oder wird die Chance, die mit uns geboren ist, schon im ersten Lebensjahr herabgemindert, so daß der Lebensbaum früh zu kümmern beginnt, früh gekrümmt wird? Außerdem wird der Gebrauch, den wir von unserer Lebensenergie machen, noch spezifisch programmiert, wenn wir beispielsweise gut genährt werden, aber rationiert in einem rigiden Zeitplan, dann steuern wir vermutlich auf einen anderen Charakter zu als bei einem von dem eigenen Wünschen mitbestimmten Rhythmus der Bedürfnisbefriedigung, bei dem wir eine erste Erfahrung von Freiheit machen könnten. Wenn es ein Gleichgewicht gibt zwischen dem, was der Organismus von Grund auf »weiß« und dem, was kulturell übermittelt wird, ist ein Grund für seelische Gesundheit gelegt und jeder weitere Aufstieg begünstigt. So wie der Energiefluß hier primär geformt wird, geht er in jede höhere Entwicklungs- bzw. Entfaltungsstufe ein.

Diese grundlegende Struktur wird überlagert, überformt, kann auch gegenläufige Impulse erfahren. Aber wie beim Flug einer Rakete entscheiden die Steuerungsimpulse am Anfang der Bahn über die Himmelsrichtung der Bewegung. Der früheste Einfluß prägt am stärksten. Darüber hinaus kann das, was hier, auf der elementarsten Ebene passiert, schicksalsentscheidend nicht nur für das Individuum, sondern, das ist jetzt ganz wichtig, für ganze Kulturen, für ganze Zivilisationen sein. Das summiert sich dann und drückt sich, zum Teil gewiß auch kompensatorisch, in den Institutionen, in allem, was später an kulturellem Auf- und Überbau dazukommt, aus, erscheint im Stil des Philosophierens, der Kunst, der Musik, der Technik und so weiter.

Schon vor längerer Zeit enthielt eine sozialpsychologische Studie aus der Bundesrepublik, einem der reichsten Länder der Welt, die Information, daß 45 Prozent der Bevölkerung in erster Linie um ihre materielle Sicherheit besorgt war. Das läßt darauf schließten, daß der größte Betrag ihres geistigen Potentials an irgendeine Art von Versorgungsdefizit im frühkindlichen Stadium rückgebunden war. In diesem Maße wird das gesellschaftliche Leben wahrscheinlich von der Subalternität regiert, und die ist immer auch durch die Politik ansprechbar und ausbeutbar. In jedem Wahlkampf wieder hat dann die Werbung der politischen Kräfte diesen negativen Kontrapunkt: Was versprechen wir denen, die auf der elementarsten Ebene zu kurz gekommen sind? Und die entsprechende Manipulation verstärkt rückwirkend die Defizitstruktur. Die tatsächliche Mentalität der Menschen bestimmt sicherlich viel mehr die Verfassungswirklichkeit einer Gesellschaft als der schönste Verfassungstext. Umgekehrt war der Durchbruch in der Realverfassung der Sowjetunion, der mit Michail Gorbatschow kam, ja innerhalb der alten offiziellen Struktur möglich - so daß er nur das Indiz für eine Änderung im sozialen Energiefeld sein kann. Was für Energien durch die sozialen Kanäle fließen, ist wohl grundsätzlich wichtiger als die dann erst in zweiter Linie bedeutungsvolle Verfassungsgestalt. Die ändert sich dann nachträglich sowieso.

Es ist freilich auch die Frage, *welche* Energien politisch angerufen, angezapft, institutionell unterstützt werden. Dieser Glücksfall Michail Gorbatschow zeigt, auch wenn es inzwischen stockt, was ein zunächst subjektiver Impuls aus der Schlangenkraft öffentlich vermag. Ich sehe Gorbatschow an, daß er lieben kann. Er hätte von den Situationen, in die er geriet, nicht eine einzige überstanden, besonders am Anfang nicht, ohne den Mut aus dem offenen Herzen. Mit bloßem Machtverstand war das nicht erreichbar.

Wird die erste Ebene in der Skizze mit dem mütterlichen Prinzip in Beziehung gesetzt, so die zweite Ebene mit dem väterlichen. Es geht um die Phase, in der wir dabei sind, uns als Kleinkinder im Krabbeln und Gehen die Welt zu erobern. Negativ, das heißt von der Blockade her gesehen, ist das sozialpsychologisch die Ebene, wo wir uns auf unsere Ellenbogen verlassen. Das waren nach jener Studie weitere 45 Prozent. Man kann, sollte das sogar zuerst positiv sehen: Da sind wir uns unserer so weit sicher, daß wir uns eigenständig in der Welt bewegen, daß Unternehmerinitiative da ist! Wenn dagegen die Gesamtheit der sozialen Kräfte ihren Schwerpunkt auf der untersten Ebene hat, wiegt die Subalternität so schwer, daß ein autoritäres Regime beinahe unvermeidlich ist. Bei uns hat leider die politische Struktur, letztlich vom alten Rußland her, in diesem Sinne halbasiatisch funktioniert, das heißt, sie hat lebendige Kräfte, die schon entwickelter waren - ganz offensichtlich 1968 in der Tschechoslowakei! -, gewaltsam niedergehalten. In der

DDR hätte man sicher mehr als 45 Prozent auf der ersten Stufe ausgemacht.

Wenn nach dieser soziologischen Studie 45 Prozent der Bevölkerung in Westdeutschland die Kräfte über die zweite Stufe laufen läßt, dann können wir Kapitalismus haben, als eine Gesellschaft, die auf Unternehmerinitiative gebaut ist. Gewiß es ist eine Verkürzung, wenn ich sage, das ist Kapitalismus. Diese Struktur haben wandernde Kriegervölker wie die Germanen auch in ihrer Feudalzeit schon zu relativ hohem Grad - zu einem anderen Grad als in asiatischen Zivilisationen - entwickelt; deswegen hat sich in Europa die Unternehmerinitiative dann auch kapitalistisch so entfalten können. Aber wenn 90 Prozent der Gesellschaft auf diesen beiden unteren Ebenen sind, und zwischen diesen steht es fifty-fifty, dann regiert höchstwahrscheinlich die Unternehmerinitiative, weil das aktivere Potential mehr wiegt.

Wir haben dann in der Höhe des Solarplexus das dritte Rad. Hier geht es um den Kraftausdruck, um das Machtproblem, sofern unsere Energie über die Befriedigung der elementaren Versorgungs- und Bewegungsbedürfnisse in der Welt hinausdrängt.

Dafür, und für alles darüberliegende bis unter die Schädeldecke, bleiben nur 10 Prozent der Bevölkerung übrig, das heißt nur diese Minderheit, müssen wir annehmen, integriert ihre Energie auf Ebenen ab dieser dritten. Das heißt nicht etwa, dieses Zehntel müßte auf den Elementarstufen alles glücklich bewältigt haben. Auf der dritten Ebene regiert jedes Defizit von weiter unten mit. Und im sozialen, politischen, geistigen Geschäft kann nur in Erscheinung treten, was psychisch *ist*. Umso größer die Tragödie, wenn man jetzt die Gesamtsituation in der Welt betrachtet und feststellen muß, daß die meisten Menschen einfach gar nicht die Chance bekommen, sich über die Elementarstufen zu erheben, was die Integration der Kräfte betrifft. Ich erinnere an Müntzers Problem im deutschen Bauernkrieg, es ist nur zu aktuell.

Gemeint ist hier nie, es gäbe Leute, die nur auf diesen unteren Ebenen lebten, sondern es ist die Blockade, die Schwäche an diesen Stellen so groß, daß die Gesamtenergie hauptsächlich dort gebunden, dafür bestimmt werden muß. Das heißt, daß auch die Lichtblicke aus der höchsten Ebene entweder schnell verglimmen oder so ein- und untergeordnet werden, daß die Energie in den ungelösten Basisproblemen steckenbleibt.

Die vierte Ebene ist die, von der aus Meister wie Jesus das »Reich«, das Regiment auf der Erde einrichten wollten, die Herzebene. Bisher wird sie im allgemeinen nur für die Machtebene ausgebeutet. Ein Politiker, der das Herz ein wenig geöffnet hat, dadurch anziehend auf die menschliche Sehnsucht wirkt, verrät die anderen umso mehr, wenn er den Vorschuß dann »realistisch« an das Machtsystem zurückverkauft, um weiter mitspielen zu dürfen. Anspruchsvoll gedacht haben gerade diejenigen, die in den letzten Jahren kritischer gewesen sind - innerhalb der Partei, aber selbst noch auf der Seite der vornehmlich ja doch immer noch sozialistischen Opposition - durch den so in die verlorene Sache gesetzten Glauben die Struktur auch am meisten legitimiert. In gewisser Hinsicht liegt im Einsatz der Herzkräfte *für* die Sanierung in Wirklichkeit bereits unverbesserlicher Verhältnisse das größte Problem. Meine ALTERNATIVE stellte die bereits unhaltbare Struktur als reformfähig dar. In diesem Sinne bin ich verantwortlicher als Honecker, der den Gang der Geschichte einfach nicht fassen konnte; das ist auch ein Unglück, wenn jemandem, der gut gewesen wäre, eine Dachdeckergenossenschaft zu leiten, der Königsmantel auf die Schultern fällt.

Ich meine das nicht hauptsächlich spöttisch, sondern sehe das Tragische daran, und halte es für pharisäerhaft, jetzt nach Prozeßgründen gegen ihn zu suchen.

Die von Meistern wie Jesus aufgeworfene Frage, ob es denn nicht möglich wäre, im Sinne der Bergpredigt, vom Herzen aus die Welt zu regieren, hängt daran, wieviel Energie in uns bis zu dieser Ebene aufsteigt und wie unverbogen, wie Gott- bzw. Tao-gemäß dies geschieht. Und außerdem ist immer mitgemeint, daß die höchsten Instanzen in uns mit im Spiele sind. Das Herz kann gar nicht regieren (dies hat ja auch eine Erkenntnisseite), wenn nicht die fünfte Ebene mitspricht. Das ist in der Höhe der Kehle, wo die Stimmbänder liegen, wo wir für uns selbst darüber entscheiden, ob wir uns über unsere Motive klar sein wollen, ob wir uns in die Tasche lügen oder authentisch, wahr sein wollen mit uns selbst. Wir wissen das nicht immer, ob wir gerade lügen oder nicht. So weit wir nicht achtsam, nicht bewußt sind, uns geschäftig von der Selbstwahrnehmung ablenken, werden wir uns selbst betrügen, uns etwas über uns vormachen. Und wer auf dieser Ebene überhaupt nicht wach, nicht richtig bei sich anwesend ist, läßt sein Herz im besten Falle dumm sein. Da fehlt dann einfach das Minimum an Selbsteinsicht.

Und in der nächsten, der sechsten Ebene, im sogenannten »Dritten Auge«, dem Auge des Geistes, des Logos in uns, entscheidet sich, ob wir fähig sind, die Wirklichkeit »interesselos« zu nehmen wie sie ist. Geht es auf der Halshöhe darum, ob ich mir selbst gegenüber wahrhaftig bin, so geht es auf der Stirnhöhe um die Wahrheit der Welt. Ein Versagen auf dieser Ebene war meine vorhin erwähnte Illusion von Ende 1989, dies Nichtannehmenwollen, hier muß etwas hinab, damit überhaupt ein neuer Anlauf denkbar wird.

Nehmen wir jetzt einmal einen Fall des Umgangs mit der Macht auf der sechsten Ebene, wo wir aus dem »Dritten Auge« schauen. Versetzen wir uns hinein in den Präsidenten Salvador Allende in Chile an einem der letzten Tage vor seinem Tod. Er sieht die Zuspitzung der Lage, das Anwachsen der Gegenkräfte. Was machen die Lastwagenfahrer? Ist er auf der dritten Ebene, wird er sich fragen, auf wieviel Kompromiß, auf wieviel Korruption soll ich mich einlassen, um den Stuhl und das Leben zu retten. Das ist der normale Opportunismus auf dieser Ebene; »so sind die Politiker«. Ich meine jetzt die Motive, bestreite nicht, daß es sinnvoll sein kann, Kompromisse zu schließen. Und hier oben die sechste ist die Ebene, wo jemand wie Allende letztlich ohne Rücksicht darauf handelt, was passieren wird, wenn er sich an das hält, was er als wahr und notwendig erkannt hat, und stünde morgen das Erschießungskommando vor der Türe. Die Bereitschaft, sich ans für wahr Erkannte zu halten, ist wichtiger als die Sorge darum, ob man sich nicht im einzelnen vielleicht irre. Erst einmal muß man überhaupt wagen, sich nach dem an sich Wahren und Richtigen in einer dramatischen Situation zu fragen. Anders als Allende weichen dem die meisten aus, indem sie sich sagen: »Ich bin sowieso nur ein kleines Licht, auf das es nicht ankommt, und ich kann auch gar nicht wissen, was wahr ist.« Eine beliebte Ausrede. Und dann bleibt natürlich immer noch die zweite Frage: »Was kann ich wissen?« ...

Schließlich auf der höchsten, der Scheitelebene, stellt sich die Frage, ob es nicht wenigstens momentan gelingen kann, daß sich die Fontanelle wieder öffnet. Ein- oder zweimal habe ich bei bestimmten Übungen so eine Erfahrung gemacht, nicht angstvoll, sondern befreiend, daß diese Kraft bis in die Schädeldecke, bis an die Haarwurzeln pulsierend aufsteigt und dann nach oben ausfließt, aber so, daß ich das Gefühl der Vereinigung hatte. Laotse, dieser alte Weise Chinas, muß dahin gelangt sein, daß er sich im Kosmos aufgehoben fühlte wie der ungestörte Fötus im Mutterleib, aber nun auf der Basis so einer energetischen Kommunion. Ein solches Ausmaß an Befreiung von den Blockaden, die die Sozialisation unvermeidlich mit sich bringt, auch in der gelungensten Kultur, hat mit dem Wissen *worum* zu tun, das einen wichtigen Inhalt des psychophysischen Prozesses ausmacht. Wissend mit offenem Herzen - Spinoza so viel später nannte es »intellektuelle Liebe zu Gott« - hat dieser alte Meister die beispielhafte Leistung vollbracht, angstlos im Universum sein zu können - wo doch Leben so gefährlich, so gefährdet ist. Er weiß, daß die Natur die aus ihrem großen Ganzen entlassenen Individuen preisgibt, daß wir sterben müssen, daß es Krankheit, Tod, daß es alle diese Dinge gibt, die den jungen Gautama, den späteren Buddha, zu jener Verzweiflung brachten, aus der er den Schluß zog: »Nur nicht wiedergeboren werden!« Laotse vermochte es, vor dem Sterbenmüssen, vor dem Leid der Welt nicht auf diese Weise zu erschrecken. Es ist also eine glücklichere Lösung möglich. Übrigens scheint die bei Laotse mit der seelischen Rückbindung an die zu seiner Zeit bereits überwältigte matriarchale Schicht der chinesischen Kultur zusammenzuhängen.

Eigentlich darf man nur genau so weit über dergleichen sprechen, wie die eigene innere Erfahrung reicht. Ich bin durchaus kein Yogi, wenn ich auch ein paar Übungen kenne. Immerhin hat mich Laotse schon vor 20 Jahren so berührt, daß der Resonanzboden in mir erreichbar gewesen sein muß, vielleicht auch begünstigt durch die gleichzeitige Begegnung mit dem Werk Wilhelm Reichs. Bücher können den Anstoß geben, da die Sprache mehr als ein Verstandesphänomen, da sie ein Ausdruck der Lebensenergie ist. Doch weiter führt die Übung des Organs im Ganzen! Es könnte kulturell entscheidend sein bzw. werden, daß wir uns im Tages-, Wochen-, Monats-, Jahres-, Lebenslauf den Zeit-Raum freihalten, in dem wir mit dieser unserer inneren Kraft umgehen, mit dem Aufwecken der Schlange uns beschäftigen, und uns die sozialen Formen dazu schaffen. Meditation ist nur ein Obername für eine Vielzahl von meist wortlosen Praktiken, die dazu geeignet sind, uns dichter an unseren Wesenskern zu bringen, dorthin, wo der Schlüssel zu der einzigen Rettungsmöglichkeit liegt, die dem Menschen jetzt noch bleibt. Wie gesagt, der Geist weht, wo er will. Ich denke nicht, daß wir das völlig in der Hand haben, aber was wir tun können, das ist, unseren Alltag und von daher möglichst unser ganzes soziales Leben so einzurichten, daß Initiation in alle diese Ebenen erfolgt - und zwar nicht nach dem Leistungsprinzip, nicht in der im New Age so oft vernehmlichen Manier: »Ich bin schon weit! Wie weit bist du?« - wo die Konkurrenz um Karrieren und Gehälter dann auf das Heiligwerden übertragen ist. Es geht um etwas Einfaches, das vor allem deshalb so »schwer zu machen« ist, weil es nur schlicht und nüchtern, ohne Sucht nach Glückseligkeit angegangen werden kann. Daß die Liebesfähigkeit beglückend dabei wächst, ereignet sich am ehesten ungewollt, mit dem Abschmelzen des Eisbergs Ego.

Meine aufschlußreichste Erfahrung mit diesem Stoff war die folgende: In unserer Kommunität in Niederstadtfeld half uns, nach dem ersten konfliktreichen Jahr in einer neuen Zusammensetzung, ein befreundeter Therapeut dabei, einmal rückhaltloser auszutauschen, was da eigentlich losging. Zusätzlich bot er für den Tagesbeginn eine besondere Übung an. Wir sollten uns mehrere Tage lang früh um halb sieben einfinden und uns, noch halb verschlafen - wer dabei wieder einschläft: kann man auch nichts machen - in unserem dunklen Raum auf Decken legen. Dann lenkte er fast eine Stunde lang, ganz einfache Worte variierend, unsere stille Aufmerksamkeit auf bestimmte Körperstellen. Am dritten Tag kreisten seine Worte die Gegend zwischen Bauchnabel und Solarplexus ein, und da ist mir das passiert, was ich erzählen will. Bis dahin hatte ich über euphorisierende Methoden, etwa das Rebirthing (eine Technik, die mit sehr hoher Atemfrequenz arbeitet), die Erfahrung des Kontakts mit diesem dritten Chakra gemacht. Dabei fängt dann die Energie hier in der Gegend des Solarplexus sich fröhlich zu drehen an, so wie sie's eigentlich recht häufig sollte, signalisierend »Gut, alles in Ordnung!« Aber wir machten ja diesmal nichts bioenergetisch Anregendes, wir lagen ohne mobilisierte Energie. Es dauerte nicht sehr lange, da hatte ich ein unangenehmes Gefühl an dieser Stelle, ein Gefühl von Stechen - obwohl ich überhaupt nicht krank war, und nach eineinhalb Stunden war das auch wieder weg, da war nichts Organisches. Ich merkte nur, da ist irgend etwas, die Wahrnehmung blieb auch; und noch zehn Minuten später kam ein bedrohlicher dunkler Druck aus der tiefsten Ebene. Ich habe darüber, was das denn nun eigentlich war, in dem Gespräch, das ich nachher mit dem Therapeuten hatte, kaum etwas erfahren. Doch eines ist klar, daß dieses Moment meiner psychophysischen Verfassung direkt oder indirekt mitregiert, was ich auch tue, und besonders, wenn ich in irgendeinem Zusammenhang Normen setze, Macht ausübe und dabei gar mich in Gefahr geraten fühle. Ich werde mich anders verhalten, wenn dort Stiche lauern und dunkler Druck von unten wartet. Dumpfer Druck bedeutet, im Untergrunde unfroh sein, auch bei heiterer Oberfläche bleibt diese Disposition gegeben, abrufbar. Ob ich mir der Sache nun halbwegs bewußt bin oder nicht, macht einen Unterschied, und auch, ob es die anderen wissen oder nicht. Es gäbe da etwas zu heilen, und diese Art Heilungsprozesse sind die grundlegenden, wobei da Heilung und Bewußtwerdung allerengstens zusammenhängen. Die bloße regelmäßige Aufmerksamkeit wird zwar nicht immer, kann aber unter Umständen das Syndrom auflösen! Solche Reinigung, das ist Arbeit am Erkenntnisapparat selber.

Von wo her wir Menschen heute in der Welt existieren, ich meine gattungsmäßig, unter der Vorherrschaft der westlichen Zivilisation, das ist von einer einzigen Fakultät unserer Wesenskräfte, dem Verstand her. Den habe ich in den Kopf der Schlange dort an der Tafel als abgepackten Computer hineingemalt. Das Verstandesregiment ist nicht die ganze Wahrheit, Gott sei Dank, sonst wären wir hoffnungslos verloren, wenn wir da wirklich völlig abgeschirmt in unserer verständigen Ich-Festung säßen. Aber wir benutzen diese Instanz hier im Kopf und benutzen das Minimum an freilich oft verdrehter, fehlbesetzter Energie, das überhaupt hochkommt, nicht, um uns Freude zu machen, um das Leben zu genießen, zu lieben und dergleichen, sondern hauptsächlich, um die Sicherheitsinstallation noch zu verstärken, präventiv Verteidigungsmacht anzusammeln und so fort. Unser Körper ist Sklave unseres an die gemachten Sachen versklavten, verratenen und verkauften Großhirns geworden. Und was für einen Aufwand betreiben wir, nicht zuletzt akademisch, um als Funktionäre der Großen Maschine zu bestehen, anstatt uns mit Verstand und Vernunft um die Entfaltung unserer eigentlichen Wesenskräfte zu kümmern!

Am Ende dieses diskursiven Teils werden wir heute ausnahmsweise keine Diskussion führen, weil ich hinter die Sonate von Schubert einfach nichts mehr setzen möchte. Auf das heutige Thema werden wir sicher noch ausführlicher und in gewisser Hinsicht auch kompetenter zurückkommen, als es mir allein möglich ist.

Und jetzt bitte ich Dietrich Brauer darum, noch einmal ans Klavier zu gehen und bitte uns alle, daß wir uns zuerst noch einmal einen Augenblick ins Stillesein vertiefen, vielleicht auch eine halbe Minute auf unseren Atem achten.

Brauer spielt Schubert.

Kritik der subjektlosen Soziologie

Und ein Versuch über den Beitrag alternativer Soziologie zur Sozialökologie

Christian Sigrist

Assalam aleikum!
Dieser Friedensgruß, in der Sprache der jetzt am stärksten Bedrohten, scheint mir einen Tag vor Ablauf des imperialistischen Ultimatums die sinnvollste Form der Begrüßung. Der drohende Krieg gegen die Völker des Iraks macht den Zusammenhang von Krieg und Naturzerstörung dramatisch deutlich: Die inflationär gebrauchte Ökologistenformel vom »Krieg der Menschen gegen die Natur« erweist sich als im Wortsinn zutreffend. Das gilt für die möglichen katastrophalen Umweltschäden als Folge von Kampfhandlungen und vorsätzlicher Ölquellenzerstörung. Es gilt aber noch in allgemeinerem Sinn: Bei dem drohenden Krieg geht es um geradezu klassische imperialistische Rohstoffpolitik wie im Hobson/Leninschen Lehrbuch, nur daß heute noch eindeutiger als früher kriegerische Mittel eingesetzt werden, um privilegierten Minderheiten den verschwenderischen Umgang mit natürlichen Ressourcen (American way of life) zu erlauben.

Die Eröffnung mit dem arabischen Gruß hatte ich mir allerdings schon vor Monaten ausgedacht, als die gegenwärtige Zuspitzung noch nicht zwangsläufig schien. Bei ersten Vorüberlegungen für diese Vorlesung wurde mir die allgemeine Verlegenheit deutlich, die unseren Grußsätzen eignet. »Meine sehr verehrten Damen und Herren!« - eine nichtssagende Formel. »Guten Abend...« - auch nicht besser. Von da gingen meine ethnomethodologischen Grübeleien weiter. Was soll das »Entbieten der Tageszeit« (Uwe Johnson)? Zumal wenn es zu Residuallauten verkümmert: »Tach!«, »Mojn!«. Auffällig ist die Verhunzung ehemals spirituell gefüllter Formeln: Aus »Gesegnete Mahlzeit« wurde das wegwerfende »Mahlzeit!«, aus »Ade!« oder »A Dieu« das blödsinnige »Tschüß!«. Aber auch wo der spirituelle Bezug noch erkennbar ist, wird er verballhornt: Aus »Gott zum Gruße!« wird »Grüß Gott!«. Diese Folklorefloskel, die im Munde süddeutscher Honoratioren regelrecht verfettet ist, paßt aber auch nicht in unsere Gegenwart: 1988 führte sich der neue ZDF-*heute*-Redakteur Gottlieb (CSU) mit einem wackeren »Grüß Gott! und einen guten Abend meine Damen und Herren!« ein; jedesmal mit quälender Unverdrossenheit. Bis zu jenem Abend des 28. August 1988, an dem die Katastrophe auf dem US-Flugplatz von Ramstein vermeldet werden mußte. Die Theodizee im Sendestudio wirklich auszutragen hatte Gottlieb denn doch nicht den Schneid. Seitdem erspart er dem Publikum die sinnlose Invokation.

Die Sinnentleerung unserer Grußriten wird deutlich im Vergleich mit anderen Kulturen: »Zdravstveite!«: »Seid gesund!« oder im Afghanischen (Pashtu): »Streymase!« - »Werde nicht müde!«. Auf persisch »Khod hafez!« - »Gott befohlen!«. In unseren sinnentleerten Kümmerformen des Grüßens zeigt sich, daß sich die vereinzelten Individuen nicht als Subjekte anerkennen.

Jetzt kommt ein kurzer Marsch durch die Wüste.

*Subjektlosigkeit: Luhmann**

Diese ethnomethodologischen Beobachtungen lassen den Ausdruck »subjektlose Soziologie« verständlich erscheinen: eine Soziologie, die gesellschaftliche Zusammenhänge radikal entsubjektiviert, kann sich auf solche Beobachtungen stützen. Diese »Subjektlosigkeit« soziologischer Theorie erhält im thematischen Zusammenhang einer Vorlesung zur Sozialökologie besondere Bedeutung, weil der markanteste Verfechter dieses Ansatzes ein Buch zur »ökologischen Kommunikation« vorgelegt hat. Webers Gesellschaftstheorie baute noch auf einem Handlungsbegriff auf, der durch ein sinnvoll sich verhaltendes Subjekt konstituiert wurde. Luhmann hingegen geht es darum, »einen *subjektfrei* konzipierten Begriff des Handelns als Begriff für die Beobachtung der basalen Elemente sozialer Systeme einzusetzen.«** Die Aufgabe des Subjektbegriffs (1984: 111) gehört zu Luhmanns Theorieprogramm. Luhmann lehnt die Verbindung des Subjektbegriffs mit der Systemtheorie ab - nicht um Subjektivität von Systematisierungszwängen freizuhalten. Der Subjektbegriff hat in seinem »azentrischen Weltbild« vor dem Hintergrund der Auflösung der Identitätsphilosophie keinen Platz mehr. Er verzichtet auf

---

* Die Argumentation kann im Heft 178 der Zeitschrift DAS ARGUMENT im einzelnen nachgelesen werden.

** N. Luhmann, SOZIALE SYSTEME, Frankfurt 1984, S. 167.

den von Habermas weitergeführten Begriff der Intersubjektivität als Basis einer Theorie des kommunikativen Handelns; stattdessen werden die Strukturen des Kommunikationssystems Gesellschaft anhand des Begriffs systemischer Selbstreferenz bestimmt.

Soziale Systeme sind durch Kommunikation ausgezeichnete Systeme, welche, wie alle anderen Komplexität reduzierenden Systeme auch, gezwungen sind, sich selbst in Differenz zu ihrer Umwelt zu erhalten. In Luhmanns Sprachregelung ist der Mensch kein System, bestehen Systeme nicht aus Menschen. Der Mensch gehört zur Umwelt sozialer Systeme. Auch für diese Verfremdung finden sich Belege in der sozialen Realität. Die Konzeption, Menschen als Umwelt, aber nicht als Elemente sozialer Systeme zu begreifen, findet ihre anschaulichste Entsprechung in den Funktionsweisen von Organisationen. Organisationen funktionieren so, daß Menschen sich in die Ablaufmuster einfügen; das gilt sowohl für das innere Funktionieren wie für die Außenbeziehungen. Störungen des betrieblichen Ablaufs werden dabei von Menschen verursacht, die sich nicht an die Regeln halten.

Die Kopplung sozialer Systeme mit technischen Systemen, die menschliche Fähigkeiten simulieren und damit substituieren, trägt zu dieser Tendenz, Menschen als unter Umständen störende Umwelt von Systemen zu behandeln, bei. Die technische Simulation menschlicher Operationen macht Menschen zum Objekt technischer Systeme. Menschen agieren nur noch an den Lücken und Kopplungsstellen technischer Systeme. Sensorische Simulation führt in den Wirkungsbereichen technischer Systeme zu sensorischer und sozialer Deprivation. In wachsendem Maße haben Menschen es bei der Versorgung von Bedürfnissen nicht mehr mit Mitmenschen, sondern mit technischen Systemen zu tun. In der materiellen Produktion wie in administrativen Operationen werden Menschen in Maschinensysteme eingespannt.

Technische Systeme laden sich mit Momenten menschlicher Subjektivität auf. Dem entspricht in Luhmanns Theorie die unreflektierte Subjektivierung des Systembegriffs, die sich nicht nur in seiner Syntax niederschlägt, sondern auch in der zentralen Bedeutung, die der Selbstreferenz eingeräumt wird. Luhmann hat keine zureichende Theorie des Selbstbewußtseins. Bewußtsein wird dem psychischen System zugerechnet.

Es erscheint mir notwendig, kritisch auf Luhmann einzugehen, weil nach dem Zusammenbruch des realen Sozialismus und der Diskreditierung des von diesem in Anspruch genommenen Marxismus ein sozialwissenschaftlicher Orientierungsersatz in anderen universellen Interpretationswissenschaften gesucht wird. Systemtheorien scheinen diesen Ansprüchen am besten zu entsprechen. Luhmann hat seine eigene Theorie, die gesellschaftliche Zusammenhänge als Kommunikationsproblem untersucht, insofern angewandt, als er selbst eine systematische Kommunikationsstrategie betrieben hat. Nachdem er 1984 mit der Publikation der SOZIALEN SYSTEME seinen Anspruch als Meisterdenker durchgesetzt hatte, zielte er mit der ÖKOLOGISCHEN KOMMUNIKATION (Opladen 1986) auf ein breiteres Publikum, nicht zuletzt innerhalb der ökologischen Bewegung selbst. Dazu gehörte allerdings einige Chuzpe, denn diese Schrift liest sich passagenweise als eine Schmähschrift, die vor extremen Diffamierungen dieser Bewegung nicht zurückschreckt. Die gehässige Unterstellung, mit der Publikation der ÖKOLOGISCHEN KOMMUNIKATION habe Luhmann ein »trojanisches Pferd« in die ökologische Bewegung einschleusen wollen, stammt von ihm selbst.* In dem Maße, wie diese Absicht registriert wurde, ließ das Interesse nach. Wichtiger noch: Die destruktive Tendenz war Anhängsel einer Analyse, die nur steckengebliebene Ansätze zur »soziologischen Aufklärung« des Ökologie-Problems vorzuweisen hat. Luhmann stellt im Untertitel die zunächst triftig erscheinende Frage: »Kann die moderne Gesellschaft sich auf ökologische Gefährdungen einstellen?« Die gestiegene ökologische Gefährdung der gegenwärtigen Industriegesellschaft wird nicht bestritten. Die wachsende Bedeutung der ökologischen Bewegung wird als Ausdruck *»des Problems«* anerkannt, bestritten wird freilich, daß es möglich ist, im Sinne dieser Bewegungen eine zentrale Veränderung zu bewirken, ganz einfach deswegen, weil es »das gesellschaftliche Zentrum« nicht gibt. Das politische System, von dem häufig ein Durchgreifen in Richtung auf radikale Veränderung verlangt wird, ist nur ein Subsystem neben anderen.

Luhmanns durchaus diskutable Kernthese, daß jedes Systemproblem letztlich auf die Differenz von System und Umwelt rückführbar sei, bleibt im programmatischen Anlauf stecken. Zwar unterscheidet er gesellschaftliche Subsysteme von ihren gesellschaftsinternen (Kommunikations-)Umwelten und setzt diese Differenz fruchtbar um, jedoch wird die Differenz von gesellschaftlichem System und ökologischer Umwelt irrelevant in dem Maße, wie Luhmann nur je spezifische Umweltwahrnehmungen ausdifferenzierter funktionaler Subsysteme der Gesellschaft nachzeichnet. So mag die eigentliche ökologische Bedrohung für manchen Konzernchef nicht in den substantiellen Folgen seiner Entscheidungen für die naturale Umwelt liegen, sondern in den Folgen, die sie für seine Kommunikationsumwelt hat; ökologische Bedrohung wird so umgedeutet und liegt nun etwa im ökologischen Protest, der sich außerhalb der Werksmauern (Umwelt) versammelt. Die ökologischen Wir-

---

* TAZ-Interview, abgedruckt in ARCHIMEDES UND WIR, Berlin 1987, S. 124.

kungen des Automobils können dem Autobauer gleichgültig sein, solange es nicht zur gesellschaftlichen Reaktion kommt. Er wird zwangsläufig registrieren müssen, daß eine von ihm hergestellte umweltschädliche Ware zum Objekt einer Boykottkampagne gemacht wird.

Wenn der regulative Code der Wirtschaft Zahlung heißt und der der Politik Macht, dann wird Ökologie für diese Subsysteme nur in dem Maße relevant, wie diese Codes tangiert oder betroffen werden. Wenn die ultima ratio systematischer Selbstreferenz Selbsterhaltung heißt, es also ausschließlich um das An-der-Macht-Bleiben und um Im-Besitz-von-Besitz-zu-Sein als Selbstzweck geht, dann werden ökologische Krisen erst dann für diese Systeme eine beachtenswerte Größe, wenn Kernmomente ihrer Selbstreproduktion gefährdet sind (oder ihnen gefährdet erscheinen). Methodisch wird die Analyse der ökologischen Krise moderner Industriegesellschaften so orientiert am Ziel des sich Einstellens dieser Systeme auf ökologische Krisenbedingungen, des Überstehens und Durchstehens dieser Krise möglichst unbeschadet in ihren Beständen und ihrer bestehenden historischen Gestalt. Luhmanns Systemtheorie geht es um Bestandswahrung: Ökologische »Angst« gefährdet Ordnung.

Subjektfreie Systemtheorie läuft bei Luhmann darauf hinaus, den Spielraum für Veränderungen des ökologischen Grundverhältnisses ganz eng zu ziehen und die Eigenlogik der Subsysteme als maßgebliche Schranke für Veränderungen zu setzen. In diesem Zusammenhang wird deutlich, daß die Ausblendung von Einzelsubjekten aus der Systemanalyse zu einer extremen Subjektivierung sozialer Systeme führt, denen einzelmenschliche Eigenschaften zugeteilt werden. Diese Systeme scheinen eigensinnige Querulanten zu sein, insbesondere wenn es um die »Verarbeitung« von Signalen und um die Vermeidung ökologischer Gefährdungslagen geht. In Luhmanns Betrachtungsweise verlieren sich alle Ansätze für menschliche Ressourcen, die in dieser ökologischen Krise mobilisiert werden können. Selbsttätigkeit und Selbstorganisation sind solche Ressourcen. Sie sind *auch* in ihrer Negativität zu nutzen: Als Verweigerung, als Widerstand.

Voraussetzung für ökologisch richtiges Handeln sind spontanes Wahrnehmungsvermögen und Sensibilität. Luhmanns Negation des spontan handlungsfähigen Subjekts erscheint als Antizipation einer realen Tendenz: Mit der modernen Gentechnologie droht Subjektivität von ihrer vitalen Basis her zerfressen zu werden. Mit der geplanten oder versehentlichen Manipulation humanen Erbgutes wird das für Subjektivität konstitutive Moment der Spontaneität ausgelöscht. Spontaneität ist dabei nicht mit Zufälligkeit gleichzusetzen. Diese Überlegung ist von grundsätzlicherer Bedeutung als die technische Gefährlichkeit dieser Manipulationen.

Luhmann verzichtet darauf, die basale ökologische Relation Gesellschaft/natürliche Umwelt angemessen auszuzeichnen. In seiner ubiquitären Verwendung des Differenzansatzes System/Umwelt wird der Umweltbegriff mehrdeutig.

Die Möglichkeiten von Einsicht in Motive und Folgen menschlichen Handelns, die Möglichkeiten von bewußtem Handeln haben in Luhmanns Kalkül keine Rolle, keine basale Funktion für die Reproduktion der Gesellschaft. Im Gegenteil: »Das Zurechnen und Verantwortlichmachen ... hat Folgen. Es können politische Koalitionen daran zerbrechen oder wirtschaftliche Unternehmungen dadurch zugrunde gerichtet werden« (ÖKOLOGISCHE KOMMUNIKATION: 30). Bei orthodox marxistischen Theoretikern dürfte der Selbstwertcharakter von Produktivkraftfortschritt einen ähnlichen Blockierungswert haben. Luhmann hat gewissermaßen stellvertretend für das Funktionssystem der kapitalistischen Industriegesellschaft den ökologischen Offenbarungseid abgelegt.

Methodologische Überlegung

Mit Luhmanns ÖKOLOGISCHER KOMMUNIKATION wurde eine weitere Chance vertan, einen soziologischen Beitrag zur analytischen Klärung der ökologischen Krise zu leisten. Dies ist umso bedauerlicher, als Luhmanns System-Umwelt-Ansatz vom Kategorienpotential her zumindest unkonventionelle Fragestellungen erwarten ließ. Die Rezeption neuer naturwissenschaftlicher Systemtheorien hätte in diese Richtung führen können, wenn Luhmann deren Resultate nicht so einseitig verarbeitet hätte, wie sich am Beispiel etwa der Autopoiesis-Theorie von Maturana und Varela* zeigen ließe. Bei vielen Opponenten Luhmanns zeigen sich freilich erhebliche Defizite in der Wahrnehmung der Zusammenhänge von Natur und Gesellschaft. Obwohl sich Émile Durkheim, einer der wichtigsten Klassiker der akademischen Soziologie, an naturwissenschaftlichen Theoriemodellen (insbesondere aus der Biologie) orientierte, postulierte er die exklusive Erklärung »sozialer Tatsachen« aus derselben Klasse von Erscheinungen. Die so begründete Abgrenzungsmethodologie und das Desinteresse an den Naturaspekten gesellschaftlicher Reproduktion haben dazu geführt, daß die Soziologie so wenig beigetragen hat zur Ökologiediskussion und von der Ökologiebewegung gar nicht erst um Rat gefragt wurde.

---

* H. Maturana/F. Varela, DER BAUM DER ERKENNTNIS, Bern und München 1987.

Die Hinzuziehung soziologischen Wissens zur Analyse und Reflexion ökologischer Probleme ist aber unverzichtbar, um das Abgleiten in naturalistische, insbesondere biologistische Theorien und Ideologien zu vermeiden. Die Naturwahrnehmung ist kulturell und gesellschaftlich geprägt - wie umgekehrt unter vorindustriellen Bedingungen Kultur und Gesellschaft Anpassungen an natürliche Umweltbedingungen darstellen.

Weltgesellschaft als Produkt der Industrialisierung

Mit der Industrialisierung und insbesondere mit der Industrialisierung der Landwirtschaft gewinnt die Vergesellschaftung der Natur an Bedeutung; Natur ist vor allem auf den Landmassen fast nur noch als genutzte und gestaltete Natur vorfindbar. Ozeane und Atmosphäre werden zwar nicht primär industriell genutzt, zeigen aber ebenfalls deutliche Spuren menschlicher Tätigkeiten. Diese durchgreifende Nutzung der natürlichen Umwelt ist das Ergebnis gesellschaftlichen Handelns, das selbst wieder durch übergreifende Strukturen determiniert ist. Humanökologie hat in erster Linie die Relation von Gesellschaft und »äußerer« Natur zum Gegenstand.

In der Ökologiedebatte werden häufig zu einseitig die technischen Eingriffe in Naturzusammenhänge als Technologieprobleme gesehen, und ausgeblendet wird, daß technologische Entwicklung eng mit den Interessen dominanter gesellschaftlicher Gruppen gekoppelt ist. Die Einsicht in den hohen Vergesellschaftungsgrad moderner Technik - auf ihn ist auch der Begriff »Weltgesellschaft« zu beziehen - ist Voraussetzung für eine realistische Beurteilung der Möglichkeiten, eine nachhaltige ökologische Wende zu erreichen. Nach einem Ausweg aus der ökologischen Krise suchen heißt zunächst nach ihren gesellschaftlichen Determinanten fragen. Der Begriff »Industriegesellschaft« verweist in abstrakter Weise auf die Prägung der gesamten Gesellschaft durch Großtechnologien. Die Ausbreitung des Industriesystems über den gesamten Planeten hat die entscheidende Voraussetzung für das Entstehen der Weltgesellschaft geschaffen.

Während Luhmann entsprechend seinem kommunikationstheoretischen Ansatz Weltgesellschaft durch die hergestellte Reichweite der Kommunikation gegeben sieht, bezeichnet der Rekurs auf das Industriesystem nicht nur die technologische Basis des modernen Kommunikationssystems, sondern, darüber hinaus, den Modus der Reproduktion »moderner« Gesellschaften. Die kulturelle Voraussetzung für den Industrialismus haben der jüdische Monotheismus und, noch radikaler, dessen Weiterentwicklung auf dem Weg der Verinnerlichung, das Christentum geschaffen, indem sie mit der Verpönung der Naturkulte den instrumentellen Zugriff auf die Natur freigaben. Die mit der christlichen Weltreligion eingeleitete »Entzauberung der Welt« (Max Weber) hat nicht nur die spirituellen, sondern auch wichtige gesellschaftliche Voraussetzungen für eine durch das Industriesystem bestimmte Weltgesellschaft hergestellt. In der Gegenwart wird »Weltgesellschaft« in wachsendem Maße dadurch realisiert, daß die naturzerstörerischen Auswirkungen industrieller Systeme immer »globaler« werden. Die Zerstörung der natürlichen Reproduktionsbasis bleibt immer weniger regional beschränkt. Die langfristige Erwärmung der Erdatmosphäre durch den »Treibhauseffekt« hat die Weltgesellschaft als einen unmittelbaren ökologischen Gefährdungszusammenhang herausgestellt. Der überproportionale Ausstoß an CO_2 und anderen Treibhausgasen in den Industrieländern schafft die Bedingungen für weltweite klimatische Veränderungen, die für einige Regionen, vor allem die weltwirtschaftlich benachteiligten, katastrophale Folgen haben können.

Die Industriedichte ist ungleichmäßig, ebenso wie der industrielle Entwicklungsgrad peripherer Regionen ungleich ist; die Auswirkungen der Funktionsweise industrieller Systeme treffen aber auch jene Gesellschaften, die nicht an den produktiven Resultaten teilhaben.

Die Aussagen über die Tendenz zur Weltgesellschaft müssen dahingehend präzisiert werden, daß die global operierenden Funktionssysteme nach dem Prinzip ungleicher Verteilung arbeiten. Dies gilt insbesondere für den überproportionalen Verbrauch von Rohstoffen, Lebensmitteln, Energieträgern und Industrieprodukten durch jene Minderheit der Weltbevölkerung, die zu den entwickelten Industriegesellschaften gehört (etwa ein Viertel der Weltbevölkerung). So entfallen auf diese 26 Prozent der Weltbevölkerung 81 Prozent des Weltenergieverbrauchs. Die USA, 6 Prozent der Weltbevölkerung, beanspruchen mehr als ein Viertel des Weltenergieverbrauches.* Die polare Machtverteilung zeigt sich in den Stimmrechtsanteilen in den Weltfinanzgremien. Die Entwicklungsländer verfügen über 30 Prozent der Stimmkraft im Internationalen Währungsfonds (IWF) und über 37 Prozent der Stimmkraft in der Weltbank (vgl. Strahm: 106 f.).

»Bevölkerungsexplosion«

Das pauschale Gerede von der »Bevölkerungsexplosion« in den Entwicklungsländern, die sogar als große Gefahr für das globale ökologi-

* Nach Strahm, WARUM SIE SO ARM SIND, Wuppertal 1985: 13-15.

sche Gleichgewicht benannt wird, übergeht diese polare Verteilungsstruktur in der Weltgesellschaft. Dies ist aber ein gesellschaftlicher Tatsachenzusammenhang, der nur sozioökonomisch, nicht aber »biologisch« erklärt werden kann. Mit dem Zusammenbruch des »sozialistischen« Industriesystems - in dem allerdings die naturzerstörerischen Konsequenzen der Industrialisierung durch deren nachholende »Forcierung« noch verschärft wurden - wird Kapitalverwertung als Motor der Industrialisierung zugleich als der determinierende Destruktor des globalen ökologischen Gleichgewichts klarer erkennbar denn je. Das hohe Bevölkerungswachstum ist eine Folge der Armut und fehlender sozialer Sicherheit. Rudolf Strahm plädiert zu recht für eine Umdeutung des Begriffs »Bevölkerungsexplosion«: »Jeder neugeborene Nordamerikaner wird in Zukunft die natürlichen Ressourcen ebenso stark belasten wie zum Beispiel 55 Neugeborene in Indien, der Verbrauch natürlicher Rohstoffe (Ressourcen) und die Umweltbelastungen in den reichen Ländern sind für den ökologischen Zustand der Erde so schwerwiegend wie die Bevölkerungsexplosion in den Entwicklungsländern« (S. 15).

Obwohl nicht zu bestreiten ist, daß die Entwicklungsländer ein eigenes Interesse an der Stabilisierung der Bevölkerungszahlen haben, hat die von tiefsitzender Menschenfeindlichkeit geprägte »Bevölkerungsexplosion«-Metaphorik offensichtlich die Funktion, die primäre Verantwortung der Weltmarktzentren für ökologische Katastrophen auf die von ihnen abhängigen Völker abzuwälzen und das Problem durch biologistische Verkürzung einer technokratischen Lösung zuzuführen.

Der »Dschungel« - ein ökologisches Mißverständnis

Die ökologischen Folgewirkungen der Industrialisierung treffen jene industriell »unterentwickelten« Länder besonders stark, deren Biome gegen technische Eingriffe besonders empfindlich sind und die zugleich eine besondere Bedeutung für das globale ökologische Gleichgewicht haben. In der Zerstörung der tropischen Regenwälder zeigt sich dieser fatale Zusammenhang besonders dramatisch.* Zur Zeit werden noch etwa sieben Millionen Quadratkilometer von tropischen Regenwäldern bedeckt. Aber jährlich gehen fast eine Viertelmillion Quadratkilometer verloren. In den letzten 30 Jahren ist die Hälfte des zuvor bestehenden tropischen Regenwaldes vernichtet worden. Ein Drittel durch Holzein-

* Vgl. R. Behrend/W. Paczian, RAUBMORD AM REGENWALD, Reinbek 1990; J. Reichholf: DER TROPISCHE REGENWALD, München 1990.

schlag, der Rest durch Rodungen und oft dadurch verursachte unkontrollierte Waldbrände.

Diese Regenwälder haben eine besondere Bedeutung für das globale Ökosystem: Erstens wegen ihres einmaligen Artenreichtums, der auf 20 bis 80 Millionen geschätzt wird, und zweitens wegen ihrer weltklimatischen Funktionen. Die Blattmasse der tropischen Regenwälder leistet 29 Prozent der gesamten Bruttoprimärproduktion der Erde, obwohl diese nur 3 Prozent der Erdoberfläche bedecken. Dem entspricht ihre enorme Bedeutung als Klimapuffer: Sie speichern überschüssige Kohlensäure. Tropische Regenwälder haben eine Schlüsselstellung in der Regulierung der Erdatmosphäre.

Im Gegensatz zu dieser enormen ökologischen Bedeutung steht die fortschreitende Zerstörung dieser Biotope, die wegen ihrer Komplexität besonders gefährdet und nicht restituierbar sind. Neben den transnationalen Holzexporteuren sind es staatlich geplante Erschließungsmaßnahmen (zum Beispiel Transamazonica, Bergbau in Nordbrasilien), die Errichtung riesiger Staudämme, aber auch spontane wie organisierte Besiedlungen eines dafür völlig ungeeigneten Biotops. Nicht nur die Großprojekte, auch die chaotischen Siedlervorstöße sind Ergebnisse der Abhängigkeit von dominanten Kapitalinteressen.

Zu der sich weiter vertiefenden ökologischen Katastrophe im Amazonasbecken haben historische Herrschaftsverhältnisse der Kolonialzeit, die geprägt war durch Vernichtung autonomer Eingeborenengesellschaften, Sklavenwirtschaft und Monokulturen, ebenso beigetragen wie die Blockierungen der gegenwärtigen Industrialisierung. Es ist von makaberer Symbolik, daß die Ranch Rio Cristalino von VW do Brasil für einen der größten Waldbrände in Südamerika überhaupt, bei dem 8.000 Quadratkilometer tropischer Regenwald vernichtet worden sind, verantwortlich gewesen ist (vgl. Behrend/Paczian: 57).

Die polarisierten Agrarstrukturen Brasiliens, die Verwüstung weiter Regionen durch Monokulturen und die Krisenhaftigkeit des industriellen Sektors haben zu der für abhängige Industrialisierung typischen Marginalisierung der unteren Volksschichten geführt. Diese Verelendung erhöht den Druck auf empfindliche Ökosysteme. Landlose Kleinbauern drängen auf der Suche nach Land, nach Existenzgrundlagen überhaupt, in Gebiete, die für intensiven Ackerbau nicht geeignet sind. Die Siedlungsprogramme, die von brasilianischen Regierungen gestartet wurden, beruhen auf einer »ökologischen Täuschung«: Das üppige Erscheinungsbild des »immergrünen Dschungels« stammt von einer hochkomplexen Struktur, die durch Eingriffe leicht chaotisiert wird. Da die brasilianischen Tropenwälder nur eine minimale Speicherfähigkeit haben, führen Einschläge zur Erosion. Die so gewonnenen Böden sind zur landwirtschaftlichen Nutzung nicht geeignet. Zugleich werden die sinnvollen Nutzungsmöglichkeiten (traditionelle und moderne Sammelwirtschaft - Latex, Pharmapflanzen) zerstört. Die Umwandlung ganzer Waldstücke in Sägemehl veranschaulicht die Zerstörung komplexer Systeme. Die »Erschließung« Amazoniens dient nicht nur dem Streben nach raschem Profit, sie hat auch eine politische Dimension: Die brasilianischen Militärs haben die Erschließung aus innenpolitischen Sicherheitsmotiven vorangetrieben. Dies verweist auf den Genozid, der an den herrschaftsfreien Gesellschaften - der »Indios« - dieser Region verübt wird. Betrug die Zahl der Autochthonen Brasiliens zu Beginn der portugiesischen Kolonisierung zwei Millionen, sind es heute nur noch 200.000 »Indios«. Es war in den letzten Jahrzehnten ausgerechnet die staatliche Indianerschutzbehörde, die Siedlungsaktionen und Industrieprojekte durch Vertreibung und physische Vernichtung ganzer Stämme unterstützte.

Dies zeigt, wie sehr die ökologische Krise an Herrschaft gekoppelt ist. Die vom ihren früheren Pachtgrundstücken vertriebenen campesinos, die arbeitslosen Proleten, die ihr Glück in den Goldgruben suchen und von blanker Not getrieben den falschen Versprechungen von Regierungsstellen und Unternehmen folgen, zerstören den Regenwald, nachdem sie die »Indios« vertrieben oder umgebracht haben. Die Zerstörung autochtoner Gemeinschaften und die Vernichtung des Regenwaldes sind eng gekoppelt. Sie sind die Folge vorhergehender Umweltzerstörung und so verschärfter sozialer Marginalisierung in anderen Regionen.

Sozioökologische Destabilisierung

Diese Koppelung von Naturzerstörung und sozialer Erosion bezeichne ich als »sozioökologische Destabilisierung«. Die Destabilisierung kann von beiden Seiten der ökologischen Relation ausgehen: Die gegenwärtige globale ökologische Krise ist aber nicht durch große »Naturkatastrophen« bedingt, sondern durch die Kumulation menschlicher Eingriffe in Ökosysteme, die lokal, regional und schließlich global das ökologische Gleichgewicht *menschliche Gesellschaft* ⇔ *natürliche Umwelt* irreversibel stören.

Der in dieser Vorlesung bereits mehrfach gebrauchte Begriff »ökologisches Gleichgewicht« ist dabei nicht statisch zu verstehen: Insbesondere seit Beginn des Industrialisierungsprozesses hat sich das ökologische Gewicht ständig verschoben, so daß es zu Neueinstellungen des Gleichgewichts auf höherem demographischem und Produktions-Niveau kam. Bedrohung des ökologischen Gleichgewichts als ökologische Krise bedeutet dann, daß die Reproduktionsbedingungen irreversibel geschädigt und ganze Gesellschaften in ihrem Bestand unmittelbar bedroht sind. Die durch Industrialisierung mögliche Intensivierung und Beschleunigung des »Stoffwechsels mit der Natur« verkürzt die Regenerations- und Anpassungszeiten, so daß irreversible Schädigungen von Biomen häufiger und großräumiger eintreten als unter vorindustriellen Verhältnissen. Bedingt durch klimatische Besonderheiten (»klimatische Benachteiligung der Tropen«), vor allem aber durch jahrhundertelange koloniale Ausplünderung ist der Krisenmechanismus der sozioökologischen Destabilisierung in den früheren überseeischen Kolonien besonders ausgeprägt.

Aber auch Gesellschaften wie Äthiopien und Afghanistan, die durch energischen Widerstand einer dauerhaften Kolonisierung entgingen, sind aufgrund ihrer peripheren Situation diesem Mechanismus unterlegen. Die abhängige Modernisierung, die zur Implementierung ökologisch verfehlter Projekte führte und die Befriedigung »moderner Bedürfnisse« einer kleinen Elite (zum Beispiel Mercedes) zu Lasten der bäuerlichen Ökonomie, haben in beiden Gesellschaften fast zeitgleich (1973 bzw. 1974) zum Sturz von lange Zeit wohl angesehenen Herrschern und zum Zusammenbruch der traditionellen Ordnung geführt.* In Afghanistan hat das fehlgeschlagene große Helmand-Bewässerungsprojekt irreversible ökologische Schäden (Versalzung der bewässerten Flächen) verursacht und außerdem zur Verschuldung und damit zu wachsender Abhängigkeit von ausländischen Gläubigern geführt. Dieser Zusammenhang von ökologischer und ökonomischer Krise wird in der »Schuldenkrise« deutlich.

Die Zerstörung großer Biome durch Großprojekte in der Dritten Welt ist zu einem erheblichen Teil das Werk der Weltbank gewesen. Die Verschuldung der Dritten Welt (1 000 Milliarden) resultiert zum Teil aus der Finanzierung und aus der Fehlerhaftigkeit der Projektkonzeptionen, die eine Rentabilität ausschließen. Die Verfehltheit dieser Entwicklungsstrategie ist zwar eingesehen; aber auf der Rückzahlung der Schulden wird im Prinzip bestanden. Jetzt sollen die verschuldeten Länder mit verstärkten Rohstoffexporten die für die Tilgung erforderlichen Devisen erwerben (damit wird gleichzeitig die verbal proklamierte Verstärkung der Süd-Süd-Kooperation illusorisch). Dadurch verschärft sich aber erneut der Druck auf die Umwelt.

Ein bedrückendes Beispiel für den Zusammenhang von Herrschaft, Weltmarktabhängigkeit, Verschuldung und Umweltzerstörung ist das weitgehende Verschwinden des Regenwaldes in der westafrikanischen

---

* Vgl. meinen Aufsatz »Der lange afghanische Krieg«, in DAS ARGUMENT Nr. 157, 1986.

Côte d'Ivoire (Elfenbeinküste): »Von den ursprünglich 15 Millionen Hektar Regenwald sind höchstens noch 3 Millionen übriggeblieben. Das ehemalige Hauptlieferland für Tropenholz wird in Kürze selbst Holz einführen müssen. Neben der intensiven kommerziellen Holznutzung hat die starke Zuwanderung von Menschen aus der Sahelzone und vor allem die Ausbreitung von Kaffee-, Kakao- und anderen Plantagen zur Entwaldung beigetragen« (Behrend/Paczian: 52).

Die ökologischen Konsequenzen dieses Kahlschlags reichen über die Erosionsfolgen in Côte d'Ivoire hinaus. Da in anderen westafrikanischen Länder in ähnlicher Weise Regenwälder abgeholzt wurden, werden die Dürreperioden im subsaharischen Afrika noch länger und häufiger ausfallen (wegen geringerer Konvergenz und wegen des Albedoeffekts) und wird sich die Sahel weiter nach Süden verschieben.

Die Forcierung des Holzexports aus Côte d'Ivoire dient der Rückzahlung von Schulden, die durch Urbanisierung und andere Modernisierungsprojekte bis hin zu den immensen Kosten der neuen Hauptstadt einschließlich Kathedrale entstanden sind. Mit den Exporten werden aber auch die Devisenkonten der korrupten Elite finanziert. Die Notwendigkeit, den Holzexport auch fortzuführen, nachdem das katastrophale Ausmaß der Kahlschläge unübersehbar wurde, hängt aber auch mit dem Verfall der Weltmarktpreise für cash crops wie Kakao und Kaffee zusammen, der wiederum von den Dumpingpreisen der brasilianischen Anbieter mitausgelöst wurde.

Revision des Industrialismusprojekts

Das antiökologische Agieren von »Weltinstitutionen« wie der Weltbank, von Regierungen, aber auch von Konzernzentralen straft Luhmanns Optimismus hinsichtlich der »Selbstanpassungsfähigkeit der Großstrukturen« (siehe das zit. TAZ-Interview: 106) Lügen. Eine ökologische Wende muß an der Kopplung von Industrialismus und Herrschaft (insbesondere: Zentralisierung) ansetzen. Im Industrialismus hat sich »Naturbeherrschung« und Herrschaft über Menschen rekursiv gesteigert. Der destruktive Charakter dieser Ko-Evolution zeigt sich in der rekursiven Funktion, die Kriegstechnologien und Militärorganisation in dieser Ko-Evolution gespielt haben. Eine Revision des Industrialismusprojekts ist die zentrale Herausforderung für die Ökologiebewegung. Diese einfach klingende Aussage ist gleichwohl nicht banal: Wenn eine auf alternative Praxis angelegte Kritik des Industriesystems für vorrangig erklärt wird, so bedeutet dies, daß der Kern des gegenwärtigen Ökologieproblems nicht im Konsum, sondern in den Produktionssystemen gesehen wird. Die ökologische Krise resultiert primär nicht aus der Befriedigung menschlicher Bedürfnisse, sondern aus der Dynamik und »Effizienz« des expansiven Industriesystems.

Diese Aussage gilt global, muß aber spezifiziert werden im Hinblick auf das Industriesystem des »Realsozialismus« (in meiner Terminologie: Sowjetsystem), dem die Effizienz des kapitalistischen Industriesystems abgeht, das aber aufgrund seines zentralistischen Charakters noch größere ökologische Schäden angerichtet hat. Diese Präzisierung verweist erneut auf die sozioökologische Wichtigkeit von Herrschaft und insbesondere Zentralisierung.

Der Beweis für die Vorrangigkeit der Produktion kann hier nicht im einzelnen geführt werden. Exemplarisch kann die landwirtschaftliche Überproduktion angeführt werden, die Überschüsse weit über jede absehbare kaufkräftige Nachfrage hinaus (Rinder-, Schweine-, Butterberge, Milchseen) mit umweltschädlichen Techniken erzeugt. Die 20.000 Tonnen Herbizide, die jährlich in den alten Bundesländern ausgebracht werden* und an vielen Orten das Grundwasser vergiften, sind das Ergebnis einer Industrialisierung der Landwirtschaft, die durch Mechanisierung und Chemisierung laufend Arbeitsplätze »freigesetzt« hat und gleichwohl steigende Hektarerträge ermöglicht. Es liegt auf der Hand, daß dies nicht im Interesse von Verbrauchern liegt, ebensowenig wie die Einfuhr von Soja und Maniok aus überseeischen Hungergebieten zur Verwendung als Tierfutter. Ebenfalls einer Ertragssteigerung, die häufig durch marktverzerrende Subventionen stimuliert wird, dienen die Pestizide, die »Schädlings«-bekämpfungsmittel, die aus den Kampfgasen des ersten Weltkrieges hervorgegangen sind. An ihnen wird die Determinierung der Industrialisierung durch destruktive Leittechnologien überdeutlich. Zu welchen Verirrungen die Industrialisierung der Landwirtschaft führt, zeigt sich am Einsatz der Gentechnologie zur Züchtung herbizidresistenter Pflanzen.

In der landwirtschaftlichen wie in der »gewerblichen« Produktion haben »produktivere« Verfahren die ökologisch verträglichen verdrängt. Diese der Industrialisierung insgesamt eigene Tendenz der Ertragssteigerung, ohne Rücksicht auf Schädigung von Ökosystemen, läßt sich als Produktivismus begreifen. Produktivismus ist auch der realsozialistischen Industrie zu eigen gewesen, wie sich exemplarisch an der »Tonnen-Ideologie« zeigt.

In Entwicklungsländern hat die produktivistische Ideologie dazu geführt, daß Strategien der ländlichen Entwicklung auf der technischen Ebene ansetzten und darauf zielten, die Überschußproduktion zu stei-

---

* FRANKFURTER RUNDSCHAU vom 5.1.1991

gern. Es wurde unterstellt, daß die traditionellen Methoden der bäuerlichen Produktion »rückständig« seien und andere Methoden benutzt werden müßten: Mechanisierung und Chemisierung in Verbindung mit neuen Varietäten, sogenannten Hochertragssorten, sollten die Hektarerträge erheblich vergrößern. Dabei wurden bisherige Aktivitäten, zum Beispiel Sammeln von Früchten, vernachlässigt beziehungsweise durch Rodungen zugunsten von cash crops unmöglich gemacht. Gegenüber der Ertragssteigerung, die wegen der teuren inputs viele Bauern in ständige finanzielle Abhängigkeit brachte,* wurden die Methoden der Erntesicherung vernachlässigt - auch hier muß die realsozialistische Landwirtschaft als »führend« angesehen werden.

Für die Industrie im eigentlichen Sinne (»gewerbliche Produktion«) ergibt sich die Notwendigkeit, die gesamte Produktionskette nach ökologischen Kriterien zu überprüfen. Auch hier wird die Verwendung von Techniken, die aus Gründen der Kostensenkung und des erhöhten Ausstoßes trotz ihrer irreversiblen Folgen für Ökosysteme eingesetzt werden, eingestellt werden müssen. Ganze Produktionsbereiche wie Rüstung und andere Kriegsbetriebsmittel, Atomkraftwerke und Großstaudämme sind, ohne daß Bedürfnisse beschnitten werden müssen, total aus der Produktionspalette zu streichen. Überfällige Konsequenzen aus der Krise des Leistungsprinzips und der gesteigerten Arbeitsproduktivität mit der daraus resultierenden Tendenz zur strukturellen Arbeitslosigkeit müssen unter ökologischen Gesichtspunkten beschleunigt werden. Die Schaffung und Erhaltung von Arbeitsplätzen darf gegenüber ökologischen Geboten nicht Vorrang haben.

Rückbau!

Das verlangt eine gesellschaftspolitische Kehre: Die enge Koppelung von Erwerbsarbeit und sozialem Status muß aufgebrochen werden. Für die Stigmatisierung von Erwerbsarbeitslosen, aber auch von »Arbeitsscheuen« ist kein ökologischer Spielraum mehr. Das setzt eine egalitäre Konzeption von Gesellschaft voraus - diese Aufgabe veranschaulicht zugleich die enormen Schwierigkeiten, die dem sozioökologischen Umdenken und auch der Veränderung der Lebensweise entgegenstehen.

Nachdem die Expansion des Industriesystems zur Zerstörung wichtiger Ökosysteme geführt hat und eine weitere Durchindustrialisierung »unterentwickelter« Regionen, aber auch der bloße Weiterbetrieb der bisherigen industriellen Kapazitäten in eine globale ökologische Kata-

---

* Vgl. Collins/Lappé, VOM MYTHOS DES HUNGERS, Frankfurt 1980.

strophe führen können, ist der *Rückbau* des Industriesystems und die Aufgabe der produktivistischen Ideologie von größter Dringlichkeit. Obwohl der Akzent dabei nicht auf eine asketische Verzichtethik gelegt wird, erfordert dieser Rückbau radikale Veränderungen unserer Verhaltensweisen. Die Steigerung und selbst die Beibehaltung eines bestimmten »Lebensstandards« kann keine Leitmaxime sein. Einzelne Gewohnheiten wie der Ferntourismus und die (allerdings bereits nach immanenten Kriterien immer sinnloser werdende) Individualmotorisierung werden so nicht weitergeführt werden können.

Der Rückbau des Industriesystems erfordert ein Umdenken in der politischen Theorie. Wurde bisher politische Organisation so ausgerichtet, daß mit herrschaftlichem Kommando die Industrialisierung immer weiter betrieben werden konnte, erweisen sich andere Organisationsprinzipien als ökologisch adäquater. Politische Herrschaft zielt auf Zentralisierung von Entscheidungen und strebt Bedingungen an, in denen diese widerstandslos von Untergebenen ausgeführt werden. Nach diesem Muster wurden auch die Produktionsprozesse in der Industrie organisiert; durch die Zentralisierung der Kapitale wurden ökonomische Konkurrenzverhältnisse in Herrschaftsverhältnisse umgewandelt. Die staatliche Herrschaftsorganisation wurde für die Industrialisierung funktionalisiert.

Der *Rückbau* des Industriesystems erfordert einen anderen Typ gesellschaftlicher Leitung, den der Autorität. Ihr Leitungsmodus ist nicht das Kommando, sondern die Repräsentation gemeinsamer Interessen; ihr spezifisches Machtmittel das Veto.* Vetofunktionen von Autoritäten, wie sie aus traditionellen Gesellschaften bekannt sind, sind erforderlich, um den Rückbau des Industriesystems zu erzwingen. Die bisher gültige Rechtslage, nach der industrielle Projekte Vorrang vor partikularen Interessen haben, muß umgekehrt werden. Gegen das Veto kollektiver Instanzen einer unteren Ebene dürften keine technischen Eingriffe in Ökosysteme vorgenommen werden.

Die institutionelle Antwort auf die ökologische Krise ist also nicht die »Ökodiktatur«, sondern der Aufbau demokratischer Basisstrukturen, in denen sich Lebensinteressen artikulieren können. Daß der Ausbau zentralistischer Überwachungsapparate keine angemessene Antwort auf die ökologische Krise sein kann, ergibt sich auch aus den niederschmetternden Erfahrungen mit den sozialistischen Bürokratien, die die »Umgestaltung der Natur« rücksichtslos vorangetrieben und die ökologischen

---

* Zur systematischen Differenzierung von Autorität und Herrschaft: »Regulierte Anarchie. Eine Anthropologie herrschaftsfreien Zusammenlebens«, in KINDLERS ENZYKLOPÄDIE DER MENSCH, Bd. VIII, München 1984.

Chancen einer nicht der Profitmaximierung ausgelieferten Produktion vertan haben.

Die ökologische Wende muß keine repressive Operation sein, sie kann eigentlich nur als Akt der Befreiung gelingen. Dies schließt die Legitimierung von Widerstand ein. Die Aktionen der Atomkraftgegner weisen in diese Richtung. Vereinzelt gibt es auch tatsächliche Erfolge von Widerstandsbewegungen, vor allem wenn es um die Verteidigung traditioneller Lebensweisen geht. So gelang es den nilotischen Viehnomaden des Südsudans, den bereits begonnenen Bau eines Kanals zur Bewässerung von Baumwollkulturen, der ihr Wandergebiet zerschnitten und das gegebene Ökosystem total verändert hätte, gewaltsam zu verhindern.

Das Konzept des ökologischen Widerstands ist durch jenes der ökologischen Mobilisierung zu ergänzen. Der Aufbau eines alternativen Produktionssektors gehört dazu ebenso wie die Aufforstungskampagnen in Entwicklungsländern. Mit dem Abbau von Herrschaft muß die Verstärkung der Selbstorganisation einhergehen. Ohne Partizipation und ohne die Verstärkung der Spontaneität wird die ökologische Krise nicht gemeistert werden können. Um dies an einem höchst relevanten Problem zu verdeutlichen: Ohne selbstbestimmte Partizipation der Frauen können Programme der Familienplanung in Agrargesellschaften* nicht realisiert werden.

Mit dem Abbau von Herrschaft und Ungleichheit können den durch den Industrialisierungsprozeß geschaffenen »kompensatorischen Bedürfnissen« (siehe Bahros ALTERNATIVE) die strukturellen Basen entzogen werden.

Soziologische Phantasie

Gleichwohl läuft dieses Programm einer libertären Erneuerung komplexer Gesellschaften nicht auf Wirtschaftsliberalismus hinaus. Die Produktion in Industriegesellschaften bedarf einer vorgängigen und durchgreifenden Planung. Der Markt kann dann nur noch die Distribution von zugelassenen Konsumgütern übernehmen. Die Reglementierung des Produktionsprozesses schränkt den Markt für Produktionsmittel erheblich ein. Im Unterschied zum Planungsmodell des etatistischen Sozialismus setzt dieses Modell nicht auf Kommando-, sondern auf Vetofunktionen. Es ist auch nicht an die Verstaatlichung des Produktions-

* Diese Formulierung berücksichtigt den konträren Fall der autoritären Bevölkerungspolitik im Stadtstaat Singapur.

vermögens gebunden. Seine dezentrale Konzeption wirkt den bürokratischen Mängeln der Zentralverwaltungswirtschaft entgegen. Die systematische Förderung dezentral einsetzbarer Technologien (zum Beispiel Solar-, Wind-, Biogas-Energieanlagen) gibt dieser Konzeption die erforderliche materielle Basis.

Daß es aber eines großen Aufwandes an gesellschaftlicher Phantasie bedarf, um aus diesen papierenen Sätzen gesellschaftliche Wirklichkeit werden zu lassen, kann nicht verschwiegen werden. In diese Richtung sollte soziologische Phantasie arbeiten.

Die andere Dimension ist mit der Ausgangsproblematik angegeben worden: Die Restitution des Subjekts in der modernen Massengesellschaft. Es wurde verdeutlicht, daß die realen Tendenzen zur Abschaffung des Subjekts mit dem Sinnverlust in der industriellen Massengesellschaft zusammenhängen. Die ethnomethodologischen Beobachtungen verdeutlichen, daß es sich dabei nicht um bloße Wahrnehmung einer elitären Kulturkritik handelt. Die Übersteigerung kompensatorischer Bedürfnisse in selbstmörderisches Suchtverhalten hängt sowohl mit hierarchischen Sozialstrukturen wie mit deren Sinnentleerung zusammen. Mit dem Verweis auf Pascals Fragment 139 (»alles Unglück der Menschen kommt von ihrer Unfähigkeit, ruhig in einem Zimmer zu verharren«) kann das Desiderat einer sinnvollen Alltagskultur nicht eingelöst werden. Auch der rasche Griff zur Nadel, mit der »das Opium des Volkes« gespritzt wird, scheint mir vom Suchtverhalten geprägt, das mit der sozioökologischen Destabilisierung zusammenhängt.

Bei aller Offenheit für neue Formen der Welterfahrung warne ich davor, sich nach der irreversiblen »Entzauberung der Welt« vorschnellen Einstimmigkeiten zu überlassen und sich so dem geschichtlich entstandenen tragischen Weltgefühl zu entziehen.

Über die Bestimmung des Menschen - Mann und Frau - angesichts der Apokalypse

Eingangs will ich eine Verständnisschwierigkeit noch einmal berühren, die für diese Vorlesungsreihe mit der jahrzehntelangen Gewöhnung an den angeblich so grundlegenden Gegensatz von Materialismus und Idealismus verbunden war. Nach diesem Schema ist es »idealistisch«, Geschichte als Psychodynamik, also gerade vom Bewußtsein her zu begreifen oder gar von Gott als von einer historischen Instanz zu reden, kurzum, diese spirituelle Dimension in die Politologie einzubeziehen. Bei solchen Begriffen sind wir immer verführt, sie rückwärts in den Kontext des Kleinen Katechismus einzuordnen. Solange sich in dieser Sache noch kein neues Gesamtverständnis halbwegs durchgesetzt hat, riskiert man mit dem Gebrauch spiritueller Begriffe unvermeidlich Mißverständnisse. Am besten verweise ich deshalb noch einmal auf die organische Realität, in der ich die Bestimmung des Menschen verwurzelt sehe.

Mit der Wirbelsäule fängt das Zentralnervensystem an, das bis hinauf unter den Scheitel reicht. Das ist das biologisch gegebene Organ unseres In-der-Welt-Seins als erkennende Menschen. Dieses Organ muß nach der hier bisher gewohnten Denkweise als materiell betrachtet werden. Wenn die Einheit der Welt in ihrer Materialität gesehen werden soll, fällt auch die Bewußtseinsfunktion, fällt auch der Geist mit unter diese Kategorie. Hier interessiert mich die Realität des Organs selbst. Ob nun damit materialistisch oder idealistisch gedacht wird, ist schon mal eine *zweite*, und zwar dadurch in ihrer Bedeutung überschätzte Frage, daß man sie an die erste Stelle rückt. Sofern »idealistisch« ein Wort war, das *illusionäres* Denken bezeichnen sollte, war es schlecht gewählt. Sofern es dazu bestimmt war, die Wirklichkeitsmacht des Bewußtseins überhaupt als sekundär auszuweisen, war es falsch.

Gehen wir doch davon aus, daß das menschliche Wesen sowohl eine körperlich-materiell-stoffliche als auch eine energetische als auch eine psychische, eine Steuerungsseite hat! Und wie das jetzt bezeichnet wird, ob das mehr mit den Begriffen der »materialistischen« Naturwissenschaft geschieht oder ob - ich komme nachher noch darauf zurück - jemand wie die Physikerin Simone Weil das so formuliert, es gebe (über »Stoff« hinaus) nur zwei Kräfte in der Welt: Schwerkraft, das ist das, was die natürlichen Kräfte in uns sind, und Gnade, die sie übernatürlich nennt - das ist eine Frage des Sprachgebrauchs. Simone Weil bezeichnet eigentlich alles das, was ich neulich als die zweite und dritte Ebene unserer Bewußtseinsqualitäten angedeutet habe (4. bis 7. Chakra), als »übernatürlich« (besser könnte man »übertierhaft« sagen). Und es hängt mit den Jahrtausenden patriarchaler Diskriminierung von Natur, Erde, Körper, Frau als den »unteren« Bereichen zusammen, daß man das andere nicht »natürlich« nennen will. Weniger real ist es dadurch nicht.

Bestimmung des Menschen - das ist die Frage, woraufhin unser reales Potential kosmisch, das heißt aus der Evolution des Universums heraus, angelegt ist. Der Raum, in dem wir uns da bewegen, ist etwas, was Carl Gustav Jung »die Wirklichkeit der Seele« nennt (Geist eingeschlossen).

Ohne Menschenseele existiert überhaupt keine Kultur, so daß das, wenn man denn will, die grundlegende Ebene wäre, die gewichtigere Wirklichkeits- bzw. Seinsebene gegenüber allen Sachen und Institutionen, die wir gemacht haben.

Eines ist noch wichtig zur Verständigung: Mit der eben angestellten Erwägung frage, komme ich, zumindest anscheinend, erst einmal »von unten«, das heißt von den Entstehungsursachen, von den Triebkräften her, die aus der Evolution aufsteigen, nach der Bestimmung des Menschen. Doch ich habe etwas im Sinne, was in der alten Philosophie causa finalis heißt, eine Endursache, eine Zweckursache, die »von vorn«, »von oben« für einen bestimmten Prozeß maßgeblich ist. Nun ist der nächstliegende Gedanke dann immer, daß irgendein außerweltliches Wesen so einen Zweck gesetzt haben müßte. Jedoch kann man genausogut und sehr viel vernünftiger daran denken, daß dieser anscheinend von unten arbeitende Genotyp doch offenbar ein Programm abarbeitet, das längst mit ihm gegeben ist und das Realisierung mehr im Sinne von Entfaltung als von Entwicklung nach sich zieht.

Die Zielfunktion für unsere Existenz, das Potential, das jetzt in uns verwirklicht ist, ist uns doch im Zeugungsakt mitgegeben worden. Und das rührt nun wiederum in letzter Instanz nicht aus dem individuellen Zeugungsakt. Der Mensch existiert seit Jahrmillionen auf die Entfaltung eines solchen Programms hin. Seit den um die 100.000 Jahren, die dem homo sapiens zugeschrieben werden, liegt doch ein Ziel unserer Entfaltung fest. Der indische Dichter und Philosoph Rabindranath Tagore verglich uns mit einer Gattung hoher Bäume. Nimmt man davon ein Samenkorn, so ist es, sagt er, dessen Bestimmung, ein hoher, gerade gewachsener Baum zu werden, und es sei das Unglück dieses Baumes, wenn er aufgrund von Umständen des Klimas, des Bodens usw. verzwergt oder verkrüppelt herauskommt. Und analog dazu ist hier von der Bestimmung des Menschen die Rede.

Ich will jetzt einige Formulierungen vortragen, die dieses Thema »Bestimmung des Menschen« recht widersprüchlich angehen. Und ich behaupte schon vorweg, daß das Widersprüche auf der Ebene der Worte sind, daß das alles, ähnlich dem Satz von Tagore, Sätze sind, die die Wahrheit formulieren, zum Teil nur unter verschiedenen Gesichtspunkten, zum Teil aber auch einfach unter verschiedenen Denktraditionen.

Der erste Satz, der dieses Thema berührt, ist von Schiller: »Jeder Mensch trägt seiner Anlage nach einen höheren, idealischen Menschen in sich, dem nachzustreben seine Aufgabe und Bestimmung ist.«

Ein anderer Satz, von Steffen, das ist ein Naturwissenschaftler: »Menschen sind wie Tiere, und alles was wir tun, liegt in unserem biologischen Potential.« Und jetzt als Kontrast zwei Sätze von Simone Weil: »Alle natürlichen Bewegungen der Seele sind Gesetzen unterworfen, die denen der stofflichen Schwerkraft entsprechen, Ausnahmen macht allein die Gnade.« Von der erstgenannten Definition her - »Menschen sind wie Tiere...« - ist natürlich klar, daß auch die Gnade in uns, egal wie ich die jetzt definiere, mit unserer tatsächlichen Biologie arbeitet, mit dem, was anthropologisch gegeben ist. Und nun leugnet das Simone Weil doch wohl keineswegs, sondern im Grunde bedeutet ihr Satz: Es kann passieren, daß uns selbst auf der Herzebene (das ist ja das vierte *Chakra*, das erste »übernatürliche«) in Wirklichkeit die Schwerkraft regiert, das heißt, daß wir die Liebeskraft mißbrauchen, um noch ein paar Leute mehr unter unsere Kontrolle zu kriegen. Es kommt dann leicht etwas völlig anderes als das Gemeinte heraus. Vor ein paar Jahren fiel mir ein Buch über »spirituellen Materialismus« in die Hände. Dieser Begriff war so gemeint, daß man selbst noch um der Schwerkraft willen nach der höchsten Erleuchtung streben kann, zum Beispiel in Konkurrenz um die größere »Heiligkeit«.

Nimmt man nun allerdings die Gnade als eine Ausgießung von »oben«, von »vorn«, dann ist sie bis hier unten, wo die *Kundalini* eingerollt liegt, drin, und sogar grundlegender und gesicherter von der Möglichkeit her. Das Ich schläft dort noch. Und natürlich soll es erwachen, aber zugleich: Wer schläft, sündigt nicht! Das Ich hat hier, weil noch unentfaltet, die volle Möglichkeit. Mit einem Wort von Hölderlin möchte ich dieses Spiel mit Sätzen beenden: »Der Mensch ist aber ein Gott, sobald er Mensch ist.« Und damit ist eine Definition des *Men-*

schen gemeint, weil der Gott bei Hölderlin nicht Gott im allgemeinen ist, sondern *der Gott*, also ein bestimmter. Menschsein heißt dann: Mit unserer inneren Energie mobil sein. Nach Hölderlin sind das drei Momente der Begeisterung: In puncto Liebe, in puncto Erkenntnis, in puncto Schaffen. Darin können wir göttlich sein (»eigentlich« sein, sagt er - nur in diesen Momenten sind wir Mensch, man kann wiederum sagen, »eigentlich menschlich«).

Die Schwierigkeit in dieser Sache liegt nicht im Theoretischen, in der Aneignung der Begriffe. Die kann man sich natürlich einbläuen. Wenn man sich lange genug rein theoretisch an solche Sachen heranarbeitet, geht unter Umständen auch das bis in die Physiologie hinein. Es kann dann auch der Weg des deutschen Philosophen ein Yogaweg sein. Dieser Yoga der Erkenntnis, Jnana-Yoga, ist in Indien einer von mehreren Wegen, die Körperstellungen des Hatha-Yoga sind jedenfalls nicht der einzige. Auch das reine Studium *kann* zu Erleuchtungserfahrungen führen, wenigstens aber zu einer visionären Logik. Man kann begeistert sein beim Lesen von Literatur, nicht bloß von schöner, begeistert also von Erkenntnisprozessen.

Heidegger hatte gezeigt, daß uns der selbstmörderische Status quo »seinsgeschichtlich zugesprochen« ist, hatte das aber nur an der Philosophie festgemacht. Der Ausschnitt, den er im Blick hatte, betrifft eine verhältnismäßig späte Phase der geistigen Entwicklung der Menschheit, und zwar jene, die insbesondere von der feministischen Kritik als Patriarchat charakterisiert wird.

Bei Ken Wilber steht als Obername für dieselbe Phase das »solare Ego«. Und das »solare«, das heißt das sonnenorientierte Ego (während der Mond das Gestirn der Frauen sei) und das Patriarchat oder auch die technikbeflissene Zivilisation, das sind parallele Begriffe, sie kennzeichnen denselben historischen Tatbestand.

Die tiefste der sozialen Ursachenschichten ist eben das Patriarchat, das wiederum seinerseits kein Zufall sein kann, sondern etwas mit der conditio humana zu tun haben muß, also damit, wie der Mensch von Natur her ist. Es kann diese patriarchale Phase sicherlich nicht als bloßer Unglücksfall passiert sein. Sie muß in der Art und Weise, wie der Mensch als Bewußtseinswesen, als »Hirntier« in der Welt ist, zumindest angelegt sein, sozusagen abrufbar durch konkrete historische Umstände, die wiederum selbst aus der conditio humana hervorgegangen sind. Dann genügt es auch nicht, das Patriarchat im Rückschluß aus seinen Erscheinungsformen begreifen zu wollen. Herrschaftsverhältnisse, auch diese frühesten, setzen eine Disposition voraus.

Das Patriarchat ist die grundlegende Sozialstruktur der Katastrophe. Der Staat und Sklaverei, Feudalismus, Kapitalismus sind Manifestationen, Kennzeichen einer patriarchalen Kultur. Mit dem Übergang zum Patriarchat entstehen die Verhältnisse der vertikalen Arbeitsteilung und des Staates, wie ich das schon in meiner ALTERNATIVE gezeigt habe. Bloß habe ich damals den Akzent noch andersherum gesetzt, in der Arbeitsteilung die Ursache gesehen. Erst später begriff ich, daß das patriarchale Gewaltverhältnis die Grundstruktur des Ganzen ist. Das Bewußtseinswesen Mensch - das heißt mit anderen Worten, diese Naturkraft - geht in einer bestimmten Phase seiner Entwicklung bzw. Entfaltung mit einiger Notwendigkeit durch diese Zustände hindurch.

Das, was Engels die weltgeschichtliche Niederlage der Frau genannt hat, war also am allerwenigsten eine von den Revolutionen, an die dann hinterher die Historiker herangehen und sagen können: Wenn die sich in jener Situation so und so verhalten hätten, - *dann*... So erklärt sich Geschichte auch sonst in Wirklichkeit nicht, noch viel weniger hier, weil die Entscheidungen sehr weitgehend unbewußt gefallen sind, also nicht einfach unserer nachträglichen Manöverkritik unterliegen können. »Patriarchat, wir wissen jetzt, wie finster das ist, das sollte nicht sein« - erst einmal zutreffend, aber Begreifen ist produktiver als Verurteilen.

Allein durch Kampf können wir mit der Sache nicht fertig werden, nicht durch Verstrickung in den Antagonismus, der ja das Grundproblem ist. Wir müssen eine *neue* Lösung finden, die diese patriarchale Grundstruktur auflöst. Und damit es noch etwas klarer ist: Die Verhältnisse von heute und die von vor 4.000 Jahren sind zwar auch, aber nicht nur historisch *hintereinander* ans Licht getreten. Sieht man die ganze Struktur als von unten gewachsen, so haben ihre ältesten Züge einen Anteil in jeglicher späteren Formation.

Tatsächlich waren die germanischen Stämme schon patriarchal, und zwar gründlicher als die Ägypter oder Chinesen, was übrigens gar nicht heißen muß, daß die Frau fürchterlich unterdrückt war. Es geht da um mehr als um die Frage der Gleichstellung und Gleichberechtigung. In Germanien haben die Frauen verhältnismäßig viel zu sagen gehabt, und doch war die Grundstruktur des Lebens patriarchal gestimmt. Und unter diesem Gesichtspunkt, den ich jetzt hier bloß anreißen wollte, hat das wirklich nur wenig mit Frauenemanzipation zu tun, auch nicht mit dem Gegenteil, wenn Frau Süßmuth Bundestagspräsidentin ist. Sondern die Strukturen, denen sie dort zu dienen hat, die sind durch ein paar Jahrtausende auf den Geist männlicher Expansion festgelegt; der ist darin geronnen.

Die Lösung kann sicher nicht in einem Rückweg liegen, sondern es muß ein Weg sein, der durch unsere heutigen inneren und äußeren Verhältnisse hindurchführt. Daß dieser ungeheure Apparat, den wir geschaffen haben, die unittelbare Veränderung erschwert, fast keinen

Spielraum läßt, unterstreicht eher, wie grundsätzlich das Problem aufgefaßt werden muß, wenn etwas Neues kommen soll.

*

Ich will jetzt fünf Werke oder Autoren hervorheben, bei denen man diesen dringlichen Stoff näher verfolgen kann.

Daß die fünf Autoren fünf Männer sind, spiegelt meine eigene theoretische Annäherung an das Thema wider. Sie haben es nämlich alle gar nicht direkt zum Gegenstand, aber mir ist daraus klargeworden, wie zentral es eigentlich ist. Alle diese Werke behandeln den Gesamtzusammenhang der Bewußtseinsentwicklung und unter diesem Blickwinkel auch das Patriarchat. Wenn nun die feministische Wissenschaft antritt, dann ist es logisch, daß frau sich auf die Kritik der Stellen konzentriert, an denen diese Gebäude aus der feministischen Perspektive fehlerhaft konstruiert sind. Angestoßen von der Provokation, die das Patriarchat in seiner weltzerstörerischen Spätfassung ist, wird der Gesamtzusammenhang unter diesem spezifischen Gesichtspunkt aufgerollt.

Das erste Werk das ich erwähnen will, in meinen Augen das grundlegendste, ist Erich Neumanns an C. G. Jung anknüpfendes Hauptwerk URSPRUNGSGESCHICHTE DES BEWUSSTSEINS. Neumann behandelt den Anlauf, den der menschliche Geist genommen hat, sich aus dem Unbewußten herauszuarbeiten. Wie er das Patriarchat als Bewußtseinsverfassung bewertet, nämlich wie er es als notwendig im Sinne von unvermeidlich auffaßt, daß ist umstritten, aber mir hat geholfen, *daß* er es aufdeckt und *daß* er es überwinden möchte.

Ein zweites Werk ist Jean Gebsers Buch URSPRUNG UND GEGENWART. Er befaßt sich mit derselben Stufenleiter von Bewußtseinsschichten wie Erich Neumann, ohne daß beide Werke aufeinander bezogen wären.

Und der dritte, den ich hier nennen will, ist Ken Wilber, ein Amerikaner, der es glänzend versteht, zusammenzuführen, was in voneinander unabhängigen Strängen, wie bei Gebser und Neumann, bewußtseinsgeschichtlich erarbeitet worden ist. Ken Wilbers wichtigstes Werk, das ich sehr empfehlen möchte, ist HALBZEIT DER EVOLUTION.

Es gibt noch zwei Werke, die sehr gut den sozialhistorischen Strang dieser ganzen Entwicklung über die Innenseite des psychischen Prozesses hinaus behandeln. Das ist einmal Julian Jaynes' DER URSPRUNG DES BEWUSSTSEINS DURCH DEN ZUSAMMENBRUCH DER BIKAMERALEN PSYCHE. Das bezieht sich auf unsere beiden Gehirnhälften, auf die Rolle unserer Hirnkonstitution im kulturellen Prozeß. Jaynes zeigt den dramatischen Umbruch in der sozialen Kommunikation, der mit dem Aufkommen militaristischer Staaten und Reiche einherging, was psychophysiologisch nicht zu bewältigen war.

Das zweite Werk ist William Irwin Thompsons Buch DER FALL IN DIE ZEIT, in dem er ausführlich darstellt, wie sich der Übergang zum Patriarchat im Mythos spiegelt. Man kann da etwa am Beispiel des Gilgamesch-Epos empirisch nachvollziehen, was für einen Unterschied es macht, ob der männliche oder der weibliche Geist in der Geschichte dominiert.

Wie gesagt, das Interesse ist nicht darauf gerichtet, die frühen Zustände wiederherstellen zu wollen. Sondern wir wollen verstehen, wie wichtig es ist, die Wirklichkeit der Seele, dann auch der weiblichen Seele und der männlichen Seele in ihrem Unterschied, als historischen Faktor ernstzunehmen. Und das ist, was das Patriarchat betrifft, mein Grundmotiv. Denn das Patriarchat ist eine Struktur, in der die Führung des historischen Prozesses einseitig auf das *expansive* männliche Prinzip übergegangen ist. Das - was die soziale Dynamik betrifft - *kontraktive* weibliche Prinzip aber wurde entweder überhaupt abgedrängt oder untergeordnet oder mitgerissen. Diese Entwicklung kann nur über eine umfassende Besinnung auf die eigentliche und ursprüngliche Wirklichkeit des Menschen - Mann und Frau - als Bewußtseinswesen in ihrem Unterschied korrigiert werden.

Außerdem hat der Mann, weil er nicht in dem Sinne naturproduktiv ist wie die Frau, die Tendenz, sich auch schneller Projekten des Sachenmachens, der Außenwelteroberung und -verwandlung, des Sich-ein-Denkmal-Setzens zuzuwenden. Das führt zur kulturellen Expansion, während die weibliche Wesensart, gesellschaftlich gesehen, kontraktiv funktioniert, insofern sie auf den Umkreis konzentriert bleibt, in dem das Feuer gehütet wird, gepflanzt wird, die Kinder aufwachsen. Es haben übrigens neuere Forschungen gezeigt, daß der Geschlechterunterschied - und wieso sollte es nicht gerade so sein? - tatsächlich bis in die Gehirnstruktur geht. Das Buch, in dem diese Fakten dargestellt sind, BRAINSEX von Anne Moir und David Jessel, argumentiert ein wenig platt, vor allem indem es eine Polemik ist, gegen feministische Kurzschlüsse gerichtet. Aber die Fakten, die dort zusammengetragen und auf diesen Punkt gebracht werden, sind ziemlich klar. Bei der Frau sind die beiden Gehirnhälften nicht so scharf getrennt. Da die Brücke, über die die Hemisphären verbunden sind (Corpus Callosum ist der Fachausdruck dafür), bei ihr stärker ist, haben beispielsweise partielle Schäden beim männlichen Gehirn Funktionsausfälle zur Folge, während das bei Ausfällen derselben Hirnpartie im weiblichen Gehirn nicht unbedingt der Fall ist.

Mir ist hier vor allem wichtig festzustellen, *daß* es diesen Unterschied bis ins Biologische hinein gibt und daß die Lösung demnach diesen Sachverhalt berücksichtigen muß. Wie wir mit dem Unterscheid umgehen, ist die Frage!

Ich will an einigen Zitaten Erich Neumanns kenntlich machen, auf welche Weise, aus welchem Geist diese Forschung den Versuch macht, den Stoff zu betrachten, der hier an der Nahtstelle zwischen der conditio humana und dem Patriarchat gegeben ist. Ich zitiere nicht aus Neumanns Grundbuch URSPRUNGSGESCHICHTE DES BEWUSSTSEINS, sondern aus ZUR PSYCHOLOGIE DES WEIBLICHEN (es gibt noch ein wunderschönes Büchlein von ihm, AMOR UND PSYCHE, das behandelt genau denselben Stoff auf poetische Weise).

»Die patriarchal verstärkte Gegensatzposition von Männlich und Weiblich« - das heißt: Dieser Gegensatz ist da, und dann ist er patriarchal verstärkt - »Tag und Nacht, Bewußtem und Unbewußtem führt zu einem verborgenen, aber tödlichen Kampf der Geschlechter, der unter der Oberfläche patriarchaler Herrschaft und mann-weiblicher Symbiose in der nächtlichen Tiefe der unbewußten Beziehung tobt.« Je mehr wir in das Licht des Bewußtseins aufsteigen und je mehr dann auf diesen späteren Ebenen die Grundverhältnisse selber so selbstverständlich werden, daß man gar nicht mehr hinschaut, umso mehr tobt dieser Kampf im Unbewußten und bestimmt natürlich den ganzen historischen Prozeß mit, ohne zutage zu treten. Wir kritisieren dann Kapitalismus, Feudalismus oder Sklaverei, und das ist auch alles wahr. Aber die erste soziale Scheidung ist, übrigens auch nach der Analyse, die Engels damals, an Bachofens MUTTERRECHT anknüpfend, gegeben hat, die zwischen Mann und Frau. Er nennt sie das erste Herrschaftsverhältnis in der Geschichte. Und wieso sollte das auf einmal erledigt sein? Es ist nur überlagert. Es ist der unerledigte Grundstoff unter und in allen späteren Schichten. Wenn Neumann nun schreibt, das tobt in der nächtlichen Tiefe der unbewußten Beziehung zwischen Mann und Frau, dann kann sich das auf die persönliche Liebesbegegnung beziehen, aber auch auf Mann und Frau im gesellschaftlichen Gefüge überhaupt.

Ein anderer Satz lautet: »Wo die Psychologie des Patriarchats endet, beginnt die Psychologie der Begegnung, der Selbstfindung, der Selbsthingabe.« Dieser Übergang ist nicht nur parallel, sondern grundlegend verflochten mit dem Übergang zu einer welterhaltenden Sozialverfassung. Und nur um diese Andeutung abzuschließen, noch ein dritter Satz: »Individuation überwindet die patriarchale Verdrängung von Anima und Animus.« Mit dem Wort »Individuation« meint er mit Jung die Integration unseres Selbst, unserer Versammlung aus den disparaten Teilen, meint er, was heute auch Psychosynthese heißt, einen Weg, bei dem nicht zuletzt auch unsere inneren Gegengeschlechter, die weibliche Seite des Mannes, die männliche der Frau, erst einmal in ihrer Bedeutsamkeit hervortreten. Das pflege ich ja als Mann nicht in den Lebenslauf hineinzuschreiben, was Begegnungen für mich bedeutet haben, sondern aufzuzählen pflege ich nur meine Errungenschaften auf dem expansiven Weg. »Individuation« führt also, sagt Neumann, zu einer postpatriarchalen Struktur, bei der nicht die Gegensätze wegfallen, aber diese äußerliche Polarisierung - hier »nur Mann«, dort »nur Frau« - wegfällt, der Krieg der Geschlechter aufhören kann.

Nach dieser tiefenpsychologischen Forschung läuft die Antwort auf die Überlagerung des Geschlechterunterschiedes durch patriarchale Gewalt nicht auf Bestrebungen und Praktiken hinaus, die eigentlich die patriarchale Leistungsgesellschaft nur aufs Weibliche durchschlagen lassen. Zuerst müssen die Potentialunterschiede, so weit man davon weiß, gesehen werden, wie sie sind. Das führt nicht zurück zu den alten Vorurteilen, wonach die Frau wieder an den Herd zurück soll. Die Klassenkampfpsychologie auf dieses Gebiet zu übertragen würde das Problem verfehlen. Das Machtungleichgewicht ist Symptom, nicht letzte Ursache. Das Gewalthafte daran ist nicht zu leugnen, aber soweit das Machtungleichgewicht bewußtseinsbedingt ist, kann das Gleichgewicht wohl nur dann wieder hergestellt werden, wenn die Berichtigung auf der Bewußtseinsebene ansetzt.

Die Folgerung, die nicht ganz so kurz ableitbar ist, wie ich sie jetzt präsentiere, wäre, daß in der Überwindung des Patriarchats und angesichts der ökologischen Krise tatsächlich das weibliche Prinzip die Führung übernehmen muß, und es wird für den Übergang nicht nur innerpsychisch, sondern auch real einer Dominanz der Frau bedürfen. Damit ist nicht an eine Umkehrung des Patriarchats gedacht, sondern gemeint ist eine Neuintegration der Geschlechter im gesellschaftlichen Bewußtsein *und* in den Institutionen. Wenn jetzt häufiger Männer bereit sind, zum Beispiel ihren Anteil an der Kindererziehung schon vom Säuglingsalter an zu übernehmen (gerade in intellektuellen Kreisen, so etwas greift ja um sich), wenn es Hausmänner gibt, und nicht bloß aus »sozialen« Gründen, so sind das Oberflächenphänomene, die aber auf eine tiefere Verschiebung im Wertekanon hindeuten. Männer sind offenbar bereit, von diesem expansionistischen Projektemachen, Sachenmachen, von dem Drang, sich in einer großen Konstruktion zu realisieren (»ein Schlachtschiff muß ich konstruieren, wenn ich schon Schiffbauer geworden bin« - das ist das mächtigste Selbstsymbol), ein wenig abzugehen.

Individuation ist für Jung und Neumann ein Prozeß der zweiten Lebenshälfte. Das ist aber kein festes Datum, sie kann auch früher einsetzen, wenn es kulturelle Unterstützung dafür gibt. Nicht in dem Sinne, daß dann der junge Mann schon mit 20 Jahren nichts mehr in der Welt zu tun haben sollte; das wäre absurd. Das Ich muß sich erst einmal entfalten. Wenn eine Kultur im Gleichgewicht ist, muß das nicht zerstörerisch sein. Daß das Gleichgewicht so gänzlich fehlt, ist die Herausforderung. Deshalb brauchen wir die geistige Umorientierung, aus der sich der Mensch - Mann und Frau - auch sozial *kontraktiv* - auf eine ruhige Mitte des Lebensprozesses hin, wie es dem weibliche Modus entspricht - statt expansiv verfassen kann.

Die Erde ist ein Ort, der heute für die Menschheit nicht mehr größer ist als der Lager- und Wohnplatz samt Umgebung, wo früher die Frau, ihr Verhaltensmodus, ihre Orientierung an den Lebensgesetzen regiert hat. Dagegen hält die Welt den anderen Modus, der darauf abstellt, die Rohstoffe rund um die Erde und die Raketen rund um das Universum zu schicken, nicht mehr aus. Die männliche Selbstverwirklichung muß an den kleinen Lebenskreis rückgebunden werden. Sonst bleibt es normal, wie jetzt in der Öffentlichkeit darüber palavert wird, daß am Persischen Golf Saddam Hussein bestraft werden soll. Was, wie erwähnt, in jeder indianischen Stammesgesellschaft mitregiert, der Gedanke, daß nichts geschehen darf, was die Kinder schädigt, das spielt bei uns überhaupt keine Rolle. Dabei betrifft der drohende Krieg Millionen Kinder, betrifft zig Millionen Menschen dort. Bush gibt vor, einen Verbrecher strafen zu wollen, und konzentriert am Golf eine Feuerkraft, die größer ist als die im gesamten zweiten Weltkrieg eingesetzte. Es ist gar nicht eindeutig, wo der Wahnsinn größer ist, in Bagdad oder in Washington. Und wie »normal« ist die Perversion, daß wir auch nur diese Art des Diskurses akzeptieren! Augstein, einer der Medienherrscher des Westens, schreibt im SPIEGEL, daß den Amerikanern erst einmal die Gerechtigkeit werden muß, Saddam aus Kuweit vertrieben zu sehen. Dieses Recht auf Genugtuung für ihre kollektive Psyche versteht sich ganz von selber. So selbstverständlich ist die patriarchale Selbstausrottungslogik. Der Konflikt muß ausgetragen werden, egal, was daraus folgt.

Ich hatte schon angedeutet, daß diese historische Phase, die Martin Heidegger unter dem Gesichtspunkt Herrschaft der Technik behandelt hat, mit Ken Wilber auch als die des sogenannten »solaren Egos« verstanden werden kann. Das »solare Ego« ist aber bereits die vierte historische Bewußtseinsstruktur! Die älteste, die archaische Phase, korrespondiert mit dem Wurzel-*Chakra*, die eingerollte Schlange mag auch das Ich als schlafend symbolisieren. Die Schlange, die sich in den Schwanz beißt, ist das Symbol unseres »Beischlafs« mit der Natur, erinnert auch an das, was Nietzsche die »ewige Wiederkehr« genannt hat, irgendwie an das »untere Ende« des Geschichtsprozesses, wobei wir, so

Nietzsches Ahnung, wohl zugleich vorwärts und zurück müßten. Gesellschaftlich gesehen haben wir hier noch nicht die »Spirale«, in der sich die Schlange erhebt. Was sich individuell schon von früh an ereignet haben dürfte, ereignet sich wohl nicht gleich auch in der kollektiven Energie. Klar dürfte sein, daß unter der Vorherrschaft einer solchen Bewußtseinsverfassung alle Probleme des sozialen Geschehens, die Art und Weise, wie der Mensch nicht nur seine Lebensmittel produziert, sondern auch, wie er sozial kommuniziert, sich prinzipiell anders regeln, als wenn nachher das »solare Ego« regiert.

Ich will nur auf die Tatsache dieser radikalen Unterschiede hinweisen. Hier hat sich das Ich noch gar nicht von der Welt gelöst. Das ist ungefähr analog mit den ersten Monaten eines Säuglings, mit dessen Weise, in der Welt zu sein. Ungefähr so ist der Mensch einst *gesellschaftlich* noch in der Welt eingebettet gewesen. Was nicht heißt, daß zu jener Zeit nicht dieses gesamte Organ mit ihm geboren gewesen und vieles auch individuell aktualisiert worden wäre. Gemeint ist nur, das meiste wird noch nicht sozial institutionalisiert. Wir wissen, heute - auf der Stufe vier als der des »solaren Ego« - ist selbstverständlich, daß jedes normale Kind rechnen lernt. Man kann rückschließen, das ist im Genotyp vorgegeben. Das ist es auch, nur haben sie anfangs nicht gerechnet. Nicht, daß sie damals nie zwei Äpfel zusammengezählt haben - nur hat das den Zusammenhang nicht bestimmt. Wenn Rechnen typisch wird, begründet das eine sehr andersartige Gesellschaft. Als der alte Orient mit dem Rechnen und gar mit dem Schreiben anfing, da begann die moderne, städtische Entwicklung, das, was wir geschriebene Geschichte nennen, und bald auch das, was patriarchale Zivilisation ist.

Auf der zweiten Stufe, auch noch *vor* dem großen Rechnen, tritt die Magie als charakteristisches Weltverhältnis hervor. Magie heißt, daß ich mich mit beliebigen Objekten der Außenwelt identifiziere, um dort Macht hinzuprojizieren oder von dort welche zu bekommen. Das kann ein Stein sein, den ich finde, der mich auf einmal stärkt oder zu irgend etwas ermächtigt, was dann in der Gemeinschaft bedeutungsvoll ist. Das Symbol dieser zweiten Stufe ist, wie Wilber zeigt, nicht die Schlange, die sich in den Schwanz beißt, sondern der Typhon, ein griechischer Titan, und zwar einer, bei dem aus der Tierheit erst wenig Mensch herausschaut.

Auf der dritten Stufe, der des mythischen Bewußtseins, kommen dann die Götter statt der Titanen, und der Mensch ist schon bewußt Gesellschaftswesen, auf gruppenkonformistische Weise freilich. Die Götter sind nicht Gott. Jeder Gott und jede Göttin vertritt noch etwas einzelnes, der eine, Vulkan, die Schmiede, die Feuerkraft, der andere, Neptun, die Wasserkraft, je kombiniert mit sozialpsychischen Spiegeln.

Und erst auf der vierten, der mentalen Stufe, wo das Herz steht, aber zunächst besetzt ist von dem intelligenten Machtwillen, ist dieser Rechengeist, dieses mentale Ich, das »solare Ego« zu Hause. Das ist schon Geist, der sich als Geist weiß. Nun beginnt Vernunft zu herrschen, und zwar zunächst vornehmlich als Verstand. Insofern diese ganze Entwicklung nur in der Perspektive der Evolution, also von unten nach oben, gesehen wird, wo der Geist sich mühselig auf die nächste Stufe empordrängt, sofern uns - und das ist Formulierungsache, mag uns erst einmal komisch vorkommen - nicht Gnade entgegenkommt, ist diese »Mentalität« nicht offenen, sondern beklemmten, ängstlichen Herzens.

Der rationale Geist, der so verfaßt in die Welt eingreift, erfährt seine Unzulänglichkeit, ist meist mit einem Minderwertigkeitskomplex behaftet, *weil* die Herz-Ebene nur von unten berührt und der Weltkontakt beschränkt ist. Das meint der Satz: »In der Welt habt ihr Angst.« Das ist gerade die Erfahrung des Herzens, das sich zusammenzieht und wo Angina pectoris und Herzinfarkt herrühren, wenn das allein der Energie überlassen bleibt, die von unten kommt.

Was die Sichtweise von Wilber gegenüber den anderen Einblicken auszeichnet, ist nun folgendes: Er sieht, daß mit jeder dieser Stufen der Entfaltung das Durchschnittsbewußtseins, höhere Bewußtseinszustände einzelner Individuen korrespondieren. Stämme, an sich vielleicht auf der magischen Stufe zu Hause, haben auf dieser höheren Ebene den Schamanen. Die Staatsvölker mit Gruppenbewußtsein (mythische Stufe), werden zuweilen von Heiligen begleitet. Schon der Schamane berührt das Überbewußtsein. Wer es wagt, die ganze Realität zu sich kommen zu lassen, über seine Angst hinaus, dem wachsen höhere Kräfte zu, oder vielmehr, er ermöglicht ihre Mobilisierung in sich selbst. Und über welches *Chakra* in uns sich diese Kräfte auch jeweils regulieren, es ist ja immer das ganze Organ, mit allen seinen Ebenen gegeben und kann sich artikulieren. In der frühen Zeit ließ sich dieser höhere Bewußtseinszustand zum Beispiel daran ablesen, daß man etwa fliegen konnte - das heißt nicht körperlich, sondern mit der Seele, mit den psychischen Kräften konnte man tatsächlich an anderen Orten sein. Es gibt da wirklich mehr Dinge zwischen Himmel und Erde, als sich die Schulweisheit träumen läßt.

Wenn nun heute bereits eine »kritische Masse« von Menschen auf dieser Ebene, die sich früher im Schamanismus ausdrückte, bemüht - und tendenziell findet das in der spirituellen und therapeutischen Bewegung statt -, dann hat das eine neue Perspektive. Die Ratio wird keineswegs verworfen, indem das *ganze* Organ belebt wird. Wenn der wissenschaftliche Geist die Ekstase wagt, dann kommt nicht der archaische

Schamanismus heraus. Natürlich, in dem New-Age-Feld gibt es auch viel Regressives. Das ist unvermeidlich, daß das unterläuft. Aber bei denen, die auf dem Boden des mentalen Bewußtseins das Experiment machen, sich dem Überbewußten zu öffnen, ist eine höhere Integration möglich. Wilber sagt, die Menschheit könne als nächstes »zentaurisch« werden, also in diesem Sinnbild gedacht, Tier und Mensch in sich integrieren. Der Zentaur Chiron in Goethes FAUST ist ein Weiser, der das Körperliche nicht verdrängt hat. Der Zentaur ist nicht dieser Computerkopfmensch oder der Mönch, der alles Körperliche negieren möchte, sondern ein Wesen, bei dem die höchsten Kräfte aus dem vollen Bios leben. Das könnte also das nächste Stadium sein, könnte die nächste, die fünfte, die »integrale« Stufe der allgemeinen Bewußtseinsentwicklung bioenergetisch tragen. Die Möglichkeit ist in uns angelegt, die Evolution, meint jedenfalls Wilber, tendiert dahin, sie zu entbinden. Der Mensch ist allerdings gerufen, aktiv dabei mitzutun, in die neue Richtung zu denken und zu üben. Die bisher normale mentale Verfassung ist sicherlich nicht mehr verantwortbar.

Daß sich nicht alle auf einmal auf diesen Weg machen, heißt noch lange nicht, daß die Orientierung elitär ist. Übrigens ist sie viel eher an eine psychische als an eine bildungsmäßige Qualifikation gebunden. Hier kann eine qualifizierte, eine sich systematisch im eigentlich Menschlichen qualifizierende Minderheit die innere *Struktur* ändern, die der äußeren Praxis zugrunde liegt. Ermutigend kommt hinzu, daß, so wie die archaische Phase von Schamanen begleitet war, seit dieser zweiten, der magischen Phase, Heilige hervortreten, Menschen des sechsten *Chakras* sozusagen. Der Schamane reicht manchmal bis an diese Ebene der Heiligen heran, aber hauptsächlich weiß er, was ihm in Ausnahmezuständen sein Körper sagt, was ihm die Weisheit sagt, die ihm aus der Schlangenkraft von unten her aufsteigt, während zu den Heiligen etwas *herab*steigt von der bis in den Scheitel aufgestiegenen Lebensenergie. Jeder und jede von uns hat die Anlage zu dieser Verfassung entfaltungsfähig in sich.

Hier, mit der dritten, der mythischen, der letzten »tierhaften« Ebene, wo das soziale Ich aufzutreten pflegt, korrespondieren schon Einzelne, die auch über die Verfassung der Heiligen noch hinausreichen: Menschen wie Laotse, Krishna, Buddha, Jesus, Mohammed sind Empfänger für die Botschaft der menschlichen Lebensenergie in ihrer reinsten Form. Deren Bewußtseinsverfassung, die sich ja in einer mit anderen geteilten Lebenspraxis manifestiert hat, ist, modern gesprochen, das Modell, nach dem der Mensch seine Welt mit der Natur, mit dem kosmischen Leben analogisieren muß. In diesem Sinne sah uns Meister Eckhart dazu bestimmt, Christus in uns zu empfangen und zu gebären.

Zusammenfassung II

Über die Bestimmung des Gelehrten - Mann und Frau

Mit ein paar Worten zum Golfkrieg

Wir können dieser Tage besonders eindringlich sehen, wie die »Logik der Selbstausrottung« funktioniert. Mein Exterminismusbegriff hält sich ja zunächst an die Symptomatik. Krieg ist eines dieser Symptome. Aber begriffen hat man erst dann, wenn man einige Schichten tiefer geht. Johan Galtung hat hier in demselben Raum in seiner Vorlesung deutlich gemacht, daß Amerika alle 20 bis 25 Jahre einen Krieg braucht und warum. Ich will seine Argumente nicht wiederholen. Ich sehe die Sache jedenfalls so, daß dieser Krieg stattfindet, weil ihn die USA gewollt haben und der übrige Westen im Anhang mitmacht. Die Zeitungen enthalten verstreut, nicht in den aktuellen Meldungen, genug Informationen, die bestätigen, daß das so ist.

Man hatte Saddam Hussein vorher den Eindruck gegeben, die Amerikaner werden das nicht so ernst nehmen. Danach ist der ganze Konflikt so gesteuert worden, daß er eigentlich zum Durchhalten keine Alternative hatte - falls man ihm dieselbe Psychologie unterstellt, von der die amerikanische Seite auch beherrscht ist, nach der nämlich das maßgebliche Kriterium, mit dem man an weltgeschichtliche Entscheidungen und an das Leben hunderttausender Menschen herangeht, darin gesehen wird, ob ein Mann sein Gesicht verliert. Auf dieser Ebene wird die ganze Angelegenheit kolportiert. Und fast alle Umstände, die in den Konflikt eingebundenen Interessen und die Waffensysteme, mit denen Saddam Hussein arbeitet, sind eine Kreation des Westens.

Wenn man den weltgeschichtlichen Horizont ernst nimmt, dann geht das bis ins sogenannte Mittelalter zurück, dann ist das erneut eine Konfrontation zwischen Christen und Moslems. Alles, was jetzt geschieht, ist geeignet, die rückwärtigste Front des historischen Prozesses, also die

Tiefenpsychologie der Kreuzzüge, wieder akut werden zu lassen, explizit auf arabischer Seite, implizit nicht weniger auch im Westen. Wenn, wie es jetzt heißt, darum verhandelt wird, daß Israel vielleicht nicht gleich zurückschlägt, dann geht es genau darum, die drohende Einigung der Araber auf der fundamentalistischen Position ein wenig hinauszuschieben - während der gesamte Krieg natürlich geeignet ist, sie zu befördern.

Ich sehe das, gerade auch im Hinblick auf die Frage nach den Tiefenstrukturen, so: Wenn jetzt doch 80 Prozent der Bevölkerung in der Bundesrepublik - obwohl 90 Prozent »echt Angst« haben - auf entsprechende Meinungsumfragen etwa sagen, der Krieg muß halt sein, aber gut, daß die Deutschen nicht dabei sind, dann haben wir einen Hinweis darauf, daß die Menschen nicht bei sich sind. Normal wäre die Frage nach dem jetzt geeigneten Nürnberger Tribunal für die Führer des Westens.

Aber dafür fehlen die machtpolitischen Voraussetzungen, weil es auch in den tieferen Schichten des historischen Prozesses, auf den Bewußtseinsebenen, die jetzt mit im Spiel sind, so nicht konstelliert ist. Deshalb hat es wenig Sinn, sich über dieses Bewußtseinsversagen aufzuregen. Die Wahrheit ist, daß wir gegen die Logik der Selbstausrottung, selbst angesichts des möglichen Eintritts in einen dritten Weltkrieg, die Bewußtseinskräfte nicht konstituiert haben. Es äußert sich dort, was das Verfahren betrifft, diese moderne Gesellschaft als Megamaschine, die ich als erste, immer noch oberflächlichste Ursachenebene ansehe. Das Industriesystem führt seine militärische Seite vor. Und was den Inhalt des Krieges betrifft, ist es mehr noch die dritte Ursachenebene, die weiße, männliche Welteroberungspsychologie, die ausagiert wird, als die zweite, kapitaldynamische.

Wenn das Wort »Exterminismus«, das ich benutzte, um die Symptome zu kennzeichnen, im Englischen meint, mit der Giftspritze massenhaft Unkraut und Ungeziefer auszurotten - genau so wird dort technologisch bombardiert. Ein besonders feiges Verfahren, dieser technologische Krieg. Die Leute, die auf die Knöpfe drücken, sind einstweilen weit genug von den Opfern entfernt. Das war in Vietnam schon so. Unsere Gesellschaft äußert sich naturwüchsig - in dem Sinne, wie Marx das Wort einst gut gebraucht hat - auf diese Weise. Und die subjektiven Widerstandskräfte in uns selber sind nicht stark, damit auch nicht hoffnungsvoll genug, daß wir glauben dürften, das aufhalten zu können.

Mir scheint klar, daß sich die Menschen in diesen technologisch fortgeschrittensten Ländern bis auf den Grund mit der Frage nach den Ursachen auseinandersetzen müssen. Ich war am vergangenen Wochenende draußen im Schlaubetal bei Rolf Henrich, der heute auch an der Vorlesung teilnimmt; und sein wie mir scheint treffendes Verständnis war, daß am Golf Prinzipien zusammenstoßen, die nicht zeitgleich sind. Trotz der modernen Technik, die an den Irak verkauft wurde, regiere dort psychologisch das mittelalterliche Prinzip der Prozession und nicht, wie im Westen, das Prinzip des Exterminismus als technologischer Prozeß.

In unserem Zusammenhang waren wir ja viel bei Tiefenpsychologie. Falls Freud recht hat damit, daß sich verdrängte Sachen immer besonders bemerkbar machen, auch was Versprecher und dergleichen betrifft, dann ist es überaus bezeichnend, wenn unsere politischen Führer gleich im Augenblick des Losschlagens verbreitet haben: »Saddam Hussein *allein* ist an allem schuld.« Freilich geht es weit über unbewußte Manipulation hinaus. Ich habe vor vielen Jahren erlebt - das muß Mitte der 70er Jahre gewesen sein -, wie irgendein Landwirtschaftspolitiker der DDR am Fernsehschirm über irgend etwas weniger Bedeutsames sprach, und mein Junge, 12 Jahre alt, saß neben mir und sagte: »Papa, wieso hörst du den an, du siehst doch, der lügt.« Auch diesmal ist es ihnen anzusehen. Das sind nicht bloß Versprecher, sondern die wissen, was sie da tun, auch mit den Lügen.

Ich hatte die Vorlesungsreihe »Das Wesen der ökologischen Krise und die Subjektivität der Rettung« genannt. Mitgedacht war von Anfang an die Voraussetzung, daß der Mensch, wie er üblicherweise anthropologisch, soziologisch, sozialpsychologisch und so weiter beschrieben wird und von dem es auch am Biertisch heißt, »er ist nun mal so, wie er ist« - daß dieser Typus verloren ist. Es hat keinen Zweck, dem nicht ins Auge zu sehen. Nur wenn es gelingt, einen Sprung zu machen, eine anthropologische Revolution, haben wir noch eine Chance. Hoffnung kann sich nur auf ungenutzte Ressourcen stützen, die nicht gleich massenhaft, sondern nur bei einer kritischen Masse von Menschen anzapfbar sind. Bis jetzt ist nicht einmal diese kritische Masse zusammen.

Nun gibt es Leute, die trotz dieses Konformitätsdrucks auf Solidarität mit der Führungsmacht des Westens nicht mitspielen. Andererseits treffen nicht alle, die jetzt protestieren, auch schon die Wesensebene des Konflikts. Vielfach ordnet sich auch die Friedenspartei noch demselben innerpolitischen Spiel unter, so recht sie mit ihrem Gegenhalten hat. Kritik an als feindlich erlebten herrschenden Interessen greift immer noch zu kurz.

Was sich dort realisiert, beherrscht uns seit Jahrhunderten von innen. Und zu dem Prinzip des Kreuzzugs, der Prozession des »heiligen« Europa, ist in den letzten 200 Jahren diese Overkill-Kapazität hinzugekommen. Erhard Eppler hat es für die ökologische Krise einmal schlicht so ausgedrückt: »Sie [damals] hatten keine Motorsägen.« Da ging es etwas langsamer mit dem Abholzen der Wälder. Wir haben die Kapazität nicht bloß verzehnfacht oder verfünfzehnfacht, wie sich das von der Säge zur Motorsäge vielleicht rechnet, sondern wir haben die Vernichtungskapazität, die wir auf Menschen, Erde, Leben, Biosphäre richten, vertausendfacht.

*

In der vorigen Vorlesung habe ich allgemein die Frage gestellt, wie der Mensch - Mann und Frau - seiner Bestimmung nach die Apokalypse aufhalten, das heißt seinem Machtgebrauch Grenzen setzen könnte. Heute will ich mich auf den Erkenntnisaspekt des menschlichen Geistes konzentrieren, den in den Vordergrund stellen - auch im Hinblick auf den Unterschied der Geschlechter, so wie ich das bei der allgemeinen Fassung der Frage gleichfalls getan habe.

»Bestimmung des Menschen«, »Bestimmung des Gelehrten« nannte Fichte seine Einführungsvorlesungen in Jena, Erlangen und Berlin, um den Studenten etwas über den Sinn des gesamten Lehrbetriebes zu vermitteln. Meine Vorlesung ist nun nicht philosophiehistorisch, doch dürfte klar sein, daß Fichtes »Bestimmung des Gelehrten« nur eine Spezifizierung, eine Zuspitzung der Frage nach der Bestimmung des Menschen sein kann, daß es sich hier nicht primär um einen besonderen Beruf handelt, sondern um die Berufung des Menschen als Erkennenden. Er soll nicht nur auf der Höhe der Geschichte sein, sondern mehr und mehr sich befähigen, einigermaßen adäquat die Botschaft des Universums aufzufangen.

Bei dieser »Schlange« mit den 7 verschiedenen Realisierungsstufen (siehe Seite 200), die ich schon ein paarmal an die Tafel gemalt habe, geht es ja darum, *wie* wir mit unserem Erkenntnisorgan in der Welt sind. Menschen, die sich - so wie in den letzten Monaten George Bush und Saddam Hussein - gegenseitig im Visier haben, ein Napoleon den anderen, sind von vornherein außerhalb der Bewußtseinsverfassung, in der sie aufnehmen könnten, was die Existenz als ganze von ihnen will. Was gut für Frauen und Kinder ist, kommt in kein Fadenkreuz, es sei denn, um manipulativ zu sichern, daß der Gegensatz zu den Lebensinteressen nicht allzu offensichtlich wird. Natürlich sind für die Bevölkerung in den reichen Ländern mit der Niederwerfung des Widerstandes rund um den Planeten Vorteile verbunden. Die Bewohner der Ex-DDR kämen gar nicht dazu, in die Autos einzusteigen, wenn es keine Panzer gäbe, das heißt wenn das Imperium des Weißen Mannes nicht hochgerüstet wäre, um die Ansprüche der übrigen Menschheit von vornherein im Zaum halten zu können. Die Bestrafungspropaganda ist dazu da, von dieser ebenso gefährlichen wie moralisch unhaltbaren Voraussetzung unseres Lebensstils abzulenken.

Nun denke ich allerdings, daß dieser Napoleonismus gar nichts Besonderes ist. Er ist nur die Zuspitzung der männlichen Konkurrenz. Zwischen Physikern, die nobelpreisverdächtig sind, spielt sich unter Umständen Ähnliches ab. Wer wird sich durchsetzen? Diese Konkurrenz scheint im Vergleich zu der anderen harmlos. Aber beiden liegt dasselbe Muster zugrunde, das keine andere Welt ermöglicht als die, in der sich Politik und Wissenschaft nachher in solchen Kriegen verbinden.

Es geht darum, von den Kräften, die sich über die »dritte Ebene«, das »Macht-*Chakra*«, artikulieren wollen, einen anderen Gebrauch zu machen. Aber das setzt voraus, daß der Strom unserer Lebensenergie von innen her breiter und freudiger, das heißt angstloser fließt. Diese Öffnung erst ermöglicht, daß wie die Impulse empfangen können, über die der universelle Zusammenhang zu uns spricht. Normalerweise halten wir Ausschau, wo die Bedrohung ist, und ziehen uns für den nächsten Kampf zusammen; oder suchen einen direkten Nutzen. Von daher haben wir unsere Wissenschaft aufgebaut; ihre Scheinwerfer schneiden schmale Trassen aus dem Naturzusammenhang heraus, und selbst wo wir's vordergründig um der Wahrheit willen tun, wollen wir Wahrheit aus einem Interesse vorteilhafter Anwendung, einem Sicherheitsmotiv etc. heraus. Die vielgerühmte göttliche Neugier ist selten. Zu einer selbstlosen Wissenschaft, einer Wissenschaft, die *uninteressiert* ist (keine Zinsen tragen muß - Zinsen heißen ja in anderen Sprachen »Interessen«), haben wir es, außer in der Idealität, noch nicht gebracht. Weniger dringlich als in vorwissenschaftlicher Zeit wollen wir wissen, wie die große Wirklichkeit in ihrem Wesen ist, bzw. erfahren, »was die Welt im Innersten zusammenhält«. Bisher haben wir das Wissen summa summarum in den Dienst von Machtprojekten gestellt, und das heißt, daß sich die Erkenntniskräfte auf der Ebene dieses dritten *Chakras* naturwüchsig falsch herum, nämlich machtorientiert, drehen.

Wirksam korrigierbar ist das nur durch eine Praxis, die uns in unsere höheren Potentiale einweiht und uns von daher auch abwärts neu ordnet. Es wird gut sein, wenn wir erst einmal theoretisch einsehen, wie notwendig entsprechende Übungen sind. Zur Begründung will ich ein aufschlußreiches Buch hervorheben, DAS WAGNIS DER SCHÖPFERISCHEN VERNUNFT des Wiener katholischen Historikers Friedrich Heer. Darin macht er an einer Unmenge von Material die innere Logik und Problematik unserer westlichen »jüdisch-christlichen« Zivilisation klar. Das Schlüsselkapitel für unser heutiges Thema ist überschrieben: »Vom Wahnsinn der wissenschaftlichen Vernunft.« Unsere Fähigkeit, vernünftig zu analysieren, wird, wie Heer zeigt, in den Dienst ganz anderer, unbewältigter Tiefenkräfte gestellt. Er hat en detail dargetan, wie das geschieht - in Goethes Worten: »Er nennt's Vernunft und braucht's allein, um tierischer als jedes Tier zu sein.«

Nun wird es sich jetzt nicht darum handeln können, daß sich sechs Milliarden Menschen von der Wiege an im Detail diesen riesigen europäischen historischen Stoff aneignen müßten, der die Zerstörung noch einmal erklärt. Aber die Intellektuellen müssen es - selbstkritisch, wie man hier zu sagen pflegte - ein Stück weit tun. Es ist nur zu notwendig, auch das ganze begriffliche System zu berichtigen, das heißt die »Logik der Seele«, ich komme noch darauf. Da unsere ganze Zivilisation durch Begriffe hindurch sich bewegt, wäre es absurd, diese Ebene zu ignorieren. Manche New-Age-Praktiken, die nur darauf hinauslaufen, per Kurzschluß in die älteren Schichten zurückzugehen, sind Verkürzungen und Verbilligungen, das wird nicht funktionieren. Man muß es schon auf der Höhe des menschlichen Geistes von heute versuchen. Andererseits schreitet das Verhängnis viel zu schnell, als daß wir uns auf dieses mental-rationale Vorgehen beschränken dürften, das auch in der Ökologiebewegung eine solch große Rolle spielt - wo die andere Seite am Tisch immer sagt: »Habt ihr denn auch schon hundertprozentig wissenschaftlich bewiesen, daß es daran liegt?«, um Maßnahmen weiter hinauszuschieben. Der Zugang etwa in Dostojewskis SCHULD UND SÜHNE ist viel treffender. Dort ist Napoleonismus das Thema. Darf ein Raskolnikow, der sich mit Napoleon vergleicht, diese alte Frau erschlagen, damit er seine Rolle in der Welt spielen kann? Dort umzukehren, wo auch nur die Frage so gestellt werden kann, das ist Dostojewskis Appell. Dostojewski ist Psychologe und mehr als das. Psychologie ist die Konkretisierung der Philosophie (die Tiefenpsychologie von Neumann und Jung, über die ich hier schon gesprochen habe, die therapeutischen Verfahren, die offen sind zum menschlichen Ganzen, zum Selbst hin, und nicht nur auf Reparatur aus sind, damit die Leute wieder funktionieren, stehen zumindest an sich im Dienste des »Erkenne dich selbst«). Und Psychologie weist so über sich hinaus auf Meditation als den höheren Schlüssel. Meditation ist die Anstrengung, sich im wesentlichen ohne ärztliche Hilfe, dafür am besten unter Anleitung eines Lehrers, auf die Botschaft des Ganzen einzustimmen, die aus unserer eigenen menschlichen Existenz aufsteigt. Es kommt in einer Situation wie der jetzigen nicht so sehr darauf an, Köpfe zu zählen: Wie vielen oder, zunächst eher, wie wenigen erschließt sich denn dieser Weg? Sondern ich glaube, daß wir ein Wort des Sri Aurobindo, der in seinem *integralen Yoga* am innigsten den östlichen und den westlichen Weg zu verbinden gewußt hat, aufnehmen sollen; er sagt: »Wenn dein Ziel groß ist und deine Mittel sind klein, handle trotzdem. Durch dein Handeln allein werden auch deine Mittel wachsen.«

Ich war schon in meiner ALTERNATIVE, obwohl damals noch nicht explizit spirituell eingestellt, darauf gekommen, »auch wer (s)ein Bewußtsein verändert, ändert die Welt«. Heute weiß ich, es ist die Achse des Weges.

Im Blick auf die Wissenschaft, auf das, was früher Gelehrsamkeit hieß, will ich mich auf die sechste Ebene, die Ebene des »dritten Auges« in meinem Schema, konzentrieren, wo es um den uninteressierten, selbstlosen Blick auf die Wirklichkeit geht. Das ist der in diesem Sinne allein wahrheitsfähige Blick: Ich will wissen, was *ist*, unabhängig davon, ob es mir schadet oder nützt (ob ich erschossen werde, oder nicht mehr geliebt, oder doppelt geliebt - unabhängig davon). Wie schon bei anderer Gelegenheit erwähnt, gehört die darunter liegende fünfte Ebene, die Halsregion, wo die Stimme sitzt, dazu. Dort geht es darum, ob wir wahr mit uns selbst sind. Ich weiß gar nicht, worum es sich bei der Wahrheitsfrage dreht, wenn ich mir nicht Rechenschaft darüber gegeben habe, wie ich selbst in der Welt bin, wenn ich normalerweise nicht einmal weiß, ob ich mich selbst belüge. Der größte Teil dessen, was wir unwahr über uns aussagen, ist nicht bewußt gelogen, sondern wir leben nicht in der Übung der Selbsterkenntnis. Wenn man das Schauen von unten her denkt, ist die Frage nach der subjektiven Authentizität (Ebene fünf) der Zugang zu der sechsten Ebene des selbstlosen Blickes, des »dritten Auges«. Denkt man von oben her - beim vergangen Mal habe ich ja darüber gesprochen, daß die Gnade von unten *und* von oben kommt (siehe Seite 230ff) - ist umgekehrt die Öffnung des Scheitels für das vom Menschlichen her gesehen Überbewußte, für die kosmische Lebensenergie der Zugang; da meine ich jenen Vorgang, den Joachim di Fiore die - allen versprochene - Ausgießung des Heiligen Geistes nannte.

Gerade von oben her gesehen - wobei die christliche Terminologie nur *eine* mögliche Annäherung ist - handelt es sich hier auf der sechsten Ebene um eine weit umfassendere, übergreifende Art von Erkennen. Ich hatte von der mentalen Rationalität gesprochen, davon, daß der Mensch durchaus auch von unten her zu Verstand und Vernunft kommt, daß er damit an die vierte, die Herzebene heranreicht. Wenn aber die indianische Kosmologie sich den Verstand, im Norden, vom Herzen her geleitet wünscht, so ist das ein ganzheitliches Verständnis, das mit der Hilfe des Großen Geistes rechnet, also mit der Richtung von oben nach unten (bei den Indianern selbst ist der Große Geist am ehesten das allgegenwärtig Umgreifende). Unsere normale wissenschaftliche Praxis dagegen klammert das Herz - nach Einstein das wirkliche Problem - systematisch aus, so daß sich das Gewissen nur in einer privaten Krise über die Forderung nach emotionsloser, das heißt herzloser Sachlichkeit hinwegsetzen kann. Nach der Erfahrung mit der Grundlagenforschung in diesem Jahrhundert dürfte klar sein, daß keine noch so wohlmeinende individuelle Ethik hinreicht, »Forschungsfolgen abzuschätzen«, wenn dabei weder mit der Logik der Selbstausrottung noch mit den Gründen des Herzens gerechnet wird.

Der Gebrauch, der von den Erkenntnissen gemacht wird, der ist ja aus der Gesamtverfassung der Gesellschaft, aus diesem exterministischen Grundzustand heraus, schon vorfestgelegt. So daß neulich Murray Bookchin, der Autor von ECOLOGY OF FREEDOM, bei seinem Besuch mit Recht gesagt hat, »ich bin gegen die Erfindung eines neuen Schraubenziehers«, innerhalb *dieser* Struktur - nicht etwa, weil er gegen Erfindungen ist, sondern weil ihr letztlich destruktiver Gebrauch vorab entschieden ist.

Neu entschieden werden kann der Umgang mit unserem Wissen nur, wenn sich der Ort, von dem aus wir unseren Erkenntnisprozeß seelisch steuern, nach oben verlagert. Noch liegt der Schwerpunkt der Wissens-Integration, der Entscheidung über den Umgang mit dem Erkannten, erst im oberen Bereich unserer Tierhaftigkeit, irgendwo hier auf der dritten Ebene. Dort sehen wir die Wirklichkeit immer noch primär unter Gesichtspunkten unserer Sicherheit und unseres Nutzens. Das unterscheidet uns nicht von Tieren, so sehr wir uns in den Mitteln über sie erheben. Unser unmittelbares Interesse herrscht. Wenn's geht, wollen wir niemanden umbringen, wenn's aber sein muß, wenn wir nicht mehr anders können - dann hört es mit der Ehrfurcht vor dem Leben auf. So sind wir naturwüchsigerweise, und das schleppen wir, auch wenn wir uns bemühen, von dieser dritten Ebene aus weiter aufzusteigen, natürlich alles mit. Es gibt eine Qualifizierung: Wir wollen das Huhn nicht schlachten, das uns die Eier legt; aber dieser »vernünftige Egoismus« reicht nicht hin. Es muß unserer Aufstiegsbemühung etwas von oben entgegenkommen.

Was also ist diese anthropologische Revolution? Offenbar eine intensivere Art der Korrespondenz zwischen unserem Bewußtsein und dem umgreifenden Großen Geist - bleiben wir ruhig einmal bei dem indianischen Ausdruck. Es handelt sich bei der Differenz zwischen diesem Zugang von unten her, der wesensmäßig durchaus schon von vornherein auch nach oben bestimmt ist, und dem umgekehrten Zugang nicht um eine biologische Mutation, obwohl nicht auszuschließen ist, daß Begabungsunterschiede der Individuen eine Rolle spielen, daß der eine individuelle Genotyp offener für die Umkehrung der Antriebsrichtung ist als der andere, es kann wie mit musikalischer Begabung sein. Ich zum Beispiel bin durchaus musikalisch, spiele aber nicht nur kein Instrument, noch viel weiter bin ich davon entfernt, Mozart zu sein. Diesen Begabungsunterschied gibt es, so daß es also sicherlich kein Zufall ist, daß diese anthropologische Revolution bisher von großen Einzelnen antizipiert wurde, von Leuten wie Laotse, Buddha, Christus und Mohammed, wie Joachim di Fiore, Franz von Assisi und Meister Eckhart, auch Hildegard von Bingen und Teresa von Avila. »Große Einzelne«, das heißt nicht, daß alle anderen stumpf sind, das heißt auch nicht, daß von diesen neuen Einsichten aus despotisch regiert werden soll; gerade das haben diese Großen selber nie getan; Laotse nicht, Buddha nicht, Christus nicht - der hat sich lieber kreuzigen lassen. Daß das meistens repressiv und kirchlich ausging, hing hauptsächlich damit zusammen, daß gleichzeitig die Mehrheit der Menschen auf irgendeiner der niedrigeren Ebenen war. Dann findet sich um so einen charismatischen Menschen wie beispielsweise Moses (das hat Thomas Mann in seiner Novelle DAS GESETZ, über den Auszug aus Ägypten, wunderbar beschrieben) eine Elite von 3.000 anderen, die das rezeptiv aufnehmen und präzise umsetzen möchten, aber persönlich nicht dieselbe Autorität haben, und dann wird es repressiv. Aber man kann Hoffnung daraus schöpfen, es handelt sich ja seit Laotse, seit Buddha, seit Christus *erst* um 2.500 Jahre. Es verfehlt die Sache völlig, wenn es heißt, daß »2.000 Jahre Christentum nichts gebracht« haben. Vielmehr sind diese Menschen Vorläufer. Der Mensch ist erst und immer noch auf dem Wege. *Halbzeit der Evolution* heißt es deshalb bei Wilber. Und jetzt haben wir allerdings die Situation, daß, wenn auch bloß von unten, eine erhebliche Minderheit von Menschen bis zur Ratio aufgestiegen ist, so daß also von der vierten Ebene nach der sechsten der Weg verhältnismäßig kürzer ist; die Bewegungen von unten nach oben und von oben nach unten können sich leichter treffen.

Es geht jetzt nicht um einen Perfektionismus auf unerreichbare Vorbilder hin, nicht um die persönliche Wiederkehr der alten Meister - »wenn sie nicht kommen, haben wir Pech gehabt«. Vielmehr müßte sich in den reichen Ländern eine große Zahl von Menschen fragen: »Was wollen wir aus unseren Privilegien machen? Wieviel mehr müssen wir noch ansammeln, bis wir uns von der materiellen Akkumulation abwenden und den Trägheitskräften Valet sagen können?« Bis jetzt passiert es nicht; die Feuerkraft der Katastrophe ist noch nicht groß genug. So scheint es jedenfalls. Erst wenige revidieren ihre Lebensentwürfe.

Doch geht es bei dieser anthropologischen Revolution nicht um statistische Wahrscheinlichkeiten, sondern um je den einzelnen Fall, der wir selber sind. Es zählen Individuen, und es entscheiden hier schöpferische Minderheiten. Wie sich der Prozeß quantitativ entfaltet hat, das können die Soziologen und Sozialpsychologen hinterher feststellen. Im Johannes-Evangelium kommt der Pharisäer Nikodemus eines abends im Schutz der Dunkelheit, damit ihn die anderen nicht sehen, zu Jesus und fragt ihn, nachdem er ihn tags gehört hatte, was das Wesen seiner Botschaft sei. Und Jesus sagt: »Du mußt neu geboren werden.« Er lehrt diese zweite Geburt, diese Befreiung von all den Bestimmungen, die uns ansozialisiert wurden, ohne daß sie unser eigentliches Wesen sind. Jesu' »Siehe, ich mache alles neu« setzt uns als »neugeboren« voraus, als potentielle Neuanfänger.

Die Chance, die mit der jetzigen Situation gegeben ist, liegt darin, daß wir inzwischen nicht einfach bloß rechnerisch 2.000 Jahre weiter sind, sondern daß uns der Druck unserer eigenen Praxis dazu herausfordert, einen Sprung zu machen. Die Herausforderungen, auf die jene Großen Einzelnen und ihre Anhänger damals reagierten, waren alle noch »nur« lokal, waren Katastrophen innerhalb bestimmter Stammesgeschichten, während es jetzt *ein* planetarer Prozeß ist, mit dem wir uns selbst vor die Alternative zwischen Umkehr und Untergang stellen.

Wie Wissenschaft bisher betrieben wird, über diesen Zugang von unten her, haben wir im Blick auf die Wahrheitssuche für den kleinen Ausschnitt der Realität, der jeweils Forschungsgegenstand ist, eine kompensatorische Ersatzlösung gefunden, die uns ersparen soll, auf dem Niveau des »dritten Auges« sehen zu sollen. Die Ersatzlösung besteht darin: Ich bin als Wissenschaftler für alle Normalbereiche meiner Existenz nicht danach gefragt, auf welchem Bewußtseinsniveau ich mich da verhalte. Ich kann mit dem nächstbesten Fachkollegen in einen napoleonischen Konkurrenzkampf verwickelt sein, kann auch zu Hause Frau und Kinder niederhalten - das wird aber meiner Objektivität im Labor keinen Abbruch tun, wo ich mich mit einem ganz avancierten Thema befasse. Das ist deshalb möglich, weil wir vereinbart haben, daß ich für diesen Spezialfall ein objektiver - das heißt in diesem Zusammenhang jetzt einmal: interesseloser - Beobachter sein will. Im Experiment lasse ich meine sonstigen Interessen, meine Vorlieben, meinen Vorteil, meine Wünsche vor der Tür. Die westliche Wissenschaft hat sich mit ihrer positivistischen Ideologie zusätzlich auf dieses punktualistische, pluralistische Vorgehen eingeschworen, das völlig zu dem allgemeinen Muster paßt, von dem die ganze Gesellschaft beherrscht ist. Die Weichen dafür sind spätestens zu Beginn der Neuzeit, zu Zeiten Galilëis, Newtons, Descartes' gestellt worden. Das Ethos des »objektiven Beobachters« - aber nicht des Universums als ganzen, der Welt als ganzer, sondern für diesen Ausschnitt - ist so selbstverständlich geworden, daß seine Unvereinbarkeit mit der menschlichen Verantwortung für die Ungestörtheit des Ganzen lange verborgen blieb, vielen bis heute nicht bewußt ist.

Dabei müßte die darin liegende Gefahr jetzt offensichtlich sein, weil die riesigen institutionellen, finanziellen und industriellen Vermittlungen, die zwischen die Forschung und ihren Gegenstand treten, diese Verpflichtung auf Objektivität zu einer residualen Ausflucht degradieren. Der Einzelne ist manchmal schon überhaupt nicht mehr in der Lage, noch zu wissen, ob er wenigstens in diesem Sinne objektiv ist, von der Absicht wissenschaftlicher Naturbeherrschung, die den ganzen Betrieb bestimmt, zu schweigen. Die Interesselosigkeit der Forschung ist insgesamt gesehen fiktiv. Gäben wir das zu, wäre unsere Intervention wenigstens reflektiert. Wir würden wenigstens bedenken. Die Wissenschaft, die über diesen blinden Fleck hinweg Wahrheit erfahren will, bringt in Wirklichkeit ein höchst subjektives Bild von der Welt zustande. Diesen Umstand hat ja Jochen Kirchhoff hier anhand der »Schwarzen Löcher« ins rechte Licht gesetzt, und er war nicht zuletzt Gegenstand der Vorlesungsreihe von Wolfgang Deppert.

Stufenleiter kollektiver Bewußtseinszustände

integral
↑
mental
↑
mythisch
↑
magisch
↑
archaisch

Um noch etwas zuzuspitzen, an welcher Sprungstelle wir heute angekommen sind, erinnere ich an die Stufenleiter von kollektiven Bewußtseinsverfassungen der Menschheit, die Jean Gebser herausgearbeitet hat. Sie ist hilfreich, um uns klarzumachen, daß die heute noch herrschende mentale Bewußtseinsverfassung *historisch* ist, daß es vorher andere Verfassungen gab, nachher andere geben *kann*. Auf der ersten, nach Gebser der archaischen Ebene, gibt es gewiß überhaupt noch keine Wissenschaft. Es gibt ja noch kein Ich, dieses interessierte Subjekt der Wissenschaft, sondern der Mensch ist Teil der allgemeinen, der kosmischen Intelligenz, ist deren Inkarnation. Danach kommt dann das magische, darauf das mythische Weltverhältnis. Die menschliche Existenz ist auf keine dieser Bewußtseinsverfassungen endgültig festgeschrieben. Heute sind wir allem Anschein nach am Ende dieser mentalen Phase. Das heißt unsere rationalistische, abstraktionistische Verfassung, bei der der Verstand so weitgehend von Körper, Unbewußtem, Natur abgekoppelt ist, erweist sich bereits als defizient. Gebser zieht aus den avancierten Äußerungen des menschlichen Geistes in den letzten Jahrhunderten Hinweise heraus, die auf eine »integrale« Verfassung hindeuten. Diese integrale Bewußtseinsverfassung können wir uns denken als auf das Zusammenspiel der Chakras vom Herzen über die Stimme bis zu dem »dritten Auge« gegründet, immer unter der Voraussetzung, daß ein Kontakt zu dieser höchsten Stelle hier unter dem Scheitel, zu dem »göttlichen«, überbewußten Bereich unserer Existenz prinzipiell gegeben ist.

Auch die aus der Psychoanalyse hervorgegangene Tiefenpsychologie (C.G. Jung) verficht diese Integration auf der personalen, eigentlich menschlichen Stufe. Das (mentale) Ich als Bewußtseinsgestalt steht zunächst dem Schattenreich der unbewußten Instanzen gegenüber, dem inneren Nicht-Ich gewissermaßen, wozu auch Anima und Animus, die weibliche Seite des Mannes und die männliche Seite der Frau gehören. Erst einmal haben wir Angst vor unserem Schatten. Ziel der Integration (die Tiefenpsychologie nennt sie »Individuation«) ist es, in einem Prozeß der Angstüberwindung alles in den Schatten Abgedrängte bewußtzumachen und in das Selbst zu integrieren.

Das heißt, daß der Mensch sich seiner gegengeschlechtlichen Seite voll bewußt werden und überhaupt mit dem Schatten Frieden schließen, sich selbst in seinen Schattenseiten annehmen muß, anstatt sie zu verleugnen. Dann wird er ihnen auch nicht mehr ausgeliefert sein. Die Ganzheit ist ja (hegelianisch gesprochen) *an sich* von Anfang an gegeben, so sehr sie empirisch auch erst durch den Prozeß entfaltet wird. Und es stellt sich bei aller Kritik, die wir jetzt an der mentalen Zivilisation haben, der Aufstieg zu dieser Stufe und der Durchgang durch sie evolutionär als notwendig dar; zumindest mußte die menschliche Anlage auf so eine Herrschaft des patriarchalen Verstandes hinauslaufen *können*.

Mit dem Konzept der Individuation wird die Überwindung dieses Stadiums insbesondere auch als positive Lösung der männlichen Krise in der Lebensmitte verstanden. In der zweiten Lebenshälfte schüttet der Körper weniger von dem männlichen Sexualhormon aus, das für den aggressiveren Charakter der männlichen Aktivität sorgt. Dies dürfte biologisch mitbedingend für die Möglichkeit einer Neuintegration sein.

Weiterhin meint Individuation die Einordnung der von Freud »Über-Ich« genannten Instanz. Hinter dem Gewissen, in dem sich das Über-Ich äußerst, stehen so lange in der Regel heterogene soziale Ängste, wie diese Integration im eigenen Selbst nicht vollzogen ist.

Parallel dazu, wie gesagt, hatte Jean Gebser in den 30er, 40er Jahren unseres Jahrhunderts sein auf eine Folge historischer Bewußtseinsverfassungen bezogenes Konzept des homo integralis entwickelt. Er hatte sich dabei unter anderem auf Goethe als Vorläufer gestützt, der einmal sagte, sinngemäß, es gäbe kein Verbrechen, dessen er sich nicht fähig wüßte. Wer um seine inneren Tendenzen weiß, ist ihnen natürlich viel weniger ausgeliefert, insbesondere dann, wenn er außerdem auch noch eine Idee davon hat, wozu der Mensch eigentlich bestimmt ist. Hier überkreuzen sich Gebsers historische und Jungs Tiefenpsychologie. Personal gesehen ist wohl Individuation der Prozeß, in den dieser Aufstieg von der mentalen zur integralen Ebene des Wissens eingebettet ist. Es bedarf jetzt gewiß nicht in erster Linie wissenschaftlicher Fortschritte, es bedarf des Fortschritts bzw. der inneren Veränderung von Wissenschaftlern, einer Revision ihrer existenziellen Grundposition für die Erkenntnis der Wirklichkeit.

Sicher ist mit dem Aufstieg zur Integration nicht nur diese subjektive Seite gemeint, sondern letztlich das Menschheitswissen überhaupt: Daß die Wissenschaft von dieser Ansammlung von unendlich vielen Fakten weg dazu käme, durch Rückbindung an den Menschen zu einer neuen Lösung für die Gesamtverfassung der Kultur beizutragen. Aber da es sich hier um Individuation handelt, das heißt primär nicht um die Integration von Fakten, sondern aller unserer inneren Instanzen, ist schon klar, es wäre ein Irrtum, diese Leistung von einem kleinen Training in interdisziplinärer Kooperation zu erwarten, so nützlich dies sein mag. Der Sprung kann sich aus dem Zusammentreffen folgender zwei Tendenzen ergeben. Die eine besteht in den immer quälender erfahrenen Dysfunktionen, also in der Stör- und Zerstörungskapazität der Wissenschaft, und der mental im Rationalismus befangenen Kultur überhaupt. Die andere ist die mit der Gefahr spürbarere Zielbestimmtheit, Entelechie unseres psychophysischen Potentials, von der ich beim vorigen Mal sprach: Die höchste, die siebente Ebene, unterstützt von dem Zuspruch des Überbewußten, »zieht uns hinan«.

Die Individuation, Integration ist eine Möglichkeit, eine Disposition, die von Grund auf in der menschlichen Existenz enthalten ist. Sonst hätte es ja die Vorläufer nicht gegeben, die es momentan vermochten, das zersplitterte Wissen, die verschiedenen Botschaften der Künste, der Philosophie und des Glaubens zusammenzufassen.

Es gibt in dieser Konzeption, wenn man Gebser und die Tiefenpsychologie zusammendenkt, Hinweise darauf, was von der männlichen Seite und was von der weiblichen Seite her als Weg gedacht werden könnte. Da dieser Gesamtaufstieg durch die gesellschaftlichen Bewußtseinsstufen offenbar mehr und mehr unter Führung des aggressiveren und weniger selbstgewissen männlichen Geistes erfolgte, war es charakteristisch für den Prozeß, daß die je nächste Stufe sich um ihrer Stabilität willen kämpferisch von der vorigen abgestoßen hat, anstatt sie in dem Hegelschen Sinne *aufzuheben*. So wurde Ganzheit nie erreicht, im Gegenteil. Schon auf der magischen Ebene etwa ist diese archaische participation mystique, dieses Verflochtensein mit allem übrigen, nicht bloß einfach zurückgetreten, sondern auch bekämpft worden. Als der Westen zu dieser Herrschaft des mentalen Geistes durchbrach, hat man allen Geist, der noch in älteren Bewußtseinsverfassungen stand, statt ihn zu bewahren, besonders barbarisch verfolgt. Denken wir an die millionenfache Hexenverbrennung. In Gestalt des Giordano Bruno wurde einer verbrannt, der im Vorhinein die integrale Ebene lebte. Viel von dem positiv tragenden Grunde der früheren Stufen ist durch den angstvoll abwehrenden Umgang damit nicht mitgenommen worden.

So ist es heute nicht möglich, einfach von der so vielfältig defizienten mentalen Stufe weiterzusteigen, sondern zur Integration gehört gerade, daß man zurückkehrt, daß man *partiell* dorthin regrediert, wo die Aufhebung versäumt wurde, daß man es wagt, mit Hilfe der einschlägigen Techniken und Praktiken noch einmal eine Erfahrung zu machen, wie auf dieser archaischen Stufe der menschliche Geist funktioniert, ebenso auf der magischen und auf der mythischen Stufe. Insbesondere ist das die Aufgabe des Mannes bzw. der männlichen Komponente des menschlichen Geistes. Es geht eben nicht einfach um Synthese des Wissens, sondern um Psychosynthese (wie sie etwa Stanislav Grof vertritt). Die Integration ist nicht möglich allein auf dem Weg weiter zunehmender rationaler Bewußtheit, die um die Ich-Interessen herum zentriert ist und eben nicht auf Empathie, auf Versöhnung mit dem Ganzen, gerichtet ist. Die Frauen, nicht nur im wissenschaftlich-technischen Bereich, sind natürlich in die männliche Verfaßtheit der Zivilisation mit hineingerissen. Gerade für den Wissenschaftler, den Techniker in uns ist dieses Abenteuer der Seele angesagt, nicht etwa, um den Rest des Lebens frühere Kulturstufen zu praktizieren, sondern um einigermaßen exemplarisch die abgespaltenen eigenen Ursprungskräfte zu erfahren und neu zu integrieren.

Natürlich muß jede(r) selbst entscheiden, wie weit er/sie sich das leisten kann und will. Wer psychotisch gefährdet ist, bei dem kann es auch schiefgehen. Aber im Ganzen gesehen ist die westliche Gesellschaft dabei, sich mit dieser partiellen Regression zu befassen; nicht immer wohlgeleitet gewiß, weil die gegebene Struktur insgesamt in der Krise ist und kein intaktes Wertesystem mehr besitzt. In diesen Tiefenschichten haben wir unsere stärksten Kräfte, und zwar größtenteils eingesperrt, gebunden, gefesselt. Was wir heute in diesem Zusammenhang unbewußt nennen, waren eigentlich und *sind* ältere Formen von Bewußtheit. Wie wir sie behandelt haben, erklärt, warum sie so böse und gefährlich werden können. Es ist da eine Menge *aufzuarbeiten*. Wer da glaubt, es gehe - etwa aus antifaschistischer Vorsorge - darum, den Deckel auf dem Topf zu halten, muß sich wohl vorstellen, es sei möglich, im Obergeschoß über dem Rumoren der verwünschten Dämonen in guter Gesellschaft zu leben.

Was die Frau, bzw. umfassender, die weibliche Seite der Existenz betrifft: »Sie« ist in der Regel mehr als »Er« noch mit diesen älteren Stufen in Kontakt. Es gibt häufiger diese Momente der participation mystique, des magischen Bewußtseins, des mythischen, vorwissenschaftlichen Umgangs mit der Wirklichkeit. »Sie« ist besser zu Hause im Reich der Emotionen, was »Ihm« dann oft so wenig in den Kram paßt. Soll »Sie« sich nun zumuten, diese Stufe des Rationalismus, Abstraktionismus ausgerechnet, in dem Augenblick zu erobern, wo diese gesamte Struktur total defizient ist? Oder geht es hier eher darum, das Erfahrungsmaterial aus den Tiefen vor den Laugen und Säuren dieser modernen Mentalität zu bewahren? Vor diesem analytischen Tierversuchsgeist, der sich bei uns auf alles bezieht, hat »Sie« mit Recht einen Horror! Soll »Sie« nun auch noch da durch, um auf der »Höhe der Geschichte« zu sein, oder wohl eher ihres Endes? Sehr viele Menschen, sehr viele psychische Anteile in uns allen, auch in uns Männern, leben eigentlich auf anderen Bewußtseinsstufen, während das Mentale gesellschaftlich herrschend ist. Das ist eine echte Schwierigkeit der jetzigen Situation, daß es keinen Sinn macht, diese Energien alle durch den Computerkurs zu lotsen (ich meine das jetzt nur mal als eine Weise, sich diesen ganzen Typus allgegenwärtiger rationalistischer Wissenschaft anzueignen).

Was aber dann? Schematisch könnten wir es uns so vorstellen, daß eine Menge »weiblicher« Energie, von »unten« her kommend, erst einmal seitlich an der mentalen Stufe, zumindest an ihrem megamaschinellen Kern vorbeigeht, und direkt auf die integrale Stufe vordringt, um dann von dort aus in einer »Schleife rückwärts« die wirklichen Errungenschaften der Verstandeskultur mitzunehmen. Die besten Momente dieser mentalen Kultur, die aus der Aufstiegslinie von der Renaissance über die Aufklärung in unsere Klassik mündet, wenn ich etwa an die Musikgeschichte denke, waren ja vielleicht schon von vornherein integral »adressiert«. Wäre es nicht die beste Lösung, von der Integration her auf das zurückzukommen, was wirklich Errungenschaft am Begriffsgeist, an der Verstandes- und Vernunftebene ist? Das liefe auf eine Haltung hinaus, die »visionär logisch« genannt werden könnte, in der also Intuition und Logik zusammenkämen.

In den Jahren nach 1945 haben wir in der DDR mit der Aneignung des »nationalen Kulturerbes«, so beschränkt wir's benannten und verstanden, noch halbwegs Ernst gemacht. Bei mir kam Goethe in der

Oberschule nicht nur zum Abgewöhnen vor. Inzwischen wurde die Verrationalisierung, wurde der Abstraktionismus auch hier in der Schule viel weiter getrieben. Schade. Selbst und gerade für die intellektuelle Seite der Erziehung müßte das weibliche Element des menschlichen Geistes jetzt den Vorrang haben. Die entscheidende Frage in der »pädagogischen Provinz« lautet: Ausbildung zu Funktionären der Megamaschine oder Initiation in die menschlichen Wesenskräfte? Es wäre eine riesige, aber überaus dringliche Arbeit, aus dem kulturpsychologischen Wissen, aus den Einsichten, die man von der Tiefenpsychologie her hat sowie aus der meditativen und therapeutischen Praxis, den pädagogischen Prozeß ganz anders zu konzipieren.

Nun geht es allerdings nicht primär um eine schöne neue Großtheorie, sondern vielmehr darum, daß sich so viele Lehrer wie möglich und so viele Leute wie möglich, die mit Jugend überhaupt zu tun haben (Eltern!), innerlich mit dieser Perspektive vertraut machen: Weg von der Anpassung an die Megamaschine, hin zur Einweihung in die menschliche Lebensenergie und ihre Entwicklungsstufen, *das* ist Pädagogik. Wenn man mehr will, als bloß der Selbstzerstörungsdynamik der mentalen Ebene jetzt auch geistig freien Lauf zu lassen, dann muß man fragen, wie können wir wieder zu Initiationen kommen, die diesmal auf die integrale Stufe hinzuweisen hätten.

Für die jetzt repräsentative Bewußtseinsform, die allerdings dieser mentale, rationalistische Wissenschaftsgeist ist, wäre es andererseits gut, methodisch dessen männlichem Charakter gerecht zu werden, das heißt die Aufnahme der Verbindung zu den tieferen Schichten mit rationaler Selbstkritik zu verbinden. Das Exerzitium »Logik der Seele«, das wir vom 1. bis 10. März in Niederstadtfeld machen, ist ein Versuch in dieser Richtung.

Da wird es, was die »weibliche« Seite betrifft, intensive Atemübungen geben, intuitives Atmen, ungefähr ein Drittel des Tagesprogramms. Einerseits ist das Mobilisierung der menschlichen Energie überhaupt; es entsteht eine größere, freudigere Offenheit für den theoretischen Aspekt des Exerzitiums. Außerdem kommt man dadurch in Zustände, bei denen Material aus den älteren Stufen wieder an die Oberfläche tritt, mit dem dann via »Logik der Seele« bewußt umgegangen werden kann.

Die Ratio soll jedenfalls voll ihr Recht haben. Wir werden mit einem sehr komplexen begrifflichen Netzwerk arbeiten, das geradezu computerverdächtig ist. Diese Sache verspricht, ein Stück Erleuchtungs- oder Erlösungsweg bzw., wenn man's wertfreier ausdrücken will, Integrationsweg für Rationalisten zu bieten, also für Leute, die sich nicht einfach nur ihrem Labyrinth anvertrauen, sondern einen Ariadnefaden mitnehmen wollen, der ins Tageslicht der Vernunft zurückleiten mag.

»Fakultätenrad«

Das Grundmodell, mit dem der als Lehrer angekündigte Stefan Makowski arbeitet, ein sogenanntes *Fakultätenrad*, geht davon aus, daß der Mensch über verschiedene psychische Kräfte mit der Welt kommuniziert. Man kann diese verschiedenen Kräfte die »inneren Fakultäten« des Menschen nennen. Er nimmt zunächst sinnlich wahr, das ist der *Körper*, und damit sind wir in unserer ersten Fakultät, tierhaft gewissermaßen noch. Wir nehmen wahr, und zwar je einzelne Gegenstände über einzelne Reize. Wir ärgern uns, wenn unser Bedürfnis unbefriedigt bleibt.

Die zweite Fakultät ist der analytische *Verstand*, der mit Vorstellungen arbeitet, Begriffe erzeugt. Insofern diese *unserem* Interesse und Nutzen statt dem Wohlsein des Ganzen verpflichtet sind, können wir unser Normalverhalten in dieser Fakultät »satanisch« nennen. Das ist die Fakultät, in der sich die Wissenschaft größtenteils bewegt. Es beginnt ja schon auf der magischen Stufe, daß man einen Naturausschnitt studiert und von dessen Fixierung im Wort, im Namen her den Versuch macht, wenn auch zunächst noch manchmal illusorisch, Natur zu beherrschen. Wir reagieren wütend, wenn sie sich nicht fügt.

Die dritte Fakultät, die mit dem Material der mythischen Ebene arbeitet, ist die *Seele*. Hier geht es um Beziehungen, auch soziale Verhaftungen, Korruptionen. Wir sind »dämonisch« disponiert, zum Beispiel zu Eifersucht.

Es ist jetzt nicht unser Thema, ob diese begrifflichen Zuordnungen nun die bestmöglichen sind, das erfährt man erst, wenn man sich näher befaßt. Ich zeige nur einmal, wie diese »Logik der Seele« als ein Verfahren gedacht ist. Die vierte Fakultät ist der *Geist*, jetzt natürlich im Unterschied zum Verstand. Gemeint sind hier unsere wesentlichen, unsere wesensnahesten Eigenschaften, die »engelhaften« Züge unseres Daseins, wie sie sich am ehesten in der Liebe äußern oder bei Ablehnung im Haß.

Und erst in der Mitte haben wir dann die Fakultät *Wesen*, hier ist der MENSCH in seiner eigentlichen Wirklichkeit bezeichnet. Und er befindet sich etwa in Seligkeit, wenn er Erfüllung fühlt, er kompensiert mit Neid, wenn er empfindet, daß er auf seiner Wesensebene abgelehnt wird.

Nun kann ich dieses Rad in beiden Richtungen lesen, evolutionär von außen nach innen, also vom Körper zum Wesen, zur eigentlichen Wirklichkeit, und umgekehrt von innen nach außen. Da der Mensch ja von vornherein daraufhin geboren wird, sein ganzes Potential zu entfalten, sein Wesen zu entfalten, kann ich natürlich genauso gut, wenn nicht sogar besser, von innen her lesen. Eine der Sachen, die man wirklich erfährt, ist, daß alles noch viel einsichtiger wird, wenn man es vom Zentrum aus betrachtet. Die Einschränkungen in unseren verschiedenen Fakultäten erklären sich letztlich am besten, ja würdigsten, wenn man sagt, darin ist der Mensch nicht zur vollen Entfaltung des ihm eigentlich Bestimmten gekommen, ist er ein Stück von seinem eigenen Wesen abgekommen. Oder es hat sich ein existentielles Moment in unserer Charakterstruktur verselbständigt. Wir sind damit aus dem großen Zusammenhang herausgefallen.

So haben wir in dem Fakultätenrad, das die Logik der Seele repräsentiert, ein Instrument, mit dessen Hilfe wir genaueren Einblick in unsere unbeholfenen Spiele mit uns selbst gewinnen können. Mehr als das: Die Kritik der Besetzungen und Bedeckungen des Organs, mit dem wir alltäglich in der Welt sind, bewirkt eine größere Annäherung an unsere Wesensmitte, unsere Wirklichkeit, an die Quelle innerer Gelassenheit. Andererseits führt sie fort von den äußeren Instanzen, in denen wir üblicherweise befangen sind. Es geht nicht um noch mehr Therapie für unsere Wiedereingliederung in die Welt, wie wir sie gemacht haben, sondern um eine neue Kultur nach den Gesetzen der Welt, wie sie vom Ursprung her *ist*.

TEIL III

Denken im Umkreis. Varia

Tiefstrukturen einiger abendländischer Zivilisationen

Ein Vergleich
Hitlerismus - Stalinismus - Reaganismus

Johan Galtung

Es ist ganz phantastisch hier zu sein. Ich bin Honorarprofessor an der »Freien Universität« drüben und eigentlich nicht der Meinung, daß die Universität, die sich »frei« nennt, so frei ist. Nun bin ich an dieser Universität, die sich nicht »frei« nennt, und ich habe den Eindruck, sie ist ganz frei. Damit meine ich, daß der Diskurs an keine so ganz klare Grenze kommt, man versucht, neue Sachen zu sagen.

Als ein Bürger vom Rande des betroffenen Gebietes, als ein Norweger, werde ich versuchen, in Deutschland Theorie zu machen. Es geht also ganz einfach um Deutschlandtheorie, aber mit einem Vergleich zum sowjetischen System und zum amerikanischen System. Zunächst will ich die Frage stellen, wie man das tut, und auch etwas darüber sagen, wie man es nicht tut. Da war etwa am 24. März diesen Jahres eine Tagung in Großbritannien. Maggie Thatcher hatte eine Reihe von Historikern eingeladen, und sie haben zu Deutschland diskutiert: Was ist eigentlich Deutschland? Wie versteht man Deutschland? Hin und wieder werde ich mich auf die dortige Diskussion beziehen.

Ich fange an mit den Thesen, wie die Deutschen sind: Insensitivität, sie haben keine wirkliche Empathie mit anderen. Und ein Beispiel wäre hier, was Kohl über Oder-Neiße gesagt oder nicht gesagt hat. Dann Egozentrizität, in Deutschland geht es immer um das Deutsche, sie sind besessen von sich selbst. Drittens: Selbstmitleid (wegen der verlorenen Gebiete). Und viertens: Sie möchten gerne beliebt sein; aber die Lieben, sie sind nicht so lieb, und deshalb ist es gut, daß es noch andere gibt. Dann geht es weiter: Angst, Aggressivität, Selbstbehauptung, Minderwertigkeitskomplex und Sentimentalität. Ich will nicht sagen, bei Gott nicht, daß ich überhaupt nichts richtig an ihnen finde... Nun, ich habe noch zwei Punkte: Die Deutschen werden immer übertreiben und zweitens ihre eigenen Fähigkeiten überschätzen.

Also auf der einen Seite Minderwertigkeitskomplex und auf der anderen Selbstüberschätzung, und die Historiker haben sehr viel darüber geredet, warum die Deutschen die Franzosen 1871 geschlagen haben. Deshalb, weil die Deutschen moralisch überlegen waren, und es hätte weniger damit zu tun, daß ihre militärische Technologie ein wenig besser war.

Aber ich bin mit dieser Charakterisierung nicht zufrieden, denn erstens stimmt das für die meisten Völker. Zweitens, es ist außerordentlich anthropomorph, nicht soziomorph. *Der* Deutsche steht dort als eine Person, riesengroß, doch die Charakterzüge sind genau dieselben, die man für Einzelpersonen annimmt.

Meine Suche geht in eine andere Richtung, und diese Richtung nenne ich »Tiefideologie« oder »Kosmologie«.

Ich fange eigentlich mit Kultur an, und meine Fragestellung zielt erst einmal auf Folgendes: Welche *Voraussetzungen* sind es, an die fast alle im deutschen Raum glauben? Also die Tiefideologie versteht sich, um es philosophisch zu sagen, als apodiktisch, das heißt als eine Hinterfragung von Apriori-Wahrheit. Es erscheint so normal, so natürlich, daß etwas so und so ist, daß von vornherein nach keinem Beweis gefragt wird. Und diese Apriori-Wahrheiten sind nicht persönliche Charakteristiken, sondern Voraussetzungen, die überindividuell sind. Wir können unmittelbar sagen, das, was ich typisch deutsch finde und besonders typisch in der Nazi-Epoche, ist nur ein Unterteil von dem, was ich *Homo occidentalis* nenne. *Homo occidentalis* wäre dann sozusagen ein Grundtypus, und ich möchte versuchen, eine Beschreibung zu geben.

Ich verstehe die Deutschen als einen Teil der Abendländer, und ich verstehe selbstverständlich Nazismus, Militarismus als eine Unterabteilung des Deutschen. Welche unmittelbare Folge hat das? Ich möchte so sagen: Was die Nazis getan haben, ist sehr wenig unterschiedlich zu dem, was die Engländer, die Franzosen und besonders die Amerikaner, aber auch die Belgier, die Niederländer, die Spanier, die Portugiesen, die Dänen in der Dritten Welt getan haben. Ausrotten, foltern, Raub, Vergewaltigung, Diktatur. Wenn wir auf diese Weise andere Leute und andere Kulturen ausrotten, finden wir, ist es nicht, wie bei den Nazis, so spezifisch. Ich gestehe, er hat etwas industrielles, dieser Genozid der Nazis, aber das hat mit der Zeitgeschichte zu tun. Man könnte sagen, wenn die Engländer dafür verantwortlich sind, im nordamerikanischen Gebiet im vorigen Jahrhundert zwischen 10 und 14 Millionen Indianer ausgerottet zu haben, dann war das mehr handwerklich, es war nicht industriell. Ich bin aber nicht bereit zu sagen, daß das wirklich ein Unterschied ist, der wichtig ist.

Was für die *Nazis* spezifisch ist, war etwas ganz anderes: Sie haben es in Europa gemacht. Das war für die Europäer ein Schrecken. Deswegen war die Vokabel für die Nazis: »Die Barbaren in unserer Mitte«. Im Club der Abendländer hat man den Deutschen in die Ohren geflüstert: »Das könnt ihr nicht zu Hause machen. In Afrika, in Asien und in Amerika, gegen die Indianer, könnt ihr das tun, aber nicht zu Hause; auch nicht gegen Juden.« Die Juden sind Europäer und sind Weiße, obwohl Antisemitismus selbstverständlich sehr verbreitet ist. Dieser Gedanke ist im allgemeinen tabu, weil es für die anderen Abendländer sehr, sehr wichtig war, den Nazismus auszutreiben. Man möchte so gerne eine Mauer, aber nicht diese Vulgärmauer, die hier stand, sondern eine psychologische Barriere zwischen Nazitum und Abendländertum. So weit meine erste Überlegung.

Ich will nun sagen, wie ich arbeiten werde. Hier habe ich noch die andere Hälfte der Tafel [auf der ersten Hälfte stehen die Worte »Tiefideologie, Kosmologie«] von zwei Briefmarkengrößen - großzügig von Rudi! Ich bin zwar nur ein kleiner Norweger, aber diese Tafel ist doch gar zu klein.

Ich teile jetzt folgendermaßen ein: *Homo occidentalis*, und sehe hier Platz vor. Dann möchte ich gerne etwas über *Homo teutonicus* sagen. Ich könnte auch *Homo germanicus* sagen, aber *teutonicus* - das hört sich gut an. Dann *Homo hitlerensis*. Und wir können dasselbe tun für *Homo stalinensis* und könnten dasselbe tun für *Homo reaganensis*. Ich sage jetzt Reagan und nicht Bush, weil Reagan es formuliert hat. Bush ist eigentlich ein Technokrat, geht in dieselbe Richtung, der redet über einen Krieg am Golf, möglicherweise mit einer Million Getöteten, als ob es ein Job wäre: »Let us get the job done«, ist die Auffassung. Und ich könnte sagen, daß, wer immer die Ausrottung der Juden studiert, hier dieselbe Bürokratisierung des Todes erkennt. Warum sage ich das so? Um nicht in die Falle zu geraten, zu denken, der Nazismus sei *so* eigentümlich. Ich verstehe das Problem insgesamt als etwas Abendländisches.

Ich komme selbstverständlich zu Nolte, der sehr wichtige Sachen gesagt hat. Aber meine Auffassung ist es nicht, das, was sich in diesem Jahrhundert abgespielt hat, als eine Beziehung zwischen zwei Totalitarismen, die sich gegenseitig verstärken, zu verstehen. Das ist Noltes These. Sie ist nicht so einseitig, daß er sagt, Hitler hätte das alles gemacht, um sich gegen den Kommunismus zu wenden. Er sagt auch, Stalin hat es gemacht, um sich gegen Hitler zu wenden. Seine These ist relativ symmetrisch.

Meine These dagegen wäre, daß Stalinismus und Hitlerismus Zweige auf demselben Baum sind - und ich möchte gerne diesen Baum verstehen. Also statt zu fragen: Gibt es zwei Phänomene, die sich gegenseitig verstärken? - Hitlerismus und Stalinismus - sage ich: Gemeinsame Wurzeln.

Und aus dieser zweiten Überlegung entsteht die Fragestellung: Wie beschreibe ich eine Zivilisation? Das ist ja relativ ambitiös bei mir. Ich habe darüber so ungefähr 20 Jahre gearbeitet, und jetzt kommen zwei viel zu dicke Bücher, Langeweile - aber das, was ich hier bringe, wird die Kurzfassung.

An der Oberfläche, in einer ersten Schicht, sehen wir Ergebnisse, Produkte. In einer zweiten Schicht darunter sehen wir die Strukturen, Prozesse, die diese Resultate hervorbringen. Und schließlich am gewichtigsten ist die dritte Schicht, die kulturelle, die das Ganze trägt - vor allem erklärt. Nun also wollen wir die näher erfassen: Ich möchte gerne wissen, wie die Zivilisation *Raum*, also die Geographie, bestimmt. Wie eine Zivilisation *Zeit*, also die geschichtliche Bedeutung versteht, wie eine Zivilisation *Wissen* versteht. Hier bin ich bei den drei apriorischen Kategorien Raum, Zeit und Wissen. Das schreibe ich untereinander. Dann möchte ich gerne wissen, wie die Zivilisation zur *Natur* steht, wie zur *Gesellschaft* und zur *Transzendenz*. Ich habe damit sechs Dimensionen, die alle die Tiefstruktur der Zivilisation betreffen, das, was man im weiten Sinne Kultur nennt. Und schließlich folgt ein Versuch, *Homo occidentalis* zu charakterisieren, *Homo teutonicus* und *Homo reaganensis*.

Jetzt erleben Sie, was einige »das Tabellarische bei Galtung« nennen. Eine Tabelle als Verständnisform. Man kann es auch ohne Tabelle tun, dann ist es aber nicht so systematisch. Ich möchte gerne dazu gezwungen sein, alle möglichen Kombinationen zu bestimmen. Dann möchte ich auch gerne dazu gezwungen sein, die Tabelle vertikal zu lesen, denn dann habe ich etwas über drei Tiefstrukturen bzw. Kulturen. Wenn ich es horizontal lese, kann ich Vergleiche zwischen ihnen ziehen. Eine Tabelle ist nicht so schlecht. Die meisten Leute, die zum Beispiel auf Bahnhöfe kommen, sind eigentlich von der Tabelle ganz begeistert. Es gibt Intellektuelle, die sich als so geistig verstehen, daß sie überhaupt nicht wissen, wie sie Tabellen machen sollen. Dann kann ich ein Buch von einem solchen lesen und werde sagen: »Du machst zwar eine Tabelle, bist dir dessen aber nicht bewußt, und leider hast du 65 Prozent der Kästchen vergessen, weil du nicht systematisch arbeitest.« So, das war Tabellenpropaganda.

»Europäische Tiefideologie«

	Homo occidentalis	Homo teutonicus	Homo hitlerensis	Homo stalinensis*
RAUM	Übel Peripherie Zentrum	»Aus deutschen Wesen soll die Welt genesen« »D« Übel	»Ostmark« Deutschland Zentrum des Zentrums »Lebensraum!«	(als homo sovieticus in extremis) Rußland als drittes Rom
ZEIT	Drama * Himmel oder Hölle Geschichte mit Anfang und Ende	Große Taten, große Opfer im Auf und Ab »Es geht nach oben, also wird es auch nach unten gehen«	1.000 Jahre - oder Untergang	Unendlich langer Weg aus der Finsternis ins Licht Den Weg verkürzen: 5-Jahresplan in 4, 3... Jahren
WISSEN	atomistisch, deduktiv, widerspruchsfrei, Himmel oder Hölle	(mono-)axiomatisch: Marx Freud Hitler * pyramidal, hängt in d. Luft	arisch ↔ nicht-arisch Extremes Freund-Feind-Denken	kommunistisch ↔ bürgerlich »Der Marxismus ist allmächtig, weil er wahr ist.«
NATUR	Mensch über Natur Herrschaft, nicht Partnerschaft	Industrie plus Erholungsgebiete Frauen ausbeuten und romantisch lieben	Mystik der Naturvergewaltigung	Großprojekte zur »Umgestaltung der Natur« mit kolossalem Rückschlag
GESELL-SCHAFT	Individualismus plus Vertikalität (Sozialdarwinismus)	Beamtenstaat Gehorsam Staat u. Kapital gut, zivile Gesellsch. schwach entwickelt	Diktatur für Zusammenarbeit von Staat und Kapital (ein faschistischer Zug im Nazismus)	Vertikale Loyalität an Gerontokratie orientiert Liturgie statt Diskussion
TRANS-ZENDENZ	Gott außen und oben, mit Widersacher	Luther war 120prozentig Antisemit	Hitler als Vollstrecker der Vorsehung	Stalin (Zögling eines orthodoxen Priesterseminars): Orthod. bleiben! V.d.Geschichte auserwählt!

* »Homo reaganensis« wurde nicht explizit ausgefüllt. Aber zum Beispiel: Zwischen Gott und den USA (als »Gottes eigenem Land«) ist kein Platz frei (für die UNO).

Und jetzt tue ich etwas, was vielleicht didaktisch verwirrend ist. Ich möchte gerne parallel arbeiten und fange deshalb zunächst mit »Struktur« an. Das tue ich aus einem pädagogischen Grund, denn ich möchte *nicht* nahelegen, daß man das alles nur mit »Kultur« verstehen kann, also *nur* von der tieferen Ebene her. Fangen wir also in der Mitte mit »Struktur« und »Prozeß« an. »Struktur« und »Prozeß«, dafür hätte ich gerne *ein* Wort gehabt, aber das gibt es in abendländischen Sprachen nicht. Ich glaube, man kann keine Strukturen verstehen ohne Prozesse und keine Prozesse ohne Strukturen. So verhält es sich zum Beispiel auch in der Marxschen Lehre über Imperialismus. Die Problemstellungen, die Marx beim Kapitalismus gefunden hatte, sind schon genau dieselben. Und was Marx und auch Lenin über Kapitalismus in der Peripherie gesagt haben, das ist auch ungefähr dasselbe, und ich glaube, damit wird es jetzt bei euch sehr interessant: Die SED ist verschwunden, und jetzt werden sich die Thesen der SED (über Kapitalismus) bestätigen, und zwar weil die SED verschwunden ist. Aber ich komme darauf zurück, das hat mit Deutschlandtheorie zu tun.

Nolte hat in seinem Buchtitel etwas stehen, was ich außerordentlich gut finde, den europäischen Binnenkrieg. Das sagt ganz einfach, Europa ist ein Gesamtsystem. Europa zu verstehen ist nicht eine Frage vergleichender Forschung, sondern Europa ist ein Gesamtsystem mit innerer Spaltung. Für mich ist der Titel das beste an dem ganzen Buch: DER EUROPÄISCHE KRIEG.

	WEST im Norden germanisch	**OST** im Norden slawisch
protestantisch **NORD** (transalpin)	Island, Norwegen, Schweden Finnland, Dänemark Irland, Großbritannien, Belgien, Niederlande, Luxemburg Schweiz, Deutschland Österreich Nordfrankreich	 Polen Tschechoslowakei
katholisch **SÜD** (cisalpin)	Okzitanien Portugal Spanien Italien Malta	Ungarn, Rumänien Bulgarien, Türkei Griechenland, Zypern Albanien, Jugoslawien

ORIENT (Despotie)
Russen
Türken
Araber

Ich teile Europa in Nord und Süd, West und Ost. Mit Nord meine ich Transalpina, mit Süd Cisalpina, was das Römerreich war. Mit West und Ost meine ich so ungefähr die Grenze zwischen auf der einen Seite germanischen bzw. rechtsrheinischen und auf der anderen Seite slawischen Gebieten. Auf der einen Seite die Westkirche, auf der anderen die Ostkirche. Die Grenze geht so ungefähr durch die Adria. Wir könnten dann sagen, zwischen Österreich und Ungarn ist die Tschechoslowakei in einem gewissen Sinne auf der östlichen Seite.

Dann fängt es mit Oder-Neiße an, die Elbe. Vor diesem Hintergrund ist der Eiserne Vorhang genau zwischen Ost und West eingehängt gewesen. Hier in dieser Nordwest-Ecke steckt innen ein großes Land, Deutschland, dann haben wir hier eine Menge anderer Länder, und ich möchte gerne aufzählen welche. Hier oben fängt es mit Island, Norwegen, Schweden, Finnland an, dann kommen Dänemark, Irland, Großbritannien, dann die Beneluxstaaten und schließlich Österreich, und wir haben selbstverständlich die Schweiz. Das wären also insgesamt 13 Länder in der nordwestlichen Ecke. Und in der Mitte also Deutschland. Bei Deutschland finden wir, historisch gesehen, etwas Eigentümliches, das *Akkordeon*prinzip: Kleinstaaten - Österreich, Zusammenbruch - Zweites Reich, Zusammenbruch - Drittes Reich, Zusammenbruch - Viertes Reich. Wenn man das als Noten für ein Akkordeon nimmt, dann kommt ein Lied heraus, und das Lied ist [*Galtung summt*]: »Einigkeit und Recht und Freiheit...«

Im Norden auf der Ostseite haben wir hier die Tschechoslowakei und Polen.

Frankreich möchte ich gerne zweiteilen, auf der einen Seite, nördlich, Ile de France und Nordfrankreich, auf der anderen Seite, südlich, Okzitanien.

Im westlichen Süden Portugal, Spanien, Italien, Malta, und wir haben im östlichen Süden, jenseits von Ungarn: Rumänien, Bulgarien, Türkei, Griechenland, Zypern und hier unten Jugoslawien und Albanien. Das dürften 8 sein.

Und dann ist da ein Grenzgebiet, und Europa hat sich immer als Gegenteil dieses Gebietes verstanden. Das Gebiet hat man im allgemeinen »Orient« genannt. Und da wären also die Araber und die Türken und die Russen; sie haben dort orientalische Despotie. Die europäische Arroganz hat sich im Widerspruch mit dem sogenannten Orient verstanden. Das ist historisch sehr wichtig - deswegen war es so einfach, als die Russen gefallen sind, als Feinde unmittelbar die Araber anzugreifen. Die Geschichte hatte das schon vorbereitet. Und wer besonders deutlich geschichtslos, »geschichtsfrei« ist, kann das unmittelbar tun, denn er versteht nicht, warum er es tut. Solchen Menschen erscheinen ihre

Handlungen *natürlich*. Es ist typisch für die Kosmologie, daß sie unterbewußt ist und es keine Reflexion über sie gibt. Sie erscheint ganz einfach als selbstverständlich.

Jetzt zu den Hauptthesen über die Prozesse im europäischen Raum und wie ich darüber denke. Ich verstehe es, wie gesagt, ein wenig anders als Nolte. Ich gehe davon aus, daß es anfangs des 16. Jahrhunderts einen Riesenwandel gab. Europa war vorher, während des sogenannten Mittelalters, relativ symmetrisch und hat sich übers Christentum verstanden - die anderen waren die Heiden. Man hat Kreuzzüge gemacht, aber es war Christentum. Das System war feudal. Die katholische Kirche herrschte überall. Der Wandel hat im Kulturellen begonnen, und ich würde sagen mit dem Protestantismus.

Protestantismus in vier Gebieten. Das war Luther in Deutschland, dann selbstverständlich Calvin in Genf, John Knox in Schottland und Hus in der Tschechoslowakei und Deutschland. Protestantismus gab es also nicht nur in Deutschland. Aber typisch für den Protestantismus war, daß er sich in der nordwestlichen Ecke ereignete. Was ich jetzt sage, ist selbstverständlich nicht völlig exakt, aber ich sage es: Protestantisch im Nordwesten, katholisch im Südwesten und die Ostkirche mit großen katholischen Inseln in Ungarn und Polen - und einer protestantischen Insel, die Tschechoslowakei, im Osten. Das heißt, eine Trennung seither, die ein bißchen herumschwebt.

Protestantisch, das heißt von dem Pfarrer befreit. Das Individuum ist freigesetzt, aber der Rückschlag kommt mit schlechtem Gewissen, mit Kummer: »Wie wird das alles enden?« Der Segen ist nicht mehr vom Pfarrer und nicht mehr durch gute Taten garantiert, die Protestanten veranstalten keinen geistigen Handel mehr. Es gibt keine Absolution mehr. Und dann etwas ganz Materielles und Handfestes: Als die katholische Kirche nicht mehr regierte, standen die Christen und ihr Eigentum für die Regierenden zur Verfügung. Das freigesetzte Individuum und die reichen Staaten und Kircheneigentümer steigen jetzt auf der kulturellen Ebene auf. Das spiegelt sich dann ökonomisch in der neuen Klasse der Unternehmer wieder. Und die Unternehmer haben bald das wichtigste Moment in der internationalen Arbeitsteilung erkannt: Wenn du gerne reich sein möchtest, dann bearbeite Rohstoffe und treibe Handel.

Wenn zum Beispiel McKinsey Consulting Betrieben in der ehemaligen DDR ganz klar sagt: »Macht keine komplizierten Sachen, das machen die im Zentrum besser, macht das ganz Einfache«, dann ist das genau deshalb, weil sie wissen, das Wachstum und der daraus resultierende Reichtum hängen mit der Verarbeitung zusammen.

Dann hatten die neuen Unternehmer zu ihrem Handeln eine Theorie, und diese Theorie war außerordentlich klar ausgedrückt, das war die Smithsche Lehre. Die allgemeine Theorie könnte man Smithismus nennen. Es gab auch eine Gegentheorie: Marxismus. Ich sage nicht gerne »Kapitalismus«, weil das Wort »Kapitalismus« auf »Kapital« bezogen ist. Kapital ist zwar wichtig, aber es ist nur ein Faktor; die Grundbestandteile auf der kulturellen Ebene sind das *Individuum*, die *Risikofähigkeit*, *Eigeninteresse* und die *unsichtbare Hand*. Das zu den Prozessen in der Ökonomie.

Dann ging das weiter mit der Politik. Es gab jetzt also eine neue Klasse, die sich ganz klar distanziert hat. Und diese Klasse hatte jetzt ein Problem: Im Wege waren Klerus und Aristokratie. Sie brauchte eine Formel, womit und wobei alle Menschen berechtigt waren, in die höchsten Stände einzurücken. Unter Menschen haben sie Männer verstanden und nicht Arbeiterklasse und nicht die Leibeigenen. Und diese Formel war die Theorie der *Menschenrechte*. Die Menschenrechte kann man ganz klar als den Ausdruck einer Ideologie der Bourgeoisie auf dem Weg zur Macht sehen. Später haben sie das ausgedehnt. Im letzten Jahr zum Beispiel hat die UNO Menschenrechte für Kinder gemacht. Und jetzt kommen noch Rechte für Tiere und Pflanzen, sie stehen auf der Tagesordnung. Aber anfangs war das ganz klar eine neue Klasse. Das hat sich politisch als Demokratie herauskristallisiert. Und Demokratie wäre also dann die Verfassung, womit alle gleichberechtigt sind, wenn sie dem Klerus, der Aristokratie oder der neuen bourgeoisen Klasse angehören. Die Frauen nicht, die Kinder nicht, diejenigen ohne Eigentum nicht.

Sie haben Institutionen gemacht und dazu die Lehre von Montesquieu von 1642 über die Gewaltenteilung übernommen. Die Menschenrechte stammen von 1789, dann haben sie 1793 etwas neues entwickelt, ganz logisch.

Wenn das Land allen Bürgern gehört, dann wäre es ja logisch, daß auch alle Bürger das Land verteidigen, wenn der Staat sagt: »Jetzt geht's los!« Also allgemeine Wehrpflicht. Die allgemeine Wehrpflicht hat die Pariser Nationalversammlung 1793 beschlossen. Im Klartext steht es dort: Wir haben allen Bürgern die Menschenrechte gegeben. Gibt es etwa keine Menschenpflichten? Aber für allgemeine Wehrpflicht muß man eine Ideologie stiften. Vorher gab es Soldaten, die ganz gut bezahlt waren, das waren Söldner. Jetzt dagegen ist die Idee, daß man diesen Soldaten etwas Geistiges geben muß. Und das Geistige war Nationalismus.

Es gab vorher nur *einen* Versuch in der neueren europäischen Geschichte, die allgemeine Wehrpflicht einzuführen. Das war in Florenz am Anfang des 16. Jahrhunderts. Dann hat man aber gesagt, das ist zu gefährlich, wenn alle daran teilnehmen können und sich mit Ideologie rüsten. Der Verfasser des Entwurfes, den man nicht angenommen hat, trug einen berühmten Namen: Nicolo Machiavelli. Die allgemeine Wehrpflicht als Idee in Europa stammt eigentlich von ihm. Machiavelli hatte einen gewissen Ruhm, und die Nationalversammlung hat seine Idee aufgenommen. Wer hat diese Idee benutzt? Napoleon! Er war begeistert.

Die Deutschen konnten sich nicht gegen ihn behaupten. Sie hatten noch die alte Armee, nicht die Wehrpflichtarmee, und hatten den Nationalismus nicht. Ich glaube, es ist ein wenig richtig zu sagen, letztlich haben die Deutschen den Militarismus entwickelt, teilweise im Dialog mit den Franzosen. Zum Bajonettfechten braucht man nämlich Mut, den braucht man aber nicht für Kanonen, die drei Kilometer weit schießen können. Und bei den Deutschen kam noch eine Sache hinzu. Das war eine neue militärische Theorie, nicht Strategie, sondern eine ganz neue militärische Theorie. Das war selbstverständlich Clausewitz.

Clausewitz hatte drei Thesen (hatte viele Thesen, aber ich werde nur drei nennen). Erstens: Wenn ein Krieg die Fortsetzung der Politik mit anderen Mitteln ist, ja dann muß man wissen, was die Zielsetzung ist. Und man muß ganz klar denken. Die zweite These ist, Abstandswaffen zu benutzen, so daß es nicht um Sachen wie Mut und so weiter geht, sondern genau um die Zielsetzung: Mittel-Zweck-Rationalität! Und die dritte Sache, ganz interessant, eine neue Theorie über Aggressivität. Der Aggressive ist nicht derjenige, der angreift, sondern derjenige, der sich verteidigt. Wenn man nur angreift (also, man marschiert ganz einfach ein), dann gibt es gar keinen Krieg, es gibt nur Tote auf dem Marsch. Erst wenn diese lächerlichen Leute sich verteidigen, dann fängt es an.

Diese Denkweise ist in Deutschland sehr verbreitet. Deswegen gibt es noch Leute, die glauben, daß der erste Weltkrieg von den Belgiern angefangen wurde und der zweite von den Polen. Ich glaube unter Männern gibt es eine etwas ähnliche These: Vergewaltigung gibt es nur, wenn die Frau sich wehrt. Der Mann möchte ja nur gerne spielen, das ist alles. Aber wenn diese lächerliche Frau sich verteidigt, dann...

Mit diesen militärischen Zügen hat man dann die Kultur bestätigt. Die Bestätigung ging über einen ganz bestimmten Faktor: Sich Gott zu unterwerfen und sich dem Staat zu unterwerfen, als unbedingt gehorsamer Soldat, ist strukturell isomorph. Unterwürfigkeit bleibt Unterwürfigkeit. Es war, könnte man sagen, eine Weiterentwicklung der lutheranischen Lehre über das Verhältnis zwischen Staat und Kirche.

Ich habe diese lange Ausführung gemacht, um nur eines zeigen zu können, und das wäre dann noch einmal eine Hauptthese: Das Gleichgewicht in Europa hat sich mit diesen Prozessen völlig geändert, und, sagen wir von ungefähr 1550 an, ist und bleibt die nordwestliche Ecke Europas hervorgehoben, seitdem ist sie *Zentrum*. Sie strahlt aus. Diese Ausstrahlung war geistig, weil die Freisetzung der Individuen und die Praxis der Wirtschaft mit Wissenschaft verknüpft war. Also könnte man sagen, die allgemeine Lehre, die sich hier ergibt, ist ein Primat der Kultur (natürlich bei einem Kreislauf der Faktoren in einem Feld von Synergie).

Schauen wir einmal Marx an. Die Marxisten haben ja im allgemeinen gesagt, Bestand hat alles aus dem ökonomischen Gebiet, und die anderen Sachen sind im Überbau. Ich würde sagen, es geht alles aus diesem Syndrom von Faktoren hervor. Aber ich sehe ein gewisses Primat der Kultur. »Primat der Kultur«, das wäre meine These. Aber diese These ist nicht so wichtig, weil das Wichtige ist eigentlich ein Kreislauf und Zusammenwirken der Faktoren. Wichtig ist die Synergie.

Und dann kommt der europäische Bürgerkrieg, und der spielt sich so ab: Die anderen Teile Europas verteidigen sich. Sie sagen einfach: »Genug, jetzt reicht's!« Wie kann man sich aber verteidigen gegen eine *Urquelle*, so phantastisch selbstgerecht, so stark, so wissenschaftlich begabt, so wirtschaftlich energisch, mit britischen Institutionen, die außerordentliche Anziehungskraft besitzen?

Wir Europäer haben ein Janusgesicht. Auf der einen Seite Ausdehnung, Ausbeutung, Unterdrückung, Eroberung; auf der anderen Seite Freiheit, Demokratie, Menschenrechte. Das Janusgesicht hat große Anziehungskraft, und alle haben davor Angst. Ich würde sagen, dagegen kann man sich nur mit drei Methoden verteidigen: Populismus, also eine große Mobilisierung des Landes gegen den Aggressor. Autokratie. Und ökonomische Eigenständigkeit: »Wir werden jetzt selber Sachen machen und nicht von euch erst kaufen.« Und jetzt verstehen wir unmittelbar unsere Frage.

Die Verteidigungsmethoden waren Faschismus hier unten im Süden und Kommunismus (Lenin) im Osten. Es hat sich meistens als Kommunismus im Osten abgespielt und meistens als Faschismus im Süden. Ich sehe also die beiden als relativ ähnlich an. Sie haben nur eine Aufgabe gemeinsam: Verteidigung gegen den Nordwesten. Ich finde das in den Schriften von Salazar, Franco, Mussolini. Auf dem Balkan hat man zuerst Faschismus und dann Kommunismus. Zuerst gab es Antonescu in Rumänien, es gab Ustascha in Kroatien, es gab Tiso in der Slowakei, es gab Horthy in Ungarn. Und es gab als einen Hauptfaschisten den Pilsudski in Polen - und möglicherweise werden wir morgen lesen, daß bei den Wahlen in Polen Pilsudski II. gewählt wurde, also Lech Walesa, der sich als dessen Nachfolger versteht, der Pilsudski als Ideal hat. Walesa sagt: Für mich ist die Demokratie die Institution, womit ich mich als Präsidenten wählen kann, dann regiere ich über die Grenze hinaus, und ich werde als ein »Fliegender Holländer« überall auftauchen und sagen, wie man es macht, planmäßig, wenn es geht.

Lenin kam dann 1917, und hier ist es selbstverständlich wichtig zu verstehen, daß es nicht nur um einen Wandel der russischen Gesellschaft und den Klassenkampf ging, sondern um russische Eigenständigkeit, ökonomisch und politisch. Also darum, dem Durchdringen von Nordwesten ganz einfach mutterländisch, militärisch entgegenzuhalten: Jetzt reicht's! Von Napoleon invadiert, von den Schweden verheert, von den teutonischen Rittern verheert, dann vom Kaiser, es gab auch die Japaner, dann kam Hitler.

Das kam alles von dieser nordwestlichen Ecke. Dort hatte man folgenden Ablauf: Kultur - das war 16. Jahrhundert, Ökonomie - das war 17. Jahrhundert, Politik - das war 18. Jahrhundert, Militär - das war das 19. Jahrhundert.

Und in diesem Rahmen nun sehe ich Deutschland zwiespältig, ambivalent, in zwei Positionen im europäischen Prozeß. Auf der einen Seite ein Teil, und ein Hauptteil, der nordwestlichen Ecke, wo alles, was ich gesagt habe über den Ablauf Kultur - Ökonomie - Politik - Militär sich abspielt, aber mit einem Unterschied: Man war zwar kulturell up to date gewesen, hatte also gut angefangen, aber die Unternehmer (sagen wir im niederländischen, im britischen Sinne) kamen verspätet. Auch das Politische hat sich verzögert, und man hat in einem gewissen Sinne bis zur Weimarer Republik damit gewartet, und schließlich kam das Militär ein wenig spät, in der zweiten Hälfte des 19. Jahrhunderts. Das heißt, auf der einen Seite ist man ein Teil der nordwestlichen Ecke, auf der anderen Seite ist man ein Opfer der nordwestlichen Ecke.

Warum ist man teilweise Teil und teilweise Opfer? Da könnte man sagen, historisch hat es mit dem »*Akkordeon*« zu tun. Die Erfahrung ist, daß man das Opfer war, wenn man geteilt ist, und man ist heil, wenn man groß ist. Das ist nicht notwendigerweise der Fall, aber so könnte man es verstehen. So könnte man sagen, daß, wenn man klein ist, so etwas wie zum Beispiel die Rheinbundoperation kommt, wo man von den Franzosen okkupiert war, dann der Zollverein, dann das zweite Reich, da war man groß - und dann haben selbstverständlich der Süden und der Osten Deutschland als eine Gefahr angesehen, so daß es in den Betrachtungen von Salazar und Franco usw. sehr unfreundliche Sachen über Deutschland gab. Und dasselbe natürlich auch bei Lenin.

Und so komme ich zu einer Sache, die ich für wichtig halte und fast bei allen Deutschen finde. Und jetzt könnt ihr protestieren, darin seid ihr Deutschen ja alle recht groß. Die allgemeine, abendländische Zeittheorie wäre so ungefähr die folgende (selbstverständlich ohne sie christlich zu verstehen): Es fängt mit dem Paradies an, dann kommt der Fall, Finsternis; dann Aufklärung, Fortschritt, dann Krise und dann: entweder Himmel oder Hölle, Paradies oder Apokalypse. Das Westliche ist dramatisch, und das ist alles endlich, das heißt, es gibt einen Anfang und ein Ende. Bei den Buddhisten und bei den Taoisten ist das nicht so! Die Zeit ist unendlich. Von unendlich bis unendlich, und immer wellenförmig, und dann sind die Buddhisten optimistischer als die Taoisten - so geht es nach oben, es verbessert sich, ist aber zyklisch und auf Dauer angelegt. Die Zeit ist *nicht* zwischen zwei Wahlen eingeklemmt, wie es zum Beispiel bei den Amerikanern ist. Bei denen ist sie dramatisch. Die abendländischen Systeme dauern relativ kurz. Dann kommt »Abendland II« zum Vorschein, aber leicht wieder als (anderes) Extrem: rein geistig, demütig, klein, mit gedämpftem Auf und Ab in der Zeit.

Und was ich jetzt unter den Deutschen finde, ist das Gefühl, daß »wir Deutschen« zu großen Taten und zu großen Opfern bestimmt sind. Es geht nach oben und geht nach unten. Der Krieg sei ein Naturgesetz. Das sagen die Deutschen heute nicht, aber daß es nach oben geht und dann nach unten geht, das ist ein Naturgesetz. Ich kann auch sagen, warum die Deutschen so denken. Sie denken so, weil sie die Napoleon-Geschichte kennen. Die Napoleon-Geschichte ist dafür ein Beispiel, es geht nach oben und nach unten. Warum empfindet man jetzt eine Wehmut und ein gewisses Unwohlgefühl in allen Teilen Deutschlands? Da sind also die elf Länder und die fünf neuen Kolonien. Das sind ja Kolonien, und die haben den Vorteil, daß man dort vorzüglich deutsch redet, man verliert keine Zeit mit Deutschunterricht. Und sie sind ganz in der Nähe, es gibt nur ganz geringe Transportkosten. Warum fühlt man sich trotzdem problematisch? Weil man das Gefühl hat, es geht jetzt nach oben, also geht es bald nach unten.

Daß man zu diesem Auf und Ab verdammt ist, ist wagnerisch (Wagner als Metapher genommen). Ich habe das als ein Beispiel angedeutet, und ein Gegenargument gegen meine These war, daß es jetzt wenige Menschen gibt, die wagnerisch empfinden, das sei also nicht die Kosmologie jetzt. Aber man kann eine derartige Topographie der Zeitdimension haben, ohne Wagnerianer zu sein. Und sie könnte in der Kultur so tief eingebaut sein, daß es überhaupt keinen Zweifel darüber gibt.

Die Geschichte spiegelt sich als allgemeine Zeittheorie ab. Beim Buddhismus zum Beispiel gibt es ganz kleine Schwankungen auf dem Zeitstrahl, und es geht ein wenig nach oben, aber nicht so dramatisch.

Etwas, was ich interessant gefunden habe, ist der Unterschied zwischen den Deutschen und den Italienern am Ende des Krieges. Kapitulation, 7., 8. Mai 1945. Die Deutschen haben gekämpft bis zum bitteren Ende. Das haben die deutschen Frauen getan. Die deutschen Frauen haben die deutschen Männer zusammengenäht und noch einmal nach vorn geschickt. Was haben die Italiener getan? Die haben sich in Richtung Appenin zurückgezogen, die Männer und die Frauen, um dort Liebe zu machen. Ich habe in einem besetzten Land gelebt, und dort gab es viele Theorien darüber, wie lange die Deutschen wohl durchhalten werden. Die leitende Theorie war, sie werden durchhalten bis zum Ende. Warum? »Weil wir dazu verdammt sind.« Also, sie verfehlen die Rollen in ihrem kosmologischen Drama, wenn sie aufhören. Und deswegen denke ich, die Deutschen sind jetzt dabei, das groß zu bauen. Sie sind zu großen Taten bereit, »weil wir dazu verdammt sind« - obwohl man ein Unwohlsein fühlt, daß es dann anschließend schlechter kommt.

Jetzt mache ich einige Szenarien für die Zukunft Deutschlands, selbstverständlich in der Hoffnung, daß es sich um sich selbst verhindernde Prophezeiungen handelt.

Nazideutschland war 1945 in sieben Teile geteilt. Die, die überhaupt nichts wissen, sagen in zwei. Die, die zumindest von Westberlin etwas wissen, sagen drei. Da gibt es also Pommern, Schlesien in Polen, Ostpreußen, zwischen der Sowjetunion, das heißt zwischen der Russischen Republik, und Polen geteilt. Dann gibt es das Sudetengebiet, und dann Österreich. Jetzt sind drei Teile wieder vereinigt. Daß diese Problemstellung nicht auf der Tagesordnung stünde? Das wäre ganz und gar wahnsinnig, das zu glauben. Dann macht man Verträge, Gewaltverzicht und alle diese Sachen, und selbstverständlich glaubt niemand, daß Deutsche Soldaten werden möchten.

So, machen wir nun ein Szenario, wie man Pommern-Schlesien zurückerobern könnte: Mit Investitionen. Jetzt fängt es an. Dann sagt man, dort gibt es ja ganz viele Gegenden, die noch deutsch sind. Und dann fängt jeder Kowalski an, deutsch zu lernen, und entdeckt eine Großmutter in seiner Familie. In fünf Jahren sind alle Kowalskis zu Meier, Müller geworden; und die sprechen vorzüglich deutsch, und es gibt ganz viele deutsche Studenten, die ein wenig ihre Studien finanzieren können mit Deutschunterricht in den Ostgebieten.

Da gibt es also Leute, die in den 60er Jahren Russisch studiert haben. Aber jetzt ist die Nachfrage für einen Marxisten-Leninisten, der russisch spricht, relativ gering. Auf dem Markt ist das nicht das beste, was man anbieten kann. Dann gab es 20 Jahre (60er, 70er und zum Teil 80er Jahre), wo man englisch mit amerikanischem Akzent studiert hat. Jetzt ist Deutschunterricht eine Hauptttätigkeit in Osteuropa, denn die Menschen wissen genau, wie Peripherie-Kapitalismus funktioniert. Man redet die Sprache der Zentrumskapitalisten.

Dann, nächste Phase, gibt es eine Germanisierung von Pommern und Schlesien. Alte Leute, die dort gelebt haben, machen einen Vertrag, und die Vertriebenen kommen teilweise zurück. Und dann hängt alles nur noch an einer Sache, und das ist eine Volksabstimmung, im Namen der Demokratie. Geben wir dem Ganzen eine Wahrscheinlichkeit von 80 Prozent und einen Zeithorizont zwischen fünf und zehn Jahren.

Bei den Sudeten bin ich nicht so ganz überzeugt - es könnte sein, aber mit Ostpreußen schon! Tun Sie folgende kleine Sache, fahren Sie Bundesstraße 1, Richtung Niederlande. Sie überqueren die Grenze, und dann drehen sie den Kopf herum. Da lesen Sie auf dem Schild: Bundesstraße 1 *Königsberg*. Und hinter Königsberg liegt die Memel. Es gibt eine berühmte Strophe im Deutschlandlied. Also dies sind Atavismen, so tief eingefleischt und selbstverständlich mit Raumgewinn assoziiert.

Was werden dann die Polen tun? Die Polen haben eine ganz einfache Methode, und das ist Thema ihres Wahlkampfes heute: die Ostgebiete zurückerobern. Sie rechnen damit, daß Rußland und die Ukraine zusammenbrechen werden. Es gibt heute in der Sowjetunion 106 Unabhängigkeitsbewegungen. Es gibt insgesamt ungefähr 6.000 politische Parteien. Es gab vorher eine Partei, die Partei, jetzt gibt es ungefähr 6.000. Die Zahl 106 habe ich von einem Mitglied des braintrusts von Gorbatschow. Ich fragte ihn: »Wie schläft Gorbatschow mit 106 Unabhängigkeitsbewegungen?« Die Antwort war, es sei viel besser mit 106 als mit nur einer Unabhängigkeitsbewegung. Denn, wenn es 106 gibt, kann man sagen, ihr macht das selber. Na, ganz überzeugt bin ich nicht.

Ich habe aber einen Leserbrief in der HARALD TRIBUNE geschrieben, wo drin stand, wenn jetzt die Ukraine und Rußland zusammenbrechen, dann werden die Polen nach Osten gehen. Also verschiebt sich Polen noch einmal. Und dann hat der Berater gemeint, das müsse nicht so sein. Es ist sehr wichtig, daß es nicht so kommt, weil das zu allen möglichen Folgen von Gegenabstimmungen, Unruhe führen wird. »Meine Familie hat Erfahrung damit«, sagte er. Sein Name war Nikolaus Romanow, der Enkel des Zaren.

Warum habe ich das alles gesagt? Nur um zu zeigen, es sind die alten tektonischen Sachen im Erdboden Europas in Bewegung, und *wie* sie sich bewegen, hängt mit Kosmologie zusammen.

Gehen wir jetzt mit Struktur und Prozeß weiter. Ich wiederhole die erste These: Die nordwestliche Ecke ist das Zentrum Europas. Zweite These war: Widerstand im Osten als Kommunismus, Widerstand im Süden als Faschismus. (Selbstverständlich gab es Faschismus in den baltischen Staaten, aber das hat mit Kommunismus geendet. Man sagt also einen Schritt links, einen Schritt rechts; beides sind totalitäre, autoritäre Systeme, grausame Systeme.)

Am Endes des zweiten Weltkrieges hatte die nordwestliche Ecke vier Probleme. Erstens: Der kommunistischer Widerstand war tiefer und sah unüberwindbarer aus als vorher. Zweitens: Faschistischen Widerstand gab es noch (Portugal und Spanien). Drittes: Es war ganz klar, daß die Kolonien verlorengehen würden. Und viertens, das schlimmste, die Barbarei in der Mitte, die Deutschen.

Was war die Antwort darauf? Die Europäische Gemeinschaft. Sie ist das Instrument, womit die nordwestliche Ecke ihre historische Mission und Aufgabe erfüllt, das heißt Europa als eine Einheit auf den Prämissen der nordwestlichen Ecke gestaltet. Das haben die Franzosen gedacht und gemacht, und die Deutschen haben es bezahlt.

Gehen wir zu den vier Problemstellungen zurück und fangen bei der letzten an. Man könnte sagen, das war nicht nur großzügig, sondern auch intelligent von Schuman und Monnet, zu sagen: »Jetzt werden wir Deutschland integrieren.« Dann haben die Amerikaner dasselbe gesagt: »Wir werden Deutschland als Militärmacht in die NATO integrieren.« Das ist auf Widerstände gestoßen. Denn, wenn man das tut, eine Bundeswehr hat, 1954, und 1955 Vollmitglied ist, und ganz viele Nazioffiziere dazu benutzt, gibt es Widerstand. Die Friedensbewegung hatte das als Thema. Die Amerikaner hatten die These, daß wir die Nato aus drei Gründen haben, und die Europäer haben sie so aufgenommen: Die Russen draußen, die Amerikaner drinnen und die Deutschen down. »Keep the russians out, the americans in, and the germans down.« Und es hat ungefähr so funktioniert, es war aber nicht vorbereitet.

Mit der Europäischen Gemeinschaft haben die Franzosen die Deutschen eingeladen und gesagt: »Jetzt seid Mitglied des Clubs.« Das Wichtige für mich daran: Damit haben die Deutschen sich als legitime Mitglieder der nordwestlichen Ecke verstanden. Ich sage nicht Europas, ich sage der dynamischen Ecke, also des *Raumes*.

Der Raum in der abendländischen Kosmologie ist in drei geteilt. Es gibt ein Zentrum. Das Zentrum ist im Westen, oder, umgekehrt gesagt: der Westen ist Zentrum. Und dann gibt es eine Peripherie, das ist die Wartehalle der Geschichte, wo man auf die Botschaft wartet. Das steht schon in der Bibel, Matthäus, am Ende, die letzten drei Verse. Dann gibt es eine dritte Kategorie, draußen vor der Peripherie, das ist das Übel, das Elend. Und dort sind die Sowjets, die Gaddafis, die Chomeinis, heute der Saddam Hussein, und dort machen sie ihre teuflische Arbeit.

Also noch einmal: Das westliche Denken im allgemeinen sieht alles auf den Westen bezogen. Die Kausalität der Geschichte stammt aus dem Westen, aber sie stammt auch teilweise aus dem Übel, dem »Reich des Bösen«. Und Übel und Westen fechten gegenseitig, und es steckt ein

Satan drin, das ist der kommunistische Agent in jedem, oder der imperialistische Agent in jedem. Die Form ist selbstverständlich dichotom, manichäisch, christlich zu verstehen. Die Lebensgeschichte als ein Kampf zwischen Gott und Teufel. Jesus auf dem Berg der Versuchung.

Und jetzt dann die deutsche Fassung davon. Deutschland im Zentrum, aber als Teil des dynamischen Westens, als Teil Europas, eine wartende Peripherie, und - Übel. Mit der Einladung zur EG-Mitgliedschaft hat Deutschland sich als nordwestlich bestätigt, und dann kommt meines Erachtens eine wichtige These: Deswegen ist die EG ein Tabu in der deutschen Diskussion. Es gibt fast kein Land Europas, wo es eine so schlechte EG-Diskussion gibt. In der sogenannten deutschen Friedensbewegung, jetzt sage ich »sogenannte«, obwohl ich die Bewegung bewundere, gibt es keine Kritik gegen die europäische Armee.

Wenn man eine Kultur gerne verstehen möchte, dann fängt man mit den Tabus an, ist ja ganz klar. Ich könnte hier etwas Methodologisches dazwischenschieben; Rudi hat freundlicherweise gesagt, daß der Galtung sozusagen ein »sozialwissenschaftlicher Nomade« ist: Wenn man Kosmologien und auch Tiefideologie gerne verstehen möchte, muß man das hören, was nie gesagt wird, und man muß sehen, was nicht sichtbar ist. Also das Ungesagte hören, damit Dialog haben.

Die EG ist tabu. Die EG ist eine Wartehalle in Richtung europäischer Union, und »EU«, so heißt die EG schon bei ganz vielen in Brüssel. Die EG ist für Leute, die ein wenig naiv sind. EG ist eine Konföderation, die EU ist eine Föderation. Eine Föderation hat vier charakteristische Züge, die jetzt auf der Tagesordnung stehen. Es ist *nicht* Binnenmarkt, das ist nur eine Vorbereitung. Der Binnenmarkt ab 31.12.1992 ist eigentlich eine Realität und hat sich fast schon vollzogen. Die vier Züge sind die folgenden: eine gemeinsame Finanzpolitik, eine gemeinsame Außenpolitik, eine gemeinsame Militärpolitik (und das über die Westeuropäische Union), und viertens - es ist irreversibel. Aus einer Konföderation kann man ja austreten, aus einer Föderation nicht. Eine Föderation zu verlassen, das wäre, als ob Rheinland-Pfalz sagen würde, jetzt gehen wir raus. Rheinland-Pfalz ist nicht so wahrscheinlich, nehmen wir Bayern als Beispiel. Die Bayern sagen: »Es reicht! Wir haben genug von Anarchisten, Grünen, Sozialisten, SED-Leute und allem möglichem!« Die anderen werden es nicht erlauben! Die Vereinigten Staaten hatten einen Bürgerkrieg um dieses Hauptthema!

Also: Diese vier Sachen sind, könnte man milde sagen, ein wenig dramatisch. Daß das *nicht* zur Diskussion steht, ist eigentlich ganz eigentümlich. Und wovor *ich* jetzt Angst habe bezüglich Deutschland, ist nicht die Finanzmacht, sondern Deutschland als Motor der kommenden europäischen Union, mit einer Selbstgerechtigkeit, die einen Weg gefunden haben könnte, wo der deutsche Motor sagt: »Richtig, die Franzosen haben das alles ausgedacht, und wir haben es alles bezahlt. Noch bezahlen wir, aber jetzt werden wir entscheiden.« Und das ist die Aussicht auf das fünfte Reich. Und das ist es, worüber man *am Rande* des deutschen Gebietes jetzt häufig nachdenkt.

Welche Schwierigkeiten würde die kommende europäische Zukunft so bringen? Das alles zusammenzuhalten! Nehmen wir an, daß im Jahre 2061 die *lateinischen* Staaten sagen: »Jetzt reicht es! Diese Grobiane aus dem teutonischen Gebiet, die überhaupt kein französisch reden und deswegen auch nicht denken, weil denken kann man nur, wenn es auf französisch passiert, diese Leute glauben, sie beherrschen alles. Wir ziehen aus!« Und Paris tut das mit Rom, Madrid und Lissabon, das sind die drei lateinischen Untertanen; und dann kommt Belgien auch. Was geschieht dann?

Zweite Schwierigkeit, die osteuropäischen Gebiete am Rande des Systems. Einige werden eingegliedert sein, andere nicht. Das wird das Mexico für die EG sein. Denn, was jetzt vor sich geht, ist die Lateinamerikanisierung Osteuropas, wo vielleicht die Tschechoslowakei die Rolle Argentiniens spielen wird. Es gibt einen Vorschlag vom Juli dieses Jahres, vom belgischen Außenamt, daß die EG friedensbewahrende Truppen brauche, um alles, was im Balkan möglicherweise vor sich gehen kann, zu bereinigen.

Dann drittens, die 66 vorigen Kolonien, die AKP-Staaten (Afrika, Karibik, Pazifik), wo es ganz viele Aufstände schon gibt, besonders in den ehemaligen französischen Kolonien.

Und viertens, die kommende islamische Supermacht. Man könnte sagen, jetzt tut der Westen alles mögliche, um diese Supermacht zu befördern. Ein Krieg im Golf jetzt, und man wird die Supermacht in 20 Jahren haben.

Die Geschichte geht dann weiter, und die Frage stellt sich, was für eine Rolle Deutschland spielen wird? Da ende ich mit zwei Entwicklungen, die ich interessant finde.

Erstens, selbstverständlich Zusammenarbeit zwischen MBB/Daimler-Benz und Mitsubishi. Das sind die größten Unternehmen in beiden Ländern. Es sind aber auch die Unternehmen, die industriell den deutschen und den japanischen Militarismus versorgt haben. Warum gibt es das Bündnis zwischen ihnen? Man kann selbstverständlich ein Modell zu dieser Frage aufstellen. Sagen wir, in einigen Monaten fangen die Deutschen an, wirklich Investitionen in der Sowjetunion zu machen, und sie investieren sich 100 Kilometer pro Monat östlich. Dann fangen die Japaner an und investieren sich 200 Kilometer pro Monat westlich in Richtung Uralgebirge. Und dort begegnen sich zwei Herren, und der eine sagt: »Daimler-Benz«. Und der andere sagt: »Mitsubishi-San«; und beide sagen: »Der zweite Weltkrieg ist erledigt, jetzt haben wir die Sowjetunion im Kasten.« Könnte das die Idee sein? Geht hier etwas vor sich, das nicht so ganz sichtbar ist? Was es mit sich bringen wird, ist ganz klar: 106 Unabhängigkeitsbewegungen gibt es in der Sowjetunion mit 6.000 politischen Gruppen... Also, bei diesen Aussichten, wenn ich dann Deutscher wäre, würde ich sagen: ein Unwohlgefühl.

Die zweite Entwicklung, die ich interessant finde: Warum waren 140 deutsche Firmen daran beteiligt, Irak Waffen zu geben, die grausamsten Waffen? Nehmen wir an, daß das Außenamt eine Ahnung davon hatte... Wenn das der Fall wäre, dann sind sie so ungeschickt gewesen, daß man ganz einfach das ganze Außenamt entlassen muß. Wenn das nicht der Fall ist, bleibt die Frage: Warum denn? Wenn man nur ganz wenig Geschichte kennt, wird man sagen, es hat etwas mit der Berlin-Bagdad-Achse zu tun. Also eine alte Zeittopographie, die sich hier vielleicht abspielt. Da könnte es sein, man hat auf die falsche Person gesetzt. Man hat geglaubt, es wird ewig Chomeini der Feind sein. Aber noch besteht die Hypothese, hier könnte etwas (im Busche sein)... Also: Zu großen Taten verdammt und zu großen Opfern.

Das genügt mit Zukunftsszenarios und -vorstellungen, wie es sich weiterentwickeln wird. Ich komme zur Kultur zurück. Und jetzt werden wir die Tabelle ausfüllen.

Ich glaube, was für Hitler typisch war, war eigentlich nur *eine* Sache, aber die war relativ katastrophal. Der hat die *Ostmark* als Peripherie verstanden. Für die Peripherie hat er ganz einfach die Schlußfolgerung gezogen, daß es nicht geht, mit Kolonien in Afrika und so weiter. Und Deutschland als Zentrum des Zentrums wollte dort im Osten genau dasselbe tun, was die Engländer, Franzosen und so weiter in ihren Kolonien gemacht haben. Und ich habe als eine Hauptthese gesagt, es gab auch Stämme, die sie mehr ausgerottet haben als andere. Die These des Lebensraumes ist selbstverständlich wichtig und nicht ganz unwahr. Zwei Ursachen gibt es, weshalb diese These nicht ganz unwahr war: Deutschland ist spät gekommen, und Deutschland hatte diese Dialektik zwischen Kleinstaat und Großstaat. Und als Kleinstaat hatten sie keine Chance, dieselbe Rolle wie die anderen zu spielen. Bei Hitler hat sich diese Sache kristallisiert als Chiliasmus, also Tausendjähriges Reich. Aber Hitler hat auch ganz klar gesagt, daß es zwei Möglichkeiten gibt: entweder das Dritte Reich oder den Untergang. Als Hitler das in seinen Reden gesagt hat, hat er als guter Abendländer geredet. Ich glaube, daß niemand, der gerne ein wenig subtil sein möchte, eine glatte, schlichte Zukunft versprechen kann. Er hat etwas versprochen und es an die Bedingung geknüpft, entweder wird es erreicht oder es kommt der Untergang. Und was er versprochen hat, hat er erfüllt. In diesem Sinne konnte er zufrieden seinen Selbstmord ausführen.

Das Superdramatische hat er ein wenig weiter getrieben als die anderen. Typisch für das Abendland ist es, atomistisch zu denken. Zweitens deduktiv und nicht dialektisch. Und drittens, das ist eigentlich dasselbe, widerspruchsfrei. Das Widerspruchsfreie oder die widerspruchsfreie Gesellschaft soll hergestellt werden. Es gibt zwei widerspruchsfreie Gesellschaften im abendländischen Denken: Himmel und Hölle. Die Geschichte ist dann die Geschichte der Trennung zwischen den beiden. Das Reine, das Widerspruchsfreie war auch teilweise die magische Wirkung hier in der ehemaligen DDR. Also die kommunistische Zukunftsgesellschaft als die Gesellschaft, wo wenigstens alle wichtigen Widersprüche ausgebügelt sind.

Und dann die Engelsche These: Damit hört die Vorgeschichte auf und die eigentliche Geschichte fängt an - das ist auch biblisch.

Das teutonische wäre dann, was ich den »teutonischen Denkstil« nenne, außerordentlich pyramidal, das innere Axiom ist durchzuführen und dabei immer von Axiomen abzuweichen. Und diese Denkpyramide hängt in der Luft, hat relativ wenig Berührung mit der Tat. Jetzt könnte man sagen, das sei eine Analogie. Ja, könnte man. Man könnte auch sagen, daß die drei großen Teutonen, ich meine damit Marx, Freud und Hitler, versucht haben, das alles mit *einem* Axiom zu bestimmen. Marx: Widerspruch zwischen Arbeit und Kapitel und die Beseitigung des Widerspruchs. Freud: Widerspruch zwischen Superego und Ego und die Beseitigung des Ego. Und Hitler: Widerspruch zwischen Arier und Nichtarier, und das als Triebkraft und treibendes Motiv der Geschichte. Und für mich ist es eine Hauptthese: Wenn Hitler so geredet hat, dann hat er als ein guter deutscher Intellektueller geredet. Man könnte sagen, er war die Vulgärfassung. Jetzt mag man sagen, das stimmt ja meistens nicht, was Hitler gesagt hat. Aber das ist nicht das Wichtige daran, das Wichtige ist nicht notwendigerweise inhaltlich, sondern daß die Ausdrucksformen und die Denkformen dieselben sind, die die Kosmologie beherrschen. Dann war er selbstverständlich der Professor für die Massen, und das haben die Professoren nie verstanden.

Jetzt ist die Tabelle bis rechts unten voll. Ich will die »Auserwähltheit«, die in der abendländischen Kosmologie als selbstverständliche Herrschaftsideologie durchdringt, so auf die Reihe bringen: Der Mensch ist mehr (als alle andere Kreatur), der Mann ist mehr als die Frau, der Weiße ist mehr als der Farbige, Priester, Aristokraten, Kaufleute sind jeweils mehr als die unter ihnen. Und es gibt auserwählte Völker - und welches »christliche« Volk nun ist besonders auserwählt?!

Wir können resümieren: Kosmologien, Tiefideologien sind Handlungsprogramme, deren man sich nicht bewußt ist. Die Geschichte ist die Ausführung. Man kann sich vom Ausführungszwang befreien, wenn man das Programm kennt.

Wozu Wissenschaft?*

Einführung in und Weiterdenken von Kurt Hübners KRITIK DER WISSENSCHAFTLICHEN VERNUNFT - Vorlesung von Wolfgang Deppert zu der Frage: Woraufhin Forschen und Lehren?

*Rudolf Bahro***

Es gibt noch eine zweite Vorlesung, die in diesem Semester von der Sozialökologie angeboten wird. Der Privatdozent Dr. Wolfgang Deppert aus Kiel behandelt das Thema »Wozu Wissenschaft?«. Der Hintergrund ist ein Buch seines Lehrers Kurt Hübner mit dem Titel KRITIK DER WISSENSCHAFTLICHEN VERNUNFT. Das ist ein - nach dem üblichen Diskurs, den ich allerdings für gar nicht mehr so aktuell halte - konservativer Denker, vom Ursprung und vom kulturellen Profil her, 1921 in Prag geboren. Ich habe, als ich die Idee in Westberlin einmal erwähnte, gehört, daß er 1968 dort bei den Linken »kein Fettnäpfchen versäumt« habe. Woran hat er damals gearbeitet? In dieser KRITIK DER WISSENSCHAFTLICHEN VERNUNFT, die aber keineswegs das Kind mit dem Bade auskippt, sondern »nur« die Frage stellt: Wo liegen die Grenzen dieses Weltverhältnisses, das die wissenschaftliche Vernunft ist? Und der deswegen ein zweites Buch geschrieben hat, DIE WAHRHEIT DES MYTHOS, letzterer aber nicht gegen die Wissenschaft, sondern neben sie gestellt.

* Vom 9. Oktober 1990 bis 22. Januar 1991 hielt Wolfgang Deppert eine Vorlesungsreihe, die ihren Abschluß mit einem Vortrag Kurt Hübners fand. Parallel dazu fand ein Seminar ab dem 16. Oktober, jeweils Dienstags, »Philosophische Anregungen zur Selbstorientierung in den Naturwissenschaften« statt. Es wurden Verknüpfungen in Physik, Chemie, Biologie und Medizin hinein erarbeitet und diskutiert.

** Diese Ausführungen wurden anläßlich der Vorstellung der Arbeit des Institutes vom 8.10.1990 gemacht.

Das ist der Hintergrund dieser Vorlesung von Deppert. Wenn man Hübners Bücher heute liest, so liegen sie dem meisten weit voraus, was uns auf der Linken zur ökologischen Krise eingefallen ist.

Ich habe im Laufe der letzten Jahre überhaupt die Erfahrung gemacht, daß Leute (jetzt rede ich nicht von Hübner), die, politisch gesehen, in der Zeit auf Hitler zu und in der Hitlerzeit, wie man so sagt, »nicht sauber waren«, jedenfalls so angesehen sind, Leute wie Carl Schmitt, der politische Theoretiker, wie der Psychologe Carl Gustav Jung, der etwas weiter ab vom Schuß in der Schweiz war, aber erst mal sympathisiert hat, wie Ernst Jünger oder auch wie Martin Heidegger, der in meiner Vorlesungsreihe eine Rolle spielen wird - daß die trotz und in gewissem Sinne wegen ihrer Verhaftung an diesen Prozeß damals in Deutschland manche Dinge, die für Linke tabu gewesen sind, wenigstens erstmal als Thema aufgegriffen haben.

Wir sollten bei der Rezeption wirklich einen Unterschied machen. Was kommt da an *Stoff* auf in einem Denken und wo fängt die *Ideologie* an, die wir dann immer noch kritisieren können und sollen? Die Kritik soll ja nicht etwa ausfallen, aber sie soll auch nicht die Zugänge zur Wirklichkeit versperrt halten, die bisher von der Linken verfehlt worden sind. Ernst Bloch war derjenige, der links am meisten darauf hingewiesen hat, daß man ganze Schichten des menschlichen Bewußtseins einfach dem anderen Lager zur Bearbeitung überlassen hat, weil die bloße Befassung damit verdächtig schien. Um auf Kurt Hübner zurückzukommen, so finde ich in seinen Werken übrigens nichts von dieser unseligen Anhaftung, sondern das ist eher im Stile des 19. Jahrhunderts, aber im besten Sinne, geschrieben, und das sind tiefgründige Überlegungen dazu, wie man heute an einer Universität geistig mit Wissenschaft umgehen könnte.

Sein Schüler Wolfgang Deppert gibt außer der Vorlesung auch noch ein Seminar. Dieser Dozent aus Kiel hat nicht als Philosoph angefangen, sondern er hat fast eine ABF-Karriere - im Westen! - gemacht. Er hat erst einmal Maschinenschlosser gelernt. Und Maschinenbauingenieur ist er geworden. Dann hat er Physik studiert, weil er tiefer ins Wesen der Naturwissenschaft eindringen wollte, hat über Neutrinos, also in Hochenergiephysik, promoviert und dann erst hat er sich philosophisch habilitiert, weil er auch die Grundlagen der Naturwissenschaften fassen wollte. Außerdem leitet er ein Orchester. Das ist ein Mann, der einen weiten Horizont repräsentiert und in seinen Vorlesungen natürlich ein Stück über Hübner hinausgehen wird. In den letzten Jahren bewegt er sich mehr und mehr im Diskurs mit Biologen, zum Beispiel mit Kardiologen (was die Medizin betrifft) - über die Grundfrage, wie gehen wir mit diesem Selbstlauf von Wissenschaft und Technik bewußtseinsmäßig richtig um? Wie können wir das verantworten? Worauf hin forschen und lehren wir? Das ist die Richtung, die sein Seminar nimmt und wo er besonders auf Naturwissenschaftler rechnet.

Soviel zu der zweiten Hauptveranstaltung, neben der meinen hier.

Vorlesungen und Seminare bei Wolfgang Deppert

Peter Rumpf

An stürmischen Herbst- und dunklen Winterabenden konnte man in einem langgestreckten altertümlichen Hörsaal der Humboldt-Universität der Frage nachgehen: »Wozu eigentlich Wissenschaft treiben?«

Interessant wurde es, wenn die üblichen Vorstellungen, wozu Wissenschaft »lebensnotwendig« ist, verklungen waren. Welche Herangehensweise an Wissenschaft gibt es überhaupt? Im Gegensatz zu den normativen Wissenschaftstheorien wie Rationalismus, Empirismus und Konstruktivismus, die das Gewinnen von Sicherheit und die Ausrichtung auf Zwecke zum Ziel haben, gibt es - so erfuhren wir - auch die deskriptiven rein beschreibenden Theorien über Wissenschaft, für welche der historische Ursprung von Wissenschaft bzw. deren Einbettung in ihre jeweilige Wirkungszeit entscheidend ist.

Schon Platon erscheint »Wissen« zutiefst verwunderlich, und er stellt es fundamental in Frage (im MENON): »Was man weiß, braucht man nicht zu lernen, was man nicht weiß, davon hat man keine Vorstellung, es zu lernen.« Was nun? Zwar zieht dann Sokrates dem Menon durch geschicktes Nachfragen einen mathematischen Beweis aus der Nase, doch ist dies keine Lösung des Problems, denn Menon wußte diesen Beweis dann eben schon. So bleibt der Wissenschaft nur, ein »Möglichkeitsnetz« auszuwerfen und zu »hoffen«, daß sich die gesuchte Lösung darin befindet.

Bei Descartes, auf den die wichtigsten Grundlagen unserer heutigen Wissenschaft zurückgehen, waren Wissenschaft, Religion und Philosophie noch nicht getrennt. Sein Weg war der des »methodischen Zweifelns« (daraus abgeleitet auch der Satz: »Ich denke, also bin ich«). Die Vorstellung, daß ihm ein vollkommenstes Wesen, Gott, innewohnt, beweist ihm, daß Gott existiert. Und da zu Gottes Vollkommenheit zwangsläufig auch die Güte gehört, hat er, um es dem Menschen nicht gar zu schwer zu machen, die Welt erkennbar geschaffen. Allerdings führt nur schrittweises Zusammensetzen zu Erkenntniszuwachs. Deppert verwendet das Bild eines Bogenschützen: Der Grund, auf dem er steht, ist die Religion, die Bogenspannung ist die Philosophie und der Pfeil die Wissenschaft.

Wie kann ich aber heute herausfinden, welche Bogenspannung ich habe und auf welchem Grund ich stehe? Die Bogenspannung läßt sich wohl mittels Wissenschaftstheorie beschreiben. Bei Descartes wäre das der Rationalismus. Wissen über den Grund können vielleicht Antworten auf die »drei religiösen Grundfragen« verschaffen, die sich jeder beantworten kann, auch derjenige, der sich frei von jeder Religiosität glaubt. Sie lauten: Was ist das Existierende (religiöser Glaube)? Was ist das Wirkende (religiöses Grundgefühl)? Was ist das Bewertende (religiöser Geborgenheitsraum)? Beantwortet man diese Fragen aus der Sicht eines modernen Naturwissenschaftlers, entsteht ein interessantes Glaubensbekenntnis.

Warum aber treibt der Mensch eigentlich Wissenschaft? Wenn Vorgänge, weil sie sich immer wieder wiederholen, in einen Zusammenhang gestellt werden können, entsteht ein Zusammenhangsgefühl, das beim Beobachter eine freudige Hochstimmung auslöst. So läßt sich sagen, daß Wissenschaft aus Freude an Zusammenhangserlebnissen betrieben wird (wenn man einmal das Streben nach Ruhm und Geld außer Acht läßt).

Für jede Wissenschaft gibt es zu ihrer Zeit ein Paradigma, also nicht weiter hinterfragbare grundsätzliche Überzeugungen, das den Horizont der möglichen Forschungsfragen bildet. In diesem Rahmen verläuft die »Normalwissenschaft«. Ein Paradigmenwechsel bedeutet eine wissenschaftliche Revolution und führt zur »außerordentlichen Wissenschaft«. Erkennen kann den Paradigmenwechsel nur, wer außerhalb der Normalwissenschaft steht (im traditionellen Rahmen von »Wissenschaft« überhaupt ist dies von der Philosophie geleistet worden), während normalwissenschaftlich nur erkennen kann, wer als »normaler Wissenschaftler« einen Standpunkt innerhalb der Normalwissenschaft bezieht (und traditionell meist etwas gegen Philosophie hat). So läßt sich die Außenbetrachtung, die eine unabhängige Erkenntnismethode hat, von der Innenbetrachtung unterscheiden, bei der man »Gefangener« des zu Erkennenden bleibt, es aber aus sich selbst heraus verstehen kann, was bei der Außenbetrachtung nicht gelingt.

Wird die Welt, welche die Wissenschaft erkennen will, durch Freiheit oder durch Determinismus bestimmt? - Eine Frage, die sich uns stellte, nachdem wir uns mit der Geltung des Kausalprinzips in der Quantenmechanik beschäftigt hatten. Ausgangspunkt war die Heisenbergsche Unschärferelation, die besagt, daß in der Quantenmechanik nur Ort oder Impuls genau gemessen werden können, nie aber beides zugleich. Heisenberg formulierte das Kausalgesetz: »Wenn wir die Gegenwart genau kennen, können wir die Zukunft berechnen.« Gilt das nun nicht, weil wir die Gegenwart nicht genau kennen? Heisenberg bejaht das definitiv. Hübner weist dagegen nach, daß eine wenn ... dann-Beziehung nicht ungültig wird, wenn ihre Voraussetzung falsch ist. Sie ist dann nur nicht anwendbar, denn nur für die Anwendbarkeit muß ja die Voraussetzung wahr sein. Es läßt sich aber auch ein anwendbares Kausalprinzip finden: »Zu jedem genau meßbaren Ereignis gibt es andere, mit denen es durch Kausalgesetz verbunden ist.« Kausalgesetz meint damit eine genaue, nicht nur wahrscheinliche Vorhersage als Nahwirkungsgesetz. Dabei ist gleichgültig, in welche zeit-räumlichen Richtungen sich die Ereignisfolgen ausbreiten. Das Kausalprinzip ist damit wenigstens für quantenmechanische Aussagen anwendbar. So läßt sich sagen, daß das Ursache-Wirkung-Prinzip immer gilt, es aber wegen der Definition von Ursache und Wirkung tautologisch ist. Aber welche Rolle spielt dabei der Zufall? Sind zufällige Ereignisse solche, die nicht determiniert sind, das wäre Freiheit, oder solche, die nicht (oder noch nicht) erkannt werden (also doch determiniert)? Ist die Frage nach dem freien Willen nur deshalb nicht entscheidbar, weil die Untersuchungsmethoden fehlen? Aber: Muß freier Wille nicht stets vorausgesetzt werden, damit die Entscheidung, ob ein Ereignis akzeptiert wird oder nicht, möglich bleibt?!

Fragen über Fragen, die bei Antwortversuchen nur durch andere überlagert werden.

Eine »ketzerische« Frage zum Beispiel war, ob Kepler seine Theorien unter Verwendung einer normativen Wissenschaftstheorie hätte vertreten können. Die Antwort lautet eindeutig nein. Sein Gesetz, daß sich alle Planeten auf Kreisen geteilter Exzentritäten bewegen, wobei die Sonne in einem der Exzentritätspunkte steht, und daß die Geschwindigkeit der Planeten umgekehrt proportional zu ihrer Entfernung zur Sonne ist, erhielt er unter Verwendung von Theorien, die selbst ihm fragwürdig erschienen. Eine Bewegung der Erde war zudem schlecht denkbar ohne die Kenntnis des Trägheitsgesetzes, welches noch nicht entdeckt war. Die Menschen hätten dann nach damaligem Stand der Wissenschaft alle von der Erde herunterfallen müssen. Kepler konnte dieses Argument nicht widerlegen, aber er war sicher, daß die Erde als Sündenpfuhl nicht in der Mitte des Universums stehen kann und daß die Sonne die göttliche Kraft besitzt, die sie zum Zentrum macht, um die sich die Planeten bewegen.

Interessant wird diese Fragestellung, wenn man sie auf die heutige Zeit bezieht. Richtet sich die Wissenschaft auch heute nach dem Zeitgeist? Was ist aus dem Sündenpfuhl Erde und dem Sonnenmythos Keplers geworden?

*

Die Wissenschaft unterliegt bis heute oft dem aus dem Mythos übernommenen Kosmosierungsprinzip. So will die Wissenschaft unbedingt an dem Maß der »physikalischen Zeit« festhalten. Damit werden zwar etwa Sonnenfinsternisse genau berechenbar, aber Organismen können nicht damit erklärt werden. Bis zur Zellebene sind dort nämlich circadiane Rhythmen beobachtbar, die nicht mit der physikalischen Zeit, für die das Cs-Atom als Äquivalenzmaß gewählt wurde, übereinstimmen. Deppert entwickelt in seinem Buch Zeit die »PEP«-Zeit (»PEP« steht für »periodic equivalent processes«), worin die physikalische Zeit nur eine spezielle Systemzeit unter anderen bildet. So eingebettet ist sie sogar ungeeignet für chronobiologische Untersuchungen - so ungeeignet wie die »PEP«-Zeit des Herzschlages des amerikanischen Präsidenten für die Berechnung einer Sonnenfinsternis. Warum sehen wir den Kosmos nicht als nur ein »PEP«-System unter anderen an? Wir würden dann nicht mehr zwanghaft allen Naturgesetzen die Gültigkeit im gesamten Kosmos abverlangen. Schwierige Fragen tauchen unter dieser ungewohnten Blickrichtung auf, aber auch erhellende Fragen werden sehr sinnvoll möglich, zum Beispiel: Bedeutet Krankheit vielleicht, daß der Körper in einen asynchronen Zustand gekommen ist?

Den Pfeil im Fluge stoppen?

Gabriele Hoffmann

Depperts Anliegen ist es, den Inhalt des Begriffs Wissenschaft zu beleuchten, die Bedeutung der Kategorien »Wahrheit«, »Erfahrung«, »Erkenntnis« zu hinterfragen. Zunehmende Wissenschaftsgläubigkeit auf der einen Seite und -feindlichkeit auf der anderen sind Anlaß genug, besonders wenn wir die katastrophalen Auswirkungen der Wissenschaft in Form des technischen Fortschritts auf unsere Lebensgrundlagen betrachten. Was kann Wissenschaft leisten? Wo sind ihre Grenzen? Viele Vorlesungen sind nötig, den Zugang zu dieser Frage zu finden.

Doch die lebhafte Vortragsweise Wolfgang Depperts, sein Elan, seine Freude am Präzisieren übertrugen sich auf die Zuhörerschaft. Zwischenfragen sind ausdrücklich erwünscht. Wir beginnen mit einem keineswegs leicht verdaulichen Streifzug durch die Geschichte der Wissenschaft. Angefangen wird zur Zeit Homers im alten Griechenland, als die Mythen das Leben der Menschen bestimmten, wo »wissen« noch »gesehen haben« bedeutete und die Götter den Lauf der Dinge regelten. Über Platon, Aristoteles, den Universalienstreit des Mittelalters gelangen wir schließlich zu den neuzeitlichen Erkenntnistheorien von Bacon, Descartes und Hobbes und zur heutigen Zeit, in der statt den Göttern nunmehr die Naturgesetze wirken. Beim genaueren Hinsehen jedoch bemerken wir, daß zumindest Reste des Mythos in unserer heutigen Sprache noch vorhanden sind - zum Beispiel *Pan* beim »panischen Schrecken«.

Unsere gewohnte Sicht auf die Dinge wird angezweifelt. Deppert stellt neue Fragen, die zur Relativierung von für uns selbstverständlichen Weltsichten führen. Ist es möglich, daß wir uns wegen der Rationalisierung der Weltsicht unserer Geheimnisse berauben? Was ist, wenn Liebe nur die Veränderung des Hormonspiegels bedeutet und die Anwesenheit von Eros einfach überflüssig wird? Anthropologisch gesehen ist das Streben nach Erkenntnis gar keine menschliche Grundeigenschaft, der mythische Mensch betrieb keine Wissenschaft, und er lebte so sehr lange. Warum dann begann der Mensch zu forschen?

Historisch gesehen, ist, seit dem »Wegfall« des Mythos in der griechischen Antike, ein entscheidender Antrieb für die Wissenschaft, verläßliche Aussagen über die Welt zu gewinnen. Auf der Suche nach systematischen Gründen für die Entstehung von Wissenschaft begegnen wir der Fähigkeit des Menschen, intuitiv Zusammenhänge herzustellen, Deppert sagt: »stiften« zu können. Wir sind ständig am Stiften von Zusammenhängen, zerstören jedoch durch Finden von Zusammenhängen alte. Das Finden eines Zusammenhanges bereitet uns Freude. Ein »falscher«, nur geglaubter Zusammenhang ruft bei seiner Entdeckung dagegen ein Isolationserlebnis hervor. Der Mensch treibt also Wissenschaft, weil er Freude daran hat, Zusammenhänge zu erkennen.

Die Forschung strebt an, diese Zusammenhangserlebnisse auf dem Gebiet der Wissenschaften zu produzieren und zu reproduzieren. Sie sind allerdings leider nicht erzwingbar. Das ist wohl am deutlichsten beim Phänomen der Liebe zu bemerken. Offenbar reicht allein der Wille zum Verlieben, das heißt ein Zusammenhangserlebnis herzustellen, nicht hin.

In unserer heutigen Wissenschaft ist eines der grundlegenden Erkenntnismethoden das sogenannte Induktionsprinzip. Dabei wird ein Schluß vom Einzelnen auf das Allgemeine gezogen. Dieses Prinzip, so weist Deppert nach, ist nicht begründbar. Genau genommen handelt es sich dabei um einen Glauben, daß es richtig sei, aus der Tatsache etwa, daß alle bisher gesehenen Apfelsinen orange waren, zu schlußfolgern, alle existierenden hätten diese Farbe. Die Anwendung dieses Induktionsprinzips, übrigens auch beim Schluß von der Vergangenheit auf die Zukunft, ist lediglich ein Erfahrungssatz und seine Richtigkeit nicht beweisbar.

Nun existiert auf der Welt Einzelnes, die Wissenschaft aber spricht immer vom Allgemeinen. So kommt in der »modernen« Medizin zum Beispiel der einzelne Mensch gar nicht mehr vor. Er wird nach Standard behandelt. Die Besonderheiten des einzelnen Menschen werden nicht beachtet, es gibt ihn dort schlicht nicht, auch wenn der Patient sich das in der Regel einbildet, weil der Arzt ja normalerweise auch »einzeln« vor ihm steht.

Die Erkenntnisse sind »relativ«. Sie sind geprägt vom Menschen selbst, vom Objekt seiner Erkenntnis, ja sie sind sogar vom Zweck der Erkenntnis bestimmt. Deppert beklagt die Nicht-Ganzheitlichkeit der modernen Wissenschaft. Er versucht, eine Wissenschaft vom Leben zu entwerfen, in der die anderen Weisen des Erkennens zu- und eingeordnet und ihre zerstörenden Potentiale gebannt sind.

Ich fand es sehr wichtig, daß Menschen den Mut zu dieser Frage »Wozu Wissenschaft?« finden und sie überhaupt erst einmal stellen. Die

Grundfesten der heutigen Wissenschaft sind, so wurde mir deutlich, sehr wackelige Füße. Nach dieser Vorlesung ist mir der Anspruch der Wissenschaft, uneingeschränkt die Wirklichkeit beschreiben und handhaben zu können, direkt unheimlich geworden. Fraglich ist, ob die von Deppert und Hübner angebotene Variante das Problem wirklich grundlegend löst. Auf einen Weg aber, der zu einer Wissenschaft führt, die dem Leben dient, müssen wir finden.

Die Metaphysik und der Baum der Erkenntnis

Kurt Hübner

1. *Die Metaphysik im Lichte des alttestamentarischen Mythos vom Sündenfall*

In der Schöpfungsgeschichte des Alten Testamentes (AT) lesen wir (2,9): »Und der Herr ließ aufwachsen aus der Erde allerlei Bäume, lustig anzusehen, und gut zu essen, und der Baum des Lebens mitten im Garten, und der Baum des Erkenntnisses Gutes und Böses.« »Aber von dem Baum des Erkenntnisses Gutes und Böses«, sagte Gott zu Adam, »sollst du nicht essen.« (2,17) Adam und Eva jedoch, verführt von der Schlange, aßen davon und wurden von Gott verflucht.

Die Exegeten sind sich darin einig, daß hier die Rede vom Guten und Bösen nicht im üblichen moralischen Sinne gemeint ist. Unter »Erkenntnis« ist vielmehr das Wissen um das Heil oder Unheilbringende zu verstehen. Es geht also darum, daß der Mensch, indem er vom Baum der Erkenntnis ißt, dieses Wissen *eigenmächtig*, aus eigener Kraft, ohne Vermittlung Gottes zu gewinnen sucht. Darin aber wird eine radikale Abkehr von Gott gesehen, eine Abkehr von Grund auf.

Der Mythos vom Baum der Erkenntnis spricht damit nichts anderes aus, als was mythisches Vorstellen allgemein prägt: Die Auffassung nämlich, daß die Ursünde des Menschen in dem Glauben besteht, er bedürfe des Göttlichen nicht, das doch in Wahrheit die Quelle allen Heils ist. Dies ist die Hybris, die Anmaßung menschlicher Selbstherrlichkeit, und solche Hybris wird mit Verderben bestraft. Indem sich der Mensch mit ihr seiner göttlichen Wurzel beraubt, löst er sich aus der göttlichen Ordnung. Die Folge ist die Strafe der Verirrung und Wirrnis, worin er schließlich verzweifeln und sein wesenhaftes Tun in der Arbeit oder im Gebären fruchtlos und qualvoll werden muß. Das ist der Sinn der Worte, die Gott zu Adam spricht: »...verflucht sei der Acker um deinetwillen, mit Kummer sollst du dich darauf nähren dein Leben lang/Dornen und Disteln soll er dir tragen.../im Schweiß deines Angesichts sollst du dein Brot essen...« (3,17-19); oder wenn Gott zu Eva spricht: »Ich will dir viele Schmerzen schaffen, wenn du schwanger wirst; du sollst mit Schmerzen Kinder gebären...« (3,16)

Was aber bedeutet der Baum des Lebens? »Und der Herr sprach: Siehe, Adam ist geworden wie unsereiner, und weiß, was gut und böse ist. Nun aber, daß er nicht ausstrecke seine Hand, und breche vom Baum des Lebens, und esse, und lebe ewiglich.« (3,22) Der Baum des Lebens ist Ursprung göttlicher Nahrung und Kraft. Wer die Eigenmächtigkeit des Wissens mit dieser Kraft verbindet, ist wie Gott. Es ist also dem Menschen nicht allein ausdrücklich verboten, vom Baum der Erkenntnis zu essen, sondern es wird auch ausdrücklich ausgeschlossen, daß er *sowohl* vom Baum des Lebens *wie* vom Baum der Erkenntnis ißt. Demnach wird nirgends gesagt, es sei Adam nicht gestattet, *nur* vom Baum des Lebens zu essen.

Um dies zu deuten, sei auf die Rolle der heiligen Speisung hingewiesen, die fast in allen mythischen oder religiösen Kulturen im Mittelpunkt steht. In dieser Hinsicht gibt es, strukturell betrachtet, keinen Unterschied zum Beispiel zwischen dem Gedanken der *Theoxenie* im griechischen Mythos, wo der Gott zu Tische kommt, und der *Eucharistie* im christlichen Ritus, wo Gottes Leib und Blut verzehrt werden. Überall, wo solches geschieht, wird vom Baum des Lebens gegessen. Niemand wird allein dadurch Gott, daß er davon ißt; wohl aber wird er so vom Göttlichen beseelt und durchdrungen. Aus diesem Grunde bedurfte es nicht der ausdrücklichen Erwähnung, daß Adam vom Baum des Lebens brechen durfte. Wo hätte er sonst die Kraft zu seiner Aufgabe hernehmen können, Gottes Stellvertreter auf Erden und Hüter der Schöpfung zu sein? Können wir nicht Genesis 1,26 in Klarheit entnehmen, daß eben darin seine Ebenbildlichkeit mit Gott besteht? Denn dort heißt es: »Und Gott sprach: Lasset uns Menschen machen, ein Bild das uns gleich sei, die herrschen über die Fische im Meer, und über die Vögel unter dem Himmel, und über das Vieh, und über die ganze Erde, und über alles Gewürm, das auf Erden kriecht.«

Der Sündenfall als Essen vom Baum der Erkenntnis bedeutet indessen nicht, daß der Mensch für immer aus dem Umkreis göttlicher Gnade ausgeschlossen bleibt. Die ganze darauf folgende Geschichte wird ja biblisch als ein immer wieder erneuerter Versuch des Menschen verstanden, sich aus dem status corruptionis, worin er sich befindet, zu erheben und Gott wieder zu folgen oder ihn wenigstens zu suchen. Unstillbar bleibt die aus menschlicher Kraft alleine nicht erfüllbare Sehnsucht nach dem Verlorenen. Eine Sehnsucht, deren innerstes Ziel sich, vom christlichen Standpunkt, in der Erlösungsidee des Neuen Testaments enthüllt.

Die Geschichte vom Sündenfall ist daran als Mythos zu erkennen, daß sie eine göttliche Ursprungsgeschichte ist, eine Arché, wie sie die Griechen nannten. Darunter ist ein Ereignis zu verstehen, das einst in undatierbarer Zeit stattfand und sich seither immer wieder aufs Neue wiederholt. Eine solche Arché spielt sich zwar in einem transzendenten Raum ab, sofern sie nicht in Raum und Zeit lokalisierbar ist, doch wirkt sie in die Sphäre der Sterblichen beständig hinein und prägt sie wie das Siegel das Wachs. Damit tritt sie in immer neuen Varianten auf, sie bricht sich gleichsam im trüben Medium des Irdischen, ohne deswegen in irgendeiner Weise hinsichtlich ihrer mythischen Substanz verändert zu werden. Das einzelne Ereignis ist so, was es ist, nur durch Teilhabe an jener göttlichen Arché, im gegebenen Fall als Teilhabe am status corruptionis, der seit dem Sündenfall die Welt beherrscht. In jedem konkreten Auftreten menschlicher Hybris wiederholt sich so das Brechen vom Baum der Erkenntnis.

Es ist nun aber die Metaphysik, worin der Mythos vom Baum der Erkenntnis sein Beispiel par excellence hat. Ist sie doch ein Höchstmaß an Reflexion nicht nur über dieses oder jenes, sondern über das Seiende im Ganzen und über den Weltgrund, dem die Wirklichkeit entspringt. Es liegt darin der Wille des Menschen, dieses Ganze und diesen Grund seiner Einsicht zuzuführen und der Vernunft zur Rechenschaft vorzulegen. Diese Rechenschaft ist aber nur dann geleistet, wenn sich der Weltinhalt im Prinzip als ein folgerichtiges System enthüllt. Indem so der metaphysische Wille alles der Urteilskraft des Menschen unterwirft, äußert sich in ihm zugleich das Bewußtsein freier Selbstbestimmung. Metaphysik versteht sich daher stets als Freiheit vernünftigen Denkens, selbst dann, wenn sie am Ende, wie es Aristoteles glaubte, Theologiké epistéme, Wissenschaft von Gott, sein sollte. Und nichts ist in diesem Zusammenhang kennzeichnender als Kants Forderung, wir müßten erst aus eigener Kraft wissen, was das Gute und das Böse ist, ehe wir Gott erkennen und anerkennen können.

So ist die Metaphysik geradezu der Exponent jenes Brechens vom Baum der Erkenntnis, jener selbstherrlichen und autonomen Reflexion, mit der sich der Mensch aus der unreflektierten Beziehung zu Gott gelöst hat; mit der er aber doch auch immer wieder versucht hat, der Sehnsucht nach dem Verlorenen Herr zu werden und dieses Verlorene in der Sphäre des Begriffs wiederzufinden. Sieht man die Geschichte der Metaphysik im Lichte des Mythos vom Baum der Erkenntnis, so verhält sie sich zu ihm wie das Abbild zum Urbild, zum Archetypos. Es ist also die Arché dieses Mythos, die sich in der Geschichte der Metaphysik wiederholt. So betrachtet ist der Einbruch des griechischen Logos in die Welt des Mythos ein Gleichnis für das Brechen vom Baum der Erkenntnis, der Mythos aber, dem der Logos ein Ende bereitete, ein Gleichnis für ein noch unmittelbares Verhältnis des Menschen zum Göttlichen. Machen wir uns das verständlich, indem wir näher auf das Wesen von Mythos, Logos und Metaphysik eingehen.

2. *Vom Wesen des Mythos und des Logos*

Der Mythos beruht auf numinoser Erfahrung. Das bedeutet, daß er die Gegenstände der Erfahrung als Numina, als Zeichen göttlicher Wirksamkeit oder göttlicher Gegenwart versteht. Das gleiche gilt für die Beziehungen von Gegenständen untereinander, sie seien regelhafter Art oder spontan auftretend. Regelhafte Beziehungen, wozu insbesondere die Rhythmen und periodischen Erscheinungen der Natur gehören, sind mythisch nur Wiederholungen göttlicher Urereignisse, während alles spontan Auftretende auf das schicksalhafte Eingreifen der Gottheit zurückgeführt wird. Wie Gegenstände oder die Beziehung von Gegenständen mythisch als numinose Erscheinungen, so werden auch Raum und Zeit, wie überhaupt alle grundlegenden Formen der Wirklichkeit, in einen unmittelbaren Zusammenhang mit dem Göttlichen gebracht. Von besonderer Bedeutung für das hier verhandelte Thema ist aber, wie sich noch zeigen wird, die Art, wie der Mythos das Verhältnis von Begriff und Wirklichkeit versteht.

Wenn Gegenstände und ihre Beziehungen zueinander Numina göttlicher Wesen sind, dann können auch an die Stelle der Allgemeinbegriffe, denen wir einzelne Gegenstände zuordnen, die Eigennamen jener Wesen treten, die in ihnen wirksam sind. Nehmen wir Allgemeinbegriffe wie die Nacht, der Tag, die Morgenröte, der Regenbogen, die Jahreszeiten, das Feuer, die Weltgegenden, die Liebe, der Streit, die Kraft, die Weisheit, der Krieg - sie alle werden mythisch oft mit dem Namen einer bestimmten Gottheit bezeichnet. Aber selbst wo das nicht der Fall ist, wird hier unter einem Begriff etwas ganz anderes verstanden, als dies uns heute geläufig ist. Diese *unsere* Sichtweise nämlich ist vom wissenschaftlichen Denken geprägt.

Wir trennen in Schärfe das im Begriff Gedachte von den einzelnen Tatsachen, die unter ihn fallen. Mythisch aber wird der Begriff jeweils durch ein individuelles, numinoses Wesen, eine Gottheit, repräsentiert, sofern diese ja in allen einzelnen Gegenständen und Beziehungen ihres Zuständigkeitsbereiches wirksam ist oder anwest. Es ist immer dieselbe Gottheit Iris, wodurch alle einzelnen Regenbögen sind, was sie sind, es ist immer derselbe Ares, der in jeder einzelnen Schlacht tobt, derselbe Eros, der die Liebenden entflammt, und so fort.

Dies alles zeigt, daß der Mythos von Grund auf verkannt wird, wenn man meint, er bestehe nur in einem unlogischen oder gar irrationalen Sammelsurium mehr oder weniger phantastischer Geschichten. Dabei gebrauche ich das Wort »Mythos« so, daß damit eine bestimmte Struktur des Denkens gemeint ist, die mit sehr verschiedenen Inhalten ausgefüllt werden kann. Diese Struktur betrifft allgemeinste Bestimmungen der Wirklichkeit, des Seins überhaupt, zum Beispiel wie sich in der angezeigten Weise der Begriff zum einzelnen unter ihn fallenden Gegenstand verhält, was überhaupt unter einem Gegenstand, einer Gegenstandsbeziehung vorzustellen ist. Ein solches Ensemble von Vorstellungen nennt man eine Ontologie (Seinslehre). Der Mythos besitzt daher ein *ontologisches Fundament*, das ihn als ein Erfahrungssystem ausweist, eine bestimmte Weise also, Wirklichkeit zu erfahren und sich in ihr handelnd zu bewegen. Und doch ist er tiefgreifend von dem ihn ablösenden griechischen Logos verschieden.*

Gehen wir nun zum Logos über. Das Wesen des Logos ist das lógon didónai. Darunter ist die Forderung zu verstehen, die einzelnen Tatsachen dadurch in einen fortgesetzten Begründungs- und Erklärungszusammenhang zu bringen, daß sie auf letzte begriffliche Prinzipien von hohem Allgemeinheitsgrad zurückgeführt werden können. So haben zunächst die sogenannten Vorsokratiker, mit denen der Logos in die Welt kam, die Gesamtheit der Erscheinungen aus dem Wasser, dem Feuer, der Luft und dergleichen abzuleiten versucht. Mit solchen Prinzipien trat aber der Begriff in seiner abstrakten Bedeutung und reinen Allgemeinheit immer deutlicher hervor. Indem man fortschreitend das Gegebene auf einheitliche, rein begrifflich formulierbare Erklärungsgrundlagen zurückführte, wurde den mannigfaltigen Zuständigkeitsbereichen numinoser und göttlicher Wesen allmählich der Boden entzogen. Die Zerstörung des Mythos war eingeleitet. Hier ist bereits jener metaphysische Wille am Werke, das aufgelockerte, durch göttliche Sphärenteilung bestimmte Erfahrungssystem des Mythos durch ein streng deduktives System aus letzten Prinzipien zu ersetzen und eben damit das Ganze des Seienden vor der autonomen Urteilskraft des Menschen zu rechtfertigen.

In diesem Sinne kann man also in der Tat sagen: Der griechische Mythos ist ein Gleichnis für die Frucht vom Baum des Lebens, der ihn ablösende Logos aber, der zur Metaphysik führte, ein Gleichnis für die Frucht vom Baum der Erkenntnis.

---

* Vgl. Kurt Hübner, DIE WAHRHEIT DES MYTHOS, München 1985.

3. *Die Deutung der Metaphysik durch die heutige Wissenschaftstheorie*

Ich wende mich nun der Metaphysik zu und wähle als Beispiel diejenige Kants. Der Grund dafür ist, daß die moderne Welt in entscheidenden Punkten zu ihm zurückgekehrt ist. Darüber hinaus führt uns die Form, worin sich Kants Philosophie heute darstellt, zu einem neuen Verständnis von Metaphysik, worin die Vision vom Baum des Lebens wieder auftaucht.

Hierfür zunächst eine Vorbemerkung. Aus naheliegenden Gründen spielt heute auf dem Gebiet der Philosophie die Theorie der Wissenschaften eine führende Rolle. Damit meine ich insbesondere die Theorie der Naturwissenschaften. Die Staunen, neuerdings aber auch Furcht erregenden praktischen Erfolge, die sie zu verzeichnen haben, die beständige Bestätigung, die sie in der allmählich alles durchdringenden Industrie und Technik zu finden scheinen, dies alles führte schließlich dazu, daß sich die Philosophie hauptsächlich der Reflexion der Wissenschaften widmete und damit weit von ihrer früher immer wiederkehrenden metaphysischen Neigung entfernte, das Verhältnis zum Göttlichen als ihren eigentlichen Gegenstand anzusehen und sich im klassischen Sinn als Theologiké epistéme, als Wissenschaft von Gott, zu verstehen. Man hatte sich scheinbar endgültig für den Baum der Erkenntnis entschieden und die Sehnsucht nach dem Baum des Lebens verdrängt. Die Philosophie sollte als Wissenschaftstheorie nur noch wissenschaftliche Theorien auf ihre wissenschaftliche Konsistenz, ihre Exaktheit, ihren systematischen Zusammenhang mit anderen Theorien, vor allem aber auf ihre Beziehung zur Wirklichkeit prüfen.

Es war nun diese Frage der Beziehung wissenschaftlicher Aussagen zur Wirklichkeit, die an einem entscheidenden Punkt zu Kant zurückführte. Denn wie nach einem längeren empiristischen und positivistischen Intermezzo die Analyse auch der modernsten Theorien ergab, ist die Wirklichkeit niemals allein durch irgendwelche Erfahrungstatsachen gegeben, sondern ihre Erkenntnis beruht auf einem Zusammenspiel von diesen Tatsachen und apriorischen Voraussetzungen. Das aber war ja einer der tragenden Grundgedanken von Kants Philosophie. Insofern nun, als apriorische Voraussetzungen solcher Art die allgemeinen Strukturen des Seienden betreffen, drückt sich auch in ihnen eine bestimmte Ontologie aus; und da diese Ontologie den strukturellen Inhalt der Welt a priori bestimmt, ist sie für Kant eine Metaphysik.

Dennoch folgt die heutige Wissenschaftstheorie der Auffassung Kants nur zum Teil. Denn obgleich sie mit ihm darin übereinstimmt, daß empirische Erkenntnis ohne vorgegebene apriorische Voraussetzungen, also ohne Ontologie und Metaphysik gar nicht möglich ist, weist sie doch, als Endergebnis eines langen Prozesses, auf den ich hier nicht eingehen kann, Kants Überzeugung zurück, es gäbe nur *eine* solche, für alle und jederzeit geltende Ontologie.

Denkt man nun aber die Ablehnung Kants in diesem Punkt folgerichtig weiter, dann müssen wir von einer Mannigfaltigkeit möglicher oder historisch gegebener Ontologien ausgehen. Auch kann diese Mannigfaltigkeit nicht auf wissenschaftliche Ontologien beschränkt werden, sondern wir müssen auch zu diesen alternative Ontologien, zum Beispiel solche des Mythos, der Religion oder der Kunst in unsere Betrachtung einbeziehen. Das alles bedeutet, daß eine Ontologie nicht mehr, wie es noch für Kant selbstverständlich war, für etwas Notwendiges gehalten werden kann, sondern daß wir in einer solchen etwas nur geschichtlich Bedingtes sehen können.*

4. *Grundlagen einer Metaphysik und Mythos umgreifenden Allgemeinen Metatheorie*

Wollen wir also, wie es mir folgerichtig erscheint, über Kant und die Wissenschaftstheorie noch hinausgehen und eine Mannigfaltigkeit möglicher wie historisch gegebener Ontologien in die Betrachtung einbeziehen, also sowohl wissenschaftliche wie nichtwissenschaftliche, so bedeutet das den Übergang zu einer erweiterten, einer neuen Theorie, die ich *Allgemeine Metatheorie* nennen möchte. Unter allen Theorien über Theorien - und das sagt ja der Ausdruck Metatheorie - ist sie die allgemeinste, nicht nur, weil sie Aussagen über Aussagen von höchstem Allgemeinheitsgrad macht, nämlich ontologische und metaphysische, sondern auch, weil sie sich dabei nicht auf eine bestimmte Gruppe einschränkt, weswegen sie eine Wissenschaft von Ontologien überhaupt ist. Im Rahmen der Allgemeinen Metatheorie werden also verschiedene Erfahrungs- und Erkenntnisbereiche (der Wissenschaften, des Mythos, der Religion und so fort) auf ihre ontologischen und metaphysischen Grundlagen untersucht und ihre Wirksamkeit geprüft; ferner werden sie gegenüber anderen Ontologien abgegrenzt und mit ihnen verglichen. So kann man zum Beispiel fragen, wie ich es zu Anfang meines Vortrages getan habe, was den ontologischen Vorstellungen der Wissenschaft über

* In dieser Hinsicht, daß es sich hier in Wahrheit um den Wandel von *Ontologien* handelt, unterscheide ich mich auch grundlegend von N. Goodman, der im übrigen ebenfalls die Mannigfaltigkeit möglicher Weltbetrachtungen hervorhebt. (Vgl. N. Goodman, WEISEN DER WELTERZEUGUNG, Frankfurt/Main 1984, übersetzt von M. Looser.) Es ist aber gerade die Hervorhebung des Ontologischen, die für das Folgende von entscheidender Bedeutung ist.

Kausalität, Raum, Zeit und so fort im Mythos entspricht und wie sich in beiden Bereichen solche ontologische Voraussetzungen auf die Erkenntnis auswirken.

Die Allgemeine Metatheorie, in welche die bisherige Wissenschaftstheorie damit notwendig einmündet, führt nun zur Aufstellung einiger Grundsätze. Der erste lautet so: *In der Hinsicht, daß alle Ontologien geschichtlich bedingt sind und keine eine notwendige Geltung besitzt, ist keine vor irgendeiner anderen vorzuziehen.* Diesen Grundsatz nenne ich das *erste Toleranzprinzip* der Allgemeinen Metatheorie, um es von einem weiteren zu unterscheiden, das ich später aufführen werde.

Eine wichtige Folge des Toleranzprinzips besteht nun darin, daß damit wissenschaftliche Ontologien nicht mehr den Vorrang vor anderen genießen, weil alle in der Frage der Letztbegründung einander gleichgestellt sind. Damit ist die von Kant und der Wissenschaftstheorie ausgehende Entwicklung in ihr Gegenteil umgeschlagen. Denn wollte man ursprünglich gerade die profane, vom Göttlichen gänzlich abgetrennte Betrachtung der Wirklichkeit als die allein mögliche zementieren, so zeigt sich nun, daß diese Betrachtung nur eine eingeschränkte Geltung hat und keine theoretische Auszeichnung mehr vor anderen, etwa mythischen oder religiösen besitzt.

An diesem Punkt der Überlegung angekommen, wird man jedoch förmlich stocken. Bisher enthielt die Allgemeine Metatheorie nur Aussagen über Aussagen (nämlich über ontologische Systeme), nun aber handelt sie plötzlich von der Wirklichkeit. Mehr noch: Der Grundsatz, daß die Wirklichkeit einen aspektischen Charakter habe, ist ein Satz von höchstem Allgemeinheitsgrad und damit selbst ein ontologischer, ja metaphysischer, und sei deshalb der *metaphysische Grundsatz* der Allgemeinen Metatheorie genannt. Heißt das aber nicht, daß die Allgemeine Metatheorie, die doch die geschichtliche Bedingtheit aller Ontologien behauptet, ihrerseits auf einer Ontologie beruht und damit selbst in den Sog mangelnder Verbindlichkeit gerät?

Die Antwort lautet: Jawohl, auch sie beruht auf einer Ontologie. Diese Ontologie ist keine andere als diejenige, durch die ich unter anderem bereits zu Beginn meines Vortrags wissenschaftliches Denken gekennzeichnet und vom mythischen unterschieden habe: Es ist die wissenschaftliche Ontologie des Begriffs, dergemäß der Begriff scharf von der Wirklichkeit rein singulärer Tatsachen getrennt wird, die unter ihn fallen. Nur unter dieser Bedingung lassen sich überhaupt Ontologien als apriorische Voraussetzungen der Erkenntnis, lassen sich das Toleranzprinzip oder der metaphysische Grundsatz formulieren. Die Ontologie der Allgemeinen Metatheorie teilt also in diesem Punkte die begriffsontologischen Voraussetzungen *aller* Wissenschaften.

Fassen wir noch einmal zusammen: Aus dem Toleranzprinzip ergibt sich die Gleichberechtigung aller Ontologien, wissenschaftlicher wie nichtwissenschaftlicher, wobei ich mich im folgenden unter den nichtwissenschaftlichen auf den Mythos beschränke. Der darauf folgende metaphysische Grundsatz vom aspektischen Charakter der Wirklichkeit schien diese Beurteilung noch weiter zu vertiefen.

Auf der anderen Seite sind wir also konsequenterweise über Kant und die Wissenschaftstheorie zu einem modernen Ontologiepluralismus und zum aspektischen Charakter der Wirklichkeit gelangt; auf der anderen Seite aber enthüllt sich nun diese ganze pluralistische Sicht, weil ihrerseits ontologieabhängig, selbst als eine nur geschichtlich bedingte, auf wissenschaftliches Denken begrenzte. Was ergibt sich aber daraus?

Um diese Frage zu beantworten, müssen wir uns zunächst vor Augen halten, daß das Toleranzprinzip auch für den Mythos dann und nur dann gilt und auf ihn anwendbar ist, wenn er selbst wissenschaftlich, genauer begriffswissenschaftlich formuliert, also gewissermaßen in die wissenschaftliche Sprache übersetzt wird. Und dies geschieht ja in der Tat, sobald man ihm, der sich doch selber gar nicht als Ontologie und Metaphysik zu formulieren vermag, metatheoretisch, wie es auch zu Beginn meines Vortrages geschehen ist, eine begriffswissenschaftliche Form gibt. Das bedeutet keineswegs, daß eine solche metatheoretische Darstellung mythischen Denkens falsch oder unzweckmäßig wäre. Im Gegenteil, sie ist so wenig falsch, wie Übersetzungen in andere Sprachen an sich nicht falsch sind, und sie ist zweckmäßig, weil durch sie das ganz andersartige Denken des Mythos im Vergleich zu demjenigen der Wissenschaft überhaupt erst deutlich und begriffen wird. Dennoch, in dem Augenblick, in dem der Mythos begriffswissenschaftlich formuliert ist, erscheint er wie alle anderen Ontologien als etwas geschichtlich nur Bedingtes, während er sich doch selbst als notwendiger Ausfluß numinoser, göttlicher Erfahrung versteht. Die Beurteilung des Mythos als etwas geschichtlich Bedingtes ergibt sich also zwangsläufig durch seine Außenbetrachtung, nicht durch seine Innenbetrachtung.

Darin liegt eine zwiefache Beziehung der Allgemeinen Metatheorie zum Mythos: Soweit sie ihn aus ihrer begriffswissenschaftlichen Sicht als Ontologie, als Metaphysik formuliert, ist der Mythos mit allen anderen Ontologien gleichberechtigt; soweit die Metatheorie aber die Sicht, aus der sie diese Formulierung vornimmt, selbst als eine geschichtlich bedingte verstehen muß, vermag sie dem Mythos nicht zu widersprechen, wenn er sich im Gegensatz dazu in der Innenbetrachtung auf notwendig gültige, weil numinose Erfahrungen beruft. Daraus ergibt sich nun das zweite Toleranzprinzip der Metatheorie: *Nichtmetaphysische oder von keiner Metaphysik abhängige Wirklichkeitserfahrungen lassen sich metaphysisch nicht widerlegen, auch wenn sie begriffswissenschaftlich in eine Metaphysik transformierbar sind.* Das ist das Endergebnis, zu dem die Allgemeine Metatheorie von der Reflexion über Ontologien zur Selbstreflexion ihrer eigenen ontologischen Voraussetzungen schließlich gelangt.

5. *Zur Frage der Entscheidbarkeit zwischen Metaphysik und Mythos*

Kehren wir nun abschließend noch einmal zum Mythos vom Baum der Erkenntnis zurück. Aus der Sicht der Allgemeinen Metatheorie ist das Eintreten der Metaphysik in die Welt als Gleichnis für den Sündenfall kein notwendiges Ergebnis gewesen, sondern, aller historischen Quasierklärungen oder metaphysischer Spekulationen à la Hegel zum Trotze, letztlich etwas Unerklärliches, wissenschaftlich gesprochen also ein Zufall. Aus der Sicht des Mythos dagegen handelt es sich um ein Mysterium, nämlich um einen numinosen Vorgang, wie der Mythos ja überhaupt alle von der Metatheorie konstatierten Aspekte als Aspekte einer in der Tiefe numinosen und göttlichen Wirklichkeit auffaßt, die sich in diesen Aspekten teils offenbart (zum Beispiel im Mythos), teils gerade verbirgt (zum Beispiel in Metaphysik und Wissenschaft). Wie immer man sich aber entscheidet, ob man das welthistorische Ereignis der Metaphysik als Zufall oder als numinoses Ereignis auffaßt, niemals kann diese Entscheidung rational begründet werden.

Und doch handelt es sich hier um eine *theoretische Unterscheidbarkeit. Praktisch* haben wir immer schon entschieden oder *müssen* uns wenigstens entscheiden. Denn jede Erkenntnis, sie sei metaphysisch, wissenschaftlich oder mythisch, hat eine solche Art von Entscheidung zur Voraussetzung, weil sie, begriffswissenschaftlich ausgedrückt, von irgendeiner Ontologie abhängig ist. Aber wenn solche Entscheidungen auch nicht rational begründbar sind, so sind sie doch andererseits auch nicht die Folge eines Würfelspiels oder prinzipieller Machbarkeit - sondern es sind Ereignisse, die *über den Menschen kommen.* Es handelt sich also hier exakt um jene Klasse von Ereignissen, die Gegenstand mythischer Erfahrung sind, und das gilt selbst für jene, in denen sich eines Tages die Menschen vom Mythos abwandten. In diesem Sinne kann man sagen, daß die tiefste Wurzel unserer praktischen Lebenswirklichkeit immer mythisch erfahren wird, von einer Fülle anderer Phänomene religiöser, künstlerischer, politischer und anderer Art abgesehen, auf die ich hier nicht eingehen kann.

Die Allgemeine Metatheorie gibt uns die intellektuelle Freiheit zurück, dies unverstellt zu erkennen und zu tolerieren. Solches ereignet sich, wie gezeigt, in zwei Schritten: Zum ersten, im Stadium der Reflexion der Metatheorie über Ontologien überhaupt, dadurch, daß sie in unserer von Wissenschaften beherrschten Welt das Recht zu mythischen und anderen Denkformen anerkennt. In diesem Sinne hebt sie den Ausschließlichkeitsanspruch der unter anderem von Kant eingeleiteten totalen Profanierung der Wirklichkeit wieder auf. Zum zweiten, im Stadium ihrer Selbstreflexion, wird dieses Recht zu mythischem Denken auch dann anerkannt, wenn solches Denken die begriffswissenschaftlichen Voraussetzungen verwirft, aufgrund welcher ihm metatheoretisch gerade Gleichberechtigung mit anderen Ontologien garantiert wird, und wenn es sich dabei auf ein göttliches Privileg beruft.

Welchen Gebrauch wir aber von dieser intellektuellen Freiheit zum Mythos machen, in der die Freiheit zu religiösen, künstlerischen und anderen Bereichen eingeschlossen ist, ob wir also künftig dem Gleichnis entsprechend vom Baum des Lebens essen werden oder welche vielleicht gewandelte Bedeutung es für uns haben wird, wenn wir, wie zu erwarten, weiterhin vom Baum der Erkenntnis brechen, das alles sind Ereignisse, die durch intellektuelle Anstrengungen zwar befördert, nicht aber herbeigezwungen werden können. Und das gilt sowohl für jene, die darin einen Akt göttlicher Gnade oder Ungnade sehen, wie für jene, für die sich darin nichts anderes ereignet als die blinde Faktizität des Zufalls.

So lebt der Mythos vom Baum der Erkenntnis als Arché weiter in uns fort. Denn das Ringen des Menschen um seine Freiheit und um sein damit unlöslich verbundenes Verhältnis zum Göttlichen, das dieser Mythos zum Ausdruck bringt, spielt sich zwar heute in neuen Formen ab, wie wir gesehen haben, bestimmt aber unverändert wie vor Jahrtausenden unsere geistige Wirklichkeit.

Herrschaftsfreiheit statt Ökodiktatur

Notierungen zur Vorlesung von Murray Bookchin*

Euch wird jetzt die »Marktwirtschaft« übergestülpt, als wäre sie das einzig Vernünftige. Ich will demgegenüber sagen: Es *gibt* eine Alternative zu Staatssozialismus und Kapitalismus: Ökoanarchismus. Darauf bezieht sich auch der Begriff »Sozialökologie« [Bookchin nennt sich den Urheber des Terminus]. Es ist damit eine ökologische Gesellschaft gemeint.

Es geht die Rede vom Menschen als Störer des irdischen Gleichgewichts um. Aber die »Menschheit« ist derzeit in einem sozialen Sinne bedeutungslos, denn es gibt sie nicht als einen sozialen Zusammenhang. Zwar ist ein Potential da, es ist aber nicht aktualisiert. Manche geben gern der *ganzen* Menschheit die Schuld, zum Beispiel denen in der Dritten Welt (wegen zu vieler Kinder der Armen dort) und beklagen zuviel Konsum von uns allen. Aber sind wir denn alle gleichermaßen Krebs»zellen«? Das wäre sehr schlau! Die Herrschaften kaufen Werbezeit, um für ihren Profit, ihren Machtzuwachs irgendwelches Zeug anzupreisen - und sie finanzieren Umweltschutzorganisationen. Gleichzeitig sagen sie, wir wären zu konsumistisch, zu gierig, zu materialistisch. Wer ist »wir«? Die Menschheit ist doch zutiefst gespalten. Reich und arm, weiß und farbig, Mann und Frau, Militärs und Unterdrückte. Dagegen kunstvoll eine *gute* Gesellschaft zu schaffen, kooperativ, fürsorglich, frei - das ist die ökologischste Frage der Welt.

Herrschaft und Hierarchie stehen dem entgegen, daß wir von »Menschheit« reden könnten. Jedes ökologische Problem hat seine Ursache in einem sozialen Problem, in einer noch nicht zu sich gekommenen Menschheit. Die Idee der Naturbeherrschung rührt von der Herrschaft des Menschen über den Menschen her (der Alten über die Jungen, der Männer über die Frauen, der Staaten über die Untertanen, der einen

---

* Murray Bookchin lebt im USA-Staat Vermont als Vordenker einer politischen Ökologie aus anarchistischen Motiven.
Die Vorlesung fand im Rahmen eines Vortragszyklus zu »Weltordnungsproblemen« statt, in dem neben Bookchin auch Richard Falk, Professor für Internationales Recht an der Princeton University in New Jersey, USA, am 20. und 21. November 1990 zum Thema »Hoffnungen für eine neue Weltordnung. Normative und strukturelle Perspektiven - politische Möglichkeiten« sprach.

Völker über andere Völker). Ökonomische Herrschaft und soziale Kontrolle - »Ökodiktatur« würde nicht ökologisch sein können, sondern die Welt nur noch mehr zerstören. »Ökodiktatur« wäre heuchlerisch, rechtfertigend... Diktatur ist nämlich der Kern des Problems und nicht die Lösung...

Wenn Konkurrenz regiert anstatt solidarischer Kooperation liegt das an der Macht der Geldherren. Deshalb auch ist Krieg in der Gesellschaft institutionalisiert. Der propagandistische Umgang mit den ökologischen Schäden, *die die Folge sind*, bedeutet, daß mit der Wahrheit gelogen wird. Man beschuldigt die Technologie anstatt des kapitalistischen Marktes. Wer hat denn die Marktökonomie gemacht? War da kein Subjekt?

Jetzt machen sie es alles noch schneller; selbst wenn die USA-Bevölkerung auf 10 Prozent zurückginge, wir würden kaum weniger zerstören. Unter diesem System bin ich sogar gegen die Erfindung eines neuen Schraubenziehers, aber nicht weil ich gegen Technik wäre. Sie betreiben die Simplifizierung des Planeten und des menschlichen Geistes, sie machen uns weis, es soll »natürlich« sein, zu konkurrieren. Die Reduktion des menschlichen Geistes ist die ökologische Katastrophe. Ein freier, kooperativer Geist, in einer fürsorglichen, freien Gesellschaft ist die Antwort! Eine moralische Ökonomie und Technologie, das heißt eine auf neue Ethik gegründete neue Gesellschaft ist nötig.

Es ist nicht wahr, wenn sie sagen, die Menschheit sei zu Erbsünde, Gier, Selbstsucht und Konkurrenz konzipiert. Die Menschheit ist konzipiert für Kooperation und gegenseitige Ergänzung. Wir sind so angelegt, daß wir uns gegenseitig brauchen. Einsamkeit, Trennung, Separation, das ist die große Krise - Vogelfreiheit! Wir brauchen doch Gemeinschaft! Es ist unnatürlich, auf den Markt geworfen zu sein, gegen die anderen!

Stattdessen ist die Forderung, Partizipation zu institutionalisieren, Sozialökologie zu verwirklichen. Eine Dualmacht schaffen (das meint mehr als *counterculture*)! Laßt uns aufgrund einer neuen Politik Macht auf kommunaler Ebene neu konstituieren. Laßt uns den Nationalstaat verabschieden, der die gefährlichste Erfindung der Moderne ist, und stattdessen dem Prinzip der Konföderation von Kommunen folgen. Dazu muß in den Munizipalitäten die Nachbarschaft wiederhergestellt werden. Wir müssen gegenseitige Dienstleistung und Hilfe statt Nationalisierung der ganzen Versorgung betreiben. Es gilt, von unten nach oben, neue kommunale Gemeinwesen zu assoziieren (bis hinauf zur UNO). Wir müssen ein ökologisches Ensemble von Institutionen denken, und dann von der Gesellschaft her Punkt für Punkt der Technologie ein neues Gesicht geben.

Reflexionen zu Bahros Seminaren

Uwe Haake

Die einzige Revolution ist die innere.
(Krishnamurti)

Wissen, was wirklich ist.

Wir wissen nicht, was wir tun.

Wir wissen nicht, wer wir sind.

Wer bin ich?

Diese Frage muß die treibende Kraft gewesen sein. Von Anfang an.

Was ich mir vorstellte, war: Du gehst dort hin, um die LOGIK DER RETTUNG rationaler zu erfassen. Über dem Text schwebt ein Schleier.

Schon die *exterministischen Symptome* verwirrten mich.

Die Sicht der Dinge war mir fremd, deren Logik unheimlich.

Alles unvereinbar mit meinem unerschütterlichen Fortschrittsglauben.

Die Bedeutung der tieferen Schichten des *Selbstausrottungsmechanismus* blieb mir im ersten Anlauf ziemlich verschlossen.

Eine BUDDHA-Figur mit *Chakren*. Humbug. - Oder?

Es war eine merkwürdige Spannung, die mich trieb. Und es waren Brüche.

Den Idealen treu ergeben. Gläubig, wenn auch nicht unkritisch. Bis zum Schluß besessen von der *Idee*. Zur Sache gehalten bis fünf nach Zwölf. Verstrickt im Alten. Mitverantwortlich. Mitschuldig. Schon mit dem Gedanken gespielt, sich in das *neue Alte* zu integrieren.

Reingeschlüpft in die andere Uniform, in die des »Feindes«, um mein Studium beenden zu können.

Nun sitze ich hier im Seminar.

Bin gespannt und verspannt, bin erwartungsvoll.

Der Kreis schließt sich langsam.

Kurze Vorstellung der Anwesenden.

Eine bunte Gesellschaft. Studenten, Kulturwissenschaftler, Künstler, Sozialwissenschaftler, Philosophen, Arbeitslose und Arbeitende, auch Arbeiter. Die Geschlechter sind beinahe paritätisch vertreten. Die *Ossis* dominieren insgesamt. Eine Gleichaltrige referiert über die *Logik der*

Selbstausrottung. So wie sie es versteht, sagt sie, und meint damit, daß sie Rudolfs Patriarchats-Auffassung einer Kritik unterziehen will. Zunächst reproduziert sie, was in der »Logik« geschrieben steht. Aber es ist nicht der Text, so stehts nicht geschrieben. Kauderwelsch. Ich schalte ab und verfolge schon nicht mehr ihre eigentliche Kritik.

Mein Nachbar verweist in der Diskussion auf das *Selbstausrottungsschema* im Buch. Für mich Grund, einzuhaken und die Schichten grob zu skizzieren. Es gelingt, der Krampf löst sich etwas.

Kein Grund zu Euphorie, wie die nächste Szene zeigt.

Warum beginnt der Mensch, Gräber anzulegen? Was bedeutet das?

Wir sind auf einer der untersten *Ursachenebenen* der Selbstausrottung angelangt. Schweigen. Minuten vergehen mit Zurufen, die alle nicht treffen. Der sich seiner selbst bewußt gewordene Mensch. Seine Lösung vom *Urgrund*. Die Wahrnehmung des *Ich*. Der Beginn der Innen- und Außensicht der Dinge, die Trennung von Objekt und Subjekt. Notwendig für menschliche Entwicklung überhaupt und gleichzeitig angelegt als Möglichkeit zur Selbstausrottung.

Immer wieder schaue ich in die anderen Gesichter. Die selben Fragen. Die selben Zweifel. Warum tun wir uns so schwer im Begreifen?

Bekanntes ist nicht Erkanntes.

Die Szenerie wiederholt sich oft.

Rudolf bleibt vorwiegend Alleinunterhalter. Zwangsläufig. Ist es dieser eingetrichterte Vulgär-Materialismus, der uns die Sicht verdunkelt? Marx, der authentische Marx, wird hier nicht aufgegeben. Er ist in diesem Theoriegebäude aufgehoben. Aufgehoben im Hegelschen Sinne.

Die materielle Sicht der Dinge ist eine begrenzte. Je mehr ich davon begreife, desto unverkrampfter lasse ich mich auf das Ganze ein. Ich kann mich einlassen: Von dieser Runde spüre ich nie Gefahr ausgehen.

Die Stimmen sagen mir mehr als die Worte. Eine Stimme trifft meine Seele. Wenn Rudolf agiert, ahne ich etwas von dem, was es heißen könnte, aus den Dingen heraus zu sprechen. Spontan stellen sich *Erkenntnisschauer* ein.

Eindringen in das Wesen der Dinge. Wesentlich werden.

Die innere Unruhe verläßt mich nicht ganz. Mit dem Eindringen riskiere ich etwas: Mich. Das heißt: Mein Ich, meine *Selbstsicherheit*.

Warum macht er das. Warum macht *er* das mit *uns*.

Hier sitzen die falschen Leute. Zu den Spitzen in den Chefetagen soll er gehen, zu den Verantwortungsträgern in Politik und Wissenschaft. *Sie* müssen wissen, was wirklich ist. *Sie* müssen handeln. Wo sind *sie*?

Später stoße ich auf eine Aussage von Max Planck. Eine wissenschaftliche Wahrheit setzt sich nicht durch Überzeugung ihrer Gegner durch. Sie setzt sich durch, indem diese langsam aussterben. So kann die heranwachsende Generation von vornherein mit der Wahrheit vertraut gemacht werden. Also warten bis sie aussterben. Wieviel Zeit bleibt? Die eigentliche Angst/Unruhe: Verantwortlich sein für sich selbst.

Kurze Seminarpause, bedingt durch ein »Enlightenment Intensive« Anfang Dezember. Viel davon geht in die künftigen Seminare ein.

Wir meditieren zu Beginn, lassen Ruhe in uns eindringen.

Rudolf hat Musik mitgebracht. Wir hören Bach und Arvo Pärts *Tabula Rasa*. Wie schon im »Enlightenment« durchzieht mich die Musik wie ein Schauer, eine Art *Erkenntnisschauer*, nur intensiver. Eigentlich wollen wir über das »Enlightenment« reden. Wie lassen die Musik sprechen. Worte sind nicht adäquat genug. Meine Wahrnehmung hat sich verändert. Sensibler reagiere ich auf die Menschen im Raum, lasse die Stimmung einwirken, spüre die Stimmen näher. Fühle mich stärker unter Gleichgesinnten. Bei jedem, der von seinen Empfindungen spricht, spüre ich ein Stück von mir. Ich habe etwas von mir erfahren. Ich erfasse so viel vom *Ganzen*, wie ich in mir selbst erfahre.

Lernender unter Lernenden, Idenditätssuchender unter Idenditätssuchenden.

Der innere Bruch, die Brüche, waren Bedingung für die Fähigkeit zur Neuaufnahme. Ohne wirklichen Bruch gehts offensichtlich nicht. In der *großen Dimension* heißt das: Wir werden diesmal nicht billig davonkommen (Ein Satz von Jochen Kirchhoff, der mir lange nicht aus dem Kopf ging).

Das Ganze ist das Falsche. Der Wahnsinn ist die Wirklichkeit. Die unwirkliche Wirklichkeit.

Ich kann es nicht fassen. Immer noch nicht. »Äußerlich orientierte radikale Programme und politische Machtkämpfe mögen zwar notwendig sein, um ein mörderisches System wie das unter Hitler oder Stalin zu Fall zu bringen, können aber nicht die Probleme der Menschheit lösen, wenn sie nicht gleichzeitig von einer inneren Wandlung getragen werden. Gewöhnlich rufen sie nur einen *Pendeleffekt* hervor, bei dem der Unterdrückte von gestern zum Herrscher von morgen wird und umgekehrt. Die Träger der Rollen sind andere, die Rollen selber bleiben.« Ich lese diese Zeilen von Stanislav Grof, als hätte ich's schon immer gewußt.

Ultrarechte und Linksradikale als destruktiv Handelnde psychische Sklaven ihrer selbst, einander bedingend, das Verhalten des anderen ständig reproduzierend.

Wir sind Funktionäre in diesem Rollenspiel. Funktionierende Teile der großen Maschine. Wir wissen, wer wir zu sein vorgeben.

Wir wissen nicht, wer wir sind.

Jeder sei potentiell zu den gleichen Verbrechen fähig, wenn die entsprechende Ebene entfesselt wird, schreibt Grof. Goethe hielt sich für fähig, jedes Verbrechen zu begehen. Rudolf zitiert diesen Satz gelegentlich. Für mich ein Kerngedanke.

Lernen, mit den dunklen Seiten unserer Persönlichkeit umzugehen. Ohne Schaden für die anderen und die Gesellschaft.

Seitdem ich mich etwas näher kenne, verstehe ich die anderen besser.

Da ist Spiritualität, die ich nie für möglich gehalten hätte.

Zur Entfaltung bringen, was angelegt ist. Es ist ein sich immer wieder neu zu vollziehendes Einlassen auf das, was da geschieht, auf den, der da im Seminar agiert über die Vision von der Menschwerdung des Menschen.

Der Mensch ist aber ein Gott, sobald er Mensch ist.
(Hölderlin)

TEIL IV

Übungen, Exerzitien Gemeinschaft für Sozialökologie

Eine Osterwoche über Grundlagen ökologischer Politik in der Eifel

Marina Lehnert

Mitten drin in aufregenden Monaten voller Hoffnung und Glauben an neue Möglichkeiten - vor dem Oktober 1989 Unmöglichkeiten! In dieser Zeit besuchte ich viele Veranstaltungen, wollte erfahren, was für mich zu tun wäre. - Ich war auf der Suche, schwankend zwischen Verunsicherung und Euphorie. Im Dezember 1989 erlebte ich Rudolf Bahro auf einer Veranstaltung unter dem Fernsehturm in Ost-Berlin. Da sprach einer darüber, wonach ich mich lange sehnte, über die Möglichkeit, aus der Konsumgesellschaft auszusteigen, ohne Konkurrenzdenken und Leistungsdruck friedlich mit der Natur und den Menschen zu existieren. Ein Leben ohne dieses Übermaß an Technik und Bürokratie, ohne beengende Angst. - Wir könnten es gestalten?!

Über diese Art, in der Welt zu sein, wollte ich mehr erfahren und lernen, sie erleben. Es gab dann dieses Angebot, Ostern 1990, zusammen mit anderen Frauen und Männern aus der damals noch existierenden DDR, zu einem Seminar über »Grundlagen ökologischer Politik« in die Lernwerkstatt, einer Lebens- und Arbeitskommune, in der auch Rudolf Bahro lebt und lehrt, nach Niederstadtfeld zu fahren.

Der Zug brachte uns durch die saubere Bundesrepublik mit ihren weißen Häusern, dem grünen Rasen, den bunten Blumen - und den ordentlichen Fabriken. Von Freunden und Bekannten hatte ich von all dem gehört, viele schwärmten. Mir war es verdächtig. Mein gelobtes Land war das nicht.

In der Lernwerkstatt gab es einen freundlichen Empfang und einfache Zimmer, eingerichtet mit dem Notwendigen. Wir waren angekommen in einer für uns neuen Welt, in der bekannten und fremden Bundesrepublik, an einem Ort, dem und den wir uns bekanntmachen wollten.

Das Abendessen war auch neu - vegetarische Vollwertkost, liebevoll zubereitet. Anschließend unsere erste Zusammenkunft im Saal, einer ausgebauten Scheune, bestehend aus viel Holz und viel Licht. Im großen Kreis saßen wir beisammen, auf weißen Wollteppichen, auf Sitzkissen und Meditationshockern, ungefähr 30 Menschen aus der DDR, mit nur

Reinhard Spittler, Beatrice und Rudolf Bahro aus der Lernwerkstatt. Gäste der Soziologieprofessor Christian Sigrist aus Münster, die Tanz- und Bewegungstherapeutinnen Johanna Deurer und Ingrid Borate aus München.

Reinhard begrüßte uns mit einem Gedicht von Hölderlin. In den Saal, dessen besondere Atmosphäre uns beim Eintreten sofort berührte, zog Heiligkeit, nicht die der Kirchen - es war die Heiligkeit des Menschen, des menschlichen Geistes, der bereit ist, liebevoll zu wirken. Wir erlebten eine festliche Woche. Die Tage waren erfüllt durch Begegnungen vieler Art. Als ganzen Menschen habe ich mich dort erfahren, und die anderen mit mir.

Die Körperübungen mit Johanna und Ingrid ließen uns erleben, daß Körper und Geist eine Einheit sind, wir nicht gespalten sein müssen, daß unsere Gefühle Wirklichkeit sind, wir unsere Lebensenergie aktivieren können. Verkrampfungen in Körper und Geist lernten wir durch Übungen zu überwinden - selbst, und die Frage nach der Schuld verlor ihre Bedeutung. Das Zusammenwirken von Körperübungen, Yoga, Meditation, Tanz und geistiger Anspannung beim Zuhören und im Gespräch erhöhte unsere gesamte Aufnahmefähigkeit auf ungeahnte Weise. Die Tage waren lang, von morgens sieben Uhr bis gegen Mitternacht. Zu ihnen gehörten auch die Spaziergänge durch die Wälder der schönen Eifellandschaft. Alles bildete eine wunderbare Einheit.

Rudolf sprach mit uns über die ökologische Krise unserer Welt, die in Wirklichkeit eine Innenweltkrise des einzelnen Menschen ist, über deren Ursache und Möglichkeiten zur Umkehr. Christian berichtete über praktizierte andere Lebensformen afrikanischer und anderer Volksstämme, über »akephale« Gesellschaften, die beweisen, daß Menschengruppen in der Lage sind, herrschaftslos und freundlich miteinander und mit der Natur zu leben.

Am Ostersonntagabend hörten wir von Ekkehard Maaß, einem Sänger aus Ost-Berlin, Lieder von Wolf Biermann und Bulat Okudschawa. An diesem Abend kamen auch Gäste aus der Umgebung, es gab Möglichkeiten der Begegnung.

Im Erinnern der Osterwoche höre ich die Pastorale, Beethovens 6. Symphonie. Wir haben diese Musik auf neue Weise erlebt - uns bewegend, tanzend. Der Zugang zur Musik wurde durch das eigene Aktivsein besonders intensiv und beglückend.

Viel Zeit zwischen den Programmteilen blieb uns nicht, das Leben der Menschen der Lernwerkstatt kennenzulernen. Tina und Doris kochten die für uns so neue, sehr schmackhafte und interessante Vollwertkost. Ein gute Erfahrung, daß man sich ohne Fleisch abwechslungsreich und gesund ernähren kann! Wir bekamen mit, daß der wunderschöne

Saal von Hermann, einem in der Lernwerkstatt lebenden Architekten, mit Hilfe der anderen Kommunemitglieder entworfen und gebaut wurde. Angelika schrieb an ihrer Doktorarbeit über »Kommunen und spirituelle Gemeinschaften«. Sie war immer unter uns, bereitete gemeinsam mit Reinhard und Rudolf das »Tantrische Sinnenfest« vor - unser Abschiedsfest. Auf geheimnisvolle und festliche Art erlebten wir unsere Sinne, als wären sie neu erweckt.

Unsere Vorstellungen von Leben in Kommune, in dieser Kommune, waren recht unterschiedlich. Es gab Enttäuschung, auch Verärgerung über das Vorhandensein von Waschmaschinen, blitzenden Armaturen in den Badezimmern, eines Autos. Die Art, die Arbeit - körperlich und geistig - zu verteilen, wurde kritisiert. Die Aufgaben der einzelnen Menschen schienen sehr festgelegt zu sein.

Wir lernten dort eine neue Lebensform kennen, gewohnt an die Kleinfamilie - in der DDR offiziell die »kleinste Zelle des sozialistischen Staates« genannt (»Zelle« erscheint mir da als passender Ausdruck). In vielen wuchs der Wunsch, die eigene Lebensweise zu ändern. Wir sind dichter aneinandergerückt, verbringen den Tag anders als früher. Es gibt mehr Miteinander, geistigen Austausch, gemeinsame Arbeit und gemeinsame Hoffnung - den Wunsch, daß der Fortschritt der Menschheit nicht mehr an technischem Fortschritt gemessen werden mag.

Zusammenkunft in der Akademie der Künste zu Berlin

Karin Wolf

Nach der Begegnung mit Rudolf Bahro während der Werkstatt »Junge Kunst« im April 1990 in der Akademie der Künste war mir ganz klar, daß sie nicht folgenlos bleiben durfte. Was lag näher, als die nächste größere Verständigungsrunde zur Frage, wie wir uns ein »Institut für Sozialökologie« gemeinsam vorstellen könnten, genau an diesem Orte zu versammeln. Was wäre dabei wichtig?

Schon zu Ostern hatten einige TeilnehmerInnen beim Seminar in Niederstadtfeld den Zusammenhang von Nachdenken und meditativen Übungen als hilfreich für freies Denken wahrgenommen. Der große und sehr heterogene TeilnehmerInnenkreis, der dann für ein Wochenende im Mai in der Akademie der Künste zusammentraf, fand zunächst schwer zu einem Stil der Verständigung. Aber es gelang doch über die vielen Stunden hinweg, Vertrauen herzustellen und, ohne alles gleich wieder zu verdiskutieren, gehört zu werden. Und wieder waren Atemtechnik, Meditationen und Bewegungsübungen hilfreich für ein anderes Wahrnehmen, auch von uns selbst. Zu-sich-selbst-finden entschlackte unsere Gedanken von unnützem Gespreize und Selbstdarstellungen, was sich vor allem atmosphärisch auf die große Runde der Versammelten auswirkte.

Im kleinen Saal der Akademie der Künste störten keinerlei Gegenstände, er war völlig leer, die Fenster geöffnet zum gegenüberliegenden Gebäude der Veterinärmedizinischen Fakultät der Humboldt-Uni mit seinen rohen, gebrannten Klinkersteinen; sie ließen städtische Farbigkeit herein. Es entstand so zugleich Luftigkeit und Enge von Mauern. Wir kauerten bequem oder ungeübt unbequem mit Decken und Kissen auf der Erde. Zum Abend wurde ein Tisch mit einem schönen, selbstgestalteten Buffet bereitgestellt. Leider fand die Runde nicht die Ruhe und Geduld zu einem gemeinsamen Speisen, die TeilnehmerInnen saßen vereinzelt und kauten vor sich hin. Schade.

Ein kaum merklicher Raum, aufgebaut durch ein sachtes Vernetzen unserer Energiefelder, schien sich während der Gesprächsrunden immer wieder völlig zu atomisieren. Ich litt darunter sehr. Meine Wahrnehmung für gruppendynamische Ereignisse war instinktiv alarmiert. Was passiert da? Überhaupt wahrzunehmen, was ist, jenseits der für mich nicht mehr möglichen Kategorien »richtig« und »falsch«, »gut« und »schlecht«, wäre interessant gewesen.

Am Abend des ersten Tages stieß Gisela Kraft zu uns. Sie will uns mit Eurhythmie, einer philosophisch untersetzten Bewegungsübung, vertraut machen. Ich tippe die Fröhlichkeit nur an, die die Befreiung unserer Körper auslöste. Wer Gisela Kraft kennt, weiß, wovon ich spreche. Die Übungen wirkten wie eine Explosion aufgestauter Energien. Wir konnten lachen und uns in der Bewegung der Wahrheit unserer vernachlässigten Körper hingeben. Und dennoch, alles blieb verbunden mit dem Anlaß unserer Zusammenkunft. Das war keine Pausengymnastik und kein Körperstyling, sondern der unmittelbare Mensch↔Natur-Zusammenhang.

Am nächsten Morgen, Sonntag, draußen herrliche Sonne, wir wieder im Gemäuer. Die Reihen haben sich gelichtet, aus welchem Anlaß auch immer. Rudolf leitet eine Atemmeditation, die eine Stunde währt. Für mich wird die Entdeckung des Atems zum Schlüsselerlebnis. Natürlich habe ich auch schon vorher viel über die Funktion des Atems gewußt, und nicht zuletzt »wußte« ich auch aus professionellen Gründen so einiges. Aber das entscheidende Licht ging mir erst jetzt auf, und seither verläßt mich diese Erfahrung nicht mehr.

Rudolfs Gesprächsrunden dehnen sich jetzt, er scheint etwas nachzujagen, was sich noch nicht ereignet hat. Wir kommen nicht dahinter. Unruhe breitet sich aus. Getroffene Verabredungen geraten ins Schlingern. Der Sonntagnachmittag mit seinen anderen »Verpflichtungen« dringt in unseren Kreis ein. Hektik und diffuses Auseinanderjagen greifen Platz.

Ich entführe Rudolf in unseren Garten. Wir holen uns, was wir brauchen - Natur.

Im Schönfließer Garten

Bericht über ein Instituts-Treffen
vom 21. 6. 1990 von M. an R.

In enger Runde
auf Bänken und feuchtkalter Erde
sitzen die Vielen
doch wenige noch.

Die einen vom Westen, Jochen, Volker und ich
sich gänzlich unschuldig fühlend an dem Schlamassel
- zu Unrecht -
sind ungeduldig, wollen denken, bauen und tun.

Die anderen, ins Neue sich rettend
wie wichtig ist es an etwas zu glauben
jemandem nachzufolgen
gerade jetzt, wo so viel verloren.
Doch schon übt man es wieder, das Ausgrenzen
eifrig die neue Wahrheit vertretend.

Die dritten schließlich, die »Erblast«,
gegen Ende zu erkennen sich gebend
(armer Rudolf, schon wieder ein unlösbares Problem!)
»Richtet nicht, auf daß Ihr nicht gerichtet werdet!«
So weit, so richtig und gut.

Das Tribunal entwickelt sich dennoch
vornehm gebremst durch die Mahnung des Meisters.
Die etwas sagen sollte, Vera, sie schweigt
stattdessen redet ... hab' den Namen vergessen
viel, zu viel, nicht ungeschickt, zu geschickt -
Staunend, ohnmächtig hört es das Volk -
bis Rudi spät doch Einhalt gebietet.

Was wird werden aus den schönen,
in zaubernder Rede entfalteten Plänen?
Die Wahrheit des Mythos, die Hochzeit von West und Ost
eine neue Theorie des Erkennens -
spannende Dinge, doch unendlich ferne
scheinen sie jetzt.

»Enlightenment Intensive«
Exerzitien im Zen-Stil*

Asja Luderfinger

In einem ihrer schönsten Momente ist die Beseitigung der Grenze zwischen Ost und West die Überwindung *geistiger* Begrenzungen, Bekanntschaft mit anderen Weltsichten, neue sinnliche Erfahrung. Dazu gehörte im vergangenen Jahr das »Enlightenment Intensive« in Niederstadtfeld.

Der Weg dorthin hatte über die Bekanntschaft mit Bahros LOGIK DER RETTUNG geführt. Sie war vor allem eine Öffnung für die klarere Wahrnehmung unserer Gegenwart, für Prozesse innerer und äußerer Selbstzerstörung. Damit eröffnete sich uns auch ein völlig neuer Blick auf die DDR und die Geschichte dieser Gesellschaft. Bald ergab sich dadurch eine erste Distanzierung von den politischen Sensationen der Zeit. Die unmittelbaren Probleme und Nöte ordneten sich anders ein.

Die »Logik der Selbstausrottung« trat als sehr gegenwärtige hervor - als unsere Verfassung, die Verfassung des Menschen. Diese Erkenntnis traf den eigenen Riß.

Folgerichtig stellte sich schließlich für mich die Frage nach dem, was »innen« liegt, in uns selbst. Diese Frage brachte im Monat Juli Leute aus Ost und West zusammen - zu einem Exerzitium, einer Übung im Zen-Stil. »Enlightenment«, begriffen als »innere Aufklärung«. Im Mittelpunkt dieser Erfahrung steht ein »Koan« - eine »vernunftwidrige« Frage, sie lautet: »Wer bin ich?« Unsere Frage wurde von einer klaren Struktur umgeben, der lange Tag war streng eingeteilt und gehörte allein ihr. Nach einem genauen Plan wechselten Spaziergänge, Arbeitsstunden und, in der Hauptsache die ausschließliche Frage in den »Koan«-Übungen, einander ab.

---

* Im Juli 1990 fand in Niederstadtfeld unter der Leitung von Karin Reese ein einwöchiges Exerzitium im Zen-Stil statt, an dem etwa 20 Menschen, darunter etwa die Hälfte aus der ehemaligen DDR, zumeist aus dem Kreis um das »Institut für Sozialökologie«, teilnahmen. Ein halbes Jahr später, im Dezember, fand diese Übung in Hirschluch bei Storkow, südlich von Berlin erneut statt, diesmal mit fast rein »östlichem« Teilnehmerkreis. Asja Luderfinger nahm an beiden Exerzitien teil.

Das Bei-der-Frage-Bleiben durchzog alle Tätigkeiten, erleichtert durch das Schweigegebot außerhalb der »Koans«, des Verbots von Kaffee, Zigaretten und anderen Genußmitteln und die auf das notwendigste reduzierten Mahlzeiten (die wurden so zu einem besonderen Ereignis. Was für eine Beweglichkeit ohne den sonst selbstverständlich gefüllten Bauch!). Eine bis dahin ungekannte Erfahrung - bei sich sein, ganz, ohne Ablenkung. Hören nach innen, fünf Tage lang, zusammen mit anderen allein. Die Eifel in der Trägheit des Sommers, die Landschaft. Der Ort erwies sich als sehr geeignet für die Stille der Übung. Abstand vom Alltag in seinem lärmenden Selbstlauf.

Begleitet wurden wir in dieser Zeit von der alten chinesischen Zen-Geschichte *»der ochs und sein hirte«*. Sie trug das Bild unserer Arbeit und war, gesprochen von Karin Reese, unserer wunderbaren, ruhig-ordnenden Meisterin, Hilfe und Aufgabe, jeden Tag neu. In ihr entfaltete sich auf heitere Weise der Weg des Lassens und des Schweigens, der Schatten und der Geduld - der Weg zum »anfänglichen Wesen«.

Zunächst war mir unverständlich, was die Aufgabe eigentlich meint, was die Frage überhaupt sagt. Wenn in unseren Begegnungen zu zweit, den »Koan«-Übungen, mein Gegenüber in Antwort auf die Frage »Wer bist du?« mit persönlichen Geschichten antwortete oder gar beichtete, wußte ich - das kann es nicht sein. Dann gab es andere Partner, die wirklich Spiegel für mich und meine Antworten auf die Frage waren. Ich wurde an mich selbst verwiesen; mir blieb zunächst gar nichts als Schweigen. Ich hatte nichts zu sagen. Das Schweigen aber wandelte sich - in Hören. Die Einkehr wurde leicht.

Mir tat sich eine befreiende Leere auf, es war »erlaubt« nichts zu sein. Die Worte, die dann noch kamen, waren einfach. Die Frage sank tiefer. Eine Ankunft.

Sie setzte sich fort - in der Landschaft. Während der Spaziergänge blieb die Sammlung, und doch war ich auf eine bis dahin ungekannte Weise anwesend. Die Hügel in der Sonne - kein idyllischer Hintergrund, sondern eigenartig durchlässig, wie ich selbst. Ich war dort ohne Erinnerung und Zukunft, fühlte mich dazugehörig, geborgen, aber auch störend.

Sogar der Weg zeigte sich hier - in einem Bild von Ewigkeit. Diese Öffnung war mir das Glück. Es ließ sich etwas spüren, was über mich hinausging. Oft kehrte ich freudig und entschlossen von den Spaziergängen zurück.

»Wer bin ich?«, unsere Frage veränderte ihren Klang. Gelassener konnte ich auf sie hören, sie wurde eine immer vertrautere Helferin der Öffnung und ließ unbegreiflichen Reichtum ahnen.

Auch zeigten sich »Schatten«, die wie von einer untergründig treibenden Kraft nach oben, nach außen getragen wurden. Alte Ängste waren jetzt ausschließlich Schmerz. Der mußte ausgehalten werden. Danach Leere und, langsam, Erleichterung. Die gab es auch von der Meisterin - ab und an ein Stückchen Schokolade.

Überhaupt war die Übung nicht nur anstrengend. Manchmal gab es ansteckendes, befreiendes Lachen, wenn jemand partout *Cäsar* oder *der Osterhase* sein wollte.

Zum Schluß blieb die Frage - als Auftrag. Seit dem Exerzitium ist einige Zeit vergangen. Es hat sich gezeigt, daß die Ankunft noch immer stattfindet und daß der Weg nach innen und von dorther ein langer ist. Rückblickend wird das »Enlightenment Intensive« immer mehr zu einem Anfang, der sich in seiner Bedeutung erst allmählich erschließt.

Reise zur »Messe konkreter Utopien« nach Italien

Karin Wolf

Tatsächlich sollte es nun »Ernst« werden mit der Gründung des »Instituts für Sozialökologie« an der Humboldt-Universität zu Berlin. Die Termine für die erste Vorlesungsreihe, die Seminare und so weiter waren festgelegt.

Wir, die kleine Gruppe unterschiedlicher Menschen um Rudolf Bahro, die an der inneren und äußeren Gestalt dieses Instituts mithelfen wollten, bereiteten uns als Anlauf ein Fest, indem wir unmittelbar vor Vorlesungsbeginn für eine Woche nach Italien reisten, in die kleine umbrische Stadt Città di Castello, die um das Thema »Feuer« eine »Messe konkreter Utopien« veranstaltete. Was trieb uns weg zu einem Zeitpunkt, wo es doch vernünftig gewesen wäre, alle Energien auf den Start am Orte zu versammeln? Jedenfalls die Erfahrung, die wir machten - Nähe und Ferne, Distanz und Hingabe, Detail und das Ganze, der stete Fluß zwischen diesen Polen als lebbare Möglichkeit, Welt neu *wahrzunehmen* - sollte uns nicht mehr verlassen.

Aus dieser Entfernung, mit dem ersten selbstverdienten Westgeld in der Tasche, in einem Land, das uns lange durch tausende Bilder und Geschichten (Geschichte), Reisebeschreibungen und blanke Prospekte vertraut war, erlebten wir den 3. Oktober 1990, das offizielle Ende der DDR. Jeder von uns mag an diesen Tag unterschiedlich empfunden haben: Trauer, Wut, Zuversicht, Neubeginn? Vielleicht auch einfach Leere, die wohltuend ausgehalten werden kann, weil sie Platz frei hält, Raum schafft für die Entdeckung des *Selbstbewußtseins*, das Zeit braucht, um sich wirklich in der Welt zu verstehen.

Die realen Utopien der Messe rund um das *Feuer*, als Sinnbild lebensspendender, aber auch zerstörender Energien, halfen Orientierung finden. Ob wissenschaftlicher Diskurs, Streitgespräche mit Politikern, Modelle umweltverträglicher Energiegewinnung oder die Wahrnehmung des Sonnenlichts auf unserer Haut, alles schärfte den Blick und die Sinne, sich nicht mit den ersten Ansätzen zu begnügen, sondern tiefer in ein Verständnis von Welt einzudringen, das Lust auf prinzipielle Entwürfe zur Erhaltung unserer Existenz in der realen Welt provoziert.

Ein Ausflug nach Assisi, den die Gruppe als kollektives Erlebnis in sich hineingenommen hat, brachte einen sonderbaren Schimmer erfahrenen Glücks in die Gesichter unserer so unterschiedlichen Biographien. Was da mit uns korrespondierte, einen Widerschein auslöste, wage ich nicht näher zu ergründen. Aber er war da. Noch haben wir nicht gelernt, Wesentliches wirklich fest in uns zu verankern. Noch sind wir uns nicht bewußt, daß das zum Bewußt-Sein dazu gehört und daß das ein Prozeß zu sein scheint, der Beliebigkeit ausschließt.

Mit zu der Reise gehörten für mich auch die schönen, Ruhe strahlenden Gesichter mit den aus der Tiefe blickenden Augen der alten Frauen und Männer in Città di Castello. Wahrnehmbar die Anstrengung, die Häuser bewohnbar zu halten, die einfache Wahrheit ihrer Existenz. Ich fühlte mich unheimlich zu Hause, auf seltsame Art - durch die Anstrengung des realen täglichen Lebens, die dennoch die innere Fröhlichkeit und die Lust am Leben nicht besiegt - solidarisch verbunden.

Am 8. Oktober - ein Tag nach dem 7. Oktober, nun nicht mehr gefeiert - ging die Gruppe, direkt vom Zug kommend, zur ersten Vorlesung des »Instituts für Sozialökologie« ins Audi max der Humboldt-Universität.

Die Mittwochstreffen

Maik Hosang

Ein neuer Geist braucht neue Formen, und die Idee eines »Instituts für Sozialökologie« - sprich einer sozialökologischen Arbeits- und Lebensgemeinschaft innerhalb und außerhalb der schwebend sich abwickelnden Humboldt-Universität - braucht Räume und Zeit, um richtig irdisch zu werden. Rund um den Arnimplatz im Prenzlauer Berg findet der Versuch statt, Kommune und Wissenschaft, Wissenschaft und Kommune eine lebendige Gestalt zu geben.

Nach einigen unregelmäßigen Begegnungen zum Vertrautwerden durch Gespräch, Meditation oder einfach Nähe entstand in einer mit Rudolfs Idee sympathisierenden Gruppe das vorsichtige Verlangen nach mehr Verbindlichkeit. Intuitiv spürten die Beteiligten den Reiz einfacher menschlicher Wahrheiten, zu denen hier zu finden war. Zugleich leben wir immer noch vorwiegend in dieser anderen Welt, deren Aufdringlichkeit und seelische Infektiösität jene in lichten Besinnungen freigelegten Selbstfindungen immer wieder überflutet und zuschüttet.

Während der Italienfahrt, in einer vormittäglichen Runde auf dem Weinberg vor der Villa sacro cuore, verabredeten wir wöchentliche Begegnungen außerhalb des Universitätsbetriebes. Und so begannen sie dann, zweckmäßigerweise mittwochs am Abend, da zuvor sich ohnehin mehrere meist zum Seminar trafen.

Die Geschichte dieser Zusammenkünfte ist eine Geschichte der wohl noch lange nicht endenden Suche nach Formen und Inhalten, nach Unsicherheiten verringernden Ritualen; Vorstöße in unbekanntes Gebiet, in denen dieser Keim neuen Geistes sich finden und stärken könnte.

Nicht nur der Ort variierte, es veränderte sich mehrmals das gesamte Geschehen. Kaum ein Abend ähnelte einem anderen. Die ersten ereigneten sich in der ehemaligen Arbeitswohnung Rudolfs: Hören einer Musik, Befindlichkeitsrunden, einfaches Essen, Gespräch und Austausch über Ach und Wehe des Universitätsinstituts waren üblich. In Asja/Barbaras Gemeinschaftswohnung erinnerten wir uns an die »Messe konkreter Utopien« in Città di Castello. Völlig neu gestaltete sich das Ganze in der großen und guten Küche bei Ekkehard Maaß. Allein, auch die

Schlemmerei und Drängelei um einen großen Tisch erschöpfte ihr Maß. Rudolf zog sich zu Semesterferienarbeit in seine »andere« Heimat in die Eifel zurück. Der suchende Geist begab sich jetzt auf Thomas' Parkett in der Dunkerstraße. Gedichte, Gedanken über den Krieg und schließlich Runden zur Frage: »Wollen wir die Welt retten?« Eine Antwort fanden wir nicht. Eine Ahnung war da, daß ein individuelles Selbst, welches nicht zugleich der Befreiung aller Wesen dient, nie sich selbst finden wird - aber auch umgekehrt, ein Projekt der »Rettung des Ganzen« ist ohne die Befreiung des oder der Einzelnen sinnlos. Hier wirken die Negativerfahrungen mit der gerade hinter uns gebrachten »Welterlösungsideologie«, welche wirkliche Selbstbefreiung ausschloß, nach.

Seither trafen wir uns fast immer in Thomas Thieles Wohnung unmittelbar neben der Gethsemanekirche. Im Schatten dieses historischen Ortes entstanden Zweifel, Fragen zum eigentlichen Geschehen mit uns. Sind wir auf dem Weg zu einer neuen Gemeinschaft? Sind wir Wissenschaftskommune? Ist die Traurigkeit, die wir manchmal spüren, Depression?

Wir sind uns des Ganzen noch nicht sicher, doch blieben nur wenige unterwegs weg, andere fanden dazu und manche auch nach einer Pause uns wieder. Jemand hat mal das griechische Wort »Logik« nicht, wie es üblich ist, mit »Urteil« oder »Aussage« übersetzt, sondern, etwas ungewöhnlich, als »Kundschaft« oder auch »Versammlung« ins Deutsche gebracht. Die »Logik der Rettung« könnte demnach ja auch als »rettende Versammlung« verstanden werden, und unsere Abende als »Kundschaften« in die Meditation, ins Abendmahl... Vielleicht wurde tanzende Fröhlichkeit bisher zu wenig erkundet.

Logik der Seele

Andrea Nawka

»Ein Exerzitium auch für Rationalisten«, mit dieser anspruchsvollen und werbekräftigen Ankündigung lud die Lernwerkstatt »Ökologische Akademie für Eine Welt« im März 1991 zu einem zehntägigen Seminar in die Eifel ein. Rudolf Bahro, Stefan Makowski alias Hussein Abdul Fattah und Viktoria Neuland wollten uns den »Zusammenhang von Wissenschaft und Liebe« bewußt werden lassen. Und es sollte darum gehen, unsere Psyche als eine »innere Universität« mit ihren Fakultäten zu erleben und so Bildung zu erfahren.

Obwohl sich der Rationalist in mir angesprochen fühlte (wer ist heute kein Rationalist?), waren es wohl doch meine Erinnerungen an die Lernwerkstatt, an die bezaubernde Landschaft der Eifel und die Aussicht auf anregende Begegnungen, die mich reisen ließen.

»Rad der Fakultäten«

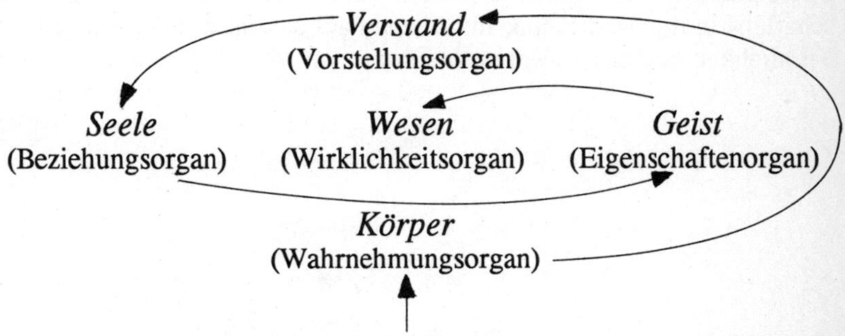

Am ersten gemeinsamen Abend bot sich uns in der perfekt ausgebauten Scheune ein buntes Bild »umkehrwilliger Rationalisten« und deren sehr unterschiedlicher Erwartungen: Seminarerfahrene West-Ehefrauen, Schauspielerinnen, erfolgreiche West- und suchende Ost-Psychologen, ein ehemaliger NVA-Hauptmann, Sufismus-Anhänger, Ex-DDR-Philosophen, an Atemtherapie interessierte Senioren und nicht zuletzt die Anhänger der Bahroschen Sozialökologie. Es schienen kontroverse und spannende Tage zu werden.

»Rad der Übereinstimmungs-Grade«

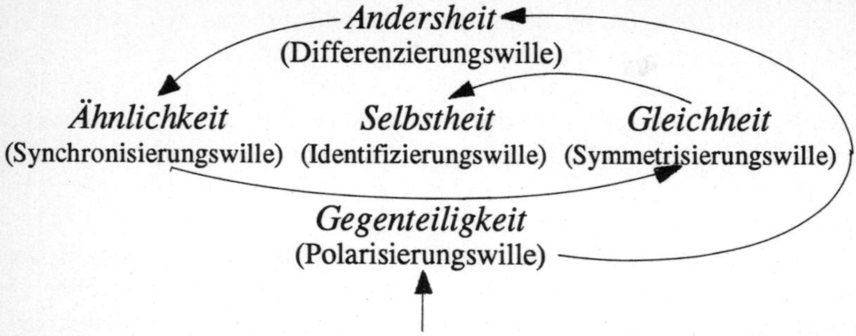

Neben Rudolf kniete der Sufi-Lehrer, Stefan Makowski - Hussein - in der uns bald vertraut werdenden Haltung, mit Wollmütze (Take) und Wollweste bekleidet. Der *Sufi* - der in ein Büßerkleid aus Wolle (arabisch »Suf«) Gekleidete - gilt als ein Sinnbild für Geduld und Hingabe. Als Anhänger des Sufismus, der islamischen Mystik, beschreitet er einen Weg der »Läuterung von Körper, Seele und Geist«. Wir erwarteten eine Einführung in dieses Wissen, in die Philosophie des Sufismus und in die von Stefan Makowski entwickelte »Logik der Seele«, die Rudolf Bahro als einen »Ansatz von großer philosophischer, besonders erkenntnistheoretischer Reichweite...« beschreibt.

Die Einführung begann mit Husseins Bemerkung, er werde das Seminar nutzen, uns das »Denken« abzugewöhnen. Und mit dieser Provokation, die nicht in das Bild des geduldigen, sich hingebenden Sufi paßte, begannen auch die ersten Tage mit der versteckten und offenen Konfrontation zwischen Hussein und uns, zwischen Ost und West, zwischen Weiblichem und Männlichem, zwischen den Annehmen-Wollenden und den kritischen Geistern.

»Rad der Standorte«

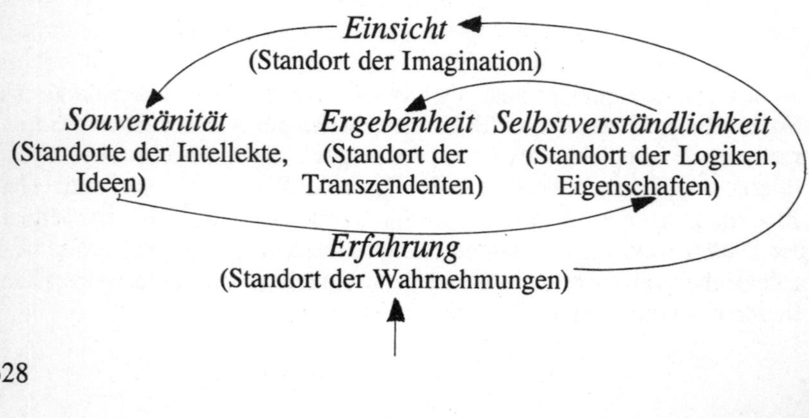

Aber es wurde nicht das übliche Seminar, in dem das schlagendere Argument oder der bessere Rhetoriker die Diskussion gewinnen.

Die Atemübungen, in denen jeder für Stunden mit sich, mit Körper und Geist allein war, das für drei Tage angeratene Exerzitium (reduzierte Vollwertkost bei Kaffee-, Alkohol- und Rauch-Verbot und das gebotene Schweigen außerhalb des Seminars) und die mittäglichen Wanderungen bereiteten die Gelassenheit, indessen entstanden schon bis in die Nächte hinein Husseins erste »Räder« an der Tafel - noch zögernd aufgenommen und mißtrauisch hinterfragt.

Und irgendwann, vielleicht bei Bachs Orgelmusik, vielleicht als Hussein über die Frau im Islam sprach und ihr Bild von den kulturellen Entstellungen und westeuropäischen Verzerrungen befreite, vielleicht auch beim *Dhikr*, begannen sich die Räder im Kopf zu bewegen.

»Rad der Verkünstlichung«

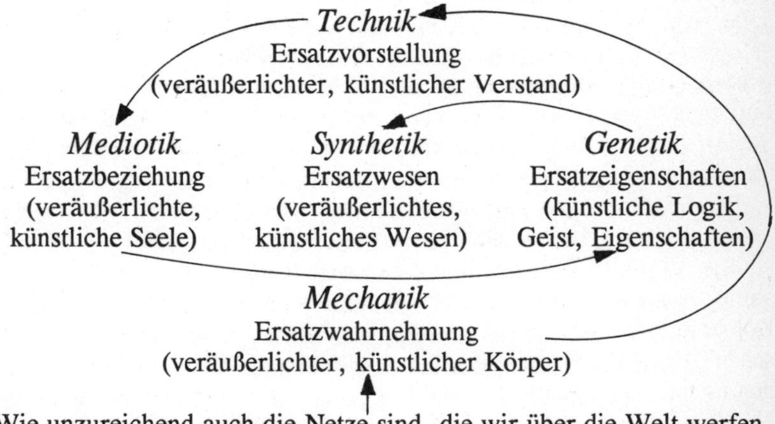

Wie unzureichend auch die Netze sind, die wir über die Welt werfen, um sie einteilend besser zu begreifen, wie trennend die Koordinaten oft sind, wenn ein neues, komplexeres Netz vor uns entsteht. Eine große Wirkung ging von Husseins »Rädern« deshalb aus, weil er es immer auch mit unseren »inneren Koordinaten« verband. Es hilft, in uns zu ordnen und uns einzuordnen, es hilft unseren Geist als hybrid und entwurzelt zu erkennen und die Wissenschaft, die wir betreiben als zerspalten, die Welt sezierend und letztendlich zerstörend zu sehen. Die »Logik der Seele« mutet uns die Möglichkeit zu, unsere Selbstüberhebung zu verwinden - mit unseren Sinnen, mit denen wir die Beseeltheit der Natur wahrnehmen könnten, mit Herzensbildung und mit einem vom Herzen geleiteten Geist. Und sie berechtigt uns, alles bisher Gedachte in Frage zu stellen und neu zu »denken«.

Mystik der Liebe
Mystik des erfüllten Abgrundes

*Thomas Thiele**

Als ich nach dem Seminar »Logik der Seele« in München vor einem Bild von Paul Klee zu stehen kam, ereignete sich etwas, das sich in den zehn Tagen zuvor bereits angekündigt hatte: Mein Denken, das im System der Räder ungewollt immer auf das Zentrum, auf die »Nabe« der Räder, auf das Wesen aller Dinge gelenkt worden war, war plötzlich von einem Sog ergriffen, der von der Mitte des Bildes ausging. Das Bild Klees, das sich den aufnehmenden Sinnen zuvor zu dem fügte, was es darstellte, die »Klippen am Meer«, wird zur Aufforderung, das zu sein, was es dar-stellt. Angezogen von der unsichtbaren Mitte durchtrete ich das mir von Klee gebotene Raster von Farben und Punkten. Meine Sinne, zuvor nach außen gerichtet, wenden sich nach *innen*. Im selben Moment schöpfe ich und bin das Meer, und es ergreift mich eine tiefe Ehrfurcht, denn meine nach außen gerichteten Sinne sind nur ein auf die äußere Realität gelegtes unvollkommenes Raster, eine vage Annäherung an das, was nach innen erschaubar ist. Doch was ich gerade erschaute, war nicht *Ich*. Es war ein Anderes, das nicht ich und doch ganz aus mir war. Es war das Wesen, das hinter den Dingen steht, in dem ich aufgehoben bin, als der, der ich bin. Es ist das, was mich atmet, mich denkt, mich liebt. Daraufhin fügt sich der folgende Text:

Unverborgen
Sehen das Unsichtbare.
Hören das Unhörbare.
Fühlen das Unfühlbare.
Denken das Undenkbare.
Nicht sehen.

---

* Nach dem Seminar über die »Logik der Seele« in Niederstadtfeld verabschiedete sich Thomas Thiele mit einem poetologischen Aufsatz, der in programmatischen Sätzen das »Sollen« dem »Wollen« gegenüberstellt, aus dem universitären Feld des Institutes.

Nicht hören.
Nicht fühlen.
Nicht denken.
Sein.

Es ist die Mystik des erfüllten Abgrundes, die mich erfaßt hat, und, weil ich in diesem Ab-Grund mich aufgehoben fühle, geborgen wie in einem universellen Schoß, bin ich erfaßt von dieser Milde, die grenzenlose Liebe ist. Hingabe und An-Vertrauen können die einzigen menschlichen Antworten darauf sein.

Und so steht auch einer der Sinnsprüche des Omar-i-Khajjam dem voran, was ich überschreibe mit:

Mystik der Liebe - Mystik des erfüllten Abgrundes.
Da ich nie das gewollt, was ich gesollt,
Ward meinen Wünschen Achtung nie gezollt;
Da alles, was Er will, das Rechte ist,
Ist Unrecht alles das, was ich gewollt.

In unserem Leben schwärmen wir aus, vereinzeln wir uns in unseren Körpern, wir, die Seelen.

Doch alles strebt dem Eins-Sein zu, dem Aufgehen im Nichts, dem Eingehen im Allumfassenden. Unser Leben ist nur eine Zwischenstation auf dem Weg von Ewigkeit zu Ewigkeit.

»Der Tod ist nur eine Kurve an einer Straße.
Das Sterben entrückt nur dem sehenden Sinn.
Lausch ich, hör ich deine Stimme.
Dasein wie ich selber bin...«
Fernando Pessoa

Physisch ist das der Tod. Metaphysisch Erlösung. Psychisch ist das die Leere. Metapsychisch Gewißheit.

*

Das Wollen verhindert Leben. Es sperrt Leben ein.

Das Sollen vermag es zu erlösen. Das Sollen vermag Leben zu gebären. Geburt ist kein willentlicher Akt. Geburt kommt von *selbst*. Im Persischen klingt das Wort, das für das Selbst, das göttlich ist, steht, wie »Gott« - chud-chod - Geburt kommt von selbst...

Das *Wollen* als »Erlösung« ist Morden, Zerstörung, Gewalt, Selbst-Zerstörung, Selbst-Mord, tödliche Krankheit, *Tod*.

Das *Sollen* als Erlösung ist Schöpfung, Geburt, Leben, Zärtlichkeit - *Liebe*.

Die Verhinderung der Liebe im Wollen läßt das *Ich* so in sich verdichtet sein, läßt es zu Stein werden, daß es zur Auflösung streben muß, um weiter als Leben zu sein. Auflösung und Explosion. Tod ist Erlösung dem Wollen. Liebe ist Erlösung dem Sollen, ist Zerstörung des Käfigs, des Gestells, das Schatten wirft, ist Sprengung des Panzers. Feuerwerk des *Selbst*. Feuerwerk Gottes. Schöpfung aus Liebe. Ausschwärmen, Ausströmen, Ausschüttung des Geistes, der auf die Materie trifft, durch die der Geist erkennbar wird.

Der vom Willen erfaßte Mensch tötet tatsächlich: Andere, Anderes, sich *selbst*.

Der von der Liebe erfaßte Mensch schöpft tatsächlich: Andere, Anderes, sich *selbst*.

Der vom Willen besessene Mensch, solange er will, schafft *Gottlosigkeit, A-theis-mus*.

Seine Bauwerke schreien die Ab-Wesenheit von Liebe und Gott. Kein *Selbst* in diesem Abgrund. Seinsverlassenheit. Das nichtige Nichts. Städte, alles *Syn-thetische*, ist ohne *Selbst*, ohne Gott, unbeseelt, unselig.

Der dem Sollen ergebene Mensch schafft Gott. Er ist die Verkörperung der Liebe. Seine Werke sind Gottes Werke, denn Gott *ist* die Liebe.

Der dem Wollen ergebene Mensch ist und bleibt unerlöst bis in seinen Tod. Sein Tod ist das Ende von allem. Seine Seele, die mit seiner Geburt in ihn einfuhr, das Selbst, das ihn beseelte, trübt sich durch sein Wollen in der Zeit. Die Seele zieht sich auf den Grund seines Daseins zurück, ist eingesperrt in seinen Käfig, gepreßt in den Panzer. Statt in Liebe zu singen und zu tanzen, wie es der Seele bestimmt ist, dämmert sie dahin, unerlöst in diesem Leben. Trübe und dunkel ist der Seelengrund, blind bleibt den Augen der Spiegel - Spieglein, Spieglein an der Wand, wer ist die/der Schönste im ganzen Land? Um Heinrichs Herz bleiben sieben Reifen gelegt. Marie, die in den Brunnen steigt, tritt pechbeladen aus dem Tor hervor.

Dem Wollenden fehlt die Leichtigkeit des Seins, das Schweben. Alles ist Anstrengung. Alles ist Schwere und Kampf. Die Schwerkraft beherrscht ihn, nicht die Gnade. Scheinbarer Mut im Wollen ist Schwer-Mut. Von Düsternis erfaßt ist die Seele, von Tod und Teufel. Das eigene Haus ein Spukschloß, verwunschen auf ewige Zeiten. Nur ein liebender Mensch, ein einziger hingebungsvoller Kuß kann den Spuk beenden. Der Wille ist Wille zur Macht und schafft die Hölle. Auch der Wille zur Liebe, zum Frieden (Ich liebe euch doch alle).

Innehalten. Sich des Sollens gewahr werden. Die Stimme der Liebe erhören. Die An-Wesenheit der Seele erfahren. Sich der Liebe ergeben. Gott huldigen. Nichts so tun, wie das *Ich* es will. Auf das Wollen hören und das Gegenteil tun. Alles so tun, wie *chod* es will, wie es sein soll. Seine Stimme erhören. Fragen: Stimmt es? Sich dem Weg anvertrauen, nicht den Zielen entgegeneifern. Zu-Friedenheit finden im Unbedeutendsein. Bettler/in sein und Almosen empfangen. König/in sein und Almosen verteilen. Nicht ausschwärmen und vereinzeln als Weg. Bei sich bleiben und aufgehen im (erfüllten) Nichts.

Kein Gestern. Kein Morgen. Nur Hier und Jetzt.
Im Nichts-Sein Eins sein. Ein-sam sein.
Im Eins-Sein Nichts sein.
Geborgen sein in sich selbst. Geboren sein aus sich selbst.
Eins sein mit sich selbst. Lieben sich selbst.
Sich lieben und diese Liebe hingeben - einem Anderen.
Zwei sein. Einem Anderen sich hin-geben.
Einem Anderen nichts neiden.
Ein Anderes werden lassen.
Nichts erzwingen.
Ein Anderes lieben wie sich selbst.
Alles sein.
Nichts sein.
Liebe ist Gott und Gott ist Liebe.
Du bist Liebe und *Du* bist Gott.
Gott ist alles und *Du* bist nichts.
Keine Angst vor dem Nichts Sein.
Keine Angst vor dem Eins Sein.
Eingehen in den erfüllten Abgrund.
Gott und Du bist Nicht-Zwei.

»Grunewald-Villa«

Marina Lewkowicz

Auch einige »Wessis« fanden den Weg nach Berlin, manche noch vor der »Wende«, und dann in die Humboldt-Universität.

Sie siedelten sich in einem Haus mit alten, knorrigen Bäumen in einer Siedlung am Grunwewald an. Dort versuchen sie Lebensschwerpunkte anders zu setzen (zum Beispiel morgens regelmäßig zu meditieren) und führen ansonsten ein Dasein wie andere Menschen auch.

Hier wurde Rudis »Rückkehr« in den Computer gebracht, eine Fassung nach der anderen, tags und nachts. Hier wurde gegengelesen, überarbeitet, diskutiert. Hier riefen Autoren an, um ihre Beiträge anzukündigen, hierher brachte der Postbote die Eilbriefe.

Hier entstand ein weiterer Treffpunkt der Gemeinschaft, nicht für alle Tage - doch für nicht-alltägliches Tun mit der Gruppe. Nach gemeinsamer ost-westlicher Renovierung zu Klängen von Mozart (Klarinettenkonzert, Klavierkonzert KV 503) war die »Grunewald-Villa« bereit zur Aufnahme der *Silvester-Feier*. Behutsames Reden in der Runde, beschwingtes Tanzen nach klassischer Musik, einfach-schönes Essen, gemeinsam bereitet - still und ohne Knalleffekte, auf leisen Sohlen, fast im Tai-Chi-Stil, ergingen wir uns ins neue Jahr.

*

Eine »Liturgische Nacht« zum Ausklang des Wintersemesters dauerte 26 Stunden - von samstags 10 Uhr bis sonntags 12 Uhr: da hatten wir uns überschätzt. Doch gut war:

- eine Besinnung zum Golfkrieg; ihn zu »umrunden«, zornig, resigniert...;
- die Ereignisse, auch Konflikte, im Institut anzusprechen;
- die eigene Entwicklung zur Sprache, in den Begriff zu bringen;
- Hoffnungen, Ängste, Unsicherheiten auszusprechen.

Die Liturgie - vorbereitet bei Anja und Peter in Treptow - spann sich, vom »In-der-Welt-Sein« zum »Öffnen« tagsüber, hin zur »Sammlung« des Nachts und zum »Ich-mit-Euch-Sein« in der Morgenröte und am Morgen. Präsent waren wir immer, wenn auch in unterschiedlichen Graden der Wachheit.

Musik auch, Arvo Pärts *Johannes-Passion* »Passio« und seine »Tabula Rasa«, die zu Beginn gründlich, zweimal. Michael Vetters »Liebeslied«. Gregorianische Gesänge, Anton Weberns Streichquartett während einer *Traumreise* in der dunkelsten Stunde, weit nach Mitternacht, weit vor dem ersten Sonnenstrahl. Mozart und Schubert, *die Hausheiligen*, sowieso. DER ANALOG von René Daumal - erstmals in Rütte (Schwarzwald) in einer Lesung gehört - in die nächtliche Liturgie hineingewebt, alle fünf Kapitel der Expedition zu dem Berg, eben *dem Analog*, der Himmel und Erde verbindet..., wir verstanden sie auch irgendwie alle, ohne genau zu begreifen, im Einzelnen. Dazwischen immer wieder Tanz, Arica-Übungen, Meditation.

*

Ein Seminar zum »*Drama der Geschlechter am Beispiel von Mozarts Opern*« vereinte uns im Frühling für eine ganze Woche. Worte des Mozart-Liebhabers Tschitscherin leiteten ein, gaben das Motto und jetzt im Nachhinein, erinnernd, eine Ahnung der »sozialkosmischen Intimität«:

»Für mich ist Mozart im Grunde der Komponist der Zukunft. Für mich persönlich gehört er zur Gegenwart, mehr noch, in ihm sehe ich den einzigen wahren Komponisten. Nektar und Ambrosia, kosmische Weite und orgiastische Sinnlichkeit, Tod und Leben, Schmerz und Daseinsfreude, Überwindung des Menschen in lebendiger Gemeinschaft, unendliche Vielfalt des pulsierenden Lebens und der menschlichen Charaktere, grundlose Fülle der Geheimnisse und Rätsel neben wärmender und erregender Lebensnähe, Baudelaires Schönheit und griechische Blütenkränze, Reigen junger Mädchen und Männer, Synthese aus Synthesen... Mozart hat für meine Begriffe eine Art *sozialkosmische Intimität* erreicht, Antrieb zur Verwirklichung aus dem Allgemeinen und Universalen. Mein bester Freund, mein einzig wahrer Freund.«

Wir suchten den Bogen zu schlagen von IDOMENEO - dem Sieg der Liebe über mythisch-patriarchale Stammesloyalität, von der ENTFÜHRUNG - Janitscharen-Musik riß uns immer wieder hin zu ausgelassenem Tanz - zur ersten Intensiv-Begegnung mit den Charakteren des FIGARO (wer kennt sie nicht, die Gräfin und Susanna, den Grafen und den Figaro, und Cherubino?) und dem DON GIOVANNI (Donna Anna, Donna Elvira, die kühne Zerlina) - Urbildern von Gestalten, die unser Leben, unsere Beziehungen *jetzt* berühren, die wir in uns selbst wiedererkennen. Nicht weniger die aus COSI FAN TUTTE - Despina, Fiordiligi, Dorabella, Guglielmo und Ferrando, der die überhaupt schönste Arie singt: »Un'aura amorosa...«, *der Odem der Liebe*.

Dann der tiefste Gang in die Unterwelt mit Don Giovanni, zur Königin der Nacht, der initiatische Weg mit der ZAUBERFLÖTE zum Licht, zur Sonne und schließlich ins Überpersönliche, ins Paradies der Milde und Gelassenheit des TITUS, mit der Musik einer *himmlischen Hochzeit* (des Annio und der Servilia).

Und die Dämonen blieben immer präsent, durch Elektra, Donna Anna, Elvira, Vitellia, Monostatos etwa - auch Ottavio, gerade weil ihm alles Dämonische abgeht. Die Königin der Nacht und Don Giovanni: in dieser Tiefe, wo diese Gestalten herrschen, ergriff uns das Drama der Geschlechter, erahnten wir, daß die Lichtwesen Tamino und Pamina, Sarastro, Titus, Idamantes und Ilia in ihrer überirdischen Reinheit nicht die (Er)Lösung bringen können. Sie provozieren sogar eher Wut und Angst, weisen zurück aufs Unerlöste.

Kann der tote Sonnenkönig wiedererweckt werden? Muß der siebenstrahlige Stern ihm von der Königin der Nacht *anvertraut* werden? Oder kann Mann in ihrer Nähe nur sterben? Wer kann *sie* erlösen? Muß Sarastro, wie in *Goethes* ZAUBERFLÖTE - zweiter Teil - nochmal auf Wanderschaft gehen, sich eigentlich erst richtig auf den Weg machen, um die »erhabene Sprache der Natur und der bedürftigen Menschheit« zu lernen? Genius, das Kind des Königspaares Pamina und Tamino, weist hin auf den Euphorion im FAUST. Das Geschlechterdrama ist das Drama der Menschheit.

»Gemeinschaft für Sozialökologie«*

Präambel der Satzung

Die Gemeinschaft für Sozialökologie ist ein Zusammenschluß von Menschen, die einen Ausweg aus der ökologischen Krise suchen, die sie als eine Krise der menschlichen Existenz begreifen. Die Mitglieder wollen ihr Verhalten in und gegenüber der zerstörerischen Zivilisation selbst erkennen, indem sie durch die Verbindung von Wissenschaft, Spiritualität und Körpererfahrung nach alternativen individuellen und gemeinschaftlichen Lebensformen suchen. Die Gemeinschaft ist ein Versuch, sich vom konfrontativen, egozentrischen und moralisierenden Geist der Gegenwart zu befreien. Einzelnes Leben und Gemeinschaftsleben sollen Antwort finden auf die in unserer Zivilisation wirkenden selbstzerstörerischen Kräfte. Es ist der die Gemeinschaft vereinende Gedanke, daß die ökologische Krise

nur im Menschen selbst

überwunden und durch die Abkehr von unserer gewohnten Lebensweise gelöst werden kann.

---

* Am 21. April 1991 gründete sich in Berlin die »Gemeinschaft für Sozialökologie« als gemeinnütziger Verein, um über den universitären Rahmen hinaus offen sein zu können.

TEIL V

Anhang

Konzeption eines Instituts für Sozialökologie an der Humboldt-Universität zu Berlin

1. Wissenschaftliche Zielsetzung/Forschung

Offensichtlich stört die moderne Zivilisation mit ihrer wissenschaftlich begründeten industriellen Massenproduktion fundamental das irdische Gleichgewicht. Mit dieser Störung, die wir *Ökologische Krise* nennen, rückt das Verhältnis Mensch↔Natur in den Mittelpunkt des allgemeinen Interesses. Verstanden worden ist die Herausforderung allerdings kaum weiter als bis zu der Schlauheit, daß wir möglichst das Huhn nicht schlachten sollen, das die goldenen Eier legt. Umweltschutz und »*ökologische Modernisierung*« in diesem Sinne etwas längerfristiger Nutzenserwägungen sichern die Realapokalypse zusätzlich ab, indem sie bei ihren prinzipiell nicht hinreichenden Effekten tröstliches falsches Bewußtsein miterzeugen. Da passiert hauptsächlich illusionäre Entsorgung, während wir im alltäglichen Verhalten unablässig aussagen, daß wir sterben wollen. Das Erwachen zu dieser Wirklichkeit ist die Bedingung für einen sozialen Konsens, der rettende Schritte erlaubt. Konventionelle »*Verantwortungsethik*«, wie auch immer modernisiert oder postmodernisiert, verfehlt stets die Tiefe unserer Verhaftung an den Fortschritt auf der Todesspirale. Die erforderliche Neubegründung von Gesellschaft und Politik, Wissenschaft und Technik setzt eine Umstimmung unserer ganzen psychischen Existenz voraus. Auf diesen *heißen* Stoff soll sich das Institut konzentrieren.

Da die menschliche Praxis Ursache des zivilisatorischen Desasters ist, das sich als Naturzerstörung äußerst, muß der individuellen und gesellschaftlichen Vermittlung des Vorgangs bis in die letzten Gründe nachgegangen werden. Sofern sich *Ökologie* hier auf die Wechselwirkung des gesellschaftlichen Menschen mit der Natur, genauer gesagt mit *Gaia* als belebter Erde, der er selbst angehört, bezieht, kann sie näher nur *Sozialökologie* sein. Dabei darf nicht vergessen werden, daß der Gegenstand ursprünglich eher religiös, künstlerisch, philosophisch ergriffen wurde und daß er schwerlich ohne Bio- und Sozialanthropologie sowie vergleichende Kulturgeschichte behandelbar ist. (Selbstverständlich besteht Vernetzungsbedarf auch zu allen anderen Disziplinen.)

Die Naturwissenschaften und ihre Anwendung werden in dieser Konzeption gerade nicht als Endursache der Gleichgewichtsstörung verstanden, die dann aber letztlich auch nicht von Wissenschaft und Technik behoben werden kann. Weil sie aber so mächtig instrumentell daran teilhaben, muß nicht nur diese ihre Rolle, sondern auch die Disposition des menschlichen Geistes zu dieser Ausdrucksform grundlegend aufgeklärt werden. Da die Wiederversöhnung des Menschen mit der Erde und mit sich selbst Zielpunkt ist, besteht eben, was die Naturwissenschaften angeht, ein besonders intensives Interesse an der Zusammenarbeit mit den Bio- und Landwirtschaftswissenschaften sowie mit der Medizin.

Wegen der Verstrickung der Wissenschaft in die zivilisatorische Logik der Selbstausrottung und Weltzerstörung müssen sich Wissenschaft und Universität selbst radikal hinterfragen. Es braucht eine ihrerseits rational zu begründende und in vielfältiger Weise praktische Kritik der wissenschaftlichen Vernunft und der fachgelehrten Existenz, darauf gerichtet, sie wieder in die Reproduktion des Lebens einzubinden. Die ökologische Fragestellung müßte - sofern Hegel Grund hatte, von »unserer Kirche, der Universität« zu reden - geradezu in einer Reformation des wissenschaftlichen Geistes münden. Jede(r) kann sich da nur selbst reformieren, aber das Institut soll in Wort, Schrift und Lebensform anregend wirken.

Wird davon ausgegangen, daß die ökologische Krise alle Gebiete unserer Praxis und Wissenschaft einholt, daß sie, menschlich verursacht, auch den Menschen überhaupt herausfordert, so gibt es kein Fachgebiet, das nicht unter diesem Gesichtspunkt neu betrachtet werden müßte. Und »nicht die Atombombe ist das Problem, sondern das menschliche Herz« (Einstein).

Das Institut als kleine Einheit soll sich auf die grundlegenden Fragen einer ökologischen Wende konzentrieren und das Gefundene möglichst in der ganzen Universität und darüber hinaus im gesellschaftlichen Leben der Hauptstadt einbringen. Praxis heißt in diesem Falle Vorarbeit für den allgemeinen Konsensumschlag in den verschiedensten gesellschaftlichen Bereichen. Durch eigene Anziehungskraft soll sich das Institut dabei auf Mitwirkende aus allen Fakultäten und aus allen Kreisen der Gesellschaft stützen, die ihr Umfeld auch daraufhin beeinflussen, daß sie den nötigen Freiraum dafür gewinnen. Der mit diesem Weg verbundene Austausch von Erfahrungen und Gedanken mag mit seinen oft eher indirekten Auswirkungen auf die Lehr- und Forschungsprofile der für die Universität wichtigste Effekt der Arbeit sein.

Das Institut wird natürlich auch publizieren, dies aber nach Inhalt, Form, Art und Ort ganz dem Zweck zuordnen, Bewußtsein zu verändern. Die üblichen Kriterien der Bewertung, einschließlich des die Menschen narkotisierenden »publish or perish« gehören vom Standpunkt dieser Konzeption zu der Hetzjagd in Richtung Abgrund und Wahnsinn.

In seinen Projekten soll das Institut auch durch eigenes Beispiel gangbare Wege der ökologischen Umkehr (von der Umstimmung der Subjektivität bis zum Umbau der materiellen Fundamente) untersuchen, verfolgen, erproben. Praxisverbindungen werden sich diesbezüglich auf Natur- und Landschaftsschutz, ökologischen Landbau, genossenschaftliches Arbeiten und kommunitäre Lebensformen orientieren. Schwerpunkt, vor allem auch Ausgangspunkt, wird dabei stets die letzte und mächtigste Ursache des kulturellen Geschehens auf dem Planeten, nämlich der Mensch selbst, und wird die Problematik seines *Herzens*, seiner Antriebe und Motive, wird seine Fähigkeit zum Sprung in eine andere Entwicklungslogik sein.

Wenn seit Kant, übrigens auch im ursprünglichen Marxismus, das Subjekt des Erkennens und jeglicher Praxis immer mehr in den Vordergrund der Aufmerksamkeit tritt, ist es nur konsequent, nicht allein die (indirekte) Selbstveränderung durch Außenweltveränderung ins Auge zu fassen, sondern mehr noch die *praktische* Reflexion der erkennenden und handelnden Subjektivität, d.h. die Übung, das Exerzitium am Erkenntnisorgan, am Menschen als Erkennenden. Zum Beispiel bedeuten Machtwille einerseits, Liebesfähigkeit andererseits sehr unterschiedliche habituelle Verfassungen fürs Weltwahrnehmen und fürs reale Funktionieren des gewonnenen Wissens. Methoden der Sensibilisierung, der Selbsterfahrung und Selbsterkenntnis können maßgeblich für den wissenschaftlichen Arbeitsprozeß der Zukunft sein, während Methoden der Zerstörung und der Folter (wie exemplarisch in den Tierversuchen) unhaltbar werden.

Demgemäß wird auch der Arbeits- und Lebensstil des Instituts experimentell sein, kommunitäre Momente einbeziehen. Was nicht gelebt wird, kann nicht wirklich gelehrt werden. Zumindest bei sozialen *»Gegenständen«* ist Forschung nur tatsächlich sinnvoll, wo sie Selbststudium (Studium des eigenen Selbst) mit einschließt. Diskussion ist wesentlich *themenzentrierte Interaktion*. Wenn nicht etwas erneut Technokratisches, diesmal mit dem Präfix *Öko-*, herauskommen soll, müssen die Teilnehmenden mit ihrem eigenen Umdenken und -fühlen den Anfang machen. Und es muß das weibliche Element und Prinzip von grundauf gleichgewichtig die ganze Lebensform von der Räumlichkeit bis in die Theorie mitprägen.

Gemeint ist so nicht weniger, sondern mehr als ein *»normaler«* Instituts- und Wissenschaftsbetrieb, unter anderem auch ein Stück Rückkehr zu dem, was *Akademos* und *Symposion* einst bedeutet haben und was in den Gründerzeiten der europäischen Universitäten in anderer Form wieder aufgenommen worden war.

Gegenstand von Forschung, Lehre, Praxisverbindung und sozialem Experiment sind vor diesem Hintergrund folgende Themenkreise:

1.1. Worin bestehen Wesen, Ursache(n), letzter Grund der ökologischen Krise?

1.1.1. Ihr Verständnis als Fundamentalkrise der menschlichen Existenz und Kultur, insbesondere auch der modernen wissenschaftlich-technischen Zivilisation in ihrem Konflikt mit dem Organismus Erde (*Gaia*)

1.1.2. Wie ist der System- und Strukturzusammenhang der Weltzerstörung durch den modernen Menschen beschaffen (»Logik der Selbstausrottung« - Präzisierung und Überprüfung der in LOGIK DER RETTUNG 1987 skizzierten Hypothese)? Welche Rolle spielen dabei Wissenschaft und Technik, Kapital und Staat?

1.1.3. Wo liegt anthropologisch der Antrieb für die Expansion, für ihre Schrankenlosigkeit auf der endlichen Erde? Ist das menschliche Ich konstitutiv *nimmersatt*? Kann der Mensch diesbezüglich »den Menschen übersteigen« (PASCALS Gedanke)?

1.1.4. Welche Rolle spielt hierbei die Grundstörung des Gleichgewichts zwischen Mann und Frau (Patriarchat)?

1.2. Worin besteht demgegenüber die natürliche Ordnung, die Ordnung der Großen Natur, die wir stören?

1.2.1. Ist die Frage erlaubt (insofern sie voraussetzt, daß wir Wahres darüber wissen können)?

1.2.2. Wie erfährt, erfühlt, erkennt, verifiziert der Mensch die Botschaft des Seins, der ganzen, ursprünglichen und eigentlichen Wirklichkeit?

1.2.3. Geist und Natur - oder: Wesen und Auftrag des Menschen im universellen Zusammenhang. In welchem Verhältnis steht die soziale zur natürlichen Ordnung? Welche (R)Evolution macht dieses Verhältnis gattungsgeschichtlich durch?

1.2.4. Sofern der Mensch von vornherein Mann und Frau ist und in dieser Verschiedenheit die Welt wahrnimmt, erlebt und begreift - wie beeinflußt das Geschlechterverhältnis die Einordnung von Gesellschaft in Natur?

1.3. In welcher Verfassung hätten wir eine Chance, die Herausforderung zu bestehen (Menschenbild, »Subjektivität der Rettung«)?

1.3.1. Ist eine *anthropologische Revolution* angelegt, d.h. im Genotyp der Gattung möglich? Welche Initiativen, Praktiken, Übungen, Initiationen, Lebensformen könnten sie fördern?

1.3.2. Was sind die psychischen, sozialen und politischen Voraussetzungen (auch therapeutischer, das menschliche Potential regenerierender Art)?

1.3.3. (Wie) darf nach Rettung gefragt werden? Gibt es eine *»Logik der Rettung«*, lassen sich Koordinaten und Axiome eines Rettungsweges ausmachen (Präzisierung und Überprüfung der entsprechenden Hypothesen)?

1.3.4. Was wären die Prinzipien einer Rettungspolitik?

1.4. Wie sind Institutionen der Rettung denkbar und möglich?

1.4.1. Wie baut sich Politik (Gemeinwesen, Recht, Staat) neu auf, wenn die Gesellschaftsformation, ja das zivilisatorische Fundament wechselt?

1.4.2. Wege und Schritte einer ökologischen Wende, vor allem unter dem Gesichtspunkt, wie der Konsens dafür zustande kommen kann.

1.4.3. Läßt sich Umbau innerhalb der alten Strukturen so denken, daß er letztlich zu deren Überwindung beiträgt?

1.4.4. Mögliche Initiativen - womit kann beginnen, wer aufbrechen will? Vielfalt und Konvergenz des sozialen Experimentierens mit der eigenen Existenz. Notwendigkeit neuer gemeinschaftlicher Lebensformen. *Selfreliance* und planetares Regelwerk.

1.4.5. Kann die Rechtsordnung allmählich dahin transformiert werden, daß sie die Prinzipien einer neuen, naturverträglichen und sozial gerechten Welt der *Ehrfurcht vor dem Leben* und der Menschenwürde stützt und fördert?

2. Lehrtätigkeit und Förderung des wissenschaftlichen Nachwuchses

In der Lehre soll sich das Institut auf das Studium Generale konzentrieren, wie es dem Themenkatalog entspricht. *Sozialökologie* soll kein eigenes mit Diplom oder dergleichen abzuschließendes Studienfach werden, kann jedoch in die Profilierung bestimmter Studiengänge einbezogen werden; individuelle (Mit-)Betreuung von Seminar- und auch Diplomarbeiten wird möglich sein.

Es wird ständig eine Grundvorlesung angeboten, die sich - unbeschadet der Empfehlung an bestimmte Studienjahre - an Hörer aller Semester, Grade und Fakultäten sowie an die interessierte Öffentlichkeit wendet, deshalb grundsätzlich abends 18 Uhr stattfindet. Bei der Grundvorlesung werden Listen für Interessenten an allgemeinen Vertiefungs- und/oder thematisch spezialisierte(re)n Seminaren ausgelegt, die dann von Lehrkräften des Instituts betreut werden. In diese Grundvorlesungen oder bei anderen Gelegenheiten werden Gäste einbezogen, an deren

Auftritt sich mehr oder weniger ausgedehnte eigene Veranstaltungen für intensiver Interessierte anschließen. Bei auswärtigen Gästen werden das in der Regel Blöcke sein, die sich etwa innerhalb einer Woche abwickeln.

Auf Anforderung der verschiedensten Fachrichtungen können deren Studiengänge durch sozialökologische Lehrveranstaltungen ergänzt werden. Kontakt mit anderen Disziplinen gehört zum Charakter des Institutsanliegens, und er mag sich sowohl auf deren speziellerem als auch auf unserem allgemeineren Boden abspielen. Das Institut wird nicht nur über Veranstaltungen, sondern auch über Positionen, Denkergebnisse und Erfahrungen informieren, wo eine Nachfrage spürbar wird.

Was den wissenschaftlichen Mittelbau, den Nachwuchs und überhaupt die volle Entfaltung betrifft, wird das Institut einige Jahre inneren Aufbaus und konkreterer Profilierung beziehungsweise Realisierung des angestrebten Profils brauchen. Wichtig ist in diesem Zusammenhang

- zunächst die Möglichkeit, Ressourcepersonen von außen heranzuziehen;
- die Ansiedlung von Forschungsstudenten und -Aspiranten am Institut sowie die Betreuung oder zuweilen auch nur Beratung von interessierten Doktoranden aus den verschiedensten Disziplinen und Praxisbereichen unter sozialökologischem Aspekt.

Damit das Institut ein Profil gewinnt, das der *Vielfalt* der Suche nach einer Lösung der ökologischen Krise gerecht wird, sollten neben mich möglichst bald andere Persönlichkeiten, nicht zuletzt Frauen, berufen werden, die ihren Weg zu dem neuen Paradigma ganz unabhängig von mir eingeschlagen haben. Auch müßte systematisch die Möglichkeit vorgesehen werden, turnusmäßig Gäste aus anderen Ländern einzuladen, die für die Dauer eines Semesters oder eines Jahres ihre Sicht der Dinge erarbeiten.

»Die Universität muß in sich gehen« Gedanken und Ambitionen

Ein Gespräch mit Rudolf Bahro*

»Im März erscheint, 12 Jahre verspätet, in der DDR mein Buch DIE ALTERNATIVE. ZUR KRITIK DES REAL EXISTIERENDEN SOZIALISMUS*«. - Mit diesem Hinweis kündigte Rudolf Bahro eine eben abgeschlossene Vorlesungsreihe zum Thema* »Stalinismus *als Gesellschaftsformation?« an. Wir sprachen mit dem Denker über seine weiteren Vorhaben an der Humboldt-Universität.*

HU: Im Januar luden Sie die Angehörigen der Universität zu einer Veranstaltung mit dem Titel »Bewußtseins-Politik gegen die Logik der Selbstausrottung« ein. Was ist nach der Vorlesungsreihe weiterhin von Ihnen zu erwarten?

Dr. Rudolf Bahro: Jene Januarvorlesung kreiste schon um mein Generalthema »Grundlagen ökologischer Politik«. Es ist mit der Spitze der Universität geklärt, daß dafür eine »Zentrum für Sozialökologie« eingerichtet wird. Ich meine eine kleine Gruppe. Sie soll, inhaltlich unabhängig, bei den Soziologen angesiedelt sein. Bestehen soll sie aus Enthusiasten, »Idealisten«.

HU: Sie erachten es als dringend, diesen Ansatz in die Universität hineinzutragen. Warum?

Dr. Rudolf Bahro: Lehre und Forschung arbeiten an der Front des zivilisatorischen Prozesses, und ich wähle den kriegerischen Ausdruck, weil das ganze Kulturprojekt, dem die Universität seit Anfang dient, auf Krieg mit der Natur hinausläuft, auf gattungsegoistische Ausbeutung der Erde, des Lebens, der »unterentwickelten« Menschenmehrheit, des weiblichen Elements. Die Universität muß in sich gehen. Mit Ökologie ist viel mehr gemeint als Umweltschutz, der die Schäden einholen will, welche mit der Grundlast des wissenschaftlich-industriellen Systems gegeben sind. Dieses System ist eine fundamentale Gleichgewichtsstörung

---

* Interview der Zeitschrift HUMBOLDT UNIVERSITÄT, DIE ZEITUNG DER ALMA MATER BEROLINENSIS, Jahrgang 34, 1989/90, Nr. 24/25 und Nr. 26 mit Rudolf Bahro.

zwischen Mensch und Erde. Es arbeitet, offenbar von seinem innersten Antrieb her, eine Logik der Selbstausrottung darin...

HU: ...der Sie eine Logik der Rettung gegenüberstellen.

Dr. Rudolf Bahro: Ich versuch's. Und da ich analytisch zeigen kann, die Selbstmordlogik wurzelt bis in die Art und Weise des »Hirntiers Mensch« zurück, in der Welt zu sein, sich angst-, also sicherheits- und machtorientiert darin zu behaupten, kann auch nur eine Konversion, Transformation in diese Tiefe menschlicher Existenz hineinreichen, wenn wir uns retten wollen. Notwendig ist vieles, auch viel tatsächlich oder auch bloß scheinbar »Konkretes«. Geschieht es aber im Kontext neuester ökotechnokratischer »Problembeherrschung«, bohren wir uns nur noch tiefer in die Katastrophe hinein. Mein Leitwort ist hier Einsteins späte Einsicht: »Nicht die Atombombe ist das Problem, sondern das menschliche Herz.«

HU: Und dies Problem wollen Sie mit dieser kleinen Gruppe angehen, wenn nicht lösen?

Dr. Rudolf Bahro: Es gehört zu den Problemen, die notorisch »bekannt« und eben deshalb - wie Hegel zu sagen pflegte - noch lange nicht erkannt sind. Es geht zunächst genau darum, es erst einmal bekannt, im akademischen Kontext erkennbar zu machen. Wer die Tragödie Einsteins begriffen hätte, würde es nicht wagen, sich mit Gentechnik zu befassen - nur beispielsweise, es ist, besser verhüllt, im Grunde überall dasselbe.

HU: Setzt aber Erkenntnis nicht Vernunft voraus?

Dr. Rudolf Bahro: Hegel unterschied zwischen Verstand und Vernunft: Wir denken meist Verstand, wenn wir Vernunft sagen. Der Verstand allein enthüllt uns bloß die »Klosettlogik«: Man zieht und es rauscht.

HU: Sie rechnen für Ihr Projekt auf Gegenliebe?

Dr. Rudolf Bahro: In der Tat! Die kleine Gruppe ist ausschlaggebend - und andererseits ganz unwichtig. Sollte es nicht in *jeder* Fachrichtung ahnungsvolle Engel geben, die es im Grunde schon wissen und dieses Wissen reflektieren, ja danach arbeiten und leben wollen? Sollte es irgendeinen Wissenschaftler, gar irgendeine Wissenschaftlerin an dieser Universität geben, der oder die nichts ahnt? Biologie zu treiben ist mindestens so verantwortlich wie SED-Mitglied gewesen zu sein.

Diese Gruppe soll eigentlich die »leere Mitte« sein, um die herum sich eine interdisziplinäre scientific community neuen Typs einwohnt. Wir unsererseits lenken den Gedanken von der Oberfläche der Zerstörungssymptome, die uns allen mißfallen, auf die tieferen Ursachen in Industrie, Technologie etc., in den Kapitalverhältnissen, in der Tiefenpsychologie der Welteroberung, in dem männlichen Expansionismus des

Menschengeistes, wie er gegenwärtig vorherrscht - bis wir zur Erfahrung, zum Erleben der Gewaltquellen im Existenzgrund angestoßen haben. Und die Fachmänner und -frauen durchdringen aus dieser Perspektive ihre eigene Identität neu und damit die Problematik der Lehre und Forschung an ihren Instituten.

Wenn sie dann wieder bei den Symptomen an der Oberfläche ankommen, werden sich weniger naive Strategien empfehlen. Symptomkur *ist* naiv, will ich sagen. Wer Moore retten will, nur um ein Beispiel zu nennen, mag vielleicht erkennen, daß er hauptsächlich den Fleisch-»Bedarf« auf menschliches Maß zurückführen müßte. Da sind die Praxisverbindungen lehrreich, die »außerwissenschaftlichen« Widerstände! Wer einer LPG geistig und praktisch hülfe, sich auf ökologischen Landbau umzustellen!

HU: Auch so etwas gehört zu Ihrem Projekt?

Dr. Rudolf Bahro: Als Richtung, nicht um kurzschlüssig *falsch* »konkret« zu werden. Eigentlich geht es mir darum, die Kräfte einer großen Universität darauf abzutasten, ob sie nicht gut für den Gesamtentwurf eines kulturellen Neuanfangs, für eine andere gesellschaftliche Praxis als ganze wäre. Genauer gesagt, habe ich natürlich nicht die Illusion, »Mehrheiten mobilisieren« zu können. Aber das wäre auch ein unsinniger Ansatz. Eine Minderheit, die freundlich den Kontakt zu den anderen wahrt, ist mehr, nicht weniger. Im einzelnen werden dann vielerlei Impulse an die Praxis gehen. Und es werden andere Gruppen ähnliches versuchen. Ergänzung wird wichtig sein. »Wie der Zwist der Liebenden sind die Dissonanzen der Welt. Versöhnung ist mitten im Streit, und alles Getrennte findet sich wieder« - hat Hölderlins HYPERION gehofft.

HU: Paßt das aber wirklich hinein in die Universität, wie sie ist?

Dr. Rudolf Bahro: Die Uni ändert sich, indem sich Menschen ändern oder auch nur andere Seiten hervorkehren. Ich setze auf junge Leute, die Idealismus haben, z. B. einmal an den Sozialismus geglaubt und dann etwas gegen die Konterrevolution an der Macht, die das ja in Wirklichkeit war, riskiert haben. Und in der Mitte des Lebens geschieht, falls man nicht eigentlich schon gestorben ist, eine Befreiung, eine Art zweite Geburt, die Carl Gustav Jung »Individuation« genannt hat. Das ist eine andere Ressource. Nicht zuletzt wünsche ich mir für die kleine Gruppe wie für das ganze Netz Parität zwischen Männern und Frauen - schwer, weil die Universität eine Struktur, patriarchal bis auf die Knochen, ist.

HU: Sie sind Feminist?

Dr. Rudolf Bahro: Ich mag auch dies als »Ismus« nicht. Aber Ökologie ist grundlegend auf die weibliche Weise - zu erkennen, zu fühlen, zu sein - angewiesen, auch in uns Männern. Wissenschaft und Technik sind expansiv, sind auf der Flucht vor Kind und Kegel, vor dem Haushalt, vor dem elementaren Bedürfnissen nach Wärme, Liebe, Lebens-Wahrheit. Mir auch hat eine Frau erst zeigen müssen, daß ich politisch zu handeln und zu denken pflege nach derselben Methodik - wie ein Tierexperimentator. Übrigens hat Plato, als er systematisch etwas über die Liebe wissen wollte, Diotima aus Mantinea zum Gastmahl, zum Symposium geladen, ausbeuterisch noch, für den männlichen Kreis - und doch ist das ein Hinweis.

HU: Was bedeutet Ihnen Kunst? Hat auch sie eine Funktion?

DR. Rudolf Bahro: Wenn die Wissenschaft dazu da ist, daß wir uns der Welt anpassen, um sie nutzen zu können, so ist Kunst der Versuch, die Welt uns anzupassen - so Christopher Caudwell. Und ein französischer Schriftsteller sagte, Kunst schildere die Welt, wie sie wäre, wenn die Freiheit sie ergriffen hätte. Wir neigen dazu, das »Gefängnis Zivilisation« so hinzunehmen, wie es ist, wir können nichts dagegen tun. Kunst birgt die Möglichkeit, die Erneuerung des Lebens zu »produzieren«.

Der Mensch braucht Liebe, Arbeit, Anerkennung. Wenn nicht so viel Gier in uns wäre! Wir merken erst zuletzt, daß die Gleichgewichte zurückschlagen und das Jahr der Stürme kommt.

HU: Wie schätzen Sie die Rezeptivität der DDR-Bevölkerung ein?

Dr. Rudolf Bahro: Die Situation in der DDR ist derzeit günstig. Die Bereitschaft, etwas aufzunehmen, ist groß. Die Menschen hatten bestimmte Strukturen, Institutionen im Kopf - jetzt ist dort eine tabula rasa.

Geistig hat der Kapitalismus keine Durchschlagskraft mehr. Man ist auf neues Finden angewiesen.

HU: Wie stellen Sie sich den »Ort«, dieses künftige Land vor?

Dr. Rudolf Bahro: Die DDR könnte die Idee des »Grünen Tisches« einbringen. Es besteht nur die Frage, woraufhin sich dieser »Grüne Tisch« bildet; man darf nicht nur den Katastrophen hinterherlaufen. Ich stelle mir eine Art Oberhaus - als Abschluß der politischen Sphäre - vor, in dem Menschen wie ein Richard von Weizsäcker und eine Christa Wolf machtvoll zusammensitzen würden. Es muß einen Geisterbund überparteilicher Art geben. In einer Politkonkurrenz können Vaterland und Mutter Erde nur verspielt werden. Eine Konkurrenz (von Parteien) schreibt nur den Selbstlauf in eine Katastrophe fort.

Wir müssen uns auch dem Thema stellen (und uns nicht kurzschlüssig in was Anderes hineinflüchten): Was war notwendig an dem, was geschah, auch wenn es (die DDR - die Red.) gescheitert ist?

HU: Da wäre sicher auch eine Art »Grüner Tisch« für die Humboldt-Universität denkbar...

Dr. Rudolf Bahro: Der »dritten Art« gewissermaßen. Wenn sich die Spitzen einfänden, zumindest bei manchen Gelegenheiten... Aber es muß informell bleiben. In meinem Verständnis ist sanfte Gewalt der Vernunft und des Gefühls das äußerste Druckmittel, wo es um Neues geht - den Terror machen die Katastrophen ohnehin. Ich möchte wirklich »Akademie« im alten Sinne, Symposion, d. h. auch einen Lebenszusammenhang, Augenblicke von Gemeinschaft. Die Universität ist eine bürokratische Institution, und die Räume sind danach. Dennoch will ich wissen, ob sie Raum gibt für eine menschliche Erneuerung, für Arbeit auch am lebendigen Organ aller Erkenntnis. Biophile Wissenschaft ist nur mit offenem Herzen möglich, also gehört dazu, was Herzen öffnet, was Neurosen heilt, was Freude fördert. Ich bitte um Hilfe für diesen Versuch.

Mit Dr. Rudolf Bahro sprach Heike Zappe.

Zur Konzeption des Angebots im Wintersemester

Die Symptome der Realapokalypse, die von der wissenschaftlich-industriellen Massenproduktion ausgeht, werden immer offensichtlicher. Aber warum zerstört der Mensch die Erde, das Leben, sich selbst? Warum kommt bei aller »umweltschützerischen« Anstrengung und politischen Geschäftigkeit nur heraus, daß wir uns nächstes Jahr dichter am Abgrund finden als dieses Jahr?

Offenbar ist ökologische Krise als »Umweltkrise« und von ihren Erscheinungen und unmittelbar verursachten Faktoren her gar nicht zu begreifen. These dieser Vorlesungsreihe ist, es liegt ihr eine »Inweltkrise« zugrunde. Der »Schrecken der Geschichte« geht auf eine gattungstypische Psychodynamik zurück.

Falls es so ist, kann Umweltpolitik und Politik überhaupt, kann auch Umweltforschung nicht treffen, es sei denn vermittelt über eine umfassende gesellschaftliche Umgestaltung, die ihrerseits von einer Bewußtseinsrevolution abhängt. Welchen Charakter - von dem bisher erwarteten wohl sehr verschiedenen - diese Transformation haben könnte, soll sich im Verlauf der Vorlesungen ahnungsweise herausschälen. Sie zielen im Kern darauf, die Art dieser Neueinstimmung auf das Leben, die Arbeit, die Wissenschaft anzudenken.

Der letztgenannte Punkt, die Rolle der Wissenschaft, berührt natürlich aufs Tiefste das Selbstverständnis jedes Lehrers, Forschers, Studenten an einer Universität, jedes wissenschaftlich Gebildeten überhaupt. Deshalb ist es eine glückliche Fügung, daß parallel zu dieser Montagsvorlesung eine zweite - jeweils Dienstag und mit zugehörigem Seminar - zustande kommt, die der Frage »*Wozu Wissenschaft*?« gewidmet ist.

Es geht dabei um das Lebenswerk Kurt Hübners, der em. Ordinarius für Philosophie in Kiel ist, um seine Wissenschaftsphilosophie. Hübners KRITIK DER WISSENSCHAFTLICHEN VERNUNFT, gefolgt von einem Buch über DIE WAHRHEIT DES MYTHOS, zeigt, daß auch die Wissenschaft - ungeachtet aller Leistung und Gültigkeit in ihren Grenzen - nicht absolut begründbar, nicht der einzige Zugang zur Wahrheit ist. Diese zweite Vorlesung hält auf wärmste Empfehlung Hübners sein Schüler, der Ingenieur, Physiker und Philosoph Wolfgang Deppert.

Der Aufbau der Hauptvorlesung ist folgendermaßen gedacht:

a) Es soll jede Vorlesung einigermaßen in sich abgeschlossen und für sich selbst verständlich sein, so daß auch wechselnde Teilnehmer von außen eine Chance haben.

b) Die ganze Reihe soll eine Idee und ein Herangehen verdeutlichen. Sie geht auf eine Orientierung in der Wirklichkeit aus, nicht so sehr auf die Bereitstellung von Werkzeugen zu ihrer Manipulation und auf Sätze 1. bis 10., die man »schwarz auf weiß nach Hause tragen« kann.

c) Die Systematik ist eine der Einkreisungen des Problems.

Die ersten beiden und die letzten beiden Vorlesungen bilden den Rahmen. Zuerst geht es von außen nach innen, von den Symptomen zum Wesen der ökologischen Krise. In der dritten Vorlesung wird gerade der Nationalökonom Binswanger deutlich machen, wohin es führen muß, wenn weiterhin das Machtspiel um Geld die Welt regiert, der tote den lebendigen Geist ersetzt und beherrscht. (Goethe und andere Geister der Vergangenheit tauchen nicht zwecks historisierender Darstellung, sondern mit aktuell »heißen« Stellen auf.)

Die folgenden acht Vorlesungen (29. 10. - 17.12.) verstehen sich als kreisförmig angeordnet. Obwohl die Reihenfolge nicht zufällig ist, könnte sie variiert werden. Jedoch ist hier das Ordnungsprinzip die Annäherung an den Kreismittelpunkt der verschiedenen Radien. Dieser Mittelpunkt ist die Frage nach der Natur und Stellung des Menschen im allgemeinen und als Erkenntniswesen im besonderen.

Ausdrücklich bildet diese Frage nachher in den letzten beiden Vorlesungen den Abschluß, nachdem in der drittletzten der Soziologe Christian Sigrist die Brücke von der anthropologischen bzw. psychologischen zur sozialwissenschaftlichen Perspektive schlägt.

Der anschließende Kurs im Sommersemester soll über diese Brücke gehen, nämlich den Zusammenhang von Selbstveränderung und Politik in der ökologischen Krise verfolgen. Der Kurs im Wintersemester besteht eben zuvor darauf, im Menschen und seinem Weltverhältnis die Grundlage der Grundlagen ökologischer Politik und jeglicher institutionellen Veränderung aufzuklären.

Ein Bindeglied zwischen den beiden Semestern stellen auch die beiden Ganztagsseminare mit Johan Galtung und Richard Falk dar, die die Vorlesung ergänzen und außerordentlich interessant sein werden.

Mit der Vorlesung korrespondiert ein Erfahrungswochenende, das Körperübungen (Tai Chi Chuan) mit Spruchweisheit kombiniert (gemeinsam mit dem Brecht-Zentrum organisiert).

Bei dem »Enlightenment Intensive«, einer strengen spirituellen Übung, steht im Mittelpunkt das Zen-Koan »Wer bin ich?«

Begleitendes Seminarangebot zur Hauptvorlesung

1. *Rudolf Bahro*: Studium und Diskussion von eigenen (LOGIK DER RETTUNG) und anderen Texten zum Thema Geist und ökologische Krise.

2. *Christine Eifler*: »Ist die Zukunft weiblich?« Feminismus und Ökologie oder über den Zusammenhang zwischen dem Geschlechterverhältnis und der Krise der Gattung Mensch. Christine Eifler hat sich an der Humboldt-Universität 1989 habilitiert zum Gesellschaftsverhältnis radikaler Feministinnen. Das Seminar soll sich der aktuellen Problematik nähern von den Grundfragen nach Natur, Wesen und Geschichte des Geschlechterverhältnisses und der geschlechtlichen Arbeitsteilung her, so nach den Wurzeln des Patriarchats und nach den Möglichkeiten seiner Überwindung fragen.

3. *Maik Hosang*: »Der Mensch in den Evolutionsniveaus der Selbstorganisation.« Das Thema stand im Mittelpunkt seiner Promotion an der Humboldt-Universität 1990. Die Idee der Selbstorganisation (»*Autopoiese*«) wirkt von ursprünglich in Physik und Biologie entwickelten Konzepten her in die Sozialwissenschaft hinein, aber dabei wird das Subjekt der Geschichte, wird der Mensch im Strukturgefüge aufgelöst. Welche anthropologischen, ethnologischen und psychologischen Erkenntnisse weisen eigentlich auf die Möglichkeit autonomer persönlicher und gesellschaftlicher Eingriffe, auf einen Spielraum menschlicher Freiheit und Verantwortungsfähigkeit hin? Davon hängt ab, ob wir uns der ökosozialen Krise überhaupt aktiv stellen können.

4. *Thomas Thiele* bietet ein Seminar zur Orientierung am Vorlesungsstoff insbesondere für Studenten der ersten Semester an. Er promovierte 1990 mit einer Arbeit über die Chancen für Eigeninitiative und Selbstbestimmung der Studenten im Ausbildungsprozeß.

Liste der ausgelegten Informationen

1) Informationen zu den Lehrveranstaltungen.
Übersicht zur Vorlesung und zu den übrigen Veranstaltungen.
Informationen zu einzelnen Veranstaltungen.
Plakate und Flugzettel (um deren Verbreitung die TeilnehmerInnen gebeten sind, die sich so engagieren wollen).

2) Informationen zum Thema »Institut für Sozialökologie«.
Konzeption des »Instituts für Sozialökologie«.
Agrar-Kultur-Preis der Schweisfurth-Stiftung.

3) Texte zur Einführung und Begleitung.
Eugene P. Odom: Über das Verhältnis von Ökologie und Gesellschaft (»Der Aufbruch der Ökologie zu einer neuen integrierten Disziplin« aus 1977 und »Für eine angewandte Humanökologie« [»Ökologie des Menschen«]).
2 Hypothesen: James Lovelook über *Gaia* (Erde als lebender Organismus) und Med Thring über Sinn und Ziel des Universums (englisch).
Günter Altner: »Ökologisch orientierte Wissenschaft - was ist das?« Der Heidelberger Biologe und Theologe über die Gegenstandsfrage. Mit Akzent auf Giordano Bruno.
Simone Weil: Einige Sentenzen, die Gegenstand des 1. Bahro-Seminars sein sollen.
Jochen Uebel: Zusammenfassung von Bahros »Logik der Rettung«, relativ ausführlich, guter Überblick.
Rudolf Bahro: »Kommune wagen« - Thesen zur kommunitären Perspektive.
Rudolf Bahro: »Ökologische Alternative für die DDR?« Aus »Nichts wird mehr so sein, wie es war«, einem Reclam/Luchterhand-Bändchen von Anfang 1990.
Bahro-Thesen in Englisch.
Fichte betreffend, zur 4. Vorlesung, das entsprechende Kapitel aus Wilhelm Weischedel »34 große Philosophen«.
Johan Galtung: »Occidental Cosmology, Development and Developmentalism«.
Friedrich Heer: Aus seinem vergriffenen Buch »Das Wagnis der schöpferischen Vernunft« das Kapitel 3 »Vom Wahnsinn der reinen Vernunft und der reinen Wissenschaft«.
Lernwerkstatt Niederstadtfeld: Darstellung der Gruppe uns ihres Anliegens.
Krieg gegen den Islam? Stellungnahmen von Johan Galtung, Roger Garaùdy und Alfred Mechtersheimer.
Maurice Ash: »Meanings of Environment. The hidden environmental agenda...« (englisch).

Eine (zum Teil kommentierte) Literaturliste

Die Literaturliste lenkt die Aufmerksamkeit auf Schriften, die die elementarsten Themen und Bereiche der menschlichen Existenz direkt oder indirekt in Zusammenhang mit der ökologischen Krise bringen. Und sie orientiert auf den Dialog der Zivilisationen von ihren - je nach Bezeichnungswunsch - religiösen, tiefenpsychischen, psychohistorischen Grundlagen her; nur so konnte der alphabetische Zufall das Werk eines Abd al-Qadir as-Sufi an die erste Stelle bringen.

Abd al-Qadir as-Sufi
Der Pfad der Liebe (The Way of Muhammad). Wesen und meditative Praxis der sufischen Mystik - eine Einführung in die »innere Lehre« des Islam, O.W.Barth Verlag 1982.

Bahro, Rudolf
Die Alternative. Zur Kritik des real existierenden Sozialismus, Köln 1977, Neuausgabe Berlin 1990.

Bahro, Rudolf
Logik der Rettung. Wer kann die Apokalypse aufhalten? Ein Versuch über die Grundlagen ökologischer Politik, Stuttgart 1989, Studienausgabe Berlin 1990.

Binswanger, Frisch, Nutzinger, Schefold, Scherhorn, Simonis, Strümpel, Teichert
Arbeit ohne Umweltzerstörung. Strategien für eine neue Wirtschaftspolitik. Eine Publikation »des Bundes für Umwelt- und Naturschutz Deutschland«, Frankfurt 1988.

Binswanger, Geissberger, Ginsburg (Hrsg.)
Wege aus der Wohlstandsfalle. Der NAWU-Report: Strategien gegen Arbeitslosigkeit und Umweltzerstörung, Frankfurt 1979.

Binswanger, Hans Christoph
Geld und Magie. Deutung und Kritik der modernen Wirtschaft anhand von Goethes Faust, Stuttgart 1985.

Bookchin, Murray
Die Ökologie der Freiheit, Basel 1985

Carrington, Patricia
Das große Buch der Meditation, München 1989
Eine Übersicht, die von empirischen Forschungen aus psychotherapeutischer Perspektive ausgeht; die Autorin ist an der Princeton University, New Jersey, USA, tätig.

Daumal, René
Der Analog. Ein nichteuklidischer, im symbolischen Verstand authentischer alpinistischer Abenteuerroman, Frankfurt 1983.
Der Titel meint einen Berg, der ein Weg ist, welcher Himmel und Erde verbindet; und es muß außen und in uns diesen Weg geben, wenn anders unsere Lage nicht hoffnungslos sein soll.

Deppert, Wolfgang
Zeit. Die Begründung des Zeitbegriffs, seine notwendige Spaltung und der ganzheitliche Charakter seiner Teile, Stuttgart 1989.
Der nahe und der ferne Gott
Nichttheologische Texte zur Gottesfrage im 20. Jahrhundert. Ein Lesebuch. Eingeleitet von Leszek Kolakowski, Berlin 1981.
Dürckheim, Karlfried Graf
Meditieren, wozu und wie? Freiburg 1977.
Ebersberger, Ludwig
Der Mensch und seine Zukunft. Natur und Humanwissenschaften nähern sich dem Weltverständnis von Teilhard de Chardin, Freiburg 1990.
Ehrlich, Paul und Anne
Der lautlose Tod der Pflanzen und Tiere. Was tun wir und was können wir tun (*gegen die Artenausrottung durch die Zivilisation*), Frankfurt o.J.
Vom BUND empfohlen.
Eliade, Mircea
Yoga. Unsterblichkeit und Freiheit, Frankfurt 1977.
Der Autor ist der überblickreichste Religions- und Mythenforscher der Gegenwart.
Eliade, Mircea
Kosmos und Geschichte. Der Mythos der ewigen Wiederkehr, Frankfurt 1984.
Enomiya-Lassalle, Hugo M.
Zen-Meditation für Christen, O.W.Barth-Verlag 1978.
Falk, Richard
The End of World Order. Essays on Normative International Relations, London 1983.
Fetscher, Iring
Überlebensbedingungen der Menschheit. Zur Dialektik des Fortschritts, München 1980.
Feyerabend, Paul
Irrwege der Vernunft, Frankfurt 1989.
Da die Wissenschaft quasi die Stelle der Religion einnimmt, will er Staat und Wissenschaft trennen, wie Staat und Kirche getrennt sind. Er spielt bewußt die Rolle des enfant terrible, »dem es gelang, sich in die akademischen Hallen einzuschleichen« - ein radikaler Kritiker des Anspruchs, man hätte dort ein Monopol auf Wahrheitsproduktion.
Fichte, Johann Gottlieb
Über den Gelehrten, Berlin 1956.
Fromm, Erich
Haben oder Sein. Die seelischen Grundlagen einer neuen Gesellschaft, München 1979.
Fromm, Erich
Vom Haben zum Sein: Wege und Irrwege der Selbsterfahrung, Basel 1989.
Galtung, Johan
Occidental Cosmology, Development and Developmentalism. A Prologomenon to Development studies, Manuskript.

Galtung, Johan
Self-Reliance. Beiträge zu einer alternativen Entwicklungsstrategie, München 1983.
Galtung, Johan
Struktur, Kultur und intellektueller Stil. Ein vergleichender Essay über sachsonische, teutonische, gallische und nipponische Wissenschaft. Zentrale Universitätsdruckerei der FU Berlin, 1983.
Galtung, Johan
Hitlerismus, Stalinismus, Reaganismus. Drei Varianten zu einem Thema von Orwell, Baden-Baden 1987.
Garaúdy, Roger
Aufruf an die Lebenden, Darmstadt und Neuwied 1981.
Garaúdy, Roger
Gott ist tot. Eine Studie über Hegel, Berlin 1965.
Gebser, Jean
Ursprung und Gegenwart, München 1988.
Geyer, Hans F.
Physiologie der Kultur, Frankfurt 1985.
Gilt der Neu- und Wiederentdeckung des menschlichen Körpers für die Philosophie. Es »müßte der Körper das erste sein, das dem Menschen bei seiner technischen und religiösen Emanzipation von der tierischen Existenz vor Augen steht...«
Giegerich, Wolfgang
Psychoanalyse der Atombombe. 1. Bd: Die Atombombe als seelische Wirklichkeit. Versuch über den Geist des christlichen Abendlandes, Zürich 1988, 2. Bd: Drachenkampf oder Initiation ins Nuklearzeitalter, Zürich 1989.
Govinda, Anagarika
Buddhistische Reflexionen. Wege der Befreiung ohne Verleugnung der eigenen Wurzel. Die Bedeutung von Lehre und Methoden des Buddhismus für westliche Menschen, O.W.Barth-Verlag 1986.
Griffiths, Bede
Die Hochzeit von Ost und West. Hoffnung für die Menschheit, Salzburg 1983.
Der englische Benediktiner, der 25 Jahre in Indien lebte, über die Begegnung von hinduistischer (Upanishaden) und biblischer Glaubenserfahrung: wedische, jüdische und christliche Offenbarung.
Gruen, Arno
Der Wahnsinn der Normalität. Realismus als Krankheit - eine grundlegende Theorie zur menschlichen Destruktivität, München 1989.
Heer, Friedrich
Gottes erste Liebe. 2000 Jahre Judentum und Christentum, München 1967.
Heer, Friedrich
Das Wagnis der schöpferischen Vernunft, Stuttgart 1977.
Heidegger, Martin
Vorträge und Aufsätze, Pfullingen 1954.
Diese Sammlung gibt einen guten Ein- und Überblick zu Heideggers Grundposition, bietet also Zugang zu dem ausgedehnten Gesamtwerk des Denkers.

Heise, Wolfgang
Hölderlin - Schönheit und Geschichte, Weimar 1988.
Hempel, Hans-Peter
Heidegger und Zen, Frankfurt 1987.
Henderson, Hazel
Das Ende der Ökonomie - Die ersten Tage des nachindustriellen Zeitalters, Goldmann-Verlag 1987.
Herbig, Jost
Die Gen-Ingenieure. Durch Revolutionierung der Natur zum Neuen Menschen? München, Wien 1987.
Herz, Heinz
Morgenland - Abendland. Fragmente zu einer Kritik »abendländischer« Geschichtsbetrachtung, Leipzig 1963.
Holl, Adolf
Der letzte Christ. Franz von Assisi, Berlin, Wien 1982.
Hormann, John und **Harman**, Willis
Future work. Trends für das Leben von morgen, Bonn 1990.
Hübner, Kurt
Kritik der wissenschaftlichen Vernunft, Freiburg und München 1978.
Hübner, Kurt
Die Wahrheit des Mythos, München 1985.
Hunke, Sigrid
Europas eigene Religion. Der Glaube der Ketzer, Bergisch Gladbach 1983.
Hunke, Sigrid
Allahs Sonne über dem Abendland. Unser arabisches Erbe, Frankfurt 1990.
Illich, Ivan
Genus. Zu einer historischen Kritik der Gleichheit, Reinbek 1983.
Illich, Ivan
Selbstbegrenzung. Eine politische Kritik der Technik, Reinbek 1978.
Jaynes, Julian
Der Ursprung des Bewußtseins durch den Zusammenbruch der bikameralen Psyche, Reinbek 1988.
Hier steht der Zusammenhang zwischen den biologischen Grundlagen und der sozialen Dramatik der menschlichen Kommunikation im Mittelpunkt, die »objektive Schwierigkeit« des Menschen, seine Geschichte mit Bewußtheit zu machen.
Jünger, Friedrich Georg
Über die Perfektion der Technik, Frankfurt/M 1946.
»Der Mensch meistert die mechanische Gesetzlichkeit nicht mehr, die er selbst in Gang gebracht hat. Diese Gesetzlichkeit meistert ihn.« Jünger sieht die Rationalität in den Dienst des Raubbaus und der Substanzvernichtung getreten.
Kahle, Henning
Evolution - Irrweg moderner Naturwissenschaft? 1980 bei Moderner Buch Service, Klaus Peter von Notbek, Postfach 110707, W-4800 Bielefeld 11, 3.Aufl. 1984.
Eine Kritik der neodarwinistischen Selbstverständlichkeiten.

Kaltenmark, Max
Lao-tzu (Laotse) und der Taoismus, Frankfurt/M 1981.
Keidel, Wolf D.
Biokybernetik des Menschen, Darmstadt 1989.
Kirchhoff, Jochen
Hitler, Nietzsche und die Deutschen. Die Perversion des Neuen Zeitalters. Vom unerlösten Schatten des Dritten Reiches, Berlin 1990.
Kirchhoff, Jochen
Schelling, Reinbek 1982.
Laotse
Tao te King. Das Buch vom Sinn und Leben, übersetzt und kommentiert von Richard **Wilhelm**, Düsseldorf und Köln 1979.
Laudse (Laotse)
Daudedsching. Übersetzt, eingeleitet und kommentiert von Ernst **Schwarz**, Leipzig 1970, mehrere Auflagen, die 6. 1990 und München 1988.
Makowski, Stefan
Logik der Seele. Unveröffentlichtes Manuskript.
Moir, Anne und **Jessel**, David
Brainsex - Der wahre Unterschied zwischen Mann und Frau, Düsseldorf 1990.
Mumford, Lewis
Der vor kurzem verstorbene große alte Mann einer radikalen Kritik an der zivilisatorischen Megamaschine bietet, selbst in kein Schubkästchen passend, m.E. den besten Zugang für Marxisten.
Hoffnung oder Barbarei. Die Verwandlungen des Menschen, Frankfurt/M 1981.
Mumford, Lewis
Mythos der Maschine - Kultur, Technik und Macht, Frankfurt/M 1986.
Neumann, Erich
Ursprungsgeschichte des Bewußtseins, Frankfurt/M 1984.
Odum, Eugene P.
Grundlagen der Ökologie, Stuttgart und New York 1980.
Gilt als das Standardwerk zum Thema, war jedenfalls der erste umfassende Umriß.
Ökologie und Ethik
Eine Aufsatzsammlung, Stuttgart 1980.
Padrutt, Hanspeter
Der epochale Winter. Zeitgemäße Betrachtungen, Zürich 1990.
Der Titel knüpft an Schuberts/Müllers »Winterreise«-Lieder an, das Buch ist wesentlich mit davon inspiriert. Es deckt daseinsanalytisch (Heidegger-Einfluß in die Psychotherapie hinein) die Inkonsequenz, oft Haltlosigkeit der gängigen Ökologievorstellungen auf.
Rajneesh, Bhagwan Shree
Intelligenz des Herzens, Berlin 1979.
Rinser, Luise
Mirjam, Frankfurt 1983.
Erzählt die Geschichte der Maria Magdalena mit Jesus und Judas.

Scherer, Vilmar (Projektgruppe)
Ein alternatives Sozialismuskonzept: Perspektiven des Ökosozialismus, Typoskript des FB Politikwissenschaft der FU Berlin 1984.
Ist insbesondere ein materialreiche Übersicht über Zugänge, einschließlich kommunitärer.

Schirmacher, Wolfgang
Technik und Gelassenheit. Zeitkritik nach Heidegger, München 1983.

Schubart, Walter
Eros und Religion, München 1978.

Schumacher, E.F.
Die Rückkehr zum menschlichen Maß. Alternativen für Wirtschaft und Technik, Reinbek 1977.

Schuon, Frithjof
Das Ewige im Vergänglichen. Von der einen Wahrheit in den großen Religionen und alten Kulturen, O.W.Barth-Verlag 1985.

Sigrist, Christian
Regulierte Anarchie, Freiburg 1967, 1969.

Solov'ev (Solowjow), Vladimir
Der Sinn der Liebe, Hamburg 1985.
Einer der tiefsten Denker Rußlands und der slawischen Völker überhaupt.

Stone, Christopher D.
Umwelt vor Gericht. Die Eigenrechte der Natur. Einführung von Klaus **Bosselmann**: Vom Umweltrecht zum ökologischen Recht, München 1987.

Thompson, William Irwin
Der Fall in die Zeit. Mythologie, Sexualität und der Ursprung der Kultur, Stuttgart 1985.

Vietta, Silvio
Heideggers Kritik am Nationalsozialismus und an der Technik, Tübingen 1989.

Wassermann, Jakob
Das Gold von Caxamalca, Stuttgart.

Weil, Simone
Aufmerksamkeit für das Alltägliche, München 1987.
Aufzeichnungen einer modernen Heiligen, einer gelebten Synthese von Politik und Mystik, Solidarität und Selbstbestimmung aus der »Verpflichtung, auf universale Weise zu lieben«.

Weil, Simone
Schwerkraft und Gnade, München, Zürich 1989.
Die Sentenzensammlung, mit der die Lehrerin, Fabrikarbeiterin, Republikanerin im Spanischen Bürgerkrieg postum als eine der bedeutendsten Denkerinnen des 20. Jahrhunderts aufleuchtete.

Weischedel, Wilhelm
34 große Philosophen in Alltag und Denken. Die philosophische Hintertreppe, München 1966.

Weizsäcker, Ernst Ulrich von
Erdpolitik. Ökologische Realpolitik an der Schwelle zum Jahrhundert der Umwelt, Darmstadt 1989.

Werfel, Franz
Stern der Ungeborenen. Ein Reiseroman, Evangelische Verlagsanstalt Berlin 1989.
Sein letztes Werk, ein bis heute beispielloses Stück Zukunftsliteratur.

Wilber, Ken
Halbzeit der Evolution. Der Mensch auf dem Weg zum kosmischen Bewußtsein. Eine interdisziplinäre Darstellung der Entwicklung des menschlichen Geistes, Bern, München, Wien 1984.

Wilber, Ken, **Engler**, Jack, **Brown**, Daniel P.
Psychologie der Befreiung. Perspektiven einer neuen Entwicklungspsychologie - die östliche und die westliche Sicht des menschlichen Reifungsprozesses, O.W.Barth-Verlag 1988.

Gast-Autorinnen und -Autoren

Hans Christoph Binswanger, Prof. Dr., geb. 1929 in Zürich, seit 1968 Professor für Volkswirtschaftslehre, Leitung und Mitarbeit einer mehrjährigen Forschungsarbeit der NAWU-Gruppe, Leitung der Forschungsgemeinschaft für Nationalökonomie an der Hochschule St. Gallen (Schweiz).

Johan Galtung, Prof. Dr., geb. 1930 in Oslo, Gründer und Direktor des International Peace Research Institute Oslo (1965), erster Ordinarius (der Welt) für Friedensforschung an der Universität Oslo (1969 - 1977), Generaldirektor des Inter-University Centre, Dubrovnik (1973 - 1977), Project Co-ordinator der United Nations University, Geneva (1977 - 1981), Ratsmitglied im Max Planck Institut, der Hessischen Stiftung für Konflikt- und Friedensforschung, im Third World Forum in Mexico..., zahlreiche Gastprofessuren, Konsulentenaufträge für UNESCO, UNCTAD, WHO, UNDP, UNU, OECD und den Europarat.

Uwe Haake, geb. 1958 in Wippra (Bezirk Halle), Diplom-Philosoph, bis Ende 1990 Offizier der Nationalen Volksarmee (zuletzt »Vorläufiger Hauptmann der Bundeswehr«).

Hans-Peter Hempel, geb. 1934 in Berlin, Lehrbeauftragter für Politikwissenschaft an der TU Berlin, Dozent für Philosophie, Psychologie und Literaturwissenschaft an der Lessing-Hochschule Berlin, Yoga-Lehrer.

Gabriele Hoffmann, geb. 1963 in Berlin-Hohenschönhausen, Diplom-Physikerin, beschäftigt im Umweltschutz.

Maik Hosang, Dr. phil., geb. 1961 in Bautzen, Mitarbeiter des Instituts für Sozialökologie an der Humboldt-Universität zu Berlin.

Kurt Hübner, Prof. Dr., geb. 1921 in Prag, Professor am Philosophischen Seminar der Universität Kiel, Hauptarbeitsgebiete: Wissenschaftstheorie, Philosophie der Geschichte, des Mythos, der Religion und der Politik.

Jochen Kirchhoff, geb. 1944 in Torgau/Elbe, lebt als Philosoph und Schriftsteller in Berlin.

Marina Lehnert, geb. 1952 in Augsburg, ab 1960 in der DDR lebend, Ingenieur-Ökonomin, Mitarbeiterin des Instituts für Sozialökologie an der Humboldt-Universität zu Berlin.

Marina Lewkowicz, Prof. Dr., Professorin für Soziologie an der Kath. Fachhochschule für Sozialwesen Saarbrücken/Berlin.

Asja Luderfinger, geb. 1964 in Berlin-Prenzlauer Berg, Studentin der Kulturwissenschaft.

Andrea Nawka, Dr. med., geb. 1957 in Berlin, Ärztin, wiss. Mitarbeiterin am Institut für Allgemeine und Kommunale Hygiene der Charité.

Peter Rumpf, geb. 1963 in Zwickau, Biologiestudent.

Christian Sigrist, Prof. Dr., geb. 1935 in St. Blasien, Soziologe und Anthropologe, Professor für Soziologie an der Universität Münster, Arbeitsgebiete: Entwicklungssoziologie, Agrarsoziologie, Politische Anthropologie, Gesellschaftstheorie; Feldforschungen in Afghanistan, Guineá-Bissau, Kapverdische Inseln.

Thomas Thiele, Dr., geb. 1954 in Magdeburg, Psychologe.

Karin Wolf, geb. 1942 in Berlin, Regisseurin/Dramaturgin, seit 1981 wiss. Mitarbeiterin der Akademie der Künste der DDR (jetzt zu Berlin).

Nachwort

I.

Das Buch basiert auf Rudolf Bahros erster Vorlesungsreihe an der Berliner Humboldt-Universität sowie der inner- und außeruniversitären Entstehungsgeschichte des »Instituts für Sozialökologie« und der »Gemeinschaft für Sozialökologie« vor dem Hintergrund des völligen Zusammenbruchs der Deutschen Demokratischen Republik. Freilich, ohne diesen Zusammenbruch wären diese Vorlesungen undenkbar, andererseits ist die vordem wichtigste Hochschule des »ersten sozialistischen Staates auf deutschem Boden« durch dieses Ereignis selber in Herz und Substanz getroffen; »normaler« Lehrbetrieb? - was auch immer das im Westen ist und im Osten war - völlig unmöglich! An Bahros Vorlesungen wird deutlich, daß dieser Zustand nicht nur den vielberedeten Abwicklungsaspekt, sondern auch einen der wirklichen *universitären* Besinnung hat.

Die Vorlesungen fanden fast alle innerhalb des Studium generale im Wintersemester 1990/91, in der Regel montags, zweistündig im Auditorium maximum (Marx-Engels-Auditorium) mit anschließendem Kolloquium statt. Einzelne Themenschwerpunkte wurden von Gastreferenten am selben Ort behandelt. Die Gastreferenten sind jeweils unter ihren Beiträgen genannt. Alle Beiträge ohne Namensnennung stammen von Bahro. Die Vorlesung »Bewußtseinspolitk gegen die Logik der Selbstausrottung« wurde im Januar 1990, vor Gründung des Instituts, ebenfalls im Marx-Engels-Auditorium gehalten. Geladen war zu den Vorlesungen immer, neben den Studenten, die Berliner Öffentlichkeit.

Die einzelnen Beiträge dieses Buches sind nach ihrem inneren Zusammenhang geordnet, die Reihenfolge entspricht also nicht der Chronologie, in der die Vorlesungen gehalten wurden.

Das Thema von Bahros erster Vorlesungsreihe zur Sozialökologie - »Über das Wesen der ökologischen Krise und die Subjektivität der Rettung« - sollte nicht durch eine bloße wortgetreue Wiedergabe der Vorlesungen einsichtig gemacht werden, vielmehr ging es um die Darstellung des sich entwickelnden Gedankens, und zwar zum einen in seiner Dichte und Stringenz, und zum anderen in seinem Austausch mit historischen und aktuellen, nahen und fernen, inner- und außeruniversitären Ereignissen. Dabei war mit der Schwierigkeit umzugehen, das gesprochene

Wort im Nachhinein in Geschriebenes umzuwandeln, ohne dabei den Charakter der Aussage zu verändern und zugleich die Atmosphäre des Vortrages lebendig zu erhalten.

Bahro geht es um eine andere Art von Wissenschaft, das vor allem soll im Umriß deutlich werden. »Akademische Gebräuche« des ständigen Sich-Beziehens auf alles mögliche schon Gedachte, Gesagte, Geschriebene in einem ausführlichen Fußnotenapparat hätten die Herausgabe zum jetzigen Zeitpunkt unmöglich gemacht. Dieser Verzicht muß nicht als Mangel empfunden werden, da er auch den Blick auf das eigentliche Anliegen freier hält.

Jeder Teil des Buches ist für sich ein Ganzes, deshalb ist es durchaus nicht erforderlich, das Lesen mit der Seite 1 zu beginnen, auch muß nicht »alles« (in einem Zug) gelesen werden. Zugleich aber ist jeder Teil eng und auf vielfältige Weise mit den anderen Teilen zu einem entfalteteren Ganzen verwoben. Dieses Ganze ist aber kein »abgeschlossenes«; und wegen seines Paradoxons, auf das sich einzustimmen der Leser und die Leserin gebeten sind, erschließt das Buch sich gerade denjenigen, die fragend und suchend an es herangehen, in immer wieder anderen Aspekten.

Daß das Generalthema der »Selbstausrottungslogik« im drohenden und schließlich ausbrechenden Krieg am Golf kulminierte, war eine befürchtete Zuarbeit des Zeitlaufs. Der deutsche Idealismus, in dessen einstiger Heimstatt diese Vorlesungen stattfanden, ist in Bahros Gedankenfluß gegenwärtig. Patriarchatskritik schwingt in fast jeder Vorlesung mit. Diese Fragestellung wird von Christine Eifler mit einer begleitenden Seminarreihe »Ist die Zukunft weiblich?« (Seite 353), auf der Tagesordnung gehalten und ist schließlich als »Grundstoff Patriarchat« unter dem Titel »Geschlechterverhältnis und ökologische Krise« zum zentralen Thema im Sommersemester 1991 geworden.

II.

Was alles, auch an Widersprüchlichem und scheinbar miteinander Unvereinbarem, sich um und mit der »Gemeinschaft für Sozialökologie« und dem Institut auf den Weg begeben hat, erschließt sich nicht zuletzt im Kapitel »Übungen, Exerzitien, Gemeinschaft für Sozialökologie«. Zur Beantwortung der Frage »Wie machen die's eigentlich?« sei auf das »Kleingedruckte«, besonders im Anhang, hingewiesen.

Es mag dem Anliegen des Buches entgegenkommen, daß es gelungen ist, sowohl den Altis-Verlag im Osten als auch den Horizonte-Verlag im Westen für eine gemeinsame Herausgabe zu gewinnen.

III.

Ich möchte der Schweisfurth-Stiftung in München meinen Dank aussprechen, die meine herausgeberische Arbeit unterstützte. Für die Hilfe beim Redigieren der Manuskripte danke ich Vera Schrödter. Marina Lewkowicz danke ich für das immer wieder neue kritische Gegenlesen, für ihre wichtigen Tips und Hinweise. Siegfried Rentzsch möchte ich für seine intuitive lektorische Betreuung danken. Und Dank auch an Tanja Braumann, Ina Gutzeit, Andrea Nawka und Thomas Thiele für die Überlassung von Tonbandmitschnitten, Mitschriften und anderen Unterlagen.

Berlin, im August 1991
Reinhard Spittler

Dieser Danksagung kann ich mich nur anschließen, indem ich die immense Anstrengung und treue Bemühung von Dir, lieber Reinhard, mit einbringe. An dem Zustandekommen des ganzen Ereignisses und nicht zuletzt seiner Organisation waren außer denen, deren Namen in diesem oder jenem Zusammenhang im Text erscheinen, noch besonders intensiv beteiligt Barbara Hohenberg, Ingo Kummerfeldt, Ulrich Griebel, Andrea Bilz, Anja Reinhold, Amélie de Branges.

Rudolf Bahro

HORIZONTE
Eine Auswahl neuer Bücher

Sigrid Hunke
Allah ist ganz anders

Enthüllung von 1001 Vorurteilen über die Araber. 3. Auflage. 1991. 142 Seiten. Gebunden. ISBN 3-926116-25-0

»Sigrid Hunke ... räumt mit einer langen Liste von westlichen Vorurteilen und Geschichtsfälschungen den Islam betreffend auf ... Sie ist sicher mehr als irgendjemand sonst geeignet, zum Verständnis für den Islam aufzurufen.«

ELKE STUR-TRIGONAKIS, RADIO BREMEN

Richard St. Barbe Baker
Der Mann der Bäume

Laßt uns Überleben pflanzen. 1991. 119 Seiten. Broschur. ISBN 3-926116-24-2

»Es ist erstaunlich, was ein einzelner Mensch leisten kann, wenn er zielstrebig gegen alle Widerstände, im Einklang mit der Natur eine große Idee in die Tat umsetzt ... Dieses Buch sollte von jedem gelesen werden, der an brennenden Umweltfragen teilnimmt...«

WOHNEN UND GESUNDHEIT

Theo Schoenaker
Ich weiß, ich bin okay

Mut tut gut. 1991. 253 Seiten. Broschur. ISBN 3-926116-57-9

Die beste Erkenntnis nützt wenig, wenn sie nicht mit dem nötigen Mut umgesetzt wird. Theo Schoenaker durchbricht die Grenzen bloßer Wünsche und »psychologischer Erkenntnisse« und führt mit zahlreichen Beispielen und Übungen in die »Geheimnisse des Mutes« ein, der die eigenen Potentiale für die eigenen Ziele voll ausschöpft.